LA
SCIENCE POSITIVE
ET LA
MÉTAPHYSIQUE

DU MÊME AUTEUR

LIBRAIRIE FÉLIX ALCAN

Descartes, 1 vol. in-8, 1882........................ 5 fr.
Les logiciens anglais contemporains, 1 vol. in-12, 3ᵉ édition, 1889................................... 2 fr. 50
Des définitions géométriques et des définitions empiriques, 1 vol. in-12, 2ᵉ édition, 1888.......... 2 fr. 50

LIBRAIRIE A. COLIN

L'enseignement supérieur en France, 1789-1889, tome I, 1 vol. in-8, 1889........................... 7 fr. 50
Universités et Facultés, 1 vol. in-18, 1890......... 3 fr. 50

LIBRAIRIE G. MASSON

Logique, 3ᵉ édition, 1892.......................... 2 fr.

LA
SCIENCE POSITIVE
ET LA
MÉTAPHYSIQUE

PAR

LOUIS LIARD

Ouvrage couronné par l'Académie des Sciences morales et politiques

TROISIÈME ÉDITION

PARIS
ANCIENNE LIBRAIRIE GERMER BAILLIÈRE ET Cie
FÉLIX ALCAN, ÉDITEUR
108, BOULEVARD SAINT-GERMAIN, 108

1893
Tous droits réservés.

A

M. PAUL JANET

AVANT-PROPOS

DE LA PREMIÈRE ÉDITION

A l'origine, la métaphysique fut tout le savoir. — Plus tard, quand les sciences particulières s'en détachèrent, elle en resta l'âme, par les principes qu'elle leur fournit. — Aujourd'hui, les sciences ont rompu tout commerce avec elle, et revendiquent le monopole de la certitude, non pas qu'elles prétendent à la connaissance totale des choses, mais elles soutiennent qu'au delà du champ qu'elles explorent, la certitude fait place aux rêves et aux chimères.

Cependant les problèmes qu'elles laissent en suspens ne peuvent être négligés sans défaillance de l'esprit et sans outrage à la vérité inconnue. — Après les *phénomènes*, nous voulons connaître *l'absolu*; après les *conditions*, nous demandons la *raison* de l'existence.

La métaphysique serait la détermination de cet absolu, la découverte de cette raison.

Est-elle scientifiquement possible?

Et si les voies de la science lui sont fermées, d'autres chemins ne lui sont-ils pas ouverts?

Telles sont les questions que nous avons essayé de résoudre, non pas avec toute l'information, mais du moins avec la sincérité qu'elles comportent.

Toutes les idées que nous exprimons ne sont pas nôtres. Nous en devons beaucoup à M. Lachelier, dont nous avons reçu l'enseignement fécond à l'École normale, à M. Renouvier, à M. Ravaisson et à M. Secrétan. En le déclarant, nous remplissons un double devoir de justice et de reconnaissance.

Décembre 1878.

LIVRE PREMIER

LA SCIENCE POSITIVE

CHAPITRE PREMIER

LES CARACTÈRES DE LA SCIENCE POSITIVE

Qu'est-ce que la science? — D'une manière générale, la science est l'explication des choses. A ce titre, la métaphysique peut, aussi bien que la physique, prétendre au nom de science. Ne se propose-t-elle pas en effet de découvrir la raison dernière des existences? Mais cette vague définition ne saurait nous suffire. Il s'agit, en effet, de savoir si la métaphysique est une science, et donner de la science une définition qui convient à la métaphysique, c'est trancher la question, et non pas la résoudre. Nous devons donc rechercher si l'explication métaphysique présente les mêmes caractères que l'explication scientifique.

C'est à ceux des philosophes qui font profession de proscrire la métaphysique que nous demanderons la définition de la science positive. « Dans l'état positif, dit
» Auguste Comte, l'esprit humain, reconnaissant l'im-
» possibilité d'obtenir des notions absolues, renonce à
» chercher l'origine et la destination de l'univers, et à
» connaître les causes intimes des phénomènes, pour
» s'attacher uniquement à découvrir, par l'usage bien
» combiné du raisonnement et de l'observation, leurs

» lois effectives, c'est-à-dire leurs relations invariables
» de succession et de similitude (1). » — Ainsi la science
proprement dite se propose d'expliquer les phénomènes
par les lois, et ces lois sont les rapports invariables qui
unissent entre eux les phénomènes.

Quels sont les caractères de la science ainsi définie?
— Pour répondre à cette question, considérons en particulier et analysons un groupe de faits et la loi qui les
explique.

J'abandonne une pierre que je tenais entre les doigts:
elle tombe; j'abandonne de même un morceau de métal, un morceau de bois: ils tombent; je renverse un
vase plein d'eau: le liquide s'écoule. — Dans l'air, une
balle de plomb et une balle de liége tombent avec des
vitesses inégales; dans le vide, elles tombent avec une
même vitesse. — Au pôle, à l'équateur, entre le pôle et
l'équateur, la ligne suivie par les corps qui tombent est
perpendiculaire à la surface des eaux tranquilles, et, si
on la prolongeait, elle rencontrerait le centre de la terre.
— Un corps qui tombe librement parcourt dans des
temps égaux consécutifs des espaces trois fois, cinq fois
plus grands. Voilà les faits. — Voici la loi: Tous les corps
tombent vers le centre de la terre avec des vitesses qui
croissent proportionnellement aux temps écoulés depuis
l'origine de la chute.

Par quoi l'opération dont nous venons de marquer
le point de départ et le terme est-elle caractérisée?

En premier lieu, le passage des faits à la loi qui les

---

(1) *Cours de philosophie positive,* première leçon.

régit et les explique est une réduction du composé au simple. Considérons les faits; rien n'était plus divers. J'ai fait l'expérience avec des corps solides, une pierre, un morceau de fer, de plomb, de bois, etc.; avec des corps liquides; j'ai constaté que les gaz étaient eux-mêmes soumis à l'action de la pesanteur. J'ai fait l'expérience dans différents milieux, dans l'atmosphère à divers degrés de condensation, dans l'air raréfié, dans le vide le moins imparfait que nos instruments permettent d'obtenir. Je l'ai faite en différents lieux, près du pôle, loin du pôle, à deux points diamétralement opposés du globe terrestre. Je l'ai faite à des hauteurs différentes, dans la plaine, sur des montagnes. Dans tous ces cas, si divers qu'ils soient et qu'ils puissent être, j'ai trouvé un élément commun, la chute vers le centre de la terre, avec une vitesse proportionnelle au temps écoulé depuis l'origine. Quand je cesse de considérer les faits, pour penser à la loi qui les régit, je néglige toutes les circonstances, toutes les variétés individuelles et particulières, pour ne retenir que la propriété commune.

Ce passage du composé au simple est en même temps une réduction du particulier au général. Les faits que la loi est chargée d'expliquer apparaissent chacun dans un point déterminé de l'espace et dans un instant déterminé du temps; les relations qu'ils ont entre eux sont aussi localisées dans l'étendue et la durée. Les observations que nous pouvons en faire n'ont pas porté et ne sauraient porter sur tous les cas semblables qui se sont produits, qui se produisent et qui se produiront; si loin que nous portions nos investigations expérimentales, toujours l'espace s'ouvre autour de nous et le temps devant nous. La loi est vraie, abstraction faite de l'espace et du temps; si, comme c'est le cas pour celle que nous examinons, elle énonce une relation d'espace et de temps, elle est vraie en tout lieu, en tout temps; elle concentre en elle toutes les répétitions possibles du même fait.

Cette réduction du particulier au général est aussi un passage du contingent au nécessaire. Cette pierre que j'abandonnais à elle-même tombait suivant la normale; la vitesse de sa chute s'accroissait proportionnellement au temps : c'étaient les faits. Mais rien ne me garantissait qu'elle ne pouvait pas rester suspendue en l'air, ou décrire en tombant telle ou telle courbe, ou tomber d'un mouvement uniforme ou uniformément retardé. Maintenant que j'en possède la loi, le fait et ses diverses circonstances essentielles me semblent nécessaires; mon esprit se refuse à concevoir que le contraire de ce qui a lieu se produise. La production d'un fait dont la loi est connue est nécessaire par rapport à cette loi (1).

Mais en réduisant ainsi le composé et le divers au simple et à l'homogène, le particulier à l'universel et le contingent au nécessaire, avons-nous atteint la simplicité, l'universalité et la nécessité absolues? — En aucune

---

(1) Nous tenons de l'enseignement de M. Lachelier que la science est une réduction du particulier à l'universel, du composé au simple, du contingent au nécessaire, mais nous ne pensons pas avec lui, comme on le verra quelques lignes plus loin, que les sciences mathématiques aient pour point de départ des principes absolument simples, absolument universels et absolument nécessaires.

façon. La loi de la chute des corps est une, par rapport à l'infinie diversité des phénomènes auxquels elle s'applique. Mais elle est elle-même un composé d'éléments hétérogènes; elle implique en effet deux termes : un corps abandonné à lui-même, et la terre, ou au moins le centre de la terre considéré comme le substitut du globe terrestre entier; une direction constante, qui elle-même ne peut être déterminée qu'en faisant intervenir plusieurs éléments de comparaison, lignes droites, angles droits, notion d'égalité, etc.; un temps pendant lequel s'accomplit la chute; une vitesse proportionnelle au temps écoulé.

Si la simplicité en est relative, l'universalité n'en est pas absolue. Cette loi s'étend, il est vrai, à tous les phénomènes de la même espèce, sans aucune exception; mais elle est loin de régir tous les autres faits. Pour ne parler que des phénomènes du même ordre que ceux qu'elle régit, sa juridiction ne s'étend pas aux phénomènes de lumière, de chaleur, d'électricité, de magnétisme.

Elle n'est pas davantage d'une nécessité absolue. Quand elle est posée, on ne comprend pas que les phénomènes dont elle est la règle y soient soustraits; mais elle-même est-elle nécessaire? Répugne-t-il à l'esprit de concevoir par hypothèse un monde où les corps ne seraient pas soumis à l'action de la pesanteur? Et dans notre monde terrestre, théâtre de nos observations, si nous nous délivrons de nos habitudes de pensée et d'expérience, ne concevons-nous pas que la chute des corps eût pu se produire suivant d'autres rapports? — Notre loi est donc l'expression d'un rapport relativement général et relativement nécessaire entre des termes relativement simples.

Nous avons dégagé cette conclusion de l'analyse d'une loi prise en particulier. Elle pourrait à bon droit être suspectée, si elle ne recevait pas une confirmation générale. Mais il n'est pas une des sciences constituées à l'état positif qui ne puisse servir à en vérifier l'exactitude. Prenons des exemples aux deux extrémités de la série scientifique.

Une des lois les plus générales de la biologie est, sans contredit, la loi de l'évolution individuelle. Le germe de l'être vivant ne contient pas, infiniment réduits, tous les traits et tous les organes de l'être adulte; en lui, par un travail intestin, se produisent, se superposent et se coordonnent toutes les pièces de l'organisme. Les espèces végétales et les espèces animales sont toutes soumises à cette règle. C'est donc là un rapport simple, universel et nécessaire, substitué par la pensée aux représentations infiniment nombreuses et indéfiniment variées des développements individuels. Pourtant à qui prétendrait qu'une telle loi est absolument simple, universelle et nécessaire, il serait aisé de montrer d'abord quel nombre prodigieux de rapports complexes elle implique. L'origine de l'évolution est une cellule; si simple qu'on la suppose, elle est composée de parties hétérogènes; ces parties sont composées de parties; entre elles existe donc un nombre inassignable de rapports; elle est placée dans un milieu vivant; chaque partie des éléments qui la composent est par suite en rapport avec chacun des éléments de ce milieu ; à mesure qu'en elle surgit un élément nouveau, apparaissent aussi de nouveaux rapports dont le nombre et la variété s'accroissent sans cesse ; le milieu qui réagit sur elle subit lui-même les actions du milieu dans lequel il vit. — On montrerait plus aisément encore qu'elle n'est pas la loi de tous les phénomènes sans exception, et qu'elle ne saurait être érigée en règle absolument nécessaire. Implique-t-il contradiction, pour la pensée, qu'un être vivant ne soit pas formé par épigenèse? L'hypothèse même de la préexistence des germes, si longtemps admise par les philosophes et les savants, montre que l'esprit humain peut concevoir, pour les organismes, un autre mode de développement que celui qu'ont révélé les découvertes de l'embryogénie. Dans le domaine de la vie, la loi est donc l'expression de rapports relativement universels et relativement nécessaires entre des termes relativement simples.

Il en est de même à l'autre extrémité de la série scientifique, en géométrie par exemple. Les sciences mathématiques ont semblé longtemps le refuge inviolable de l'absolu scientifique. Quoi de plus simple que les principes de la géométrie? De quelques définitions et de quelques axiomes on fait sortir, par le seul raisonnement, une série indéfinie de théorèmes, c'est-à-dire de lois. Et si l'on analyse ces principes, quoi de plus simple que leurs éléments? L'espace, le point et le mouvement, voilà tout ce qu'il faut au géomètre pour construire toutes les figures possibles. — Y a-t-il en outre des propositions plus universelles que les propositions géométriques? Est-il un lieu de l'espace où la perpendiculaire abaissée d'un point sur une droite ne soit pas plus courte que toute oblique qui joint ce point à cette droite? — En est-il aussi de plus nécessaires? L'espace est homogène; toute construction faite en un lieu peut donc être répétée identiquement en tout autre lieu : par suite, toutes les relations de grandeur énoncées et établies par les théorèmes sont nécessaires; il est inconcevable que la ligne droite ne soit pas le plus court chemin d'un point à un autre.

Il est certain que les lois de l'étendue abstraite sont plus simples, plus universelles et plus nécessaires que les lois de la matière; cela tient à la complexité moins grande des objets qu'elles régissent. A mesure qu'en passant d'une science à l'autre on rencontre des objets moins complexes, la simplicité, l'universalité et la nécessité des rapports doivent s'accroître ; mais il ne s'ensuit pas qu'au terme de la série toute composition, toute particularité et toute contingence doivent disparaître. Les diverses sciences sont comme une variable continue qui tend sans cesse vers une limite sans l'atteindre jamais. Ainsi, malgré les apparences, les principes de la géométrie sont loin d'avoir la simplicité qu'on leur suppose. S'il suffit au géomètre d'être en possession de l'espace abstrait, du point et du mouvement, pour construire, par les divers trajets du point en mouvement dans l'espace, toutes les figures possibles, encore faut-il reconnaître que ces données sont très-complexes. L'espace contient en puissance une multiplicité indéfinie; en faisant abstraction de toutes les modifications qu'il peut recevoir, on doit dire au moins qu'il est un système de positions suivant trois dimensions. Le mouvement dans l'espace, par lequel on suppose engendrées toutes les figures, est loin d'être un facteur simple ; il implique une série de positions successivement occupées, c'est-à-dire le temps et l'espace ; il est astreint à certaines directions, et toute direction est un rapport à certaines positions relativement fixes ; on se représente l'oblique par rapport à la perpendiculaire, la courbe par rapport à la droite. Il n'est pas jusqu'au point, ce facteur en apparence absolument simple de la construction géométrique, qui ne se résolve en plusieurs éléments. Le point mathématique n'est pas un infiniment petit ; car on peut toujours concevoir une quantité plus petite qu'un infiniment petit donné, et le point ne peut être diminué ; il n'est pas davantage une étendue très-petite, car une étendue, si petite qu'on la suppose, peut être divisée, et le point est indivisible. On doit le considérer comme la limite des diminutions successives de la ligne ; mais la ligne est elle-même la limite des diminutions successives de la surface, et la surface, la limite des diminutions successives du volume. Le point ne saurait donc être conçu que par rapport à l'étendue à trois dimensions, et la génération que nous en avons exposée suppose en outre l'intervention de deux notions complexes, celles de variable et de limite, qui, appliquées à l'étendue, impliquent le mouvement, le continu et l'infini.

L'universalité des propositions géométriques n'est pas contestable. Un théorème démontré dans un lieu de l'espace est vrai dans tout l'espace. Mais cette généralité sans restriction est pourtant relative. Tous les phénomènes extérieurs ne sont pas de l'ordre purement géométrique. Si la nature est partout soumise aux lois de l'étendue, elle a des manifestations régies par d'autres lois : lois mécaniques, lois physiques, lois chimiques, lois biologiques. Dira-t-on, en renouvelant l'antique thèse de Démocrite, que ce qui nous paraît divers est uniforme, et que le dessous réel des apparences projetées par notre sensibilité hors de nous est l'étendue? Mais, en supposant même que la science positive eût réduit au mouvement tous les phénomènes de la matière inorganique et de la matière vivante, encore faudrait-il surajouter aux lois abstraites de la géométrie les lois concrètes de la mécanique. L'universalité des propositions géométriques n'est donc que relative.

De même pour la nécessité absolue qu'on leur prête. Ici, il faut distinguer les propositions dérivées et les propositions principes. Les premières sont nécessaires, car elles sont déduites des secondes. Étant posé que la forme d'une figure demeure la même partout où elle est transportée, que deux parallèles sont toujours équidistantes, il serait contradictoire que la somme des trois angles d'un triangle rectiligne ne fût pas partout et toujours égale à deux angles droits. Mais les propositions premières, desquelles on fait sortir toutes les autres, sont-elles également nécessaires? Nous ne pouvons pas nous représenter une ligne droite dont toutes les parties ne seraient pas homogènes, un plan sur lequel une droite ne s'appliquerait pas exactement, deux parallèles qui se rencontreraient ; mais cette nécessité est-elle absolue? Les métaphysiciens ne semblent pas l'avoir pensé. Leibniz fait de l'objet même de la géométrie l'ordre des coexistants possibles; Kant, une forme à priori de la représentation sensible. Si nous sommes contraints de placer les objets perçus en dehors les uns des autres, et d'engendrer ainsi l'étendue, ce n'est pas à dire pour cela que l'espace soit nécessaire en soi. Il suffit, pour expliquer cette nécessité, d'en faire une condition de notre faculté représentative. Dès lors on conçoit qu'un esprit autrement organisé que le nôtre ne verrait pas les choses comme nous les voyons ; par suite, la nécessité des principes de la géométrie serait uniquement relative à nous. Si maintenant on se place en dehors de toute solution métaphysique, ce que doit faire la science positive, l'étendue et les lois de l'étendue nous apparaissent comme choses d'expérience, c'est-à-dire comme choses contingentes. Nous nous représentons l'espace avec trois dimensions ; nous y distinguons un avant, un arrière, un haut, un bas, un gauche, un droit ; nous y voyons des lignes droites qui sont le plus court chemin d'un point à un autre, des plans aux parties homogènes, des parallèles qui ne se rencontrent pas, si loin qu'on les pousse en imagination. Mais cette nécessité de fait n'est pas une nécessité de droit. Nous pouvons concevoir, sinon imaginer, un espace avec d'autres propriétés. La chose est si vraie, que d'illustres géomètres, Gauss, les deux Bolyai, Riemann, Lobatchewski, n'ont vu, dans la géométrie euclidienne, définie par l'axiome de la ligne droite et par celui du plan, qu'un cas particulier d'une géométrie plus générale. Notre espace à trois dimensions ne serait alors qu'un des possibles contenus dans l'espace à un nombre illimité de dimensions. — L'analyse des principes de la géométrie vérifie donc la formule par laquelle nous avons exprimé le caractère essentiel de la science positive : la science a pour objet de découvrir des rapports relativement universels et relativement nécessaires entre des termes relativement simples.

Cette formule serait toujours vraie, alors même que l'idéal de la science positive serait réalisé. « Le progrès
» de la science, a dit M. Taine, consiste à expliquer
» un ensemble de faits, non par une cause prétendue
» hors de toute expérience, mais bien par un fait
» supérieur qui les engendre. En s'élevant ainsi d'un
» fait supérieur à un fait supérieur encore, on doit arri-
» ver, pour chaque genre d'objets, à un fait unique qui
» est la cause universelle. Ainsi se condensent les diffé-
» rentes sciences en autant de définitions d'où peuvent
» se déduire toutes les vérités dont elles se composent.
» Puis le moment vient où nous osons davantage. Con-
» sidérant que ces définitions sont plusieurs, et qu'elles
» sont des faits comme les autres, nous y apercevons et
» nous en dégageons, par la même méthode que chez
» les autres, le fait primitif et unique d'où elles se
» déduisent et qui les engendre. Nous découvrons
» l'unité de l'univers, et nous comprenons ce qui la
» produit. Elle ne vient pas d'une chose extérieure au
» monde, ni d'une chose mystérieuse cachée dans le
» monde. Elle vient d'un fait général, semblable aux
» autres, loi génératrice d'où les autres se déduisent,

» de même que de la loi de l'attraction dérivent tous
» les phénomènes de la pesanteur, de même que de la
» loi des ondulations dérivent tous les phénomènes de
» la lumière, de même que de l'existence du type déri-
» vent toutes les fonctions de l'animal, de même que
» de la faculté maîtresse d'un peuple dérivent toutes
» ses institutions et tous les événements de son his-
» toire. L'objet final de la science est cette loi su-
» prême, et celui qui, d'un élan, pourrait se transporter
» dans son sein, y verrait, comme d'une source, se
» dérouler par des canaux distincts et ramifiés le
» torrent éternel des événements et la mer infinie des
» choses (1). »

Un tel idéal ne peut être atteint ; les savants positifs et les philosophes positivistes le reconnaissent également. Mais si d'un bond, ou par une longue série de progrès lents et continus, nous parvenions à nous placer au sein de cette loi universelle de laquelle toutes choses sont censées dériver, les caractères de notre science seraient-ils changés? Serions-nous en possession de l'unité, de l'universalité et de la nécessité absolues? On serait peut-être tenté de le croire, en songeant que l'existence d'un fait unique aurait été reconnue au fond de tous les faits, que toutes les lois auraient été réduites à une même loi, et qu'elles seraient toutes nécessaires par rapport à cette loi génératrice. Mais il est aisé de dissiper cette illusion, et de faire voir que les éléments de relativité et de restriction dont nous avons constaté la présence dans

---

(1) *Le positivisme anglais.*

la plus générale et la plus abstraite des sciences, ne seraient pas encore disparus.

Supposons que les phénomènes en apparence réfractaires à la réduction mécanique l'aient subie, que les manifestations de la vie aient été ramenées aux phénomènes chimiques, ceux-ci aux phénomènes physiques, et ces derniers aux phénomènes du mouvement, qu'une même loi ait été reconnue aux infiniment grands et aux infiniment petits; supposons que soleils, planètes, molécules et atomes s'attirent en raison directe des masses et en raison inverse du carré des distances, nous serons encore loin de la simplicité, de l'universalité et de la nécessité absolues. La loi universelle de gravitation sera toujours un drame à deux personnages. Qu'il s'agisse de planètes, de molécules, d'atomes pondérables, d'atomes d'éther, pour qu'elle se manifeste, il faut que deux de ces corps au moins soient en présence. Ce n'est pas tout : pour déterminer le rôle de chacun, deux données sont indispensables, la masse de l'un et de l'autre, la distance de l'un à l'autre. Mais la notion de masse implique le mouvement, l'étendue, la force, le travail mécanique; la notion de distance implique la direction, l'espace, le mouvement et le temps. La simplicité d'une telle loi serait donc relative.

Il peut sembler paradoxal de soutenir que l'universalité n'en serait pas davantage absolue. N'a-t-on pas admis, par hypothèse, qu'en elle rentraient les lois de tous les phénomènes en apparence les plus hétérogènes? Pourtant, qui nous assure qu'au delà de la partie de l'univers ouverte à nos investigations, l'empire de cette loi ne cesse pas? Y a-t-il contradiction à admettre qu'elle vaut seulement pour notre système solaire, et que dans les régions stellaires, soustraites à nos observations, les choses se passent suivant d'autres rapports? Elle ne serait donc pas la loi de l'univers, mais seulement la loi de notre univers.

De même, elle ne saurait être absolument nécessaire. Une fois posées, les lois subordonnées en dérivent nécessairement. Il est alors nécessaire que les planètes gravitent autour du soleil suivant les lois de Képler, que les corps tombent à la surface de la terre suivant les lois de Galilée, que l'équivalent mécanique de la chaleur soit une quantité constante, que les actions et les réactions chimiques accomplies dans nos laboratoires inertes et dans les laboratoires vivants soient un échange de parties réglé par les lois de l'attraction, que l'édification d'un cristal, d'une plante, d'un animal, soit l'œuvre du jeu des forces moléculaires. Mais cette nécessité qui semble envelopper le monde entier dans un réseau de fer n'est pas primitive. Si tous les faits dérivés sont nécessaires, le fait premier qui en est la source est contingent. On peut concevoir un monde où planètes, molécules et atomes ne s'attireraient pas en raison directe des masses et en raison inverse du carré des distances. Dans un tel monde, la mécanique, la physique, la chimie et la biologie ne seraient pas ce qu'elles sont dans le nôtre; mais jamais la science positive n'a prétendu dépasser les limites de l'expérience possible. C'est dire que, même en ses plus hautes généralisations, elle ne vise pas à ce qui est nécessaire en soi.

La formule par laquelle nous avons exprimé le caractère essentiel de la science résiste donc à toutes les épreuves. Si loin qu'elle aille, si haut qu'elle s'élève, la science ne peut sortir du relatif; ce qu'elle atteint, ce sont toujours des rapports relativement universels et relativement nécessaires entre des termes relativement simples.

CHAPITRE II

LES PROCÉDÉS DE LA SCIENCE POSITIVE

Si les sciences positives ont pour unique objet de découvrir les lois des phénomènes, elles sont à tout jamais confinées dans le relatif ; l'accès de l'absolu leur est interdit. De là il faut conclure que la métaphysique, qui se propose de déterminer la nature de l'absolu, n'est pas une science, au sens positif du mot. Toutefois cette conclusion est peut-être prématurée. L'enquête d'où elle résulte est incomplète ; elle a porté seulement sur les caractères et non sur les procédés de la science. Peut-être ces procédés qui dans le relatif conduisent au relatif, ont-ils une application plus étendue, au delà du domaine exploré par les sciences positives ; peut-être une issue hors du relatif nous est-elle ouverte dans le relatif lui-même. Un complément d'enquête est donc indispensable.

Quels sont les procédés généraux des sciences positives ? — Pour répondre à cette question, reprenons l'exemple dont nous nous sommes déjà servi dans le précédent chapitre. C'est une loi de la nature que les corps abandonnés à eux-mêmes tombent vers le centre de la terre avec une vitesse proportionnelle au temps écoulé depuis l'origine de la chute. Ce rapport a été dégagé des faits qu'il gouverne, mais l'observation passive de la nature n'aurait pu le mettre au jour; pour cela, il a fallu expérimenter sur des phénomènes hétérogènes, en des milieux différents, dans des circonstances diverses : ainsi nous avons fait l'expérience avec des corps solides et avec des corps liquides, dans l'atmosphère et dans le vide, à des hauteurs variées. Chacune de ces expériences était une somme complexe de phénomènes qui, avec l'élément à dégager, contenait des éléments divers, étrangers à la règle cherchée. Ces éléments accidentels, nous les avons séparés de l'élément essentiel et commun. L'opération par laquelle nous avons ramené le multiple et le variable à l'unité invariable est donc *analytique*.

Mais, si en un sens notre formule énonce les résultats de l'analyse expérimentale, en un autre sens elle en dépasse les limites. Une loi est une proposition générale. Le rapport qu'elle exprime entre le sujet et l'attribut est vrai en tout point de l'espace et en tout instant du temps. Nos expériences, au contraire, n'ont pu porter sur tous les cas possibles du même fait. Si loin que nous poussions nos recherches, l'espace s'ouvre toujours devant nous; si nombreuses que soient nos observations, et alors même que nous aurions accumulé et conservé les souvenirs de toutes les générations passées, l'avenir nous est inconnu. Pourtant nous ne laissons pas d'étendre à tout l'espace et à tout le temps le résultat d'expériences bornées dans l'espace et dans le temps. Nous ne disons pas : Jusqu'ici les corps abandonnés à eux-mêmes *sont tombés* vers le centre de la terre; nous disons, sans aucune restriction : Tous les corps *tombent* vers le centre de la terre. Nous nous exprimons non pas au passé, non pas au futur, non pas même au présent, au sens grammatical de ce mot; mais nous faisons tenir en notre formule tous les cas passés, présents et futurs du même fait. A l'analyse qui décompose les totalités complexes données à l'observation, et en isole les éléments divers, s'unit donc l'induction qui étend à tout l'espace et à tout le temps les rapports découverts par l'analyse. Le premier procédé de la science est donc l'*analyse inductive*.

Une fois en possession des éléments généraux des choses, il faut se représenter les combinaisons par lesquelles ils forment les choses. Après avoir réduit la multiplicité à l'unité, il faut, de l'unité, faire sortir la multiplicité. Autrement la science ne serait pas prévision. A l'analyse qui décompose, doit donc succéder la *synthèse* qui compose. Après avoir, d'un certain nombre de faits, extrait la loi de tous les faits semblables, l'esprit doit pouvoir se représenter la composition particulière de chacun d'eux. Par exemple, en combinant la loi de la chute des corps avec d'autres lois, nous déterminons la trajectoire d'un projectile, la hauteur de laquelle un corps de masse donnée doit tomber, pour produire tel ou tel travail mécanique. Cette opération est inverse de la première; elle part des propositions générales où celle-ci aboutissait, et aboutit à des propositions particulières semblables à celles d'où l'autre partait.

Mais à cette synthèse, inverse de l'analyse, est unie une opération inverse de l'induction qui accompagne l'analyse. Tirer d'une proposition générale des propositions particulières et moins générales, c'est déduire. Le point de départ de la déduction est la loi induite ; la conclusion est une ou plusieurs propositions particulières contenues à l'état latent dans la loi, et que le raisonnement en dégage. La *synthèse déductive* est donc à la fois l'application et la vérification incessante de l'analyse inductive.

Le passage de l'une à l'autre a lieu sans solution de continuité. La loi énonce un rapport entre deux termes où quelque chose demeure indéterminé. Pour en tirer les propositions particulières qu'elle contient, il suffit de donner à ces termes une détermination particulière ; le rapport qui les unit quand ils sont indéterminés les unit encore quand ils ne le sont plus. Ainsi, le cycle, dont l'expérience a été l'origine, revient et se termine à l'expérience.

Cette circulation alternante de l'analyse et de la synthèse, de l'induction et de la déduction, fait la vie de toutes les sciences et de celles qu'on appelle concrètes, et de celles qu'on nomme plus particulièrement abstraites. Seulement les deux courants n'ont pas en toutes une égale intensité ; chez les unes on les distingue sans peine tous les deux : mais il en est d'autres où l'un seulement semble apparaître. De là cette division ordinaire des sciences en sciences inductives et en sciences déductives. Il est vrai de dire que les unes se proposent surtout l'établissement des propositions générales, et les autres l'extraction des propositions particulières ; mais aucune n'est exclusivement analytique ou exclusivement synthétique.

Dans celles qui semblent n'user que de l'induction, la synthèse déductive a un rôle, et dans les autres l'analyse inductive n'est pas sans fonction. Pour le montrer considérons deux sciences extrêmes.

On peut croire, à un premier examen, que les sciences de la nature sont entièrement inductives. L'esprit humain ne saurait poser à priori les lois de la réalité concrète, ni les déduire de propositions métaphysiques, comme l'ont pensé Platon, Descartes et Hégel; il les trouve par une observation patiente et attentive là où elles sont, c'est-à-dire dans la nature elle-même. Mais la déduction n'est pas pour cela complétement absente de ces sciences. On ne devine pas les lois de la nature; mais une fois trouvées par l'analyse inductive, on les applique. Alors apparaît la déduction qui, de la loi, prise comme prémisse, fait sortir des conséquences applicables à l'expérience. Fût-ce là son rôle unique, on ne saurait en contester l'emploi dans les sciences de la nature. Mais elle y intervient aussi comme procédé de découverte. La recherche des lois est double, en effet; il faut d'abord, étant donné un phénomène inexpliqué, découvrir les circonstances qui le déterminent; puis, ces circonstances une fois découvertes, trouver la façon dont il en dépend, c'est-à-dire la nature de la fonction mathématique qui le mesure. Le plus souvent, en physiologie, en chimie et même en physique, la première recherche seule est fructueuse; ainsi l'on sait que le curare agit sur les extrémités nerveuses et paralyse les nerfs du mouvement, que le chloroforme agit sur les centres nerveux et anesthésie les nerfs de la sensibilité, que l'oxyde de carbone détruit les propriétés du globule sanguin et amène ainsi la mort ; mais on ignore quelles relations mathématiques lient ces faits, et l'on ne peut soumettre au calcul les lois qui les unissent. Dans d'autres cas, au contraire, par exemple dans l'étude de la chaleur, on peut à la fois découvrir la loi d'un phénomène et la fonction mathématique qui le mesure. Alors la déduction n'a pas seulement pour objet d'appliquer aux phénomènes à venir la relation trouvée, mais elle permet de déterminer des phases encore inobservées du phénomène en question, et même de découvrir des lois particulières que l'on ne soupçonnait pas. Ainsi, de la loi de Newton on eût pu déduire les lois de Képler et de Galilée.

Il paraît plus difficile de prouver que l'analyse inductive a une fonction dans la géométrie. Cette science passe, en effet, pour un système de vérités à priori, que l'entendement déduirait, sans faire appel à l'expérience, d'un certain nombre de propositions dont l'expérience ne saurait expliquer l'universalité et la nécessité. Pourtant là, comme ailleurs, il faut distinguer une partie physique et inductive de laquelle dérive notre connaissance des propriétés essentielles de l'espace, et une partie théorique et purement déductive qui met en œuvre cette connaissance. Sans la première la seconde ne serait pas, car l'instrument déductif élabore mais ne produit pas. Les matériaux qui lui sont ici fournis sont d'abord la notion de l'étendue à trois dimensions, puis celles de l'étendue à deux dimensions et à une dimension. Peut-on soutenir avec vraisemblance qu'elles sont à priori dans l'entendement humain, et que nous les posséderions même si tous les sens que nous avons ouverts sur le monde extérieur eussent été fermés dès l'origine de notre vie ? N'est-ce pas à l'expérience, et à elle seule, que nous devons de savoir que hors de nous il existe une étendue à trois dimensions ? N'est-ce pas à l'analyse qu'il nous faut attribuer ce démembrement de l'étendue sensible d'où sortent successivement la notion de la surface et celle de la ligne ? Et si nous croyons que l'espace est indéfini, qu'une figure de forme donnée demeure invariable en quelque lieu qu'on la transporte, deux hypothèses indispensables à l'établissement des vérités géométriques, n'est-ce pas là une extension inductive des faits constatés dans la région de l'espace accessible à nos observations ?

Ne faut-il pas aussi rapporter à cette analyse inductive les axiomes fondamentaux de la géométrie, celui de la ligne droite, par exemple, et celui du plan ? Si nous tenons de l'expérience la distinction entre la droite et la gauche, sans laquelle nous ne pourrions définir indépendamment l'une de l'autre deux rotations en sens opposé autour d'un même axe, c'est elle encore qui nous apprend qu'un corps matériel, fixé par un seul de ses points, peut prendre une infinité de positions différentes, et que, s'il tourne autour de deux de ses points, ceux-ci, et entre eux un nombre illimité d'autres points, restent immobiles pendant son mouvement (1). La série de ces points immobiles entre les deux limites

---

(1) Houel, *Essai critique sur les principes fondamentaux de la géométrie élémentaire.* Paris, 1867.

données et au delà de chacune d'elles forme une ligne indéfinie, la ligne droite. De ce mode de génération il résulte que deux lignes droites qui ont deux points communs coïncident dans toute leur étendue, ou que par deux points donnés on peut toujours mener une ligne droite, et qu'on ne peut en mener qu'une seule. Si à cette propriété de la ligne droite, dégagée par l'analyse inductive de la génération empirique de la droite, et qui suffit à faire de cette longueur une unité constante de mesure pour les longueurs de tout ordre, on joint la propriété qu'a la ligne droite d'être la distance la plus petite entre deux limites proposées, il est aisé de voir que cette propriété ne peut être conçue à priori. On dira qu'il suffit de tracer en imagination une ligne droite entre deux points pour constater qu'elle est plus courte que toutes les autres lignes menées de l'un de ces points à l'autre; mais cette imagination est une expérience. Nous ne nous représentons, en effet, que ce qui nous a déjà été présenté, et si la perception était supprimée, l'imagination serait abolie. Euclide a démontré, à la vingtième proposition de ses Éléments, que dans tout triangle la somme de deux côtés quelconques est plus grande que le troisième côté; c'est là une démonstration superflue. Des philosophes de l'antiquité, au dire de Proclus, se raillaient d'Euclide, en disant que les ânes eux-mêmes admettraient sa vingtième proposition sans démonstration. C'est que les animaux sont portés par instinct à suivre la ligne suivant laquelle la lumière les impressionne; ils adoptent le chemin rectiligne d'une manière irréfléchie. L'homme fait comme eux; seulement il épure par l'analyse et l'abstraction le jugement primitif, et, en remplaçant l'image de son corps par un point, il est conduit à substituer à la perception d'un chemin de direction constante, l'idée d'une ligne de direction invariable. Il n'en est pas autrement pour le plan, unité à laquelle nous rapportons toutes les surfaces possibles. C'est l'expérience, et l'expérience seule, qui fait naître en nous l'idée d'une surface superposable à elle-même par retournement, et par suite comprenant tout entière une ligne droite avec laquelle elle a deux points communs (1).

C'est donc en décomposant les données de l'observation que nous entrons en possession des notions fondamentales de la géométrie. On a raison de dire qu'elles en sont les principes, car c'est avec elles que la synthèse déductive composera la série inépuisable des théorèmes et des problèmes; mais on doit reconnaître qu'elles sont le fruit de l'analyse inductive.

La science positive, en toutes ses démarches, procède donc de la même façon: *elle décompose l'expérience actuelle*, puis, à l'aide des éléments ainsi obtenus, *elle compose l'expérience future*. Il en serait encore ainsi le jour où par impossible l'idéal de la science serait atteint. Le rapport universel auquel seraient ramenés tous les rapports moins généraux aurait été obtenu par l'analyse inductive, et c'est par une synthèse déductive qu'on en ferait sortir le réseau de plus en plus étendu des lois particulières.

---

(1) Cf. Houël, *loc. cit.*

Cela étant, pour savoir si les procédés de la science positive peuvent nous porter au delà du relatif, il faut les examiner en eux-mêmes. — En passant des faits aux lois, il semble que nous sortions de l'expérience, c'est-à-dire du relatif. Alors que les faits sont individuels, localisés dans l'étendue et la durée, la loi n'est-elle pas générale, vraie dans tout l'espace et dans tout le temps? Par suite, le procédé qui nous y élève ne nous introduit-il pas dans une sphère supérieure aux faits? — Il est vrai qu'en passant des faits aux lois, le savant passe du particulier au général; mais il n'a pas la prétention d'atteindre des réalités essentiellement différentes des réalités sensibles. Une loi n'est pas une entité mystérieuse d'où procéderait par une voie inconnue le gouvernement des phénomènes ; c'est une formule où sont condensés tous les faits d'une même espèce, passés, présents et futurs ; elle résume et elle anticipe à la fois ; mais, à proprement parler, elle ne nous fait pas sortir de l'expérience; seulement, et c'est par là que l'induction étend notre connaissance, la loi a pour objet l'expérience possible. Le rapport qu'elle énonce doit pouvoir être vérifié en tout temps, en tout lieu, soit par nous, soit par nos descendants; mais une loi qui ne serait pas susceptible d'une vérification expérimentale ne serait pas une loi. Toute loi est au fond une hypothèse. Nous avons déterminé les conditions d'un phénomène. Si nous nous bornions à les énoncer en une formule, il n'y aurait aucun gain pour l'esprit; mais nous affirmons que plus tard, les mêmes conditions étant données, le même fait se produira de la même façon. En avons-nous une cer-

titude complète? En aucune manière, et la preuve c'est que si l'expérience donne un démenti à nos anticipations, contredit nos formules, nous déclarons notre induction vicieuse. La loi inductive ne contient que ce qu'y a mis l'expérience ; nous l'étendons à l'expérience possible, mais avec cette réserve tacite que la vérité en est subordonnée au contrôle incessant de l'expérience elle-même. Ces *hypothèses positives* « gagnent ou
» perdent en consistance, à mesure que les faits de
» cette nature (expérimentaux) leur sont favorables ou
» contraires. Dans les cas où elles n'atteignent jamais
» à la vérification complète, elles en approchent
» sans cesse davantage, et satisfont l'esprit par le
» caractère toujours démontrable des faits ou des
» lois qui leur servent de base (1). » Par conséquent, sans l'expérience l'induction demeurerait une disposition virtuelle de l'esprit, ou elle ne s'exercerait pas, ou, ce qui équivaut, elle s'exercerait à vide. Induire, c'est généraliser un rapport donné, et tout rapport, concret ou abstrait, est relatif. L'induction doit donc s'arrêter là où cesse la science positive, c'est-à-dire aux confins du relatif. Hors de là elle ne peut courir qu'aventures.

En sera-t-il autrement de la déduction?

Le procédé déductif, appliqué aux sciences positives, tire des propositions induites les propositions moins générales qu'elles contiennent. Chacune des conclusions auxquelles il aboutit est soumise à un double contrôle :

---

(1) Littré, *La science au point de vue philosophique*, XVII.

l'accord avec les prémisses et l'accord avec l'expérience. Toute proposition contradictoire ou contraire aux faits est illégitime. Mais n'est-ce pas par un pur accident que la déduction est ainsi subordonnée à l'expérience, et, en elle-même, hors des applications aux vérités inductives, ne peut-elle pas conduire au delà de l'expérience? Il existe une logique pure ou une science des lois de la pensée en tant que pensée. On peut, en remplaçant les idées par des symboles abstraits, les combiner de mille et mille manières, sans jamais faire appel à l'expérience; on peut, à la seule condition de définir nominalement les termes, les unir en syllogismes, les transformer analytiquement les uns dans les autres, et aboutir ainsi à des conclusions qui, bien que contraires à l'expérience, n'en sont pas moins logiquement vraies.—Mais est-ce là une science? N'est-ce pas plutôt un vain formalisme, comparable à ce grand art de Raymond Lulle, qui, au dire de Descartes, apprenait à parler de toutes choses sans rien savoir et à se faire admirer des plus ignorants? Si l'on objecte que les résultats du calcul, bien qu'obtenus par une déduction pure, concordent avec l'expérience, et si l'on veut en inférer que la déduction, par elle-même, aboutit à des conclusions objectivement vraies, alors même que les prémisses ne sont pas expérimentales, on répondra que l'accord du nombre et de la réalité concrète a été, avant toute opération déductive, constaté expérimentalement. Si l'on objecte encore que d'une formule générale on extrait parfois déductivement des lois moins générales que l'observation n'avait pas vues dans la nature, et si l'on en conclut que la déduction par elle-même est féconde, on répondra d'abord que la formule générale qui sert de prémisse est une proposition inductive, et l'on ajoutera que les produits de la déduction n'ont qu'une valeur expérimentale, puisqu'ils sont la révélation de lois phénoménales qui, malgré leur apparente origine à priori, demeurent soumises au contrôle de l'expérience. La déduction est donc une machine qui fonctionne à vide si on ne lui fournit pas une matière à élaborer. Des philosophes ont pensé, il est vrai, que l'on pouvait développer déductivement le système entier des lois de la nature en partant de prémisses prétendues pures de tout alliage empirique ; mais le résultat a montré la chimère de l'entreprise. Le système des tourbillons, par exemple, a fait place à la théorie expérimentale de la gravitation ; le réseau des vérités déductives, si habilement tissé, et aux mailles en apparence si fortement unies, s'est rompu en maint endroit au dur contact de l'expérience.

On ne saurait donc attribuer aux procédés de la science positive une portée qu'ils n'ont pas : l'induction et la déduction ne valent que par les faits et pour les faits. L'esprit, en les mettant en œuvre, doit faire face à la réalité concrète ; s'il se retourne et la perd de vue, ou bien il en retient quelque image qui fournit, à son insu, les matériaux des systèmes qu'il tisse ; ou bien il fonctionne sans produire de travail utile.

CHAPITRE III

LE POSITIVISME

Les sciences se proposent de découvrir les lois des phénomènes, c'est-à-dire des rapports relativement universels et relativement nécessaires entre des termes relativement simples ; elles décomposent l'expérience actuelle et composent l'expérience future ; par suite, l'accès de l'absolu leur est interdit. — Une doctrine philosophique, qui borne tout le savoir humain aux connaissances scientifiques proprement dites, a conclu de là que la métaphysique était impossible. Pour le positivisme, « toute pro- » position qui n'est pas finalement réductible à la simple » énonciation d'un fait ou particulier ou général ne sau- » rait offrir aucun sens réel et intelligible (1) » ; le positif seul, ou le réel, c'est-à-dire l'ensemble des faits connus par l'expérience, est objet de science ; il n'existe pas de principes antérieurs et supérieurs aux phénomènes, pas de causes efficientes et finales des choses qui apparaissent dans l'espace et dans le temps, ou, s'il en existe, elles sont pour nous comme si elles n'existaient pas, puisque nous ne pouvons les connaître ; ces principes et ces

(1) A. Comte, article du *Catéchisme des industriels*, 1835.

causes, nous ne les trouvons pas en effet au nombre des faits, et, depuis Bacon, c'est une maxime acceptée de tous, et presque vulgaire, que « la nécessité de prendre » les faits observés pour base directe ou indirecte, mais » toujours seule décisive de toute saine spéculation (1) ».

La preuve que donne le positivisme de la relativité de toute connaissance humaine, et par suite de l'illégitimité de toute recherche touchant l'absolu, est entièrement historique. — Si l'on considère les différentes sciences qui, depuis la division du travail intellectuel, se sont partagé le domaine à exploiter par l'esprit, on constate que chacune d'elles, avant de parvenir à une constitution définitive et à des résultats véritablement scientifiques, a traversé deux phases préparatoires : la phase théologique et la phase métaphysique.

« Dans l'état théologique, l'esprit humain, dirigeant » essentiellement ses recherches vers la nature intime » des êtres, les causes premières et finales de tous les » effets qui le frappent, se représente les phénomènes » comme produits par l'action directe et continue d'a- » gents surnaturels plus ou moins nombreux, dont l'in- » tervention arbitraire explique toutes les anomalies » apparentes de la nature (2). » Ainsi l'antiquité païenne avait peuplé l'univers de légions de dieux, et les races monothéistes attribuent la production et le gouvernement des phénomènes naturels à la volonté toute-puissante d'une invisible divinité.

« Dans l'état métaphysique, qui n'est au fond qu'une

---

(1) A. Comte, *Cours de philosophie positive*, cinquante-huitième leçon.
(2) *Ibid.*, première leçon.

» modification générale du premier, les agents surna-
» turels sont remplacés par des forces abstraites, véri-
» tables entités (abstractions personnifiées) inhérentes
» aux divers êtres du monde, et conçues comme capa-
» bles d'engendrer par elles-mêmes tous les phénomènes
» observés, dont l'explication consiste à assigner pour
» chacun l'entité correspondante (1). »

Toutes les sciences, sans exception, ont traversé ou doivent traverser ces deux phases transitoires, avant de parvenir à une constitution réellement scientifique; celles dont les objets sont les plus simples, les mathématiques par exemple, sont sorties depuis longtemps des limbes de la théologie et de la métaphysique; celles dont les objets sont plus complexes, la physique naturelle, la chimie, la biologie et la physique sociale, commencent à peine à s'en dégager; mais en comparant ce qu'elles sont, à demi affranchies, à ce qu'elles furent lorsqu'elles étaient entièrement tributaires de conceptions étrangères à la science, on peut prédire, sans dépasser les données de l'expérience historique, qu'elles n'atteindront la virilité qu'avec l'état positif. Dans cet état, « l'esprit humain, reconnaissant l'impossibilité
» d'obtenir des notions absolues, renonce à chercher
» l'origine et la destination de l'univers, et à connaître
» les causes intimes des phénomènes, pour s'attacher
» uniquement à découvrir par l'usage bien combiné du
» raisonnement et de l'observation, leurs lois effectives,
» c'est-à-dire leurs relations invariables de succession et

---

(1) A. Comte, *Cours de philosophie positive*, première leçon.

» de similitude. L'explication des faits, réduite alors à
» ses termes réels, n'est plus désormais que la liaison
» établie entre les divers phénomènes particuliers et quel-
» ques faits généraux, dont les progrès de la science ten-
» dent de plus en plus à diminuer le nombre (1). »

Ainsi des faits et des lois, c'est-à-dire, en dernière analyse, des faits encore, voilà l'unique objet, l'unique fin du savoir. « Le principe fondamental de la saine
» philosophie consiste nécessairement dans l'assujettis-
» sement continu de tous les phénomènes quelconques,
» inorganiques et organiques, physiques ou moraux,
» individuels ou sociaux, à des lois rigoureusement inva-
» riables, sans lesquelles toute prévision rationnelle
» étant évidemment impossible, la science réelle demeu-
» rerait bornée à une stérile érudition (2). » — C'est en considérant le développement historique des sciences, que s'engendre en nous cette conviction que « l'élabo-
» ration dogmatique des premiers principes essentielle-
» ment dérivés de l'essor spontané de la raison humaine »
est « non moins stérile que puérile (3) ». Au règne de
« l'imagination pure » ou de la théologie, à celui « de
» l'argumentation philosophique, où le raisonnement
» s'exerce, non sur des fictions, ni sur des réalités, mais
» sur de simples entités (4) », succède et doit succéder
le règne de la réalité elle-même, c'est-à-dire de la connaissance objective et vérifiable.

---

(1) A. Comte, *Cours de philosophie positive*, première leçon.
(2) Id., *ibid.*, cinquante-huitième leçon.
(3) Id., *ibid.*
(4) Id., *ibid.*

Il résulte de là que quiconque a fait le tour des sciences fondamentales, mathématique, astronomie, physique, chimie, biologie et *sociologie*, a fait le tour de l'esprit humain. Hors de ces sciences, il n'y a place que pour des chimères subjectives, qui, enfantées par l'esprit, en dehors de tout commerce avec la réalité, s'évanouissent aussitôt qu'on les confronte avec elle. La métaphysique n'a donc plus de raison d'être, une fois qu'est apparu le mode vraiment scientifique d'explication des phénomènes; elle a servi de transition entre les conceptions théologiques et la conception positive : entre ces deux formes extrêmes, le passage ne pouvait être brusque; mais une fois que l'esprit a reconnu la vanité des recherches absolues, une fois qu'il a substitué à ces vaines tentatives d'explication les explications réelles et sans cesse vérifiées de l'expérience, c'en est fait de la métaphysique; elle ne peut plus exister, car l'état définitif, vers lequel elle était un acheminement indispensable, est désormais atteint. Aussi se borne-t-elle « à nous » redire qu'il faut poser des questions qui sont insolubles » et sonder l'absolu qui est insondable ; en cet état, il y a » lieu à des répétitions, non à des créations (1) ».

Si l'on objecte qu'outre les explications fournies par les diverses sciences des objets particuliers, l'esprit désire et désirera toujours une explication d'ensemble, on répondra que la philosophie positive donne satisfacion à ce désir. Son office théorique consiste, en effet, « en ce qui concerne l'individu, à satisfaire spontané-

---

(1) Littré, *Préface d'un disciple*, à la deuxième édition du *Cours de philosophie positive*.

» ment au double besoin élémentaire qu'éprouve tou-
» jours notre intelligence d'étendre et de lier autant
» que possible nos connaissances réelles (1) ». Les
sciences diverses, bien que distinctes, ne sont pas isolées;
elles se distribuent et s'ordonnent hiérarchiquement
suivant la complexité plus ou moins grande de leurs
objets : la plus générale de toutes, indispensable à
toutes les autres, est la mathématique, dont les objets,
le nombre, l'étendue et le mouvement, sont les plus
simples de tous ceux que nous pouvons connaître;
l'astronomie et la physique viennent ensuite, car elles
ne sauraient naître et se constituer sans le secours de
la mathématique ; à la suite de la physique se place
la chimie, qui n'est devenue une science qu'après
la constitution de la physique; après la chimie, la
biologie, qui ne serait rien sans elle; et enfin, couronnant tout le savoir, la *sociologie*, qui suppose toutes les
autres sciences.

Ainsi disposées, les sciences positives forment un
système qui tient en ses cadres toute la réalité, et dont
les termes sont liés par une subordination naturelle.
Aussi est-il possible, « sans se proposer un lieu inaccessible où l'on cherchera (2) », de donner à l'esprit l'explication d'ensemble qu'il réclame. Pour cela, il suffit de
faire de l'étude des généralités scientifiques une grande
spécialité de plus : « qu'une classe nouvelle de savants,
» préparés par une éducation convenable, sans se livrer
» à la culture spéciale d'aucune branche particulière

---

(1) A. Comte, cinquante-huitième leçon.
(2) Littré, *Préface d'un disciple*.

» de la philosophie naturelle, s'occupe uniquement, en
» considérant les diverses sciences positives dans leur
» état actuel, à déterminer exactement l'esprit de cha-
» cune d'elles, à découvrir leurs relations et leur enchaî-
» nement, à résumer, s'il est possible, tous leurs prin-
» cipes propres en un moindre nombre de principes
» communs, en se conformant sans cesse aux maximes
» fondamentales de la méthode positive (1). » — Cette
étude des vérités les plus générales, dans lesquelles se
résument et se condensent les sciences particulières,
« section distincte du grand travail intellectuel », voilà
ce qu'est et ce que peut être la philosophie.

La philosophie positive est donc à la fois une méthode
et une doctrine. Comme méthode, elle élimine des
sciences toute recherche étrangère à la recherche des
lois; comme doctrine, elle relie en un faisceau toutes
les généralités scientifiques, en les subordonnant les
unes aux autres, dans l'ordre même où sont mutuellement subordonnées les sciences fondamentales.

La sagesse ne consiste donc pas, comme l'avaient cru
les anciens, à aborder de front des problèmes insolubles,
mais à les écarter comme insolubles. Ce discernement
entre les questions qui peuvent être résolues et celles qui
ne le peuvent pas, une fois fait par la raison et accepté
par la volonté, l'esprit trouve dans le champ dont l'accès
lui est ouvert matière à d'amples moissons, et, les problèmes décevants de la métaphysique une fois écartés,
il trouve dans la contemplation des lois de la nature cette

---

(1) A. Comte, cinquante-huitième leçon.

paix que ne peuvent fournir des systèmes en lutte avec eux-mêmes et entre eux. Il professe alors pour les problèmes d'essence et d'origine une complète indifférence qui le fait se désintéresser aux solutions des matérialistes et des spiritualistes. Ce n'est pas toutefois qu'il ne reconnaisse, au delà des limites infranchissables du savoir positif, l'existence de *quelque chose ;* mais cet au delà est inaccessible, autrement il tomberait sous les prises de la science positive. « Ce qui est au delà du
» savoir positif, a dit M. Littré, soit, matériellement, le
» fond de l'espace sans bornes, soit, intellectuellement,
» l'enchaînement des causes sans terme, est inaccessible
» à l'esprit humain. Mais inaccessible ne veut pas dire
» nul et non existant. L'immensité, tant matérielle
» qu'intellectuelle, tient par un lien étroit à nos con-
» naissances, et devient par cette alliance une idée posi-
» tive et du même ordre; je veux dire que, en les tou-
» chant et en les abordant, cette immensité apparaît
» avec son double caractère, la réalité et l'inaccessibilité.
» C'est un océan qui vient battre notre rive, et pour
» lequel nous n'avons ni barque ni voile, mais dont la
» claire vision est aussi salutaire que formidable (1). »

Ainsi la réalité est partagée en deux royaumes : celui de l'inconnaissable et celui du connaissable. De tout temps les métaphysiques ont essayé de franchir la clôture qui nous sépare du premier et qui nous le cache ; elles ont toutes échoué. Mais leurs tentatives infructueuses ont cependant porté ce fruit, qu'elles nous ont claire-

---

(1) *Préface d'un disciple.*

ment montré les limites du domaine ouvert à l'esprit humain. La ligne de démarcation est aujourd'hui nettement tracée entre l'accessible et l'inaccessible. Nous ne pouvons dire ce qu'est celui-ci; mais nous savons ce qu'il n'est pas : il n'est ni l'ensemble des faits que l'expérience constate, ni les lois qu'elle y découvre. Constater les faits, en déterminer les lois, c'est-à-dire les rapports constants, lier ces rapports les uns aux autres suivant l'ordre même de la réalité, voilà tout le savoir possible. Chercher à pénétrer au delà, c'est se lancer, sans boussole, sur un océan d'où l'on ne revient pas.

CHAPITRE IV

LES LACUNES DU POSITIVISME

Le positivisme nie le droit de la métaphysique à la vie. Pour se maintenir contre cet arrêt, la métaphysique ne saurait invoquer ses longs siècles d'existence et la place qu'elle occupe encore dans les œuvres contemporaines de philosophie. Son existence passée et présente n'est pas, en effet, contestée; on lui reconnaît même un avenir assez long encore. Mais, au lieu de voir en elle un produit légitime, constant et nécessaire de l'esprit humain, on en fait un mode inférieur et transitoire d'explication, destiné à céder peu à peu aux conquêtes de la science positive le domaine qu'à l'origine elle occupait tout entier, et on la relègue au nombre des chimères, fruit d'une science mal informée, qu'un savoir mieux informé fait chaque jour évanouir. Toutefois la sentence portée contre elle n'est pas sans appel, et la logique a droit d'en peser les considérants.

La preuve invoquée contre la métaphysique est la loi des trois états, qui jouit, dans le système, du privilége singulier de servir à démontrer la thèse fondamentale de la doctrine, et d'être démontrée par la doctrine entière. L'énoncé de cette loi renferme une définition de la mé-

taphysique, qu'il importe d'examiner de près. — Pour Auguste Comte, « dans l'état métaphysique, qui n'est au
» fond qu'une simple modification de l'état théologique,
» les agents surnaturels sont remplacés par des forces
» abstraites, véritables entités (abstractions personni-
» fiées) inhérentes aux divers êtres du monde, et con-
» çues comme capables d'engendrer par elles-mêmes
» tous les phénomènes observés, dont l'explication con-
» siste alors à assigner pour chacun l'entité correspon-
» dante (1). » A s'en tenir à cette définition, la métaphysique serait d'abord une sorte de mythologie abstraite; puis, de même qu'en théologie le fétichisme grossier des premiers âges devient, par une épuration et une concentration progressives, le polythéisme, et le polythéisme le monothéisme, le nombre des abstractions réalisées auxquelles l'esprit, dupe de son imagination, attribue la production du monde, se restreindrait peu à peu; les entités, multiples et dispersées à l'origine, s'ordonneraient hiérarchiquement et finiraient par se fondre en une seule entité suprême, la nature, principe unique de tous les phénomènes, force universelle de laquelle tout dérive, activité nécessaire dont les divers modes de l'existence phénoménale ne sont que les produits ou les métamorphoses.

Certes, à ce signalement répondent plusieurs des systèmes anciens et modernes; mais est-il celui de toutes les doctrines métaphysiques? — Ce n'est pas le lieu d'entreprendre une revue complète de la philosophie, depuis

(1) Première leçon.

Thalès jusqu'à Hégel; un seul exemple suffira d'ailleurs pour répondre à la question posée, et pour faire voir que la définition de la métaphysique donnée par Auguste Comte est loin de s'appliquer à *tout le défini*. — En définissant la métaphysique comme il le fait, l'auteur du *Cours de philosophie positive* semble avoir eu surtout en vue la scolastique, qui, prenant, suivant une expression de Leibniz, « la paille des mots pour le grain des choses », faisait des termes généraux par lesquels le langage désigne les réalités, l'équivalent des réalités elles-mêmes, et peuplait ainsi le monde de puissances mystérieuses et indécises, qualités occultes, formes substantielles, agissant sans moyens intelligibles, efficaces cependant, « paraissant à propos comme les dieux de théâtre ou les fées de l'Amadis, et faisant au besoin tout ce que voulait un philosophe, sans façon et sans outils ». De cette pseudo-philosophie, qui devait aboutir au grand art de Raymond Lulle, où les signes tenaient lieu des choses et les problèmes de solutions, il est vrai de dire qu'elle était impuissante et transitoire. Mais est-ce là vraiment la métaphysique? N'en est-ce pas plutôt une perversion? N'est-ce pas une transfiguration poétique et stérile de la logique en ontologie? Il est permis de le penser, si l'on songe que la défaite des entités scolastiques fut consommée, non par la science, mais par la métaphysique elle-même. Parti de la première vérité certaine, Descartes s'élève, sur la foi de l'évidence ou de la clarté et de la distinction des idées, à la première vérité en soi; de cette vérité, la plus claire de toutes à ses yeux, il déduit, en passant d'idées claires en idées claires, les principes immédiats des choses, et, sans autres matériaux, sans autres règles que les idées claires, il construit à priori l'univers : les âmes ont pour essence la pensée ou la conscience; les corps, l'étendue; dans le monde extérieur, tout est étendue, figure et modification de l'étendue, c'est-à-dire tout est géométrie et mécanique. Par suite, dans ce système intelligible de mouvements en quantité constante, il n'y a place pour aucune puissance occulte et substantielle; un phénomène donné s'y explique, non par une « entité correspondante », mais par un phénomène mécanique qui le détermine.

On objectera peut-être qu'en triomphant de la scolastique, le cartésianisme en a remplacé les mille entités dispersées par une entité unique et centrale, et qu'ainsi la méthode de Descartes est semblable au fond à celle des docteurs du moyen âge. Qu'est, en effet, sinon une abstraction réalisée, ce premier principe, souverainement intelligent, parfait, immuable et éternel, de l'idée duquel Descartes prétend conclure que le mouvement primitif de la matière est rectiligne et invariable en quantité? Tombe-t-il sous la prise des sens? N'est-il pas une création, c'est-à-dire une fiction de l'esprit, dont aucune expérience ne saurait établir la réalité? — Certes, le dieu de Descartes n'est pas plus objet d'expérience que les puissances abstraites rêvées par les scolastiques. Mais est-il pour cela une abstraction, indûment revêtue d'une existence imaginaire? Qu'est-ce que réaliser une abstraction? Nous percevons dans l'espace et dans le temps des êtres et des événements individuels; chacun d'eux est pour les sens un système irrésoluble de qualités diverses; mais l'esprit les décompose et les démembre, et, grâce à l'usage des signes, il isole des autres chaque qualité sensible. Ainsi détachées du groupe dont elles faisaient partie, et généralisées, ces qualités *abstraites* n'ont qu'une existence nominale; les réaliser, c'est les douer d'une existence objective, c'est affirmer que chacune d'elles a en soi une réalité supérieure à ses manifestations phénoménales et indépendantes de toutes les autres qualités qui l'accompagnent dans la représentation sensible; c'est, par conséquent, créer de toutes pièces, au delà de ce qui apparaît, un être qui, sans apparaître jamais lui-même, est partout et toujours le support invisible de ce que nous voyons. Ainsi faisaient les scolastiques. Tel n'est pas le procédé de Descartes. Il trouve en lui l'idée d'un être souverainement parfait; cette idée s'impose à son esprit avec une évidence irrésistible; tous les attributs qu'elle contient, et que l'analyse en dégage, sont vrais : or l'existence est un de ces attributs; donc l'être parfait existe. On peut faire la *critique* de cet argument, n'y voir, avec Kant, qu'une application erronée du principe d'identité; mais il n'est pas permis de l'identifier, au fond, avec le procédé par lequel les philosophes du moyen âge attribuaient à de pures abstractions une réalité fictive. Ce n'est donc pas une définition convenant à *tout le défini* qu'Auguste Comte a donnée de la métaphysique.

Le plus éminent de ses disciples, M. Littré, a compris qu'il fallait la rectifier et la compléter. Dans un article manifeste, publié en tête du premier numéro de la *Revue de philosophie positive*, voici en quels termes il caractérise la philosophie métaphysique :

« Toute philosophie est une conception du monde...
» Les théologies conçoivent le monde comme régi par
» des volontés; les métaphysiques, comme régi confor-
» mément aux idées qui apparaissent universelles et
» nécessaires à notre intelligence; la philosophie posi-
» tive, comme régi par des lois, au sens scientifique du
» mot... Ces trois modes ont une origine distincte : le
» premier dépend des communications diverses qui
» furent l'enseignement du genre humain; le second,
» des combinaisons subjectives de l'intelligence qui ra-
» tionalise l'univers à sa façon; le troisième, des résul-
» tats de l'observation et de l'expérience qui constatent
» ce qui est... La métaphysique repose entièrement sur
» une base psychologique, à savoir, que ce qui est néces-
» saire pour la raison est aussi nécessaire pour les
» choses, ou, plus précisément, qu'une cause absolue
» ou infinie étant conçue par la raison, est par cela
» seul démontrée réelle objectivement, et que les prin-
» cipes qui s'imposent comme universels à l'esprit hu-
» main sont des parties, des émanations, d'une raison
» universelle qu'on nomme parfois impersonnelle et qui
» n'est qu'une autre forme de l'absolu. Je le répète, la
» métaphysique est psychologique, non objective, sub-
» jective, non expérimentale, ou, si l'on veut, l'expé-
» rience, l'observation, y est unilatérale, portant seule-
» ment sur ce qui se passe dans l'esprit, sans contrôle à
» l'aide de ce qui se passe dans les choses. Tandis que la

» théologie donne l'existence de l'absolu comme un
» fait objectif qui s'impose à la raison, la métaphysique
» donne l'existence de l'absolu comme un fait rationnel
» qui s'impose à la nature. » Enfin, opposant le mode
transitoire au mode, selon lui, définitif de philosopher,
M. Littré ajoute :

« La métaphysique est la théorie des principes de
» l'esprit, d'où l'on tire les principes des choses, *ce qui*
» *est impossible*; la philosophie positive est la théorie
» des principes des choses, d'où l'on tire les principes
» de l'esprit, *ce qui est possible* (1). »

On ne saurait nier que dans cette description M. Littré
n'ait mieux marqué que ne l'avait fait Auguste Comte
quelques-uns des traits essentiels et les plus originaux
de la métaphysique. Mais si la définition du maître
restait en deçà des limites de l'objet à définir, celle du
disciple ne les excède-t-elle pas ? La première ne s'appliquait pas à *tout le défini;* la seconde ne convient-elle
qu'au *seul défini* ?

Rien n'est plus opposé, nous le reconnaissons, que la
procédure des métaphysiques et celle de la philosophie
positive. Prendre pied sur la réalité sensible, mais pour
s'élancer loin d'elle, d'un bond rapide, vers un monde
d'idées nécessaires; faire de ces idées la réalité véritable,
ou tout au moins les principes premiers des phénomènes;
les investir d'une certitude absolue, et expliquer par
elles, sans recourir à l'expérience, les choses de notre
monde sensible, telles furent, en ce qu'elles ont de com-

---

(1) *La philosophie positive*, revue, n° 1, juillet 1867.

mun, les entreprises de Platon, de Descartes, de Hégel. La philosophie positive demeure, au contraire, tout le temps sur le terrain des faits : pour elle, toute vérité tient dans les limites de l'expérience; et si, aux derniers rivages de la réalité sensible, s'ouvre l'océan infini des essences et des causes, nous n'avons ni voile pour nous y porter, ni boussole pour nous y guider; aussi se borne-t-elle à suivre pas à pas les sciences positives, pour en recueillir les résultats incontestés et les coordonner dans l'ordre révélé par les faits, et construire ainsi, pièce à pièce, une théorie de l'univers qui en soit l'image, et non le rêve. Mais, malgré ce contraste, la philosophie positive ne suppose-t-elle pas, au moins tacitement, que l'univers est régi « conformément à certaines idées qui nous semblent universelles et nécessaires » ? En d'autres termes, pour le positiviste comme pour le métaphysicien, « ce qui est nécessaire pour la raison ne l'est-il pas aussi pour les choses » ?

Sans empiéter sur l'objet du chapitre suivant, il nous suffira de dire que, même en concédant au positivisme l'origine expérimentale du contenu de toute vérité, il est, jusqu'à preuve du contraire, certaines formes subjectives, imposées par l'esprit aux matériaux objectifs, et dont il juge les applications universelles et nécessaires par cela seul qu'elles lui apparaissent avec ce double caractère. Tel est, pour n'en citer qu'un exemple, ce principe d'identité et de contradiction qui préside à toutes les transformations analytiques d'une notion donnée, et est ainsi le nerf caché de tous les raisonnements déductifs et mathématiques. En admettant que la notion de chaque nombre déterminé nous vienne de la seule expérience, il n'en reste pas moins vrai que nous combinons les nombres et que nous en déterminons les propriétés, sans recourir à l'expérience. Si chacun de ces traitements purement intellectuels des notions numériques concorde avec les faits, n'en faut-il pas conclure que l'expérience elle-même, l'unique source de connaissance et d'information des positivistes, témoigne en faveur de cette opinion chère aux métaphysiciens, que « ce qui est nécessaire pour la raison, l'est aussi pour les choses ? »

En métaphysique, continue-t-on, tout est subjectif, non expérimental, « ou, si l'on veut, l'expérience y est unilatérale, portant seulement sur ce qui se passe dans l'esprit, sans contrôle à l'aide de ce qui se passe dans les choses. » Par contre, en positivisme, l'expérience doit être bilatérale, et porter à la fois sur ce qui se passe dans l'esprit et sur ce qui se passe dans les choses. Mais cette différence n'est-elle pas plus verbale que réelle? A s'en tenir aux résultats stricts de l'expérience, et à moins de restaurer ces entités que l'on entend proscrire à tout jamais, il faut reconnaître que les seules choses dont nous ayons une expérience directe sont nos états de conscience. A parler en toute rigueur, nous ne percevons pas un monde extérieur à nous, mais nous avons conscience de sensations de résistance, de couleur, de saveur, de son, etc. Comme le remarque Stuart Mill, « mes propres sensations et mes autres sentiments, en
» se distinguant de ce que j'appelle moi-même, consti
» tuent un non-moi suffisant pour que le soi puisse être
» appréhendé. L'antithèse entre le *moi* et les modifica-

» tions particulières du moi fournit suffisamment le con-
» traste nécessaire à toute cognition (1). » Dès lors, toute
pensée abstraite est, au même titre que toute sensation
concrète, un objet d'expérience. Que devient alors la
distinction de l'expérience unilatérale et de l'expérience
bilatérale? Veut-on dire que, dans le premier cas, l'événement conscient est à lui-même sa propre garantie, et
que, dans le second, il a pour caution une sensation à
laquelle il correspond? Mais, comme la sensation n'est
par elle-même qu'un état de conscience, cela reviendrait à dire qu'un état de conscience est contrôlé et ga-
ranti par un état de conscience. L'expérience bilatérale
n'est donc, au fond, si l'on s'en tient aux données strictes
des faits, qu'une expérience unilatérale. Il est vrai que
nous attribuons à certaines de nos sensations une objec-
tivité que nous refusons à d'autres ; mais la notion d'un
monde extérieur à nous n'est pas un fait primitif et irréductible ; elle se forme graduellement et l'analyse y découvre des éléments distincts. « Il y a telles de nos sen-
» sations, dit Stuart Mill, que nous sommes surtout
» habitués à considérer subjectivement, et d'autres que
» nous sommes surtout accoutumés à considérer objec-
» tivement. Pour les premières, la relation sous laquelle
» nous les considérons le plus habituellement, et par
» conséquent le plus facilement, c'est leur relation avec
» la série de sentiments dont elles font partie, et qui,
» consolidée par la pensée en une conception unique,
» reçoit le nom de sujet. Pour les secondes, la relation

---

(1) Stuart Mill, *La philosophie d'Hamilton*, chap. XIII, note 1, p. 252, traduction française.

» sous laquelle nous les examinons de préférence, c'est
» leur relation avec un certain groupe ou certaine es-
» pèce de groupes de possibilités permanentes de sen-
» sations dont l'existence présente nous est certifiée par
» la sensation que nous éprouvons au moment même,
» et qu'on appelle objet... Nos sensations ont toutes un
» objet ; toutes peuvent être classées dans quelque groupe
» de possibilités permanentes, et peuvent être rattachées
» à la présence de cet ensemble particulier de possibi-
» lités, comme à la condition antécédente ou à la cause
» de leur propre existence (1). »

Voilà où aboutit l'analyse purement empirique des sensations. Tout en distinguant l'un de l'autre le sujet et l'objet, elle n'établit pas pour chacun d'eux un mode absolument distinct d'expérience ; l'objet est donné dans le sujet, et c'est par une même intuition que nous les saisissons l'un et l'autre. A ce point de vue, qui, nous le répétons, est celui de l'empirisme, le caractère signalé dans la métaphysique, de procéder par une expérience qui porte « sur ce qui se passe dans l'esprit, sans con-
» trôle à l'aide de ce qui se passe dans les choses », appartient aussi à la science positive. Mais le positivisme l'entend autrement. C'est pour lui une vérité contre laquelle rien ne saurait prévaloir, que *la matière et les forces ou propriétés de la matière* sont l'unique objet de la connaissance. Mais que signifient ces mots : *matière, forces, propriétés de la matière?*—Désigne-t-on uniquement par là des groupes de possibilités permanentes de

---

(1) Stuart Mill, *La philosophie d'Hamilton*, chap. XI

sensations? — Alors il faut reconnaître que l'expérience objective ne diffère pas, au fond, de l'expérience subjective, et que le trait par lequel on caractérise la métaphysique convient aussi à la science positive. — En fait-on, au contraire, les signes de réalités distinctes des phénomènes, tout en déclarant que les phénomènes seuls sont objet de science? — Alors, comme nous n'avons aucune expérience de la matière, de ses forces et de ses propriétés, on *retombe* en métaphysique, on réalise des abstractions, on pose, au delà des faits accessibles, une légion d'entités insaisissables, et, tout en professant une égale indifférence pour le matérialisme et le spiritualisme, on accepte, au fond, la solution matérialiste du problème métaphysique de l'essence des choses.

Ainsi les définitions diverses que le positivisme propose de la philosophie métaphysique ne conviennent pas, l'une à tout le défini, l'autre au seul défini. C'est pourtant après cette confrontation insuffisante que l'on condamne la métaphysique! — Voyons maintenant si les preuves invoquées contre elle sont en règle avec la procédure rigoureuse de la logique.

Cette preuve, tout empirique et historique, est la loi des trois états dont nous avons donné plus haut l'énoncé. On en a plus d'une fois contesté les prémisses; nous ne rapporterons pas les arguments de fait souvent produits contre elles (1). Acceptons ces prémisses et bornons-nous

---

(1) Voyez surtout *la Critique philosophique* de 1877. Du reste A. Comte a reconnu lui-même que certaines vérités élémentaires avaient été de tout temps conçues à l'état positif.

à rechercher si la conclusion qu'on en tire ne les excède pas.

Nous avons vu, dans un précédent chapitre, que la science positive se propose, en décomposant l'expérience actuelle, de composer l'expérience future, c'est-à-dire de déterminer les lois des phénomènes et les rapports relativement simples, universels et nécessaires, qui les unissent les uns aux autres. On doit conclure de là que la métaphysique qui vise, au contraire, à déterminer la nature de l'absolu et ses rapports avec les choses relatives, n'est pas une science au sens positif du mot. Les métaphysiciens doivent souscrire à cette conclusion, sous peine de nier eux-mêmes l'objet spécial de leurs recherches. Si la métaphysique ne diffère pas de la science, si elle a même objet et mêmes procédés, son œuvre consiste uniquement à recueillir et à coordonner les rapports qui relient entre elles les lois les plus générales des phénomènes ; elle se confond dès lors avec la philosophie positive proprement dite, et pour devenir science, elle cesse d'être métaphysique. Si l'école positiviste se bornait à conclure de la loi des trois états la différence de la métaphysique et de la science, cette conclusion serait légitime ; mais elle veut en tirer une condamnation absolue d'un mode de penser selon elle chimérique et suranné ; c'est en cela que sa conclusion dépasse les prémisses.

La métaphysique n'est pas la théologie ; la science n'est pas la métaphysique ; par conséquent, les trois solutions ne peuvent « coexister sur la même question ; » une solution métaphysique rend superflue ou détruit

» la solution théologique, et une solution positive éli-
» mine l'une et l'autre (1). » Mais s'ensuit-il que les trois philosophies qui s'excluent mutuellement sur une même question ne puissent coexister sur des questions d'ordre essentiellement distinct, et doit-on déclarer mal faits ou malades les cerveaux où elles se produisent ensemble, sans toutefois se mêler et se confondre? La loi des trois états ne le prouve pas. — Les sciences particulières, mathématique, physique, chimie, physiologie, se sont, il est vrai, établies, l'une après l'autre, sur le domaine qu'à l'origine la métaphysique seule occupait tout entier; quelques-unes de ses plus anciennes possessions, les nombres, la matière brute, la matière vivante, semblent perdues pour elle sans retour; ne cédera-t-elle pas bientôt celles qui lui restent encore, l'homme et les sociétés, à de jeunes sciences qui déjà revendiquent une complète autonomie? On peut donc croire qu'elle va s'appauvrissant à mesure que surgissent de nouvelles sciences, et qu'elle est sur le point d'être pleinement et irrévocablement dépossédée. — Il n'en est rien pourtant. En un sens, en effet, les sciences particulières se constituent aux dépens de la métaphysique; mais en un autre, elles laissent intact son objet propre. A l'origine, nul discernement entre l'ordre métaphysique et l'ordre scientifique proprement dit : une même recherche s'étend à tout, causes et effets, principes et conséquences; une même méthode paraît propre à découvrir toute vérité. Les sciences particulières naissent, non pas

---

(1) Littré, *La philosophie positive*, n° 1.

du démembrement de l'objet spécial de la métaphysique, mais du discernement graduel de deux ordres de réalités : d'une part les effets et les conséquences, d'autre part les causes et les principes. Ce qu'elles se partagent entre elles, c'est le monde des phénomènes ; elles ne touchent pas, encore moins l'entament-elles, au monde des principes ; leur constitution progressive a donc pour résultat, non pas de diminuer peu à peu, mais de délimiter avec une rigueur croissante l'objet de la métaphysique. La métaphysique et la science n'ayant pas même objet, la loi des trois états qui en constate l'apparition successive n'en prouve pas l'incompatibilité.

Mais, répond le positivisme, les problèmes dont vous faites l'apanage de la métaphysique dépossédée, et que les sciences en effet lui abandonnent, sont insolubles ; autrement, ils seraient objets de science et non de métaphysique. — C'est là précisément la question à résoudre, et à notre sens, elle n'a été résolue, dans l'école positiviste, que par un cercle vicieux. « Tandis que la théologie, dit
» M. Littré, donne l'existence de l'absolu comme un
» fait rationnel qui s'impose à la raison, la métaphy-
» sique donne l'existence de l'absolu comme un fait
» rationnel qui s'impose à la nature. *Avant tout, il faut*
» *examiner cette prétention au point de vue de la science*
» *positive.* Vous dites que l'idée d'une cause infinie,
» absolue, ne peut être dans l'esprit si elle n'est dans
» l'existence. Soit, j'admets l'argument ; voyons donc
» si elle est dans l'existence ; voyons si quelqu'une des
» branches du savoir humain nous conduira à cette
» cause infinie, absolue, dont l'esprit conçoit l'idée

» comme nécessaire. Or, de quelque côté que je
» m'adresse à la science positive, elle ne me montre
» que le relatif et jamais l'absolu; que des faits irréduc-
» tibles et jamais des causes premières; que des lois
» et jamais des volontés. Ainsi, rigoureusement ren-
» fermé dans l'esprit, puisqu'on ne peut aller ni de lui
» à la science positive, ni de la science positive à lui,
» l'argument reste une pure entité (1). »

Ainsi, étant posé et admis que la métaphysique n'a pas le même objet, ni par suite les mêmes procédés de méthode que les sciences positives, il s'agit de savoir si cet objet est accessible, si ces procédés sont trompeurs, et pour le décider on demande avis à la science positive. Comme celle-ci est, par définition, distincte de la métaphysique, la réponse ne saurait être douteuse : les sciences positives n'atteignent pas l'absolu, donc l'absolu est inaccessible ! On juge la métaphysique à la mesure de la science, l'absolu à la mesure du relatif. Mais auparavant ne faudrait-il pas avoir démontré que le savoir positif est l'unique savoir, que les procédés des sciences sont les seuls procédés de découverte ? Où est la démonstration ?

Ainsi le positivisme, ses prémisses même concédées, n'aboutit, en bonne logique, qu'à marquer plus fortement peut-être qu'on ne l'avait fait auparavant la distinction incontestée de la science et de la métaphysique; mais est-ce prouver que la métaphysique est impossible ? Si la métaphysique n'est pas la science, est-il vrai pour

---

(1) *La philosophie positive.* n° 1.

cela que la science positive soit tout le savoir? Pour le démontrer, il faudrait une critique de l'entendement, c'est-à-dire, en fin de compte, une métaphysique. Aussi, par son principe constitutif, le positivisme est-il condamné à ne jamais établir la proposition qui lui sert de base; partant, son jugement sur la vanité des recherches métaphysiques est mal informé et révisable.

CHAPITRE V

LES LACUNES DU POSITIVISME (*Suite*).

Les lacunes que nous venons de signaler dans la philosophie positive ne sont pas les seules. Les sciences particulières posent ou supposent leurs principes ou commencements, sans en rendre compte ; elles mettent en œuvre les procédés de l'analyse inductive et de la synthèse déductive, sans en établir la légitimité. La philosophie positive, qui, par définition, est le système des vérités maîtresses dans lesquelles se condensent progressivement les sciences particulières, ne cherche pas plus qu'elles à résoudre les problèmes impliqués dans leurs principes. C'est pourtant une question que quiconque nie la métaphysique doit résoudre ; car si les sciences placent, à leur insu, dans les principes d'où elles partent et dans les procédés dont elles font usage, certaines affirmations à priori, relatives aux conditions de la pensée et de l'existence en général, supérieures à la sphère des phénomènes, et plus étendues qu'elle, la science, loin d'être la négation de la métaphysique, pourrait bien en recéler les éléments.

On ne saurait dire que les positivistes ignorent ou méconnaissent l'importance capitale de cette question ;

mais elle leur semble facile à résoudre, ou mieux, à trancher. « Les sciences positives, dit M. Littré, n'empruntent rien à la métaphysique. » En quel sens faut-il entendre cette brève et catégorique sentence ? Veut-on dire que les sciences ont désormais répudié toutes les conceptions que les métaphysiciens s'étaient faites du monde des corps et du monde des esprits ? Ce serait une erreur historique ; car aujourd'hui nous voyons quelques-unes de ces conceptions, et des plus générales, faire corps avec les sciences. N'est-ce pas un métaphysicien, Pythagore, qui le premier a réduit l'univers sensible aux nombres et à leurs rapports ? N'est-ce pas un métaphysicien, Démocrite, qui le premier a vu dans le monde un mécanisme géométrique ? N'est-ce pas encore un métaphysicien, Descartes, qui, retrouvant par une autre voie cette conception de Démocrite, a chassé de la nature les entités et les causes occultes, et tenté de tout expliquer, dans le monde des corps, par les lois du mouvement ? Les explications de détail sont depuis longtemps déjà abandonnées ; mais la conception générale demeure toujours, et elle est le terme auquel semblent tendre chaque jour davantage les sciences positives de la nature. N'est-ce pas toujours à la métaphysique que ces sciences sont redevables de l'idée d'une évolution universelle qui ferait sortir les êtres les uns des autres sans l'action d'aucune puissance surnaturelle ? Dans un autre ordre d'idées, n'est-ce pas à la métaphysique que la science positive des sociétés doit les notions du droit et du devoir, de la liberté et de l'égalité civiles et politiques ; et les efforts de la méthode expérimentale, appliquée de nos jours au gouvernement des hommes, ne tendent-ils pas à faire passer du domaine spéculatif dans les faits ces idées métaphysiques, et les conséquences qui en découlent? Ce ne serait donc pas tout à fait un paradoxe de dire que les sciences positives ont toutes pour objet de retrouver et de confirmer par l'expérience les intuitions à priori de la métaphysique.

Mais l'école positiviste connaît trop bien l'histoire du développement intellectuel de l'humanité, pour contester à la métaphysique l'honneur d'avoir inventé et inauguré la plupart des idées générales qui, exploitées de nos jours avec les instruments de l'expérience, font la fortune des sciences positives. Aussi, quand elle déclare que ces sciences n'empruntent rien à la métaphysique, veut-elle dire qu'en elles rien n'est à priori, que leurs principes et leurs procédés ne recèlent et n'impliquent aucune de ces affirmations premières, qui en seraient, suivant une expression de Leibniz, « l'âme et la liaison », et dont elles feraient usage sans les connaître, de même qu'en marchant nous nous servons, sans y penser et sans en savoir le mécanisme, de nos muscles et de nos articulations.

Ainsi, dans les sciences positives, rien n'est à priori, proposition, nous l'avons vu, de la plus haute importance, et à l'établissement solide de laquelle doit tendre le premier et le plus grand effort d'une doctrine pour qui la métaphysique a fait son temps. Cependant, au lieu de preuves, on produit seulement des affirmations. Auguste Comte admettait comme vérité évidente que toute connaissance dérive de l'expérience. Plus versé que son maître dans la littérature métaphysique, M. Littré sait à quels débats, toujours ouverts, a donné lieu, chez les philosophes, la question de l'origine des connaissances; cependant il se contente, lui aussi, de multiplier les affirmations. « Rien dans le savoir positif, dit-il, » qui ne soit une transformation de l'observation et de » l'expérience. » — Mais s'il est des connaissances empiriques qui se *transforment*, comment s'en opère la métamorphose ? Et puisqu'elles se sont transformées, elles ont apparemment cessé d'être empiriques. Alors n'y a-t-il pas lieu de se demander si en elles l'entendement n'a pas introduit du sien ? — « En examinant avec atten- » tion de quels éléments sont composées la comparaison, » la classification et la filiation (ce sont les procédés de la » découverte, d'après Aug. Comte), on reconnaît que ce » n'est pas autre chose que l'observation et l'expérience » élevées à des degrés supérieurs de complication. » — Mais cette complication croissante et ce progrès sont-ils le fait de la seule expérience, ou ne doit-on pas y voir l'indice de quelque intervention étrangère à l'expérience elle-même? — « L'induction est d'un usage perpétuel » dans le domaine scientifique ; induire, c'est à l'aide des » faits particuliers obtenir des faits généraux. Ces faits » généraux une fois obtenus deviennent une formule de » laquelle on peut tantôt déduire, tantôt induire de nou- » veau. Mais le nom seul de faits généraux, donné aux » résultats de l'induction, témoigne que là encore nous » sommes en présence de l'observation et de l'expérience » transformées. Ainsi, l'expérience et l'observation sont, » directement ou indirectement, l'origine de tout dans la

» science positive, et conséquemment dans la philosophie
» positive. » — Mais que veut dire cette expression de
faits généraux par laquelle on désigne les rapports invariables des phénomènes (1)? N'est-elle pas contradictoire?
Un fait n'a-t-il pas pour caractère essentiel d'être localisé dans un instant du temps et dans un point de l'espace? Une loi n'est-elle pas au contraire vraie dans tout
l'espace et dans tout le temps, sous les mêmes circonstances? Qui nous autorise à franchir les bornes de l'expérience pour étendre à tout cet espace et à tout ce temps
qui s'ouvrent sans fin autour de nous et devant nous, les
résultats d'une observation toujours limitée? Les formules des lois une fois établies, qu'est-ce qu'en déduire et
en induire des lois nouvelles? Ces opérations, inverses
l'une de l'autre, relèvent-elles uniquement de l'expérience, ou ne supposent-elles pas au contraire des principes à priori? Autant de questions qui restent sans
réponse. Par une sorte de compromis entre les exigences
de la théorie et celles de l'entendement, on appelle les
lois des *faits généraux*, et l'on en conclut que « ce nom
seul de *faits généraux* donné aux résultats de l'induction témoigne que là encore nous sommes en présence
de l'observation et de l'expérience transformées. »
Y eut-il jamais cercle vicieux plus manifeste? La question demeure donc entière. Les principes des sciences
positives n'impliquent-ils pas des principes à priori?

Ainsi pressé, le positivisme peut opposer à cette

---

(1) Littré, *La philosophie positive*, n° 1.

question une double fin de non-recevoir. Il serait, en effet, deux fois contraire aux propositions qui sont l'assiette de la philosophie positive, d'aborder avec les méthodes familières à la psychologie commune, l'analyse critique des connaissances et d'en faire un préliminaire obligé de la science.

Tout savoir véritable est objectif; la psychologie ne saurait, par suite, être placée à l'entrée de la science. « Quand dans l'école positive nous philosophons, dit » M. Littré, cela veut dire que nous embrassons dans un » ordre hiérarchique les principes généraux de la ma- » thématique, de la physique, de la chimie, de la biologie » et de l'histoire, tenant ainsi par les sommets tout le » savoir humain. Quand dans l'école psychologique on » philosophe, cela veut dire que l'on a construit la théo- » rie des idées, tenant ainsi l'enchaînement des condi- » tions mentales sous lesquelles on connaît. Avant » M. Comte, nul n'avait pensé que l'on pût faire une » philosophie dont les principes allassent de l'objet » (y compris l'homme sous forme d'être vivant) au sujet. » Toute la philosophie était subjective, c'est-à-dire que » ses principes allaient du sujet à l'objet (1). » Or, l'analyse critique des connaissances humaines est œuvre subjective au premier chef; elle ne peut donc trouver place dans une doctrine qui, au lieu de voir des réalités dans les conceptions que l'esprit applique hors de lui, fait profession de n'admettre que des éléments objectifs.

(1) Littré, *La philosophie positive*

N'est-ce pas là un nouvel exemple de la pétition de principe que nous avons déjà plus d'une fois signalée? — Toute science est objective; or, l'analyse critique des connaissances est subjective; donc elle n'a rien de scientifique. Mais encore une fois, raisonner ainsi, n'est-ce pas supposer résolu ce qui est en question? Ne s'agit-il pas, en effet, de savoir si toute science est exclusivement objective au sens où le positivisme prend ce mot, c'est-à-dire si elle s'introduit tout entière de l'objet dans le sujet, ou si au contraire elle ne contient pas quelque élément subjectif et à priori. On conteste au positivisme son postulat, et, pour répondre, il invoque ce postulat contesté comme il ferait un axiome évident.

Mais, continue-t-on, alors même qu'elle aurait quelque valeur scientifique, l'analyse critique de la connaissance ne saurait être placée à l'entrée de toute philosophie, ni tenue, par suite, pour la condition préalable du savoir. La théorie de la connaissance est en effet une question de psychologie; or la psychologie a, dans la série des sciences, une place déterminée et immuable. On ne peut pas faire la théorie de l'homme mental, si l'on ignore les fonctions et les lois du cerveau. La psychologie doit donc venir après la biologie, comme celle-ci vient après les autres sciences hiérarchiquement inférieures. « L'ordre scientifique, qui n'est susceptible d'aucune interversion (1), » s'oppose à ce qu'on fasse d'une question ultérieure et subordonnée à plusieurs degrés la

---

(1) Littré, *La philosophie positive.*

question première et dominatrice. — Dira-t-on que
« l'ordre philosophique peut n'être pas le même que l'or-
» dre scientifique, de sorte que la connaissance psycho-
» logique ayant été obtenue, comme il vient d'être dit,
» on change de position, et qu'on prenne pour point
» de départ ce qui fut d'abord un résultat acquis? Pour
» raison de ce changement de position, on dira que les
» lois subjectives de la pensée sont ce qui juge si les
» lois objectives de l'univers ont été légitimement for-
» mées, et qu'ainsi ce jugement est nécessairement à la
» base de toute philosophie, afin d'en confirmer ou d'en
» infirmer la validité (1). » — On le voit, M. Littré, avec
une bonne foi entière, ne dissimule ni n'affaiblit l'objection. Voici comment il y répond.

En fait, il est certain que les sciences se sont constituées sans l'usage de la logique psychologique; c'est en prenant pour objet d'étude les raisonnements, qu'Aristote a découvert les formules et les lois du syllogisme, et quand on s'est élevé à l'idée d'une logique inductive, c'est à la suite des sciences et en étudiant leurs procédés. Les procédés et les principes de la science ne sont donc pas justiciables d'une logique qu'ils n'ont pas employée. Il est vrai de reconnaître que l'expérience ne se borne pas à recueillir l'expérience brute, et qu'elle transforme les faits en lois et en théories; « mais quand
» elle est arrivée à cette transformation, ce n'est pas à la
» logique, qui serait impuissante à la donner, qu'elle de-
» mande la sanction du résultat, c'est encore à l'obser-

---

(1) Littré, *La philosophie positive.*

» vation et à l'expérience, de sorte qu'elle la juge de la
» même façon qu'elle l'a acquise (1). » En droit, la psychologie, dont la théorie de la connaissance est un fragment, ne saurait occuper, comme province de la biologie, une place déterminée dans la série scientifique, entre la chimie et l'histoire, et être en même temps ou l'introduction ou le couronnement de la série tout entière.
« Il est certain que les principes généraux de la doc» trine de la nature humaine sont dans la biologie.
» Comment pourraient-ils en sortir, pour aller jouer
» ailleurs le rôle de couronnement? Comment pour» raient-ils occuper deux places à la fois ? *Il y a là*
» *péché contre la méthode; or, la philosophie ne peut se*
» *séparer de sa méthode* (2). »

Le dirons-nous? A raisonner ainsi, il y a, ce nous semble, péché contre la logique. Or, nous ne pouvons accorder à la philosophie positive le bénéfice qu'elle paraît réclamer pour la science, et implicitement pour elle-même, de n'être pas justiciable de la logique. Certes, et personne ne l'a jamais contesté, les poétiques sont postérieures à la poésie spontanée, les rhétoriques à l'éloquence, et les traités sur le syllogisme et l'induction à l'usage instinctif du raisonnement; mais la logique n'en a pas moins une juridiction universelle. La question à résoudre est celle-ci : Les sciences ne placent-elles pas à leur insu, dans leurs principes et dans leurs procédés, des éléments de connaissance qui préexistent, au moins virtuellement, à l'expérience? On nous répond : En fait,

---

(1) Littré, *La philosophie positive*.
(2) *Ibid.*

les sciences se sont constituées et ont progressé avant qu'une philosophie plus raffinée ait posé ce problème : elles continuent de vivre, et, avec elles, la philosophie qui en résume les découvertes et les enseignements, sans se préoccuper d'une question oiseuse, tard posée, et dont la solution, négative ou affirmative, leur importe peu, si elles ont pour elles le contrôle et la garantie de l'expérience.

Aussi bien que les positivistes, nous reconnaissons aux sciences particulières le droit de se constituer et de croître loin de toute métaphysique, hors du contrôle d'une logique réfléchie, qu'elles appliquent d'instinct. Mais la question n'est pas là. C'est un problème que toute philosophie est tenue de résoudre, et surtout celle qui nie la légitimité des recherches métaphysiques, que celui de savoir si les sciences ne seraient pas réduites à un empirisme stérile, au cas où elles n'appliqueraient pas, au moins d'une manière inconsciente, aux objets qu'elles étudient certains principes qui ne viennent ni directement ni indirectement de l'expérience. Les premiers qui firent des déductions et des inductions ignoraient les formules et les règles du raisonnement; mais ils n'en usaient pas moins d'une logique immanente à l'entendement humain, antérieure à toute découverte. Il aurait pu se faire que dans l'ordre chronologique du développement intellectuel de la race humaine, la science des lois mentales du savoir fût apparue la dernière, sans que pour cela on fût en droit de conclure qu'elle n'est pas logiquement la condition de toutes les sciences qui l'auraient précédée. Le fait ne supprime pas le droit.

Mais, en droit, nous dit-on, la théorie de la connaissance, partie intégrante de la psychologie, ne peut être faite qu'après la constitution de sciences moins complexes dont elle ne saurait se passer ; une question subordonnée ne peut être en même temps une question dominatrice. Que vaut cette prétendue raison de droit ? — Pour le positivisme, il n'y a pas et il ne saurait y avoir de psychologie, au sens classique du mot. La psychologie, en effet, procède par l'observation directe du sujet à l'aide de la conscience ; or, aux yeux des positivistes, nulle connaissance certaine qui ne vienne de l'objet. Aussi, pour rendre objective la théorie de l'homme, sont-ils obligés d'annexer la psychologie, en la démembrant, à la biologie et à la sociologie. Dans sa première œuvre, Auguste Comte « l'avait condensée en quelques généralités qu'il insérait à leur rang dans la philosophie biologique ». Si, plus tard, il en fit « une septième science abstraite, et le couronnement de la philosophie », c'est « qu'il se laissa détourner du procédé qui avait présidé constamment à l'élaboration de sa première œuvre », et qu'il oublia que la doctrine de la nature humaine, « relative à un seul objet, l'homme, est une science concrète » et non pas une science abstraite. — Le démembrement et le partage de la psychologie entre la biologie et la sociologie sont-ils chose qui va de soi, comme l'affirme M. Littré ? Nous ne le rechercherons pas ici. Il nous suffira d'apprécier la valeur logique des arguments produits par ceux des positivistes qui semblent les dépositaires les plus fidèles de la pensée scientifique du maître. Eh bien ! dans l'argument que nous venons de reproduire avec exactitude, nous retrouvons encore cette pétition de principe qui, de l'origine, circule à travers tous les développements du système, comme un élément de corruption et de ruine. On déclare que la question des origines et des fondements de la connaissance ne saurait être une question préliminaire et générale, parce qu'elle est une question subordonnée et particulière, qui doit venir à son heure et à son rang, après que les questions hiérarchiquement inférieures auront été résolues; et comme celles-ci doivent être résolues sans le secours d'une solution dont elles sont les conditions, c'est une preuve que la question psychologique ou critique n'a pas le rôle et la généralité qu'on lui attribue dans les écoles de psychologie métaphysique. Ainsi le veut la série scientifique. Mais cette distribution des sciences est-elle donc un axiome ou un dogme? Quand il faudrait prouver que la série scientifique est vraie, on l'invoque contre une question importune et peut-être menaçante.

On est donc toujours autorisé à se demander si les sciences qui font profession de tirer toute vérité de l'objet ne retrouvent pas en lui quelque chose du sujet lui-même. Tant que le positivisme n'aura pas répondu à cette question par une analyse critique de la connaissance, l'existence de l'à priori pourra être maintenue contre ses négations dogmatiques. La philosophie positive est d'autant plus intéressée pour elle-même à la solution de ce problème, qu'elle place en tête du savoir humain coordonné, et comme première assise de tout le reste, une science qui passe encore pour un irrécusable

témoin de l'existence de vérités à priori. « La philoso-
» phie positive, a dit M. Littré, en mettant la mathéma-
» tique à la base de tout l'ordre intellectuel, éclaire
» d'une manière bien vive notre entendement (1). »
Mais jusqu'au jour où le positivisme aura démontré que
toutes les notions mathématiques dérivent exclusivement de l'expérience, que l'analyse mathématique, le
calcul des fonctions directes, celui des fonctions indi-
rectes, celui des variations, la géométrie et la mécanique rationnelle, pour suivre la nomenclature d'Auguste Comte, sont sciences de pure expérience, il sera
toujours permis de croire que si les mathématiques
portent la lumière dans toutes les sciences plus compliquées où elles pénètrent chaque jour plus avant, c'est
qu'elles la tirent de l'esprit lui-même. Or, cette preuve
est loin d'avoir été faite par le maître ou par ses disciples. Dans la quinzième leçon du *Cours de philosophie
positive*, Comte établit que l'on ne saurait déduire de
notions purement abstraites les principes de l'inertie, de
l'action égale et contraire à la réaction et de l'indépendance des forces; mais il est beaucoup moins explicite
sur les principes du nombre et de la géométrie. S'il affirme que « la géométrie et la mécanique doivent être
» envisagées comme de véritables sciences naturelles,
» fondées sur l'observation, quoique par l'extrême sim-
» plicité de leurs phénomènes, elles comportent un degré
» infiniment plus parfait de systématisation, qui a pu
» faire méconnaître quelquefois le caractère expéri-

---

(1) Littré, *La philosophie positive.*

» mental de leurs premiers principes », il est loin d'attribuer ce caractère expérimental au calcul proprement dit, « extension admirable de la logique naturelle, » dit-il, qui constitue l'instrument le plus puissant que » l'esprit humain puisse employer dans la recherche » des lois des phénomènes (1). » Plus tard, dans sa seconde philosophie, il identifia la logique et les mathématiques, et il en désigna les principes sous le nom de *lois intellectuelles*. M. Littré n'a pas souscrit à ce changement de nom et de point de vue. Il maintient que tout, dans le savoir positif, même la mathématique, dérive de l'observation et de l'expérience. « La mathématique, » a-t-il dit, malgré son caractère abstrait, n'échappe pas » à cette condition : un et un font deux est un fait d'ob-» servation et le point de départ de la plus longue et de » la plus belle déduction qu'il ait été donné à l'homme » de parcourir, déduction qui, parcourue en sens inverse, » n'est, on le remarque aussitôt, que des transforma-» tions d'observations (2). » Mais s'il en est ainsi, comment expliquer le double caractère d'universalité et de nécessité inhérent aux vérités mathématiques ? Sur ce point, M. Littré renverrait peut-être volontiers aux célèbres analyses de Stuart Mill. Mais Stuart Mill est d'une école que M. Littré appelle tantôt une cousine germaine et tantôt une adversaire redoutable de la philosophie positive. La réponse qu'il fait à la question que nous venons de poser ne saurait, ce nous semble, satisfaire pleinement un positiviste orthodoxe ; car elle repose,

(1) Quinzième leçon.
(2) Littré, *La philosophie positive*.

comme nous le verrons bientôt, sur l'analyse mentale des conditions de la pensée, répudiée par les disciples d'Auguste Comte.

On a dit du positivisme, en parlant de ses doctrines sociales et politiques, qu'il était un catholicisme sans christianisme (1). Le jugeant du point de vue où nous avons à le considérer ici, nous pouvons dire qu'il est un dogmatisme sans critique. Il pose des thèses sans les établir, et ces thèses sont telles qu'il ne saurait en faire la preuve sans les abandonner. Nous pouvons donc passer outre à la condamnation qu'il prononce contre la métaphysique.

(1) Huxley, *Lay Sermons*.

CHAPITRE VI

LA PHILOSOPHIE DE L'ASSOCIATION

Le positivisme, pour être reçu à nier la possibilité de la métaphysique, devrait établir d'abord que nos connaissances ne recèlent aucun élément à priori. Nous avons vu qu'il ne le fait pas, et même que sa constitution systématique l'empêche de le faire. Nous ne saurions toutefois tenir encore pour vérité acquise l'existence de connaissances qui ne dériveraient ni directement ni indirectement de l'expérience. En effet, cette démonstration, vainement cherchée dans la philosophie positive, nous la trouvons dans une doctrine voisine du positivisme par une partie de sa méthode et de ses conclusions, mais qui en diffère cependant, puisqu'elle fait de l'analyse du contenu de l'entendement une science spéciale, distincte de la biologie.

Dans son *Essai sur l'entendement humain*, Locke avait combattu l'innéité supposée de certaines connaissances, en faisant voir, d'une part, que l'hypothèse antique, renouvelée par Descartes, était en contradiction avec des faits nombreux : absence des notions prétendues innées chez le sauvage, le paysan inculte et l'enfant; désaccord des philosophes sur le nombre de ces notions; suspension de la pensée pendant le sommeil, l'évanouissement et la léthargie; et en montrant d'autre part que toutes nos connaissances complexes et simples ne sont que des assemblages de données empiriques. Cette seconde partie de son œuvre était, de l'aveu même de ses disciples, insuffisante et incomplète; la genèse qu'il attribuait à certaines notions était fausse, et surtout il n'avait pas réussi à expliquer le caractère de nécessité inhérent à certaines de nos idées et à certains de nos jugements. Mais l'*Essai sur l'entendement* n'était que le premier mot de l'empirisme moderne; l'œuvre ébauchée devait être reprise sur un plan nouveau à la suite de Hume et de Hobbes, et portée au plus haut degré de perfection par les théoriciens de l'*association*.

Pour cette école, raisonnements, jugements, concepts, même ceux qui semblent le plus éloignés des premiers résultats de l'expérience et que nous qualifions d'universels et de nécessaires, se réduisent, par une analyse progressive, en éléments empiriques, tantôt réunis d'une façon temporaire, tantôt soudés en couples et en ensembles indissolubles par le fait de l'association. Ce fait jouerait donc, dans notre vie mentale, un rôle analogue à celui de la gravitation dans le monde des corps. « Tout » s'explique, a dit Hartley, par les sensations primitives » et la loi de l'association. » — « Une idée suit une autre » idée, a dit James Mill, ou une sensation une autre sen- » sation, d'une manière si constante, que nous ne pou- » vons empêcher la combinaison, ni éviter la sensation

» conséquente chaque fois que nous avons eu l'antécé-
» dente. Telle est la loi d'association, dont le domaine,
» ainsi que nous le ferons voir, est très-étendu, et qui
» joue le premier rôle dans quelques-uns des plus im-
» portants phénomènes de l'esprit humain (1). » Aperçue
d'abord là où elle était le plus en relief, la loi de l'association est apparue peu à peu comme la loi universelle
du mécanisme intellectuel tout entier, et « comme la
» meilleure clef pour pénétrer les mystères les plus pro-
» fonds de la science de l'esprit (2) » — « Phénomène
» vraiment fondamental, irréductible de notre vie men-
» tale, elle est au fond de tous nos actes,... elle ne souffre
» pas d'exception ; ni le rêve, ni la rêverie, ni l'extase
» mystique, ni le raisonnement le plus abstrait, ne s'en
» peuvent passer ; sa suppression serait celle de la pensée
» même (3). » — « La théorie nouvelle montre que les
» divers procédés de l'intelligence ne sont que les for-
» mes diverses d'une loi unique; qu'imaginer, déduire,
» induire, percevoir, etc., c'est combiner des idées
» d'une manière déterminée, et que les différences des
» facultés ne sont que des différences d'association. Elle
» explique tous les faits intellectuels, non sans doute à la
» manière de la métaphysique qui réclame la raison
» dernière et absolue des choses, mais à la manière
» de la physique, qui ne recherche que leur cause
» seconde et prochaine (4). »

---

(1) Th. Ribot, *La psychologie anglaise contemporaine; James Mill;* 2ᵉ édit.
(2) Stuart Mill, *La philosophie d'Hamilton*, chap. XIV.
(3) Th. Ribot, *La psychologie anglaise contemporaine*, 2ᵉ édit., p. 271.
(4) *Ibid.*, p. 273.

Avant d'aborder l'exposition détaillée que réclame notre sujet, marquons quelques-uns des traits essentiels de la doctrine *associationniste*. — Ce qui la distingue en premier lieu de l'ancien empirisme, c'est qu'elle ne se borne pas à décomposer nos connaissances en éléments sensibles, mais qu'elle prétend montrer comment et par quelle loi commune ces facteurs se groupent et s'unissent pour constituer les idées et les jugements dont nous avons conscience. — C'est, en second lieu, la reconnaissance d'un élément intellectuel dans nos connaissances. D'après l'empirisme ancien, on devait croire que la pensée est la reproduction intime des phénomènes du dehors, œuvre de ces phénomènes eux-mêmes, qui déposeraient leur empreinte sur une cire assez molle pour la recevoir, assez ferme pour la conserver. D'après l'empirisme nouveau, l'esprit humain, avant que les phénomènes aient fait impression sur lui, ne ressemble pas à une tablette de cire ou à cette statue inerte qu'imaginait Condillac ; il n'est pas un simple récipient, car l'activité ne saurait surgir d'éléments passifs. « Le » cerveau, dit M. Bain, n'obéit pas seulement aux im- » pulsions qu'il reçoit ; il est en lui-même un instrument » spontané. » Nos connaissances ne seraient donc pas les copies exactes des impressions subies par les sens, mais des produits du travail intellectuel. Toutefois, et c'est par là que la psychologie de l'association demeure une doctrine expérimentale, tout en reconnaissant en nous l'existence de cette activité spontanée, elle n'en considère pas les productions « comme le résultat de lois » particulières et impénétrables, dont on ne peut rendre

» aucun compte. Elle pense au contraire que cela est
» possible ; elle pense que l'élément mental est un fait,
» mais non pas un fait ultime ; elle pense qu'on peut le
» résoudre en lois plus simples et en faits plus généraux,
» et qu'on peut découvrir le procédé suivi par l'esprit
» dans la production de ces grandes idées; en un mot,
» qu'on peut en déterminer la genèse (1). » — De là un
nouveau caractère de cette doctrine non moins important que les autres. Si toutes nos idées se résolvent en termes sensibles, et si, d'autre part, ces termes contiennent un élément mental, le système de nos connaissances n'est pas l'image, mais uniquement le signe de la réalité. Stuart Mill, dans sa théorie des qualités secondes et des qualités primaires de la matière, professe cette sorte d'idéalisme empirique. « M. Fraser croit, comme
» moi, dit-il, que les qualités primaires n'ont pas plus
» d'existence hors de notre esprit ou des autres esprits
» que les qualités secondaires, ou que nos plaisirs et nos
» peines (2). » M. Bain n'est pas moins explicite. « Le
» monde, dit-il, ne peut être connu que par son rap-
» port avec l'esprit. La connaissance est un état de l'es-
» prit ; la notion d'une chose matérielle est une chose
» mentale. Nous sommes incapables d'examiner l'exis-
» tence d'un monde matériel indépendant de nous ; cet
» acte serait en lui-même une contradiction. Nous ne
» pouvons parler que d'un monde présenté à notre es-
» prit. Par une illusion de langage, nous nous imagi-

---

(1) Th. Ribot, *La psychologie anglaise contemporaine*, p. 111.
(2) Stuart Mill, *La philosophie d'Hamilton*, traduction française, p. 39. — Voyez toute la théorie des qualités primaires.

» nons être capables de contempler un monde qui n'entre
» pas dans notre propre existence mentale. Mais cette
» tentative se détruit elle-même, car cette contempla-
» tion est un effort de l'esprit. » Mais, malgré ces conclusions idéalistes, la psychologie de l'association n'en soutient pas moins, d'accord en cela avec le vieil empirisme, que toutes nos connaissances sont relatives ; la loi générale qu'elle poursuit et découvre sous les nombreuses variétés des phénomènes mentaux est une relation ; les éléments sensibles auxquels elle réduit ces faits impliquent tous une relation. « Une impression simple,
» dit M. Bain, équivaut à une non-impression. » — « Un
» changement d'impression, dit-il encore, est la condi-
» tion indispensable de toute conscience ; toute expé-
» rience mentale est nécessairement double ; donc nous
» ne connaissons que des rapports ; un absolu est in-
» compatible avec notre faculté de connaître (1). »

L'empirisme contemporain se propose, suivant une expression de M. Bain, de *réfuter l'hypothèse d'une origine à priori en la remplaçant*. Il doit donc rendre compte de tous les phénomènes de l'entendement à l'aide des phénomènes plus simples et plus élémentaires de la sensation et de la loi mentale de l'association. Les doctrines qu'il combat admettent que les termes de certaines propositions et les rapports qui les unissent sont donnés dans l'expérience ; mais elles maintiennent en même temps qu'il est, dans l'entendement, des termes et des rapports que toute expérience suppose, et qu'au-

---

(1) Al. Bain, *Les sens et l'intelligence*.

cune expérience ne saurait par conséquent fournir. D'autre part, l'empirisme ne nie pas l'existence en nous de certains universaux, pour parler le langage de l'école, idées ou jugements, qui sont tantôt les premiers, tantôt les derniers termes de nos opérations de raisonnement, mais il soutient qu'on peut en expliquer la genèse sans recourir à d'autres facteurs que les données empiriques, et les associations que nous en formons. Nous n'avons pas à nous occuper ici de celles de nos connaissances que Descartes appelait adventices; l'école de l'association en a décrit la construction empirique avec une précision d'analyse et une probabilité expérimentale que nulle autre école n'avait encore atteintes. Nous bornerons notre exposition, et plus tard notre examen, à l'unique question en litige : le caractère d'universalité et de nécessité inhérent à certaines de nos conceptions est-il le signe infaillible d'une origine à priori?

Commençons par les notions du double lieu des phénomènes, le temps et l'espace. MM. Bain et Herbert Spencer s'accordent à reconnaître que la succession est impliquée dans le fait de conscience le plus élémentaire. « Un état de conscience continu ou homogène est une » impossibilité, une non-conscience. Un être à l'état » de repos total, un être qui ne subit absolument aucun » changement est mort, et une conscience qui est deve- » nue stationnaire est une conscience qui a cessé.... » La forme de conscience la plus rudimentaire qu'on » puisse concevoir, est celle qui résulte de l'alternance » de deux états. Tant que persiste un certain état A du

» sujet sentant, il n'y a pas conscience. Tant que
» persiste un autre état B, il n'y a pas conscience. Mais
» quand il y a un changement de l'état A à l'état B,
» ou de l'état B à l'état A, ce changement lui-même
» constitue un phénomène dans la conscience, c'est-à-
» dire une conscience (1). » Mais ce sentiment empirique de la succession sans lequel toute intelligence, même la plus basse, serait incapable de discerner une impression d'avec une autre, n'est pas la notion du temps conçu comme le lieu de tous les événements possibles; elle en est seulement la matière brute. En effet, les états de conscience se succèdent en nous, s'agglutinent les uns aux autres et font corps ou série. Aucune des couples qu'ils forment n'est le temps; mais lorsqu'un grand nombre de ces couples successives ont été connues et comparées, il s'en dégage la notion de la *relativité de position*, abstraction faite de toutes les relations individuelles de position dont nous avons eu conscience. Cette notion abstraite de la *relativité de position* en général, c'est la notion du temps, et elle sort d'une série d'associations empiriques de phénomènes successifs.

La notion d'espace est le fruit d'une genèse analogue. En dernière analyse, la forme de l'étendue ou la coexistence, revient à la forme de la durée ou à la succession. C'est un fait que deux choses coexistantes *ne peuvent occuper la conscience au même instant;* elles la traversent en succession. Mais alors comment pouvons-nous dire qu'elles sont coexistantes et non pas consécutives ?

(1) Herbert Spencer, *Principes de psychologie*, sixième partie, chap. XXVI

En un mot, comment déduire la coexistence de la succession? « Quand un adulte, après avoir vu un objet A voit
» immédiatement après un autre objet B, il affirme d'ordi-
» naire leur coexistence sur le fondement de cette simple
» observation. Il est évident que ce qui le rend apte à
» cela c'est une accumulation d'expériences antérieures,
» d'où il a tiré l'induction que certains groupes de phéno-
» mènes sont persistants. Mais qu'entend-il par persis-
» tants? Il veut dire que les phénomènes sont de telle sorte
» qu'il peut de nouveau en avoir une connaissance aussi
» vive qu'auparavant... Mais laissons la coexistence con-
» nue par inférence, pour ne nous occuper que des expé-
» riences primordiales qui nous la révèlent. Pour une in-
» telligence naissante les impressions produites par deux
» objets A et B, vus successivement, ne peuvent paraître
» différer en persistance de deux sons entendus l'un après
» l'autre. Dans les deux cas, il n'y a rien qu'une séquence
» d'états de conscience. Comment donc l'un des deux rap-
» ports vient-il à se distinguer de l'autre? Simplement
» par ceci : c'est qu'on trouve que les termes de la seconde
» séquence ne peuvent être conçus dans un ordre inverse
» avec une égale clarté, tandis que, pour la première, on
» le peut. On trouve pareillement que, tandis que certains
» états de conscience peuvent se suivre avec une facilité
» et une clarté égales dans une direction et dans la direc-
» tion contraire (A, B; B, A), d'autres ne le peuvent pas ;
» de là résulte la distinction du rapport de séquence et du
» rapport de coexistence (1). » Ainsi, tandis que les états

---

(1) Herbert Spencer, *Principes de psychologie*, sixième partie, chap. XXIV. M. Bain a dit de même : « Nous pouvons, en renversant le mouvement,

de conscience purement successifs ne peuvent être sentis avec une même vivacité, dans un ordre inverse de celui où ils sont apparus, ceux qui constituent la perception de coexistence « comportent l'inversion de leur ordre ». Cela posé, la notion abstraite de l'espace se dégage, par un procédé semblable à celui qui a engendré la notion du temps, des perceptions accumulées des coexistants.

Quant au caractère d'infinité nécessaire que nous attribuons à l'espace et au temps, la loi d'association va nous en montrer l'origine, et par suite la signification exacte et la valeur. L'idée d'une chose suggère l'idée d'une autre chose avec laquelle elle a été liée toujours ou souvent, dans l'expérience. Comme nous n'avons jamais vu un point de l'espace sans d'autres points au delà, ni perçu un instant du temps sans d'autres instants à la suite, nous ne pouvons imaginer aucun point de l'espace ni aucun instant du temps, si éloignés qu'ils soient du point et de l'instant actuellement présents, sans imaginer au delà d'autres points et d'autres instants. L'infinité de l'espace et du temps n'est pas chose nécessaire en elle-même; mais il est nécessaire, eu égard à notre constitution intellectuelle, que nous concevions l'espace et le temps sans limites. Peut-être la série des phénomènes successifs et celle des phénomènes juxtaposés sont-elles limitées; mais dans notre condition présente, comme toujours nous avons rencontré l'étendue associée à l'étendue, la durée à la durée, nous ne pou-

---

retrouver la même série de sensations optiques dans l'ordre inverse. » (*Les sens et l'intelligence*, première partie, chap. II.)

vons concevoir, en vertu de cette association familière, devenue inséparable par l'habitude, une fin à l'espace et au temps. Si nous pouvions arriver à cette limite, supposé qu'elle existe, nous en serions « sans doute avertis » par quelque impression nouvelle et étrange de nos sens, » mais dont nous ne pouvons, pour le présent, nous faire » la plus légère idée (1) ». Quand donc nous parlons de l'infinité nécessaire de l'espace et du temps, il ne saurait être question que d'une nécessité subjective, créée en nous par la répétition du même phénomène, la perception habituelle d'étendues et de durées sans solution de continuité.

Ainsi les notions de l'espace et du temps n'ont rien en elles qui ne puisse venir de l'expérience et de la loi d'association.

Il n'en est pas autrement de ces notions et de ces vérités dont le caractère abstrait et l'extrême généralité dissimulent l'origine expérimentale. Considérons, par exemple, les nombres et les figures géométriques. Il semble difficile d'admettre que ce ne sont pas des notions à priori; elles sont vraies en effet, en quelque lieu de l'espace et en quelque instant du temps que nous les supposions appliquées, et nous les unissons les unes aux autres par des rapports universels et nécessaires. Cependant elles sont d'origine empirique, et ce qui en déguise le caractère, c'est l'extrême généralité du langage. « Tous les nombres, dit Stuart Mill, doivent

---

(1) Stuart Mill, *La philosophie d'Hamilton*.

» être les nombres de quelque chose ; ils peuvent être
» nombres de toutes choses. Ainsi donc les propositions
» relatives aux nombres ont la propriété remarquable
» d'être des propositions relatives à toutes les choses
» quelconques, à tous les objets connus par l'expé-
» rience. Toutes les choses ont une quantité, se com-
» posent de parties qui peuvent être nombrées, et,
» à ce titre, possèdent toutes les propriétés des nom-
» bres (1). » — Quant à ces propriétés des nombres
desquelles dérivent les conclusions de l'arithmétique,
elles nous sont suggérées par l'expérience. Nous disons
par exemple : $2 + 1 = 3$, et nous croyons alors énoncer
une proposition à priori ; erreur : c'est un fait physique
qu'un même agrégat d'objets, disposés de plusieurs
façons différentes, produit sur nos sens des impressions
distinctes et cependant équivalentes. C'est là une vérité
acquise par une ancienne et constante expérience, c'est-
à-dire une vérité inductive, et c'est sur des vérités de ce
genre que repose la science des nombres. « On les prouve
» en faisant voir et toucher qu'un nombre donné d'objets,
» dix boules par exemple, peuvent, diversement séparées
» et arrangées, offrir à nos sens tous les groupes de nom-
» bres dont le total est égal à dix. Toutes les méthodes
» perfectionnées de l'enseignement de l'arithmétique aux
» enfants procèdent de la connaissance de ce fait (2). »
— Les propositions relatives aux propriétés des nombres sont donc des généralisations de l'expérience.

Objectera-t-on que les unités physiques que nous

---

(1) Stuart Mill, *Logique*, liv. II, chap. VI.
(2) *Ibid.*

groupons diversement dans l'étendue ne sont pas des unités mathématiques; qu'elles sont inégales, au lieu d'être, comme celles-ci, rigoureusement égales les unes aux autres? — On ne le conteste pas. « Toutes les pro-
» positions sur les nombres impliquent une condition
» sans laquelle aucune ne serait vraie, et cette condition
» est une supposition qui peut être fausse. Cette suppo-
» sition est que *un* égale *un*, que tous les nombres sont
» des nombres d'unités égales. » Or, en fait, « cela n'est
» jamais rigoureusement vrai, car une livre réelle n'est
» jamais rigoureusement égale à une autre livre, ni une
» lieue à une autre lieue. Une balance plus sensible, des
» instruments de mensuration plus précis, découvriraient
» toujours quelque différence. » Mais de ces inexactitudes physiques on doit uniquement conclure que la science des nombres est en partie hypothétique. « Elle procède
» en tirant des conséquences de certaines suppositions,
» laissant à un examen à part la question de savoir si
» les suppositions sont vraies ou non, ou si, n'étant pas
» rigoureusement vraies, elles le sont suffisamment par
» approximation (1). »

Les notions géométriques et les propositions par lesquelles nous en développons le contenu, ne sont, elles aussi, que des généralisations de l'expérience. Les géomètres définissent, il est vrai, la surface, ce qui n'a pas de profondeur; la ligne, ce qui n'a ni largeur, ni profondeur; et le point mathématique, ce qui n'a aucune des dimensions de l'étendue; ils attribuent au cercle des

---

(1) Stuart Mill, *Logique*, liv. II, chap. VI.

rayons rigoureusement égaux, au triangle rectiligne trois angles valant ensemble quatre-vingts degrés, et de ces définitions ils tirent déductivement des conclusions qui semblent nécessaires. Mais la rectitude absolue de ces conceptions et la nécessité des propositions qui en dérivent sont illusoires. Il n'y a pas de point sans étendue, de ligne sans largeur, de surface sans épaisseur ; l'égalité de tous les rayons d'un cercle n'est pas absolue ; les figures parfaites des géomètres sont inconcevables, « d'après tout ce qui peut nous faire juger de la possibilité ». Leur existence serait incompatible avec la constitution physique de notre globe, et même de notre univers. La géométrie est donc, comme l'arithmétique, hypothétique et inductive : hypothétique, parce qu'elle suppose des figures et des éléments de figure dont l'existence est impossible ; inductive, parce qu'à chaque pas de ses déductions elle admet tacitement — postulat impliqué dans toute définition et qui en est le nerf caché — l'existence d'objets semblables à l'objet défini. Toute définition géométrique se résout en effet en deux propositions, l'une relative à un point de fait, par exemple : il existe ou il peut exister une figure telle que tous les points de la ligne qui la termine soient à une égale distance d'un point intérieur ; l'autre, purement verbale, qui est la définition proprement dite : « Toute figure ayant cette propriété est appelée cercle. » De ces deux propositions la première seule est féconde, et elle est, l'énoncé suffit à le prouver, une généralisation de l'expérience (1).

---

(1) Stuart Mill, *Logique*, liv. II, chap. v.

On opposera sans doute à ces conclusions l'existence de figures idéales rigoureusement parfaites. Mais ces objets imaginaires ne sont que les copies des objets réels; « pour la convenance scientifique nous les feignons » dépouillés de toute irrégularité, mais cette supposition » est si loin d'être nécessaire qu'elle n'est même pas » vraie, qu'elle s'écarte toujours plus ou moins de la » réalité. » Elle est le fruit de ce *pouvoir d'attention*, par lequel nous considérons une partie d'une perception ou d'une conception donnée à l'exclusion des autres, et cela sans le moindre détriment pour la science. « Tant » qu'il n'y a pas nécessité pratique de tenir compte de » quelques-unes des propriétés de l'objet autres que ses » propriétés mathématiques, ou de quelques-unes des » *irrégularités naturelles* de ces propriétés, il convient » de les négliger et de raisonner comme si elles n'exis- » taient pas, et en conséquence nous déclarons formel- » lement dans les définitions que nous entendons procé- » der de cette manière. C'en est assez pour porter toutes » les vérités de la géométrie, puisque toute propriété d'une » ligne géométrique est *réellement* une propriété de tous » les objets physiques qui possèdent la longueur (1). »

Outre les définitions, les mathématiques font usage de propositions auxquelles le commun des philosophes attribue une universalité sans restriction et une nécessité sans exception. Tel est l'axiome d'identité : une même chose ne peut pas à la fois être et ne pas être dans le même temps et sous le même rapport, commun à

(1) Stuart Mill, *Logique*, liv. II, chap. v.

toutes les sciences déductives; tels sont les axiomes moins généraux, universels cependant, communs à la science des nombres et à celle des grandeurs géométriques : si à des quantités égales on ajoute des quantités égales, les sommes sont égales; si de deux quantités égales on retranche des quantités égales, les restes sont égaux ; tels sont encore les axiomes spéciaux de la géométrie, par exemple : deux lignes droites ne peuvent enclore un espace. Quel est le fondement de notre croyance à ces propositions ? « Je réponds, dit Stuart » Mill: ce sont des vérités expérimentales, des généra- » lisations de l'observation (1). » Comment saurions-nous qu'une même chose ne peut pas être et ne pas être en même temps et sous le même rapport, si l'observation ne nous avait pas révélé « que la croyance et la non- » croyance sont deux états mentals différents, et qui s'ex- » cluent l'un l'autre », et si elle ne nous avait pas fait voir, hors de nous, que les phénomènes positifs et les phénomènes négatifs, comme le chaud et le froid, la lumière et les ténèbres, n'existent jamais ensemble dans le même objet? L'absence d'un contraire, la présence de l'autre contraire, toujours associées en nous et hors de nous, aboutissent à cette maxime générale, qui devient la règle de nos opérations analytiques, mais qui n'est au fond que l'expression de notre expérience la plus constante et la plus familière. Il en est de même des axiomes relatifs aux grandeurs. Considérons, par exemple, cette proposition : deux lignes droites ne peuvent enfermer

---

(1) Stuart Mill, *Logique*, liv. II, chap. v.

un espace, ou, en d'autres termes, deux lignes droites qui se sont rencontrées une fois ne se rencontrent plus et continuent de diverger. Que voir en elle, « si ce n'est
» une induction résultant du témoignage des sens » ? On s'accorde à reconnaître que les axiomes sont primitivement suggérés par l'observation. « Nous n'aurions jamais
» su que deux lignes droites ne peuvent enfermer un es-
» pace, si nous n'avions jamais vu une ligne droite. »
Cependant on soutient que la vérité de l'axiome est aperçue à priori par l'esprit, en vertu de sa constitution, dès l'instant où la signification des termes de la proposition qui l'exprime est comprise, et sans qu'il soit besoin de la vérifier par des épreuves répétées. Mais on ne saurait nier que la vérité de l'axiome, fût-elle évidente indépendamment de l'expérience, est évidente aussi par l'expérience. « L'axiome *est*, en fait, *confirmé* presque à
» tout instant de notre vie, puisque nous ne pouvons pas
» regarder deux lignes droites qui se croisent, sans voir
» que de ce point d'intersection elles divergent de plus
» en plus. » La preuve expérimentale nous arrive avec une telle profusion et sans un seul cas qui puisse même faire soupçonner une exception à la règle, que nous croyons à l'axiome avec une invincible énergie de conviction. Où est donc la nécessité d'admettre que cette vérité et les autres vérités de même ordre ont une autre origine que celle du reste de nos connaissances, lorsqu'on l'explique parfaitement en supposant que l'origine est la même ? « C'est aux adversaires de
» montrer quelque fait inconciliable avec la supposi-
» tion que cette portion de notre connaissance de

» la nature dérive des mêmes sources que toutes les » autres (1). »

On objecte, il est vrai, que les axiomes sont des propositions nécessaires, et par là on entend toute proposition dont la négation est non-seulement fausse, mais inconcevable. Mais n'est-il pas étrange que les adversaires de la psychologie de l'association invoquent comme le seul ou tout au moins comme le plus puissant argument, le sentiment de la nécessité, alors « que s'il y a dans notre nature un sentiment que les » lois de l'association soient évidemment capables d'ex- » pliquer, c'est précisément celui-là (2) » ? D'après la définition de Kant, le nécessaire est ce dont la négation est impossible ; donc, si deux idées se présentent à nous unies de telle sorte que nous ne puissions par aucun effort intellectuel les séparer, « nous avons » tout le sentiment de nécessité que l'esprit humain puisse » avoir. » Or, en fait, « lorsque nous avons vu ou pensé » souvent deux choses ensemble, et ne les avons en » aucun cas vues ou pensées isolément, il y a, en vertu » des lois primitives de l'association, une difficulté crois- » sante, et qui peut à la fin devenir insurmontable, de » concevoir ces choses à part l'une de l'autre... Si une » longue habitude offre constamment à un individu » deux faits liés ensemble, et si, pendant tout ce temps » il n'est pas amené, soit par accident, soit par un acte » mental volontaire, à les penser séparément, il devien- » dra probablement à la fin incapable de le faire, même

---

(1) Stuart Mill, *Logique*, liv. II, chap. v.
(2) Stuart Mill, *Examen de la philosophie d'Hamilton.*

» avec le plus grand effort, et la supposition que les
» deux faits peuvent être réellement séparés se présen-
» tera à son esprit avec tous les caractères d'un phéno-
» mène inconcevable (1). » L'histoire ne nous offre-
t-elle pas de nombreux exemples de ces associations qui
s'imposaient aux esprits comme vérités nécessaires, et
dont le contraire est admis aujourd'hui? N'a-t-on pas
nié l'existence et la possibilité des antipodes, la doctrine newtonienne de la gravitation des corps, et cela
au nom de prétendus principes nécessaires, qui n'étaient
que des associations puissantes mais erronées? Une
expérience mieux informée les a rompues; mais il en
est d'autres qu'elle a laissé subsister, qu'elle fortifie
même chaque jour, parce qu'elles sont l'expression des
faits les plus généraux et les plus constants. « Si donc il
» est naturel à l'esprit humain, même à un haut degré
» de culture, d'être incapable de concevoir, et sur cette
» raison, de juger impossible ce qui ensuite est trouvé
» concevable, mais encore est démontré vrai, quoi d'é-
» tonnant que dans les cas où l'association est encore plus
» anciennement confirmée, plus familière, et où jamais
» rien ne vient ébranler la conviction ni même suggérer
» quelque idée en désaccord avec l'association, l'incapa-
» cité acquise persiste, et soit prise pour une incapacité
» naturelle (2)? » La nécessité n'est que notre impuissance à dissoudre certaines associations d'images ou
d'idées qui, toujours d'accord avec l'expérience sensible,
acquièrent une cohésion invincible, et, comme les

---

(1) Stuart Mill, *Logique*, liv. II, chap. v.
(2) *Ibid.*

causes qui les ont engendrées agissent sur « tous les » hommes ou sur la plus grande partie de l'huma-» nité », on comprend que les propositions prétendues nécessaires soient acceptées comme vraies par tous les hommes.

Ainsi nos croyances les plus abstraites et les plus générales ont pour origine des associations empiriques, et celles des sciences que l'on a coutume de placer en contraste et même en antagonisme avec les sciences de la nature proprement dites, ont mêmes principes et mêmes caractères essentiels que celles-ci. Malgré l'apparence déductive qu'elles revêtent, grâce aux hypothèses introduites par l'esprit dans les propositions qui leur servent de point de départ, elles sont inductives, puisque ces propositions sont au fond des généralisations de l'expérience. Qu'est-ce donc que l'induction, et quelle en est la valeur?

D'une manière générale, l'induction consiste à conclure de quelques cas particuliers à tous les cas semblables, à étendre par conséquent à l'avenir les relations observées dans le passé et dans le présent. Une telle opération ne se justifie pas par elle-même; elle a besoin d'un principe. On pourrait soutenir, il est vrai, que la notion de chaque loi particulière se forme progressivement en nous par une association spéciale : deux faits se suivent d'une manière invariable; nous en unissons les représentations dans notre pensée, et quand nous anticipons sur l'avenir, dont l'idée est elle-même un produit de l'association, nous les imaginons liées l'une à l'autre comme elles l'ont été dans le passé; les expé-

riences nouvelles confirment nos prévisions, et l'association acquiert ainsi peu à peu, grâce à la seule expérience, une force qui finit par devenir souveraine. Mais en fait nous n'attendons pas toujours ces témoignages répétés pour généraliser, avec une assurance entière, les relations observées. Dans certains cas, une loi de la nature est inférée, sans hésitation, d'un seul fait; une proposition universelle d'une proposition singulière. « Nous ne retenons pas notre acquiescement pour
» attendre que l'expérience ait été répétée, ou si nous
» le faisons, c'est dans le doute que l'expérience ait été
» bien faite, et non qu'étant bien faite elle ne soit pas
» concluante (1). »

Dans d'autres cas, au contraire, la concordance de tous les faits connus ne suffit pas à l'inférence (2). Il y a là une apparente anomalie, impossible à comprendre sans admettre que tous les raisonnements inductifs sont soumis à un principe général. « Il y a un prin-
» cipe impliqué dans l'énoncé même de ce qu'est l'induc-
» tion, un postulat relatif au cours de la nature et à
» l'ordre de l'univers, à savoir : qu'il y a dans la nature
» des cas parallèles, que ce qui arrive une fois arrivera
» encore dans des circonstances suffisamment semblables,
» et de plus arrivera aussi souvent que les mêmes cir-
» constances se représenteront; ou, en termes plus
» précis encore, la validité de toutes les méthodes induc-
» tives dépend de la supposition que tout événement,
» que le commencement de tout phénomène, doit avoir

---

(1) Stuart Mill, *Logique*, liv III, chap. III.
(2) *Ibid.*

» une cause, un antécédent dont il est invariablement et
» inconditionnellement le conséquent (1). » Mais c'est
une étrange erreur de croire, avec certains philosophes,
que ce principe, qui constitue la science, est une affirmation à priori de l'esprit; il n'est que le résultat de la
plus vaste et de la plus constamment justifiée de nos
généralisations.

Ainsi, toute induction sur un cas particulier implique
la *loi de causalité universelle*, et cette loi n'est elle-même qu'un extrait de nos inductions particulières. Mais
n'y a-t-il pas là le plus manifeste des cercles vicieux?
En apparence seulement, d'après Stuart Mill et ses disciples. A leurs yeux toutes nos inférences primitives se
font du particulier au particulier et non du particulier
au général. Dès la première lueur de l'intelligence, nous
induisons spontanément, et des années se passent avant
que nous apprenions l'usage des termes généraux. L'enfant qui s'est brûlé le doigt se garde désormais de l'approcher du feu; il a raisonné sans faire usage d'un principe général. Il se souvient qu'il a été brûlé et, sans
autre garantie que ce souvenir, il croit que s'il approche
encore son doigt du feu, il se brûlera de nouveau;
l'image du feu et le souvenir de la sensation douloureuse
précédemment éprouvée sont associés en son esprit, et la
présence de l'une suffit à provoquer l'apparition de
l'autre. La même inférence se répète chaque fois que
se présente un nouveau cas semblable, mais chaque fois
aussi elle ne dépasse pas le cas présent; il n'y a pas là de

---

(1) Stuart Mill, *Logique*, liv. III, chap. I.

généralisation : un fait particulier est inféré d'un fait particulier.

Mais cette inférence instinctive et bornée est loin d'être l'induction réfléchie du savant. Comment se fait le passage de l'une à l'autre? L'induction savante consiste à conclure que « ce qui est vrai dans un cas particulier » sera trouvé vrai dans tous les cas qui ressemblent au » premier. » Pour cela le principe dont nous parlions plus haut est nécessaire. Par suite, cette croyance à l'uniformité de la nature ne saurait être, sans cercle vicieux, la somme des uniformités partielles et des inductions particulières qui, sans elle, n'auraient ni force ni valeur. Mais n'oublions pas quelle est la nature des inductions primitives. Elles se font d'un cas particulier à un cas particulier. L'homme alors induit spontanément et sans le secours d'aucun principe. La reproduction constante, dans les mêmes circonstances, des cas particuliers attendus en vertu de cette prévision spontanée et presque machinale, enfante une présomption à croire que tous les phénomènes se comportent ainsi régulièrement; peu à peu cette présomption se fortifie, à mesure que s'accroît le nombre des cas favorables qui déposent en sa faveur, et comme aucun fait ne la dément, l'esprit en vient naturellement à réunir en une formule générale toutes ces lois ébauchées et provisoires, et la croyance à l'uniformité de la nature finit par tirer de l'unanimité des témoignages favorables et de l'absence de tout témoignage contraire, une autorité à laquelle nous ne saurions nous soustraire sans faire une violence injustifiée à nos habitudes d'esprit les plus puissantes. Dès lors la certitude dont elle est investie rejaillit sans cercle vicieux sur les lois particulières. C'est donc, en dernière analyse, parce qu'une expérience constante et toujours concordante a lié dans notre esprit les idées d'antécédent et de conséquent, que nous pouvons dépasser les limites de l'expérience actuelle et conclure du présent à l'avenir.

Ainsi, dans la science, tout est à posteriori, et les matériaux de la connaissance, et les règles suivant lesquelles nous en formons des assemblages. L'analyse ramène de proche en proche les divers principes à des termes de moins en moins éloignés de l'expérience ; elle y découvre, sans exception, des associations mentales de données empiriques ; les caractères d'universalité et de nécessité qui ont fait si longtemps prendre le change sur leur véritable nature, ne sont eux-mêmes qu'un double résultat de l'expérience ; les principes sont universels parce qu'ils expriment les faits les plus généraux de la nature ; ils nous semblent nécessaires parce que nos associations, œuvre d'une expérience constante de liaisons phénoménales, toujours semblables à elles-mêmes, opposent à toute tentative de brusque rupture une résistance parfois invincible. Les éléments de toute connaissance viennent donc des phénomènes, et par conséquent les principes de la science ne recèlent rien d'étranger et de supérieur aux phénomènes eux-mêmes.

CHAPITRE VII

EXAMEN DE LA DOCTRINE DE L'ASSOCIATION

La doctrine de l'association se propose, comme nous venons de le voir, de réfuter, en les remplaçant, les théories pour lesquelles certaines de nos connaissances ne viennent pas de l'expérience. Elle nous fournit ainsi elle-même un critérium assuré pour juger de ses prétentions. — Le problème qu'elle se pose est d'expliquer à l'aide des seuls matériaux sensibles, et sans autres lois, dans les faits et dans l'esprit, que la loi mentale de l'association, l'origine et la génération des principes que la pensée adulte et réfléchie applique à connaître les phénomènes. Ce problème peut-il être résolu sans pétition de principe ?

C'est une loi de l'esprit que toutes nos intuitions se succèdent, et que celles qui nous semblent extérieures, à nous, se placent en dehors les unes des autres. L'école anglaise moins que toute autre ne saurait méconnaître l'importance et le caractère primitif de cette double nécessité, puisque, à ses yeux, les lois suivant lesquelles nous lions les phénomènes pour en faire la science, se réduisent en dernière analyse à des assemblages d'éléments successifs et coexistants. Elle est donc tenue de fournir la preuve que le temps et l'espace ne sont pas, comme le soutient l'école adverse, des lois de l'expérience, logiquement antérieures à l'expérience qu'elles rendent possible, et pour cela de les construire avec des matériaux où ils ne soient pas contenus.

Le succès d'une telle entreprise a paru douteux à Stuart Mill ; aussi ne l'a-t-il pas tentée, bien qu'elle fût commandée par les principes de sa doctrine. Il place en effet au nombre des données premières, dont le système qu'il édifie ne saurait se passer, la conscience de la succession des sentiments, et « sur la question de savoir si » cet attribut inséparable de nos sensations leur est » attaché par les lois de l'esprit, ou s'il est donné dans » les sensations même », il ignore si « sur ses sommets » élevés la distinction ne s'évanouit pas. » — Moins timide, M. Herbert Spencer a tenté l'aventure. A ses yeux la connaissance du temps n'est pas un élément indispensable de toute autre connaissance; elle ne se découvre pas à la conscience « avec les éléments » concrets de toute idée; elle n'est pas simultanée avec » les premières perceptions ». Hâtons-nous de dire que pour justifier ces propositions d'apparence étrange et paradoxale, M. Herbert Spencer distingue le temps dans le concret et le temps dans l'abstrait; le premier, c'est la place que chaque événement occupe dans la chaîne de nos états de conscience; le second, c'est *la relativité de position entre les états de conscience.*

Le temps dans l'abstrait mérite seul le nom de loi; on pourrait le définir assez exactement la loi par laquelle nous assignons aux événements passés que nous nous rappelons et aux événements futurs que nous prévoyons, une place dans une série continue de phénomènes successifs. En ce sens, le temps est une condition de la pensée, car il est impossible de concevoir un état de conscience qui n'en suivrait pas et n'en précéderait pas un autre ; mais il est certain que la conscience de cette condition générale de pensée n'accompagne pas nos premières perceptions. Ce que nous saisissons d'abord, c'est telle ou telle relation de position entre des états de conscience déterminés ; puis, quand ces relations nous sont devenues familières, et que nous les avons comparées, il s'en dégage l'idée de la *relativité de position* en général, c'est-à-dire, en définitive, la notion du temps. Le temps ne saurait donc être une notion contemporaine de nos premiers sentiments ; non-seulement il *peut* y avoir des états de conscience avant que le temps ait été conçu par nous, mais « il *doit* y en avoir avant qu'il puisse devenir concevable ». — Mais ces pensées, perceptions ou sensations, de quelque nom qu'il plaise de les appeler, antérieures et indispensables à la notion du temps, sont-elles données à la conscience, en dehors, nous ne dirons pas de la notion réfléchie et abstraite, mais de l'application instinctive de la loi de succession ? On pourrait le croire à s'en tenir à la lettre des conclusions que nous venons de rapporter. Il n'en est rien pourtant. Ces sensations desquelles l'esprit extrait la notion abstraite et générale de relativité de position sont elles-mêmes données en relation de position. Même aux premiers étages de l'intelligence, « des états successifs de con-

» science doivent, d'après M. Spencer, être distingués et
» reconnus ». La loi de succession est donc impliquée
dans nos perceptions les plus sourdes et les plus obscures.
— Dira-t-on que la succession est alors donnée comme
fait, et que c'est de ces faits accumulés qu'elle se dégage
comme loi? — Nous ne contestons pas que l'idée de la
relativité de position, pour parler le langage de M. Spencer, soit le produit d'une abstraction réfléchie. Mais la
loi en existe-t-elle moins pour n'être pas exprimée en
une formule abstraite? Alors même qu'aucune intelligence n'eût dégagé cette formule de l'expérience, tous
les esprits n'auraient-ils pas ordonné suivant une série
linéaire leurs divers états de conscience?

M. Spencer qui se refuse à faire du temps un simultané des premières perceptions reconnaît cependant
que les démarches les plus élémentaires et les plus indécises de l'esprit impliquent la succession. Alors se
pose ce dilemme de M. Renouvier : Ou bien les perceptions basses le sont à ce point que tout rapport de succession cesse d'y être impliqué; alors nous n'avons
aucune idée de ce mode de représentation où n'entre
aucune forme de temps; ou bien une conscience plus
ou moins obscure de la succession entre dans ces perceptions, si basses que nous les supposions; alors le temps
est une condition et une forme des perceptions les plus
infimes non moins que des plus hautes (1). Car, en définitive, quelle différence fondamentale y a-t-il entre ce
temps concret, saisi instinctivement avec et dans les

---

(1) Renouvier, *Essais de critique générale*. Premier essai, 2ᵉ édit.

premières sensations, et ce temps abstrait que la pensée en dégagerait? Quand nous appliquons à ce qui n'est plus et à ce qui n'est pas encore la loi de succession, ce temps auquel nous soumettons les événements passés et futurs n'est-il pas ce temps, c'est-à-dire cette relation de position, que nous saisissons instinctivement dans toutes nos sensations? Et l'opération par laquelle nous formons cette idée abstraite n'implique-t-elle pas elle-même la succession? M. Spencer ne tient donc pas ce qu'il promettait et ce qu'il devait à sa doctrine. Pour faire sortir le temps d'états de conscience empiriques étrangers au temps, il en donne une définition arbitraire, et sous le bénéfice de cette définition il extrait le temps, c'est-à-dire la loi de relativité de position, d'événements sentis avant la conception de cette loi. Mais de deux choses l'une : ou la succession est dans nos premières sensations ou elle n'y est pas; dans le premier cas, jamais l'association de ces sensations ne produira, pour en faire une loi générale, un élément absent de chacune d'elles; dans le second, c'est par un abus de langage qu'on refuse à la succession concrète un nom qu'on accorde à l'idée abstraite de cette même succession. M. Spencer construit donc empiriquement le temps avec le temps lui-même. Est-ce avoir réfuté l'hypothèse de l'origine à priori de cette notion, en la remplaçant?

La même tentative faite, sur l'idée de l'espace, n'a pas été plus heureuse. — Nous avons vu que, pour MM. Spencer et Bain, la coexistence revient en dernière analyse à la succession. Une série de phénomènes qui traversent la conscience en simple succession diffère d'une série de coexistants, en ce sens que les termes purement successifs ne peuvent être sentis et connus avec une égale vivacité dans l'ordre inverse de celui où ils se sont produits, tandis que les termes coexistants déterminent en nous des impressions également vives, quel que soit l'ordre dans lequel on les parcourt. — Puisque la succession est au fond de la coexistence, comme le temps ne peut être réduit, sans pétition de principe, à des éléments purement sensibles que l'association agglutinerait en série linéaire, l'hypothèse d'une origine pleinement empirique de l'espace est par là réfutée. Mais cette notion ne contient-elle pas encore quelque autre élément réfractaire à la réduction expérimentale?

La thèse de l'école anglaise consiste à prétendre que notre connaissance des dimensions de l'étendue résulte de la combinaison de sensations tactiles qui nous révèlent la simultanéité, et de sensations musculaires, liées à l'extension et à la flexion des membres, qui nous donnent le sentiment de la continuité, et la mesure des distances en fonction du temps. — Il s'agit de savoir, ainsi que l'ont remarqué M. Mahaffy et avec lui M. Renouvier, si la notion qu'on essaye de déduire de ces sensations associées ne les accompagne pas et n'en est pas la condition. Pour cela, analysons chacun des facteurs que l'on dit contribuer à la genèse empirique de la notion d'étendue.

Supposons-nous réduits aux seules sensations de contact et, pour pousser les choses à l'extrême, à une série en quelque sorte linéaire de contacts successifs. Il est clair qu'en cet état nous pouvons avoir l'idée de temps ; mais aurons-nous l'idée de l'espace ? Cela revient à se demander si avec la succession nous pourrons construire l'étendue. Les ressemblances sont grandes entre le temps abstrait et l'espace abstrait ; tous deux sont homogènes ; un intervalle dans la durée, abstraction faite de l'événement qui le remplit, est identique à tous les autres intervalles égaux ; une surface déterminée, abstraction faite de la matière qui l'occupe, est identique à toutes les autres surfaces de mêmes limites et de même grandeur ; tous deux sont infinis ; si loin que par l'imagination nous en reculions les limites, elles se dérobent toujours. Mais de profondes différences les distinguent. L'espace a trois dimensions, et le temps n'en a pas ; chaque instant du temps qui s'écoule tombe dans le néant, s'il n'est pas recueilli par la mémoire pour se survivre à soi-même ; les éléments de l'espace continuent au contraire d'exister alors qu'ils ont cessé de faire impression sur nous, de sorte que l'étendue, fût-elle réduite à une seule dimension, différerait encore de la durée par un caractère des plus importants. Aussi, dans l'état imaginaire que nous avons supposé, pourrions-nous avoir l'idée d'une multiplicité continue d'éléments successifs, mais non coexistants. — Dira-t-on qu'il suffira, pour établir une différence entre les successifs purs et simples et ce qu'on pourrait appeler les successifs coexistants, de parcourir ceux-ci en sens inverse de l'ordre primitif, et que, les retrouvant semblables à ce qu'ils nous ont paru d'abord, nous concluons qu'ils ont survécu à l'impression produite ? Mais qui prouve que nous avons affaire aux mêmes choses, et non pas à des choses absolument semblables, et que, fussent-elles les mêmes, elles n'ont pas été anéanties, pour renaître, dans un ordre inverse, à *la suite* de la série qu'elles formaient d'abord? La succession renversée est toujours succession, et non pas simultanéité.

Mais nous pouvons éprouver, et en fait nous éprouvons, des impressions simultanées de contact. La surface cutanée est divisée en un certain nombre d'aires circonvoisines, d'étendue variable, isolées les unes des autres et desservies chacune par un filet nerveux distinct; chacune d'elle communique donc d'une façon indépendante avec les centres nerveux. Il en résulte que si deux objets font ensemble impression sur deux aires contiguës et distinctes, on aura deux sensations simultanées et distinctes. — Mais ce sentiment de contacts simultanés, facteur indispensable de la notion d'étendue, ne l'implique-t-il pas lui-même? A la rigueur, nous pouvons éprouver des sensations simultanées qui, distinctes pour la conscience, n'apparaissent pas à la sensibilité comme extérieures les unes aux autres. Le rendez-vous commun des nerfs de la sensibilité est aussi le centre où se réunissent, sans se confondre, mais aussi sans se distinguer géométriquement pour ainsi dire, les diverses impressions. C'est seulement quand elles reviennent du centre à la périphérie que les sensations agglomérées se séparent, s'isolent et se placent en dehors les unes des autres. La localisation est une opération ultérieure et acquise. La science commence à en connaître le mécanisme, et toutes les analyses qui en ont été faites s'accordent à la présenter en fonction du mouvement musculaire. La question revient donc à celle de savoir si les mouvements de nos membres et les sensations qui en résultent ne présupposent pas l'intuition de l'espace.

Du reste, la localisation des sensations tactiles fût-elle un acte primitif et spontané de l'organisme, nous serions néanmoins conduits à la même question. En effet les aires sensibles de la peau, et par suite les impressions de contacts simultanés, sont séparées les unes des autres. Comment pouvons-nous alors savoir que les points de contact sont plusieurs, si de façon ou d'autre nous ne sentons pas qu'un intervalle les sépare? Or cet intervalle est loin d'être donné dans les sensations tactiles pures et simples; deux aires contiguës de sensibilité tactile sont isolées l'une de l'autre; tout ce qui tombe dans chacune d'elles détermine une impression unique. Par conséquent, réduits à ces sensations, en admettant même, ce qui n'est pas, qu'elles pussent être localisées en l'absence de tout mouvement musculaire, nous aurions le sentiment d'une simultanéité discrète, et non pas d'une coexistence continue, comme est l'espace; à plus forte raison serions-nous incapables d'apprécier les distances et les directions. Il faut donc un facteur nouveau qui relie les uns aux autres les coexistants discontinus.

Dans l'école anglaise, on attribue ce rôle aux sensations musculaires :

« La continuation d'un mouvement, dit M. Bain,
» signifie pour nous autre chose que la continuation

» d'une tension ; c'est le cours de l'organe à travers
» l'espace, il se rattache lui-même avec la nature de
» l'espace ou étendue. C'est par le fait de la continua-
» tion que nous mesurons l'ampleur de la contraction
» d'un muscle, ce qui est la même chose que l'ampleur
» ou l'étendue du mouvement de la partie mue. Du
» moment que nous avons conscience de la continua-
» tion plus ou moins longue d'un mouvement, nous
» sommes en état d'estimer l'étendue plus ou moins
» grande de l'espace parcouru. Voilà le premier pas, le
» fait élémentaire de sensibilité, dans la connaissance
» de l'espace. Sans doute, pour la perception de l'éten-
» due, il faut une combinaison des sensations des sens
» avec le cours du mouvement, mais la partie essentielle
» de cette connaissance est donnée par les sentiments
» du mouvement. Nous apprenons à connaître, par un
» procédé que nous indiquerons, la différence entre le
» coexistant et le successif, entre l'espace et le temps;
» nous pouvons alors, par l'amplitude du mouvement
» musculaire, c'est-à-dire par la continuation de ce
» mouvement, distinguer les différences de la matière
» étendue et de l'espace. Cette sensibilité nous permet
» d'acquérir, dès le principe, le sentiment de l'étendue
» linéaire, comme mesurée par le cours du mouvement
» d'un membre ou d'un organe mû par les muscles. La
» différence entre six et dix-huit pouces est représen-
» tée par des degrés différents de contraction de certains
» groupes de muscles: ceux, par exemple, qui fléchissent
» le bras, ou, en marchant, ceux qui fléchissent la
» jambe. L'impression interne qui correspond à six

» pouces de long est le résultat du raccourcissement
» continu d'un muscle. C'est l'impression d'un mou-
» vement musculaire d'une certaine durée; une étendue
» linéaire plus grande est une durée de mouvement
» plus grande (1). »

Il peut sembler que le mouvement musculaire qui nous permet de localiser nos sensations tactiles ait aussi en soi tout ce qu'il faut pour relier les uns aux autres les éléments coexistants, mais isolés ; un par sa racine, il est multiple par ses points d'application, et constitue ainsi une synthèse naturelle de l'unité et de la multiplicité ; il est comme une ligne dont une extrémité demeure fixée au même point, alors que l'autre décrit un arc de cercle. Mais n'implique-t-il pas l'étendue, plutôt qu'il ne la recèle? A la rigueur on peut soutenir que, dans l'espace donné, nous mesurons grossièrement les distances par la durée des contractions musculaires; mais il faut pour cela que l'espace soit donné. Les sensations musculaires ont deux faces : l'une intérieure, l'autre extérieure. La première, toute subjective, consiste en états successifs ; nous ne pouvons donc en tirer la notion de la juxtaposition ; l'autre, objective, est tout entière tournée vers l'espace; mais elle le suppose et ne le crée pas. Qui oserait prétendre, en effet, que logiquement l'étendue n'est pas antérieure aux sentiments de l'extériorité, du déplacement et de la direction? Il faut donc, ou bien soutenir que l'espace est identique au temps, ce qu'on n'accorde pas, bien qu'on

(1) Bain, *Les sens et l'intelligence*, traduction française, liv. I, chap. III.

veuille déduire l'étendue de la durée avec l'aide des sensations musculaires, ou reconnaître que le mouvement, sans lequel il n'y a pas de localisation des sensations, ni par suite de simultanéité coexistante, ni de lien entre divers termes simultanés, est impossible sans la préexistence de l'espace. Là encore on n'a pas réfuté l'hypothèse d'une origine à priori en la remplaçant.

Est-on plus heureux en ce qui concerne la nature et l'origine des notions mathématiques? Tous les phénomènes extérieurs sont soumis aux lois du temps et de l'espace; tout objet est divisible et a des contours déterminés; il est à la fois un nombre et une figure.

Les lois de nombre et de figure sont-elles des conditions de l'expérience ou en sont-elles des produits? On sait quelle réponse l'école empirique fait à cette question : tout nombre est le nombre de quelque chose; toute figure est le contour de quelque chose.

On aurait vite raison de la thèse empirique, si elle s'en tenait à ces affirmations générales; il suffirait de faire remarquer que les unités concrètes et réelles, si semblables qu'on les suppose, ne sont pas égales entre elles, tandis que l'égalité rigoureuse est le caractère essentiel des unités mathématiques; que les figures des corps, si correctes qu'on les imagine, n'ont pas la correction parfaite de celles qu'étudie le géomètre. Mais tout en maintenant que la science mathématique porte sur des objets réels, on reconnaît que l'existence d'unités égales et de figures parfaites est incompatible avec la constitution physique de notre planète, et peut-être avec celle de tout notre système solaire. Comment dès lors se refuser à voir dans les objets de l'arithmétique et de la géométrie des constructions mentales, dont le cours entier de notre expérience nous présente des exemples et non pas des modèles? La conclusion serait inévitable si pour l'éluder on n'alléguait pas que la géométrie et l'arithmétique sont hypothétiques.

Toute notion de nombre et de figure est l'objet d'une définition. Toute définition se décompose en deux propositions, l'une qui énonce les caractères de la notion définie, l'autre qui fait connaître le nom donné à cet ensemble de caractères; celle-ci est la définition véritable, « l'autre est relative à un point de fait », la possibilité de l'existence de la chose définie. Mais comme il n'existe ni unités identiques, ni figures parfaites, il semble que ce postulat, impliqué d'après Stuart Mill dans toute définition, n'est, en aucun cas, justifié par l'expérience. C'est vrai; mais « tant qu'il n'y a pas néces-
» sité pratique de tenir compte de quelques-unes des
» propriétés de l'objet, autres que ses propriétés mathé-
» matiques, ou de quelques-unes des irrégularités natu-
» relles de ces propriétés mathématiques, il convient de
» les négliger et de raisonner comme si elles n'existaient
» pas, et, en conséquence, nous déclarons formellement,
» dans les définitions, que nous entendons procéder de
» cette manière... Donc cette exactitude toute particulière
» qu'on attribue aux premiers principes de la géomé-
» trie est illusoire. Les assertions sur lesquelles les raison-
» nements se fondent n'y correspondent pas plus exacte-
» ment que dans les autres sciences aux faits; mais nous

» supposons qu'ils y correspondent, pour pouvoir tirer
» les conséquences qui découlent de la supposition (1). »

Ramenée à ces termes, la question est de savoir comment nous passons des unités inégales et des figures imparfaites de la réalité aux unités et aux figures hypothétiques. C'est par l'abstraction et la généralisation. « Une ligne, telle que les géomètres la définissent, est
» tout à fait inconcevable; nous pouvons raisonner sur
» une ligne comme si elle n'avait pas de largeur, parce
» que nous avons un pouvoir qui est le fondement de
» tout le contrôle que nous exerçons sur les opérations
» de notre esprit, un pouvoir, quand une perception est
» présente à nos sens, ou une conception à nos intellects,
» de faire attention à une partie seulement au lieu du
» tout de cette perception ou conception. Les définitions
» doivent être considérées comme nos premières et nos
» plus évidentes généralisations relatives à ces objets
» naturels [les lignes réelles (2)]. » Nous avons donc à rechercher si l'abstraction et la généralisation peuvent remplir l'office qu'on leur attribue.

Remarquons d'abord que l'abstraction proprement dite se borne à isoler les unes des autres les qualités que l'expérience nous montre réunies dans un même objet, et qu'elle ne les modifie en aucune façon. Un corps est devant moi; je puis, par la pensée, en éliminer toutes les propriétés physiques et chimiques, et n'en conserver que le moule; mais le moule vide a la même forme que le moule plein. Qu'elle soit plongée dans

(1) Stuart Mill, *Logique*, liv. II, chap. v.
(2) *Ibid.*

l'onde colorée de la perception ou dégagée des qualités sensibles qui l'accompagnent, une figure est toujours identique à elle-même. Or, on reconnaît que les corps naturels sont loin de réaliser les formes pures et inflexibles de la géométrie; dans la nature, aucune ligne n'est absolument droite, aucun cercle n'a des rayons absolument égaux; aucun triangle rectiligne n'a trois angles rigoureusement équivalents à deux angles droits. La ligne droite *hypothétique* s'étend au contraire avec une rectitude parfaite d'un point à un autre; les rayons du cercle *hypothétique* sont rigoureusement égaux. Dira-t-on que l'abstraction, en détachant la forme des propriétés physiques et chimiques, en a rectifié les contours? C'est alors supposer l'existence de modèles idéaux auxquels nous rapportons les formes réelles pour en corriger les imperfections. Mais, s'il en est ainsi, les notions du triangle, du cercle parfaits sont antérieures à la perception des triangles et des cercles réels; et à quoi sert alors cette purification des formes matérielles, puisque les formes corrigées font double emploi avec les formes primitivement correctes?

En second lieu l'abstraction ne crée rien. Les propriétés abstraites ne sont pas réelles, en ce sens que le monde n'est pas un chaos de qualités isolées les unes des autres, flottant à l'aventure, comme dans le vide; mais elles sont réelles en cet autre sens qu'avant d'être séparées les unes des autres elles faisaient partie de touts naturels; par conséquent l'abstraction ne donne que ce que fournit l'expérience. Or, d'une part, le nombre des formes géométriques réalisées par les corps est restreint, et d'autre part celui des figures géométriques possibles est illimité. S'il est probable que les opérations des premiers géomètres portaient uniquement sur les formes réelles, il est hors de doute que l'esprit humain était en possession d'un autre procédé générateur que l'abstraction, lorsque Platon, Dinostrate, Nicomède, Dioclès inventaient les sections coniques, la quadratrice, la conchoïde et la cissoïde, et témoignaient par leurs découvertes, de cette vérité, que la liste des figures géométriques n'est jamais close. Par conséquent si l'abstraction était la source unique des notions géométriques, pour découvrir une forme nouvelle, il faudrait attendre une révélation de l'expérience. Mais nous sentons en nous un pouvoir créateur sans limites, dont les œuvres devancent et dépassent les résultats de l'observation. Il faut donc ou bien restreindre la géométrie à l'étude des seules formes réelles, ce que les géomètres ne souffriront pas, ou reconnaître que le pouvoir d'*attention* ou d'abstraction est impuissant à constituer, avec les seuls matériaux sensibles, ces notions hypothétiques, dont on fait les principes des déductions mathématiques.

La généralisation fera-t-elle ce que l'abstraction n'a pas fait? Une distinction est d'abord nécessaire. On généralise des rapports observés entre des êtres ou des phénomènes différents; on généralise des caractères individuels. Je vois qu'à une même température les volumes d'une masse donnée de gaz sont en raison inverse des variations de la pression qu'elle supporte; généralisant ce rapport, je dis : toutes les fois que la pression supportée par une masse donnée de gaz variera, le volume occupé par ce gaz variera dans un rapport inverse. Les définitions qui, d'après Stuart Mill, sont les premières généralisations de l'expérience, n'appartiennent pas à cette espèce; elles n'énoncent pas, en effet, une ou plusieurs relations entre deux ou plusieurs faits; dans la définition le sujet est identique à l'attribut: le premier est l'expression abrégée du second, et le second l'expression analytique du premier. Mais on généralise aussi des caractères individuels. Un homme est devant moi: c'est un groupe de propriétés; par abstraction j'isole ces propriétés l'une de l'autre: l'image qu'elles formaient par leur assemblage était individuelle, mais une fois résolue en ses éléments, chacun d'eux peut convenir à un nombre indéfini de sujets semblables; la représentation singulière s'est démembrée en plusieurs idées générales. Or, la forme étendue est une de ces propriétés qui sont données primitivement dans l'intuition totale; une fois abstraite, on peut l'affirmer non-seulement de l'être individuel duquel on l'a dégagée, mais d'un nombre illimité d'êtres semblables. Voilà comment les notions de triangle, de cercle et de toute autre figure, singulières à l'origine, deviendraient les termes des propositions générales de la science.

Personne ne contestera la fonction généralisatrice de l'entendement. Mais, pour savoir si les notions mathématiques sont « nos premières et nos plus évidentes généralisations de l'expérience », il faut se demander quelle est au juste l'œuvre de la généralisation. On se méprendrait singulièrement en croyant qu'elle modifie le contenu des idées; elle ne fait qu'en augmenter l'extension; elle étend l'idée, telle que l'abstraction la fournit, à un nombre illimité d'individus. Mais n'avons-nous pas vu que l'abstraction dégage les propriétés sensibles des ensembles dont elles font partie, sans les modifier en rien? Le contenu d'une idée ne varie donc pas en quantité quand celle-ci de particulière devient générale. Aussi l'idée généralisée de triangle ou de cercle ne diffère-t-elle pas, au fond, de l'image d'un triangle ou d'un cercle individuel. Et comme on a reconnu qu'il n'y a dans la nature aucun objet exactement conforme aux définitions des géomètres, on est conduit à ce dilemme : ou bien la géométrie a pour objet des formes *supposées* parfaites, et la généralisation des données expérimentales ne peut en expliquer la perfection, ou bien elle a pour objet les formes réelles, et la généralisation est inutile.

Mais, en admettant même que l'abstraction et la généralisation réussissent à constituer, avec les données des sens, les objets mathématiques, faudrait-il en conclure que la théorie qui fait de ceux-ci des constructions mentales, fût réfutée et remplacée? N'oublions pas que pour Stuart Mill les nombres d'unités égales et les figures parfaites sont loin d'être les indices exacts des quantités et des formes réelles, et que cependant ces notions hypothétiques sont les principes des déductions mathématiques. N'est-ce pas reconnaître implicitement que nombres et figures ne sont pas contenus dans la matière sensible, comme un diamant dans sa gangue, et que l'office de l'abstraction n'est pas uniquement de les en extraire? Elle les crée donc, ou mieux elle les construit, puisqu'elle ne les trouve pas tout faits. Mais attribuer à l'esprit cette faculté de construction, n'est-ce pas reconnaître qu'en ces notions tout ne vient pas de l'expérience ? Et n'est-ce pas, en définitive, aller contre les principes fondamentaux de l'empirisme et restaurer, sous d'autres noms, ce qu'on entend proscrire ?

On nous objectera sans doute que nous n'avons pas épuisé toute la pensée de l'école nouvelle. — On était en droit de répondre à Locke, qu'en faisant de l'esprit humain une tablette vide, il niait l'existence de conditions mentales de la pensée et se condamnait à rétablir dans ses analyses, pour que les résultats en fussent exacts, ce qu'il prétendait supprimer. — La psychologie expérimentale de l'association ne saurait encourir un pareil reproche. Professe-t-elle que la connaissance s'introduit toute faite du non-moi dans le moi ? N'enseigne-t-elle pas, au contraire, que tous les phénomènes, en entrant dans la pensée, sont soumis à la condition mentale de l'association ; qu'à l'association, fait ultime et irréductible, se ramènent toutes les fonctions de l'esprit dont on s'est plu si longtemps à faire des facultés distinctes ? Si donc l'abstraction et la généralisation sont des fonctions dérivées de l'association, on ne saurait dire qu'en en constatant l'office dans la genèse des notions mathématiques, on concède l'équivalent exact de ce qu'on nie.

On est ainsi conduit à se demander si les facultés d'abstraire et de généraliser sont des fonctions de l'association. M. Bain l'a pensé. A ses yeux, abstraire et généraliser, de même que classifier et définir, ne sont au fond qu'une seule et même chose, qui consiste à iden-

tifier par un trait commun nombre d'objets différents, et à faire de ce trait un sujet distinct de pensée. Mais ce n'est pas là une fonction première de l'esprit, c'est un effet de la similarité. « Nous identifions les différents
» courants qui tombent sous notre observation, en con-
» séquence de la ressemblance qui fait saillie au milieu
» de diversités considérables ; tout courant nouveau
» réveillera les anciens, et ils se réuniront tous dans
» l'esprit, non comme un agrégat mélangé, mais comme
» une classe reliée par un lien commun. » Considérons, par exemple, le genre des corps ronds : l'attraction de la similarité les a réunis ; une fois identifiés, ils s'éclairent mutuellement et peuvent se substituer l'un à l'autre. « Nous prenons parmi eux quelque exemple pour en
» faire un représentant de tous les autres, un cas type,
» et cette idée nous l'appelons abstraite ou idée géné-
» rale. » Nous pouvons suivre une méthode plus subtile encore : « Tirer une ligne circulaire en négligeant la sub-
» stance solide qui la porte et en considérant seulement
» la forme nue qu'elle présente à l'œil, nous obtenons
» une abstraction supérieure à celle que nous pou-
» vons acquérir en prenant un objet circulaire pour spéci-
» men, une roue par exemple, car elle laisse de côté un
» plus grand nombre de traits par lesquels les corps cir-
» culaires diffèrent... Il nous est possible de faire un pas
» de plus, et de passer de la figure à une définition par des
» mots qui la décrivent, de l'adopter à titre de concep-
» tion générale et de nous en servir dans toutes nos
» opérations intellectuelles (1). »

(1) Bain, *Les sens et l'intelligence,* deuxième partie, chap. II.

On ne saurait marquer en termes plus précis et plus exacts les divers stades de cette abstraction progressive qui conduit aux définitions générales. Mais cette description contient-elle la preuve annoncée ? A-t-on démontré que l'abstraction et la généralisation qui l'accompagne sont des fonctions de l'association ? Le semblable, il est vrai, appelle le semblable, et les objets s'unissent dans la pensée suivant « l'attraction de l'identité. » Mais cet accouplement qui aboutit à une fusion, loin d'être l'abstraction, ne la suppose-t-il pas ?

C'est une vérité que l'école expérimentale n'a pas, ce nous semble, contestée, qu'il n'existe pas dans la nature deux êtres individuels absolument identiques ; les images que nous avons des objets perçus, si semblables d'ailleurs qu'on les suppose, ne peuvent coïncider en tous les points, ni par suite se fondre en une seule idée, à moins que les différences propres à chacune d'elles n'en aient été d'abord éliminées. Si l'on invoque l'attraction de la similarité pour expliquer cette fusion, sans abstraction préalable, il sera aisé de répondre que la répulsion mutuelle des différences a dû en neutraliser les effets. Pourquoi la tendance des semblables à s'unir n'aurait-elle pas pour contre-poids la résistance des différences à s'accoupler et à se fondre ? Il faut, pour que l'union des images individuelles ait lieu en une idée, qu'un champ libre ait été laissé à l'attraction de la similarité, et pour cela que l'abstraction ait éliminé les différences.

Et d'ailleurs pourrait-on, à l'aide d'une abstraction assise uniquement sur la loi d'association des semblables, expliquer le caractère hypothétique assigné par Stuart

Mill aux notions mathématiques? L'association ne lie que ce qui est donné dans l'expérience. Or n'avons-nous pas enregistré déjà cet aveu que ni les unités réelles ne sont égales ni les figures réelles parfaites, et que le mathématicien traite des unités *supposées* égales et des figures *supposées* parfaites ? Comment opérer la correction des inégalités et des irrégularités expérimentales, si le pouvoir d'abstraire consiste uniquement dans l'union des choses semblables? Force est d'admettre, en fin de compte, ou bien que la construction des nombres et des figures hypothétiques est impossible, ou bien que l'expérience produisant avec une fréquence capable d'engendrer des associations, des quantités également inégales et des forces régulièrement irrégulières, il se formera dans l'esprit plusieurs espèces d'unités et plusieurs espèces de figures de la même espèce. Mais qui ne voit que ces conclusions sont la ruine de la science.

Ce n'est pas tout. Une fois l'esprit en possession des définitions de l'unité, du point, de la ligne, de la surface, et des lois de la numération et de la construction géométrique, il est affranchi de l'expérience, et il peut construire des nombres et des figures au delà de ce que l'expérience a pu jamais fournir. Que ce soient là des hypothèses, peu importe ; les notions ainsi construites, et le nombre en est illimité, entrent aussi bien dans la science que celles qui sont réalisées dans nos expériences les plus familières.

Dira-t-on que ce pouvoir de construction sans limites est un résultat de l'association; qu'en fait trouvant l'unité toujours jointe à l'unité dans les nombres réels, les lignes toujours unies aux lignes dans les formes des corps, nous acquérons une tendance mentale à aller toujours plus loin ? — Mais, alors, ne dépassera-t-on pas les données expérimentales de tout l'excédant de l'infini sur le fini ? S'il est vrai, comme on le prétend, que la loi d'association qui préside aux actes de ce genre est la loi de similarité, — « les actes, sensations, pensées » ou émotions présentes tendent à raviver leurs sem- » blables parmi les impressions ou états antécédents, » — comment se fait-il que nous puissions construire des nombres et des figures que nous n'avons jamais vus ?

La même objection se présenterait sous une autre forme si, au lieu de considérer l'addition progressive et illimitée des nombres, nous en considérions les divisions possibles. Tout objet est donné comme unité, mais comme il est divisible, il est donné en même temps comme pluralité ; de là, par association, la division de l'unité en parties aliquotes. Mais la division réelle a des limites infranchissables ; en fait, quand nous la poursuivons assez loin, nous aboutissons à un minimum qu'on ne saurait supposer diminué, sans qu'il soit anéanti pour les sens. Comment se fait-il alors que la division idéale de l'unité puisse toujours être prolongée au delà des limites de la division réelle. Ce n'est plus le semblable qui appelle le semblable, puisque jamais ces fractions dont le dénominateur va croissant n'ont été rencontrées dans l'expérience.

Nous sommes donc autorisé à conclure que la tentative de l'école anglaise pour réduire les diverses fonctions intellectuelles à l'unique loi ou mieux au seul fait de l'association, ne pouvait aboutir qu'à mutiler l'esprit, ou à remplacer sous d'autres noms ce qu'elle en veut retrancher. Il n'est pas besoin, pour justifier davantage cette conclusion, de prendre pour exemples les analyses proposées des autres catégories de l'entendement. Comme toutes les associations auxquelles on les ramène impliquent, avec la quantité, l'union dans le temps et l'espace, il suffit d'avoir montré que la quantité, l'espace et le temps ne sauraient être déduits de l'expérience, si, par une pétition de principe dont on ne réussit pas à s'affranchir, on ne les place là même d'où on les suppose absents.

CHAPITRE VIII

EXAMEN DE LA DOCTRINE DE L'ASSOCIATION (*suite*)

Par le nombre et l'importance des œuvres qu'elle a inspirées, par la position nouvelle qu'elle occupe entre le vieil empirisme et la critique kantienne, la doctrine de l'association n'est pas de celles auxquelles on peut ne se prendre qu'à demi ; il faut en suivre jusqu'au bout les applications pour en juger sainement les principes.

Au XVIIe siècle, on croyait prouver l'innéité de certaines notions et de certaines vérités, en alléguant qu'elles sont universelles. Locke s'efforça de montrer qu'en fait cette universalité n'existe pas, et qu'en droit elle serait un témoignage insuffisant en faveur de l'innéité, puisque des connaissances peuvent être universellement acquises. Leibniz, dans ses *Nouveaux essais sur l'entendement humain*, assit la théorie cartésienne sur des fondements nouveaux et plus solides ; il se peut, disait-il, que les connaissances innées ne soient pas actuellement présentes à tous les esprits, car primitivement elles sont en nous, et elles peuvent y demeurer toujours, à l'état de virtualités, sortes de pensées ébauchées, qui n'en sont pas moins les règles de toutes nos autres connaissances; mais ce qui nous empêche de voir en elles des acquisitions de l'expérience et nous force à les considérer comme des possessions naturelles, c'est qu'une fois conçues clairement et distinctement, elles ont un caractère de nécessité invincible. La nécessité, telle parut être aussi à Kant la marque originale des vérités à priori. La nouvelle école expérimentale avait donc ou bien à dissiper l'illusion de la nécessité attachée à certaines de nos connaissances, si c'est une illusion, ou bien à faire voir que ce caractère, loin d'être en certains jugements le signe d'une origine à priori, dérive lui-même d'un fait d'expérience.

On ne saurait dire que pour les philosophes de l'association la nécessité de certaines connaissances soit illusoire; ils ne font pas beaucoup de difficulté à reconnaître que le contraire de certains jugements est pour nous inconcevable; cependant ils sont loin d'entendre cette nécessité au même sens que leurs adversaires. — Quand dans l'école de l'à priori, on dit que des notions et des jugements sont nécessaires, on entend que nous les formons en vertu de lois mentales dont aucune intelligence ne saurait être dépourvue et affranchie. Ainsi comprise, la nécessité des connaissances en implique l'innéité. Mais cette interprétation de la nécessité n'est-elle pas une méprise? Tout en reconnaissant que les éléments de certaines idées et les termes de certains jugements sont unis ensemble de telle sorte que le contraire nous en semble inconcevable, ne peut-on pas trouver dans l'expérience l'origine et la raison de ce fait? Et doit-on en conclure que la négation de ces vérités serait la ruine de l'entendement lui-même? Là est le nœud du débat encore pendant entre ceux pour qui l'expérience est soumise à des principes qu'elle ne saurait former, et ceux qui veulent tirer d'elle et les matériaux et les règles de toute connaissance.

Nous avons vu, dans un précédent chapitre, que, d'après Stuart Mill, le sentiment de la nécessité s'engendrait progressivement en nous par la répétition constante des mêmes liaisons phénoménales; à force d'être unies ensemble, impressions et idées acquièrent une cohésion invincible; les assemblages en deviennent indissolubles, et, ainsi maîtrisé, l'esprit se représente les phénomènes à venir dans l'ordre où il les a déjà vus. Les vérités nécessaires ne seraient donc que des associations inséparables.

C'est là, on en conviendra, se placer dans une situation fort avantageuse, et pour l'attaque et pour la défense. « Les causes productives des associations, a dit Stuart Mill, ont dû commencer presque au commencement de la vie. » Quand la réflexion s'éveille, surtout la réflexion philosophique, plus tardive, les associations fondamentales sont déjà formées, et aucun souvenir ne nous reste des expériences accumulées dont elles seraient la conséquence et le résumé. Celles que nous voyons se former sous nos yeux ne sont plus de la même espèce, et ne sauraient par suite servir d'exemple et de preuve, puisqu'elles sont à la fois l'œuvre de l'expérience et des associations primitives, devenues, par droit de priorité, les règles de nos acquisitions ultérieures. Un fait prétendu d'expérience ne peut donc être vérifié directement par l'expérience. Mais les voies d'un contrôle indirect ne nous sont pas fermées.

Pour établir sa thèse, Stuart Mill montre, l'histoire en main, que certaines associations, longtemps réputées indissolubles, ont été dissoutes. « On voit, dit-il, dans
» l'histoire des sciences, de curieux exemples d'hommes
» très-instruits, rejetant comme impossibles des choses
» que leur postérité éclairée par la pratique et par une
» recherche plus persévérante a trouvées très-aisées
» à concevoir, et que tout le monde maintenant recon-
» naît vraies. Il fut un temps où les esprits les plus
» cultivés et les plus libres de tout préjugé ne pouvaient
» pas croire à l'existence des antipodes, ni par suite
» concevoir, à l'encontre d'une association d'idées, la
» force de gravité s'exerçant en haut et non en bas. Les
» cartésiens repoussèrent longtemps la doctrine newto-
» nienne de la gravitation de tous les corps les uns vers
» les autres, sur la foi d'une proposition dont le con-
» traire leur paraissait inconcevable, à savoir qu'un
» corps ne peut agir là où il n'est pas. L'encombrant
» machinisme des tourbillons imaginaires, admis sans
» une ombre de preuve, semblait à ces philosophes
» un mode d'explication des mouvements du ciel plus
» rationnel que celui qui impliquait ce qui leur paraissait
» une si grave absurdité, et certainement ils trouvaient
» aussi impossible qu'un corps agît sur la terre, à la dis-
» tance du soleil et de la lune, que nous trouvons impos-
» sible de concevoir une fin de l'espace et du temps, ou
» que deux lignes droites enferment un espace (1). »

(1) Stuart Mill, *Logique*, liv. II, chap. v.

La confusion contenue dans ce passage célèbre a été relevée depuis longtemps déjà, et par des adversaires, et aussi par des partisans du système de l'association. Nous ne pouvons pas ne pas la relever à notre tour. — La science et la vie sont dirigées par deux sortes de principes que l'on pourrait appeler, les uns, les anticipations abstraites, les autres, les anticipations concrètes de l'expérience; les axiomes des mathématiques, la loi de la causalité universelle sont de la première espèce; toutes les lois de la nature sont de la seconde. On ne saurait nier qu'une fausse explication d'un fait, si elle a pour elle les apparences d'une expérience mal faite ou mal interprétée, peut s'ériger indûment en loi et en principe, prendre possession des esprits, passer d'une génération à l'autre, et imposer longtemps grâce au faux témoignage d'apparences sensibles non redressées et à la force de l'habitude. Il y a des préjugés d'époque, de nation, de parti, de famille, et même chaque individu en a de particuliers. De telles associations finissent tôt ou tard par être rompues et elles sont remplacées, dans les esprits, par les liaisons contraires qui auparavant semblaient inconcevables. Le progrès de la science consiste précisément à rectifier les anticipations prématurées et l'œuvre de l'éducation réfléchie, à corriger les faux jugements de l'éducation première. Le contenu de l'intelligence change incessamment dans la race et dans les individus.

Mais si les erreurs et les préjugés que nous chassons, pour les remplacer souvent par d'autres erreurs et d'autres préjugés, venaient d'une association habituelle, faut-il en conclure que les principes qui demeurent invariables sous toutes ces variations n'ont pas d'autre origine? M. Mahaffy, un adversaire anglais de Stuart Mill, l'a défié de citer un seul cas où une inconcevabilité du genre de celle-ci : trois et trois font cinq, ait fini par prendre rang de vérité concevable. Pour conclure que les associations dissoutes et celles qui ont toujours résisté à la séparation ont une même origine, il faudrait avoir prouvé qu'elles sont de même nature. Or c'est là une preuve qu'on ne saurait faire sans pétition de principe. Ce que nous avons appelé les anticipations abstraites de l'expérience sont en quelque sorte les cadres vides de notre connaissance ; mais c'est par abstraction seulement que nous les isolons de leur contenu ; en fait ils y sont toujours unis. Par exemple, le principe de causalité est une règle suivant laquelle, pour prendre la formule de Stuart Mill lui-même, nous lions tout phénomène donné à un antécédent invariable et inconditionnel; nous avons ainsi un indice pour reconnaître une cause véritable d'un phénomène simplement antérieur. Mais si le principe nous paraît infaillible, les applications instinctives ou réfléchies en sont souvent fausses. De combien de phénomènes connaissons-nous vraiment les causes? Et combien de causes imaginaires n'a-t-on pas de tout temps assignées au plus grand nombre des faits? L'anticipation abstraite, toujours vraie, se traduit par une infinité d'anticipations concrètes, les unes vraies, les autres fausses. Mais à quoi reconnaissons-nous la vérité des unes, la fausseté des autres ? Qui nous permet de dissoudre les dernières, si ce n'est l'anticipation abstraite elle-même et le critérium qu'elle nous fournit? Un phénomène a été lié de temps immémorial à tel autre phénomène comme à sa cause; nous reconnaissons un jour que cette liaison est erronée; mais à quel signe, si ce n'est en découvrant que la cause prétendue n'est pas un antécédent invariable et inconditionnel? Voilà l'association dissoute, et cela non pas grâce à l'expérience aveugle, mais à l'expérience éclairée par le principe de causalité. Les associations séparables ne sauraient donc être identifiées avec les associations inséparables, puisque celles-ci servent à dissoudre celles-là.

Si l'on objecte, comme le fait Stuart Mill, dans son explication de la loi de causalité universelle, que si les principes ont résisté à la dissolution subie par d'autres vérités qui semblaient inébranlables, c'est qu'ils sont l'expression de la plus constante et de la plus générale de nos expériences, qui ne voit qu'ils doivent subir une atteinte à la rupture de chaque association concrète? De deux choses l'une, en effet : ou bien le principe de causalité, pour continuer la discussion sur le même exemple, est une anticipation véritable de l'expérience, ou bien il n'en est qu'un résumé. Dans le premier cas, on comprend que toutes nos erreurs sur les causes particulières puissent être redressées sans que notre croyance à la causalité en soit ébranlée, et au nom même de cette causalité; dans le second, comme cette croyance repose sur toutes les liaisons causales, vraies ou fausses que nous voyons dans l'univers, la rupture de plusieurs d'entre elles est un coup porté à l'induction à laquelle leur solidité prétendue servait d'assiette. Dira-t-on que chaque brèche ouverte dans le principe est immédiatement réparée, puisque chaque association rompue est aussitôt remplacée par une association nouvelle? Mais c'est reconnaître la préexistence au moins logique du principe, puisque, sans le critérium qu'il fournit, on ne saurait ni défaire d'anciennes associations, ni en former de nouvelles.

La conclusion de tout ce qui précède, c'est que, s'il existe en fait des associations non encore séparées, en droit, il n'en existe pas d'inséparables. Ce qui est l'œuvre d'une expérience sans règles et sans lois peut être détruit par elle. Si des milliers de cas semblables ont produit en nous une tendance à nous représenter par anticipation les phénomènes futurs liés entre eux comme l'ont été les phénomènes passés, des milliers de cas contraires peuvent la détruire peu à peu et en créer une opposée. Stuart Mill le reconnaît avec une entière bonne foi : « Il n'y a pas, dit-il, de proposition dont on puisse dire
» que toute intelligence humaine doit éternellement et
» irrévocablement la croire... Il n'est pas une de ces
» croyances supposées instinctives de laquelle on ne
» puisse être dégagé. Tout homme peut prendre des
» habitudes d'esprit qui l'en délivrent... Toute personne
» habituée à l'abstraction et à l'analyse arriverait, j'en
» suis convaincu, si elle dirigeait à cette fin l'effort de
» ses facultés, dès que cette idée serait devenue familière à son imagination, à admettre sans difficulté,
» comme possible, dans l'un par exemple des nombreux
» firmaments dont l'astronomie sidérale compose l'uni-

» vers, une succession des événements toute fortuite et
» n'obéissant à aucune loi déterminée, et de fait, il n'y
» a dans l'expérience ni dans la nature de notre esprit
» aucune raison suffisante, ni même aucune raison de
» croire qu'il n'en soit pas ainsi quelque part (1). »

Alors il faut déclarer que la nécessité est une illusion. Mais aussitôt la question change. Dans cette hypothèse que devient la science? Que devient la pensée?

Il est difficile de donner de la science et de la pensée une définition qui n'emporte pas une idée préconçue, et qui ne soit pas un préjugé en faveur d'une solution tenue en réserve. Cependant ne pourrait-on pas la définir assez exactement, en dehors de tout système philosophique sur l'origine des connaissances, une prévision raisonnée? L'animal perçoit les phénomènes, il en prévoit aussi le retour; mais rien n'indique que chez lui cette prévision ne soit pas une attente purement instinctive et comme machinale. Dans l'homme, au contraire, la prévision est calculée et rationnelle : non-seulement nous nous attendons à ce que le courant de nos états de conscience continue à couler au delà de l'instant présent; non-seulement nous présumons que des événements passés se reproduiront encore, mais nous prédisons à coup sûr le retour de quelques-uns d'entre eux, et nous en fixons d'avance les circonstances et les conditions. C'est assez dire que la science, quelque opinion qu'on ait d'ailleurs sur la nature et la portée de la connaissance

---

(1) Stuart Mill, *Logique*, liv. III, chap. XXI.

humaine, n'est pas la simple constatation des faits, et qu'elle implique des principes qui nous permettent d'en devancer en esprit la venue, et d'en connaître, avant l'événement, l'ordre et les rapports. Du reste, l'école de l'association ne le nie pas; elle admet que la science a des principes, puisqu'elle veut les démontrer. Mais la démonstration qu'elle en propose n'aboutit-elle pas à enlever à la science ce caractère de certitude qui la distingue des prévisions aveugles de l'empirisme, et à faire de la pensée une sorte de néant conscient ?

Les principes, nous dit-on, sont engendrés par l'expérience. A s'en tenir à ces termes, on pourrait croire que la sensation d'un fait nous donne à la fois, dans la même intuition, le fait lui-même et les lois qui le régissent. Mais ce serait là une assertion contradictoire, car une telle intuition aurait à la fois pour objet un fait individuel et un rapport universel, c'est-à-dire un phénomène et une chose en soi. Pour échapper à la contradiction, il faudrait soutenir que la seule réalité intuitivement connue, c'est ou le phénomène, ou la chose en soi. Mais adopter l'un ou l'autre de ces partis, c'est contredire les données du problème et les termes de la solution qu'on en propose : dans le premier cas, en effet, il n'y a pas lieu de se demander comment nous connaissons des principes qui n'existent pas, et dans le second la recherche de lois phénoménales est inutile, puisque nous ne saisissons que des choses en soi. L'expérience d'où l'on veut faire sortir les principes de la science, source de la certitude de nos prévisions, ne les contient donc pas au même titre qu'elle contient nos sensations.

Quels peuvent être, dans cette doctrine, les éléments générateurs des principes? Ce sont d'abord les sensations, puis les traces qu'elles laissent dans notre imagination. Rapprochant des impressions actuelles les souvenirs de celles qui ne sont plus, nous constatons que l'ordre en est constant, et acquérant ainsi du mouvement pour aller plus loin, comme disait Malebranche, nous projetons au delà du présent la série de nos souvenirs; du passé nous faisons l'avenir; de la mémoire, la prévision. Mais d'où nous vient l'élan à franchir ainsi les limites du présent pour nous représenter mentalement le futur? Ce ne saurait être du phénomène lui-même, puisque, nous l'avons vu, nous ne saisissons pas à la fois, dans la sensation, le fait et le principe; les faits auraient donc beau se reproduire, s'accumuler, tout au plus laisseraient-ils en nous des souvenirs, sans jamais engendrer de principes. On est par là conduit à reconnaître en nous un instinct de prévision et de science, qui doit se manifester, au moins d'une façon inconsciente, dès la première sensation. Cela revient à dire que l'esprit a une part active dans la formation de la science. On comprend dès lors que les principes fournis par lui doivent nous paraître universels et nécessaires.

Mais en partant des premières données de l'école empirique, nous en avons singulièrement dépassé les conclusions. Les philosophes de cette école n'entendent pas en effet que les principes soient posés, même d'une manière inconsciente, dans les premières sensations, et ils ne sauraient le faire sans trahir l'empirisme qu'ils ont charge de défendre et de fortifier. A leurs yeux cette tendance à attendre le retour des mêmes événements dans les mêmes circonstances, bien qu'originaire de l'esprit lui-même, n'est pas, au début, une garantie suffisante de notre croyance en l'avenir et en l'ordre de l'avenir : elle est sans contredit le premier germe des principes; mais pour être élevée à cette dignité, elle a besoin de recevoir une confirmation abondante de l'expérience elle-même. Nos sensations se produisent et se reproduisent dans un ordre invariable. Portés à en attendre le retour, nous trouvons dans ce retour répété la confirmation de nos présomptions; peu à peu, notre croyance, d'abord précaire et chancelante, s'affermit, et sans cesse confirmée, elle finit par acquérir le plus haut degré de force auquel une croyance humaine puisse parvenir.

On reconnaîtra, sans longs développements, que cette force acquise peu à peu par des croyances faibles à l'origine, ne saurait jamais devenir invincible. Si parfois l'esprit est conduit par degrés, suivant une chaîne continue de raisons semblables, de la probabilité la plus chancelante à la certitude la plus assurée, souvent aussi, malgré la similitude des raisons successives, il s'en approche indéfiniment sans l'atteindre jamais. Tel est précisément le cas que nous examinons. Une prévision instinctive surgit en nous avec les sensations, assez forte déjà pour nous faire imaginer un avenir semblable au passé, mais trop faible encore pour maîtriser notre esprit. Chacun des faits qui s'accomplit dépose en sa faveur : ces témoignages répétés et toujours favorables dissipent une à une nos raisons de défiance; la probabilité s'accroît progressivement. Mais si grand que soit le nombre des cas favorables, qu'est-il auprès du nombre indéfini des cas inconnus que l'avenir tient en réserve? Et pourtant c'est à ces cas inconnus que s'étend l'anticipation. Il faudrait donc pour parvenir, suivant cette voie, à la certitude, épuiser tous les cas possibles; mais alors les principes seraient inutiles, car il n'y aurait plus matière à prévisions, et partant plus de science. On doit donc reconnaître que, dans l'espèce, la certitude est inaccessible, et que même elle est toujours à égale distance d'une probabilité qui semble pourtant s'en approcher de plus en plus.

Pour échapper à cette conséquence ruineuse, alléguera-t-on que la certitude est une habitude invincible de l'esprit qui peut être engendrée par une longue et constante répétition des faits? — Nous reconnaissons qu'en fait il est en nous de telles habitudes. Combien d'hommes sont impuissants à se soustraire à l'empire des tendances acquises? Mais, en droit, est-on autorisé à soutenir qu'il est impossible d'en triompher? Et si la volonté n'y peut rien, la nature qui les a fait naître par une suite ininterrompue de faits semblables ne se chargera-t-elle pas elle-même de les détruire et de les remplacer? De deux choses l'une : ou la tendance à croire à la stabilité des choses naturelles, qui se manifeste en nous dès les premières perceptions, s'impose à l'esprit, dès qu'elle apparaît, avec une autorité sans réplique; alors les principes ne sont pas des habitudes; ou bien ces principes ébauchés par l'esprit n'ont pas par eux-mêmes assez de force pour nous imposer une adhésion durable et sans réserve, et tirent peu à peu de la confirmation incessante des faits l'autorité qu'ils n'ont pas ; alors, si l'ordre des faits vient à changer, le train de notre pensée peut être interrompu et interverti, par suite du renversement du train des choses.

Alléguera-t-on qu'une telle conséquence est en contradiction avec les données du problème? — Ce serait confondre le problème avec la solution qu'on en propose. Les faits dont la répétition est censée engendrer en nous les habitudes prétendues invincibles, sont supposés sans lien et sans règle invariable. L'intuition ne nous donne que des phénomènes et entre eux des rapports contingents. Si donc nous croyons que l'ordre des faits est constant et universel, cette croyance ne vaut que pour nous qui l'avons formée progressivement. Aussi, en projetant au delà du présent une série indéfinie de phénomènes à venir, liés entre eux comme l'ont été les phénomènes passés, n'engageons-nous pas la nature? Par suite il est permis de concevoir que l'ordre de nos sensations pourra bien être contraire à celui de nos prévisions. Les principes, au sens de l'école empirique, et après l'explication qu'elle en propose, n'ont qu'une valeur subjective. Pour soutenir avec une apparence de raison que la nature doit se plier à nos prévisions et amener en nous des sensations toujours conformes à nos idées, il faudrait admettre qu'elle-même contracte une habitude semblable à celle qu'elle nous impose ; qu'à mesure qu'en nous s'accroît la force de prévision justifiée par l'événement, en elle s'augmente l'affinité secrète des phénomènes les uns pour les autres. Mais qui ne voit qu'une telle hypothèse, loisible au métaphysicien, est interdite au philosophe de l'école empirique? Que savons-nous de l'essence des phénomènes? Et pourquoi, si notre connaissance est bornée aux sensations et aux associations mentales que nous en formons, irions-nous attribuer à une nature inconnue en elle-même des tendances et des forces analogues à celles que nous sentons en nous? Il faut donc convenir que les habitudes contractées par l'intelligence n'engagent qu'elle-même et n'enchaînent pas la nature. Qui nous assure alors qu'en pensant à l'avenir nous ne rêvons pas, et que la sensation qui va venir n'interrompra pas notre songe par un choc imprévu?

Les habitudes mentales, si tenaces et si entraînantes qu'elles soient, ne sont donc pas une garantie assurée de l'avenir. Qu'elles nous suffisent pour les besoins pratiques de l'existence, qu'elles nous permettent des prévisions à courte échéance, qui ne diffèrent qu'en degré de la prudence machinale des bêtes, rien de mieux. Mais la science a d'autres visées : même quand on la restreint à l'ordre des phénomènes, elle prétend à une infaillibilité universelle. Il faut donc la déclarer illusoire et avec elle la pensée. Comme l'a dit un des philosophes les plus profonds de notre temps et de notre pays, « chercher » le secret de l'avenir dans ce qui n'est que la vaine image » du passé, c'est entreprendre de découvrir en rêve ce » qui doit nous arriver pendant la veille (1). »

On est ainsi conduit à se demander si, avec un pareil système, la sagesse ne consisterait pas à résister à l'en-

---

(1) J. Lachelier, *Du fondement de l'induction*, p. 30.

traînement des habitudes mentales et des anticipations peut-être décevantes qui en naissent. Nous avons beau faire, la nature est hors de notre prise; si invétérées que soient nos liaisons intellectuelles, un scrupule nous reste que les faits ne peuvent jamais lever. Sans faire de la nature une sorte de malin génie qui prendrait plaisir à nous conduire à sa suite dans une voie où il nous arrêterait tout à coup par un brusque changement de front, n'est-ce pas être conséquent avec les données fondamentales de la doctrine, que de suspendre son jugement et de se prémunir contre les séductions trompeuses de l'imagination? L'absence de toute attente, s'il se pouvait, ne vaudrait-elle pas mieux que cette prévision toujours en alarmes, qui trouve dans ce qui semblerait devoir la fortifier, des raisons nouvelles de se défier d'elle-même? Mais alors la pensée ne se garde-t-elle pas contre une anarchie sans cesse menaçante par le pire de tous les remèdes, le suicide?

Par conséquent, les principes, sans lesquels l'anticipation de l'avenir est précaire et peut-être trompeuse, ne se forment pas peu à peu en nous par l'accumulation de témoignages favorables. Ou bien au moment où naissent les premières sensations, l'esprit ne contient pas autre chose que ces sensations elles-mêmes : alors il est impossible d'en faire sortir les principes; ou bien il tend instinctivement, mais sans aucune garantie du dehors, à se représenter l'ordre de l'avenir sur le plan du passé et du présent : alors jamais les confirmations expérimentales, si nombreuses et si constantes qu'elles soient, ne parviendront à transformer cette présomption en assurance; ou bien, enfin, à la sensation se joint la conception d'une liaison durable entre les phénomènes, mais cette conception nous la tirons ou de la sensation elle-même ou de notre propre fonds : dans les deux cas elle a du premier coup une valeur absolue que l'expérience accumulée ne peut ni diminuer ni accroître.

CHAPITRE IX

LA DOCTRINE DE L'ÉVOLUTION

Une vérité nous est désormais acquise : l'expérience individuelle est incapable de produire et d'organiser en chacun de nous les principes de l'expérience elle-même. Notre esprit nous est inné, comme le disait Leibniz ; en naissant nous apportons certaines dispositions mentales qui sont les règles, à nos yeux nécessaires, de notre connaissance. Mais cette innéité est-elle absolue ou relative ? Ces formes de pensée, à priori pour chacun de nous, le sont-elles en elles-mêmes ? La discussion précédente nous permettrait de croire que l'esprit tire de son propre fonds le pouvoir d'organiser les expériences, si un récent système, engageant et hardi, comme disait la Fontaine de la philosophie de Descartes, n'avait, en ces derniers temps, établi l'empirisme sur une position nouvelle, en apparence plus solide et plus sûre.

M. Herbert Spencer, l'éminent théoricien de l'évolution, a voulu concilier la doctrine de Locke et celle de Kant. Il nie que l'esprit humain, avant l'expérience individuelle, soit une table rase ; mais il nie aussi que les formes de la pensée, innées dans l'individu, soient innées dans l'esprit en général, c'est-à-dire dans la race. Ni Locke, ni Kant n'ont résolu, à son sens, cette question suprême de toute théorie synthétique de la connaissance : d'où vient la faculté d'organiser les expériences? L'attribuer à l'expérience individuelle c'est contredire les faits, car nous faisons un usage au moins instinctif des principes, au début même de la connaissance, dès le premier éveil de la conscience; en faire quelque chose de primitif et d'irrésoluble, c'est s'arrêter à mi-chemin et trancher une question qui peut être résolue. Il est possible d'aller plus loin à la fois que Locke et que Kant, de reconnaître avec l'un que la pensée est innée à l'individu, avec l'autre que toute pensée vient de l'expérience; pour cela il suffit de rapporter à l'expérience illimitée de la race humaine et des organismes inférieurs desquels elle est sortie par voie d'évolution, ce que Locke attribue à l'expérience de chaque individu, ce que Kant déclare irréductible.

Si nous soumettons à l'analyse les produits de l'intelligence, sans nous préoccuper encore de la façon dont s'est produite l'intelligence elle-même, nous découvrons en eux, d'après M. Spencer, malgré des différences semble-t-il irréductibles, une merveilleuse unité de composition. Considérez les plus complexes des raisonnements, ceux que M. Spencer appelle les raisonnements quantitatifs composés, ils se réduisent à l'aperception de rapports d'égalité et d'inégalité, c'est-à-dire de ressemblance et de différence entre les termes comparés. Il en est de même, avec une complexité moindre, pour les raisonnements purement quantitatifs, pour les raisonnements qualitatifs parfaits, et pour les raisonnements qualitatifs imparfaits. Au fond de toute inférence, nous trouvons l'intuition d'une similitude plus ou moins saillante et plus ou moins complexe. Il n'en est pas autrement pour les opérations plus simples qui préparent et élaborent les matériaux des raisonnements, à savoir la classification, la dénomination et la récognition ; ce sont là des variétés d'une seule et même opération, qui consiste essentiellement à rapprocher, à assimiler, ou, pour parler le langage de M. Spencer, à intégrer des états de conscience plus ou moins nombreux, plus ou moins différents. De même encore pour les opérations qui précèdent dans la genèse des connaissances abstraites, celles dont nous venons de parler, la perception des corps et de leurs divers attributs, celle de l'espace, du temps et du mouvement. De proche en proche les rapports les plus hétérogènes et les plus complexes se résolvent en rapports simples et homogènes, et en fin de compte nous trouvons, comme matière ultime, comme dernière unité de composition de toute connaissance, l'intuition du changement des états de conscience, qui, selon les aspects que l'on y considère, devient, sous des noms nouveaux, l'intuition de la dissemblance et l'intuition de la séquence.

A priori ce résultat pouvait être prévu. Si, en effet, être conscient c'est penser, si penser c'est former des conceptions, réunir des impressions et des idées, il en résulte d'abord que la conscience est le sujet incessant de changements intérieurs ; la pensée cesserait en une conscience stationnaire : la conscience doit donc pour ainsi dire se mouvoir sans cesse, c'est-à-dire éprouver des changements d'états continus. Mais si le changement incessant est la condition fondamentale de la conscience, n'en résulte-t-il pas que tous les phénomènes de conscience, les plus simples et les plus complexes, depuis la pure intuition d'une modification affective jusqu'au raisonnement par lequel un Newton est conduit à la loi de la gravitation universelle, doivent également se résoudre en changements ? Autrement la conscience ne saurait les accompagner tous. Elle doit donc se retrouver en tous avec sa condition fondamentale. Les divisions courantes de l'intelligence en puissances ou en facultés diverses, n'indiquent donc tout au plus que des modifications secondaires sous lesquelles se cache l'unité intime et essentielle de composition de l'esprit en toutes ses démarches et en toutes ses œuvres (1).

Mais si la composition de l'esprit est une, s'il n'y a pas lieu de distinguer en lui plusieurs espèces d'éléments de provenance différente, si la conscience est toujours une *différenciation continue d'états*, ce n'est pas à dire pour cela que ces états la traversent simplement comme font les images un miroir. S'il en était ainsi, comment aurais-je souvenir et prévision ? Comment pourrais-je tenir en une même idée les caractères communs à un nombre illimité d'individus ? Comment pourrais-je m'élever au-dessus de l'espace et du temps, me rendre présent à des portions de l'univers qui vont s'élargissant à mesure que

---

(1) Herbert Spencer, *Principes de psychologie*, traduction française, sixième partie, chap. I à XXVI.

croît ma science, et condenser en des formules de plus en plus compréhensives les rapports qui unissent entre eux les phénomènes, jusqu'à rêver de posséder un jour la formule universelle dont toutes choses seraient des dérivées ? Mais la conscience prend note, pour ainsi dire, des divers états qui se succèdent en elle. « L'intel-
» ligence ne peut naître que par l'organisation, l'arran-
» gement, la classification de ces états. S'ils sont notés
» chacun en particulier, ce ne peut être que comme
» étant semblables plus ou moins à certains états
» précédents. Ils ne sont pensables que si on les consi-
» dère comme étant tels ou tels, c'est-à-dire comme
» étant semblables à tels ou tels états précédemment
» éprouvés. Il est impossible de les connaître sans les
» classer avec d'autres de même nature, sans les assi-
» miler à eux. Par suite donc, chaque état, lorsqu'il
» est connu, ne doit plus faire qu'un avec certains
» états précédents, doit être intégré avec ces précédents
» états. Chaque acte de connaissance doit être un acte
» d'intégration, c'est-à-dire qu'il doit y avoir une *inté-*
» *gration continue* d'états de conscience. Ce sont donc
» là les deux processus contraires par lesquels la con-
» science subsiste ; ce sont là les actions centrifuge et
» centripète grâce auxquelles son équilibre se maintient.
» Pour qu'il puisse y avoir des matériaux pour la pen-
» sée, il faut qu'à chaque moment la conscience soit dif-
» férenciée dans son état. Et pour que le nouvel état qui
» en résulte devienne une pensée, il faut qu'il soit intégré
» avec les états précédemment expérimentés. Cette per-
» pétuelle alternance est la caractéristique de toute

» conscience, depuis la plus basse jusqu'à la plus
» haute (1). »

L'intelligence est donc l'assimilation et l'intégration continues, suivant des rapports fixes, d'états de conscience incessamment diversifiés. C'est de cette faculté d'unir et d'intégrer les expériences singulières, qu'on ne saurait dire qu'elle est l'œuvre de l'expérience individuelle. Mais comment en rendre compte ?

Nous naissons avec un système nerveux organisé d'une certaine manière. C'est là, d'après M. Spencer, le fait important par excellence, et sans lequel toute explication de l'intelligence est impossible. Il y a en effet un parallélisme constant entre l'intelligence et le système nerveux. Il est aisé de le constater à tous les degrés de l'échelle animale. Aux échelons les plus bas, là où la substance nerveuse est répandue dans tout le corps, sans structure nettement définie, n'apparaissent que les actions réflexes les plus simples. Mais à mesure que la matière nerveuse se réunit et se rassemble, que les centres nerveux se multiplient et s'agglomèrent, que les commissures qui les unissent deviennent plus nombreuses et plus ramifiées, graduellement aussi les instincts gagnent en spécialité, en détermination, en complexité et en étendue. Dans le même animal, si le système nerveux subit d'obscures métamorphoses, les instincts se modifient : ainsi les instincts de la chrysalide ne sont pas ceux de la larve d'où elle est sortie. D'une manière géné-

(1) Herbert Spencer, *Principes de psychologie*, sixième partie, chap. XXVII.

rale on peut dire que la faculté de coordonner des impressions, qui est au fond l'intelligence, est liée à un certain arrangement des nerfs, et que les connexions entre les fibres et les cellules de la masse nerveuse correspondent à la fois à des connexions d'ordre physique et à des connexions d'ordre intellectuel. La question à résoudre revient donc à celle de savoir d'où l'animal tient son système nerveux déterminé. Si c'est d'une création spéciale, l'intelligence est absolument innée dans les individus. Mais si, au contraire, « les animaux les plus élevés
» n'ont acquis que par des modifications accumulées
» pendant un passé sans bornes leur organisation bien
» intégrée, très-définie et très-hétérogène, si le système
» nerveux développé de ces animaux n'a atteint que
» peu à peu sa structure et ses fonctions complexes, il
» s'ensuit nécessairement que les formes compliquées
» de conscience, corrélatives de ces structures et fonc-
» tions complexes, ont dû naître par degrés (1). » Dans ce cas, l'intelligence, innée dans chaque individu, serait une lente acquisition de la race. — Pour répondre, il faut savoir ce qu'est la vie, et comment s'en accomplissent les progrès.

Dans ses *Principes de biologie*, M. Spencer a défini la vie « la combinaison définie des changements hétéro-
» gènes, à la fois simultanés et successifs, en correspon-
» dance avec des coexistences et des séquences exter-
» nes (2). » Le progrès de la vie consiste essentiellement « dans un progrès continu d'adaptation entre les

---

(1) Herbert Spencer, *Principes de psychologie*, troisième partie, chap. I.
(2) Herbert Spencer, *Principes de biologie*, première partie, chap. IV.

» processus organiques et les processus qui environnent
» l'organisme (1). »

D'une manière générale, c'est un principe que tout changement tend à établir l'équilibre des forces qu'il a un instant troublé, et qu'il persiste jusqu'à ce que cet équilibre soit atteint. Il en résulte que dans tout agrégat donné, les forces doivent être arrangées de façon à contre-balancer l'action des forces incidentes auxquelles elles sont soumises. Or, un être vivant est incessamment exposé à des systèmes incessamment variés d'actions extérieures : chaque changement au dehors amène par suite en lui une rupture d'équilibre ; s'il n'en est pas détruit, les forces qu'il recèle, un instant troublées, travaillent à s'équilibrer de nouveau avec le système modifié des forces extérieures : il en résulte un nouvel arrangement interne, plus ou moins lent à s'établir, qui a pour effet de remettre l'organisme en balance avec son milieu. Par suite, tout changement dans les conditions du milieu où il vit, amène un changement dans la constitution intime de l'être vivant.

Mais cette équilibration, nécessaire à la vie, et cause du progrès de la vie, s'accomplit tantôt dans les individus et tantôt seulement dans les espèces. En effet, parmi les facteurs externes, les uns agissent d'une façon continue et les autres par intermittence : les fonctions des individus s'ajustent d'elles-mêmes aux premières ; mais l'espèce seule, considérée comme un tout continu, peut s'adapter aux secondes. Les membres les plus faibles,

---

(1) Herbert Spencer, *Principes de psychologie*, troisième partie, chap. I.

incapables de résister aux perturbations soudaines du milieu, succombent; les plus forts subsistent et se mettent peu à peu en harmonie avec leurs conditions nouvelles d'existence, jusqu'à ce que « l'espèce, dans
» son ensemble, se trouve amenée à l'état d'équilibre
» complet avec le facteur nouveau. »

Aussi, « tout agrégat organique, qu'on le considère
» individuellement, ou comme une espèce douée d'une
» existence continue, est modifié à nouveau par chaque
» distribution nouvelle des forces extérieures. A ces diffé-
» renciations préexistantes, de nouvelles différenciations
» s'ajoutent : ainsi ce passage graduel d'un état plus
» homogène à un état plus hétérogène, qui aurait une
» limite fixe si les circonstances étaient fixes, a sa limite
» perpétuellement reculée par le changement perpétuel
» des circonstances. En attendant, la complexité crois-
» sante de structure qui en résulte doit, dans la moyenne
» des cas, s'accompagner d'une augmentation du carac-
» tère défini de la structure, puisque les organismes qui
» peuvent seuls survivre sont ceux qui se soumettent à
» des agrégats de forces qui ne sont pas au fond très-
» différents de ceux auxquels leurs structures corres-
» pondent. Enfin, en même temps que la progression
» est rendue nécessaire, comme résultat général, le
» changement de structure n'ayant lieu qu'aux endroits
» où il se fait un changement dans la distribution des
» forces, il n'a pas lieu dans les organismes qui esquivent
» les changements dans la distribution des forces, par
» migration ou autrement (1). »

(1) Herbert Spencer, *Principes de biologie*, troisième partie, chapitre XII.

Ces principes posés, parcourons rapidement les différents stades de l'évolution de la vie. — Les formes les plus basses s'en produisent dans les milieux les plus simples. Alors la vie d'un organisme se compose « presque entière-
» ment d'un petit nombre d'actions simultanées en corres-
» pondance avec les propriétés coexistantes du milieu qui
» les entoure. » — Si ce milieu demeurait toujours le même, les organismes qu'il enveloppe ne se modifieraient pas. Mais que des changements s'y produisent, et en vertu de la loi d'équilibre formulée plus haut, les organismes tendront à s'y ajuster. De là le progrès continu dans la structure et dans les fonctions des êtres vivants. La vie ne cesse pas pour cela d'être une correspondance de l'intérieur avec l'extérieur ; mais cette correspondance d'abord *directe et homogène*, devient peu à peu *hétérogène*, sans cesser d'être directe. C'est là le premier gain, et on le constate aisément, en passant, par exemple, de ces plantes qui naissent et se développent dans un milieu homogène, comme la levûre de bière et le *Protococcus nivalis*, à celles qui réclament, outre l'oxygène et l'acide carbonique nécessaires aux premières, de la lumière, une certaine température, un certain sol, une certaine quantité d'humidité, et où apparaissent « des variations dans les actions vitales,
» correspondant aux variations que le milieu subit par
» rapport à ces conditions. »

En même temps, la correspondance d'abord limitée à un temps et à un espace fort restreints, s'est étendue dans l'espace et dans le temps. Les réactions n'en sont plus bornées à quelques changements circonvoisins, mais elles s'adaptent peu à peu à des actions de plus en plus éloignées dans le lieu et dans la durée, et à mesure que cette correspondance s'étend, s'accroît le nombre des changements internes, et, par suite, « le total de la vie ».

A un autre point de vue, l'évolution de la vie est un progrès dans la spécialité de la correspondance. D'un état de dispersion complète, où les divers organes sont indifféremment propres à toutes les fonctions, elle aboutit par degrés à la spécialité à la fois en espace, en temps et en objet ; chaque organe acquiert peu à peu une structure définie et réalise une fonction déterminée. Par exemple, « de l'instabilité primordiale qui carac-
» térise l'organisme animal en général, et en vertu de
» laquelle naît cette réponse au contact des corps solides,
» distincts du fluide environnant, sortent, par déve-
» loppement graduel, ces divers modes d'irritabilité qui
» répondent aux divers attributs de la matière. » Et ce progrès en spécialité, qui dégage lentement d'une masse d'abord homogène des organes distincts, se reproduit ensuite en chacun de ces organes.

A mesure qu'il se spécialise davantage, « l'ajuste-
» ment des rapports internes aux rapports externes
» progresse en généralité ». Il semble qu'il y ait là contradiction. Mais la généralité peut être entendue en deux sens différents : les correspondances vagues que présentent les formes inférieures de la vie, sont aussi très-générales, en ce sens qu'établies entre un être aux parties homogènes, et un milieu également homogène, elles sont partout et toujours présentes. « Mais les gé-

» néralités auxquelles l'organisme répond de plus en
» plus, à mesure qu'il s'élève, ne sont pas celles que
» manifeste la masse du milieu environnant, mais celles
» que manifestent les objets individuels qu'il contient »,
et à ce titre elles sont affaire d'intelligence.

Un nouvel aspect du progrès vital qui suppose les premiers, bien qu'il ne leur soit pas coextensif, est le progrès en complexité. « Chacune de ces correspon-
» dances supérieures qui manifestent ce que nous appe-
» lons la raison, implique un ajustement des rapports
» internes, non-seulement aux rapports extérieurs con-
» crets actuellement présents, mais aussi à un ou plu-
» sieurs de ces rapports abstraits entre les objets exter-
» nes, que l'expérience externe a généralisés, et quand
» nous avançons vers des correspondances d'une com-
» plexité de plus en plus grande, nous voyons que leur
» principal caractère est le nombre croissant des rap-
» ports abstraits reconnus et impliqués dans l'acte
» d'ajustement. Dans ce cas, il y a correspondance non-
» seulement aux phénomènes particuliers que pré-
» sente une portion du milieu, mais il y a, pour ainsi
» dire, une correspondance simultanée à beaucoup de
» phénomènes généraux que présente le milieu dans son
» ensemble. »

Ainsi la correspondance et la vie avancent parallèlement l'une à l'autre ; ainsi les impressions composées, et les mouvements complexes qu'elles provoquent et qu'elles guident, se rapprochent de plus en plus, par leur caractère apparent, des impressions et des mouvements simples, les éléments coordonnés de l'excitation et de l'acte tendant à s'unir de façon à ne pouvoir plus être séparés que par l'analyse ; la liaison, obéissant à une seule et même loi, en devient de plus en plus étroite, et finit par n'en faire que deux aspects du même changement. Par conséquent, les manifestations de l'intelligence consistent dans l'établissement de correspondances entre des rapports dans l'organisme et des rapports dans le milieu environnant, et le progrès de l'intelligence, de ses manifestations les plus obscures à ses productions les plus éclatantes, n'est autre chose que le progrès de ces correspondances en espace, temps, spécialité et complexité (1).

Il résulte de là qu'aux divers degrés de la vie, l'ajustement croissant du dedans au dehors forme une chaîne sans solution de continuité. La correspondance, d'abord simple et homogène, se différencie graduellement, et comme l'intelligence progresse avec le système nerveux, et que le système nerveux a la même loi de développement que les autres systèmes, cette organisation d'expériences, que nous appelons intelligence, n'est pas formée de facultés réellement indépendantes l'une de l'autre, mais ses phénomènes les plus élevés sont les effets d'une multiplication qui, par degrés insensibles, les fait sortir des éléments les plus simples.

La loi de l'intelligence ainsi définie, c'est que : « la » force de la tendance que l'antécédent d'un change- » ment psychique quelconque a d'être suivi par son

---

(1) Herbert Spencer, *Principes de psychologie*, troisième partie, chap. I à X.

» conséquent, est proportionnée à la persistance de
» l'union des choses externes qu'ils représentent (1). »
— En ce sens, on a eu raison de dire que tout acte d'intelligence est une association. « Ce n'est qu'en vertu de
» cette loi que peut avoir lieu l'ajustement des relations
» internes aux relations externes, sans lesquelles la vie
» est impossible, et ce n'est que dans l'hypothèse d'une
» telle loi que nous pouvons expliquer ces faits : que
» les relations qui sont absolues dans le milieu environ-
» nant sont absolues en nous, que les relations qui sont
» probables en nous sont probables dans le milieu
» environnant, que les relations qui sont fortuites
» dans le milieu environnant sont fortuites en
» nous (2). » Mais c'est une erreur de croire que l'expérience individuelle est capable de produire ce résultat.

L'intelligence se développe par évolution. L'organisme est placé au milieu d'une infinité de relations de toute sorte. Il commence par approprier son action aux plus simples d'entre elles ; peu à peu, ainsi que nous l'avons vu, cette appropriation gagne en étendue, en précision, en spécialité et en complexité. La genèse de l'intelligence suit une voie parallèle. Si les combinaisons psychiques ne sont pas déterminées par « les expériences de l'orga-
» nisme individuel qui les manifeste », elles le sont par
« les *expériences de la race* d'organismes d'où sort l'or-
» ganisme individuel, lesquelles, par une répétition infi-
» nie, dans d'innombrables générations successives, ont
» établi ces conséquences à l'*état de relations organiques*. »

(1) Herbert Spencer, *Principes de psychologie*, quatrième partie, chap. II.
(2) *Ibid.*

Les faits les plus connus confirment cette hypothèse. — Si chaque génération était l'œuvre d'une création spéciale, il faudrait qu'en chacune d'elles l'intelligence fût adaptée d'avance au monde qu'elle a pour fonction de connaître. Mais il n'en est pas ainsi, la chaîne des ancêtres et des descendants est continue, et des uns aux autres l'hérédité transmet, comme un capital inaliénable, la somme des modifications subies et conservées. Ce qui, dans un individu, est une modification accidentelle, devient ainsi une habitude héréditaire, un trait distinctif de la race; et comme toute habitude nouvelle est accompagnée d'une nouvelle manière d'être dans la structure du système nerveux, à des habitudes de vie permanentes correspondent des types permanents d'organisation. Ainsi, pour ne pas parler des animaux, il y a, dans l'espèce humaine, des races guerrières et des races pacifiques, des races nomades et des races sédentaires. Comme elles ont pour la plupart, sinon toutes, une commune origine, leurs aptitudes spéciales doivent dériver de changements dans le genre de vie, qui, se prolongeant, ont engendré des habitudes graduellement affermies par leur persistance même, et devenues enfin organiques. — Ainsi, la transmission héréditaire des tendances produites dans le système nerveux étant une loi générale, toutes les relations physiques, du fortuit à l'indissoluble, résultent de l'expérience de relations externes correspondantes. Les divers degrés de force qu'elles présentent sont, toutes choses égales d'ailleurs, proportionnels à la multiplicité des expériences. Les plus faibles résultent de l'expérience individuelle; mais les plus puissantes, celles que nous ne pouvons rompre, et dont le contraire nous semble absolument inconcevable, dérivent des expériences accumulées de la race, devenues des relations organiques, et transmises, en se fortifiant encore, de génération en génération. Sa pensée est innée à l'individu, parce que l'individu naît avec un cerveau d'une structure déterminée; mais son cerveau est le produit d'une lente évolution.

Cette vérité sera plus manifeste encore si nous considérons les divers aspects de l'intelligence. — Le plus simple et le plus général de tous est l'action réflexe. On peut la définir « la séquence d'une simple irritation par une simple contraction (1). » Une impression est faite sur l'extrémité périphérique d'un nerf ; elle est propagée le long de ce nerf jusqu'à ce qu'elle atteigne un ganglion ; là commence une action qui, cheminant le long d'un autre nerf, va du ganglion à un muscle. Dans ce phénomène nous voyons déjà une relation interne particulière, ajustée à une relation externe particulière. Et « si
» nous nous rappelons que, dans les actions journalières
» de l'animal, cette relation interne a été perpétuelle-
» ment répétée en correspondance avec la relation
» externe, nous voyons comment l'organisation de cette
» relation dans l'espèce correspond à l'infinité des expé-
» riences de cette sorte éprouvées par l'espèce (2). »
Bien que très-voisine encore de l'action purement physique, l'action réflexe porte déjà cependant le caractère

---

(1) Herbert Spencer, *Principes de psychologie*, quatrième partie, chap. IV.
(2) *Ibid.*

de l'action psychologique. Si, en effet, la conscience la plus obscure implique au moins l'alternance de deux états, n'y a-t-il pas une telle succession dans le centre nerveux où aboutit l'impression et d'où part l'action ?

C'est de cette forme la plus inférieure de la vie consciente que se dégagent, par suite d'une complication croissante des relations adaptées, l'instinct et plus tard la raison. L'instinct peut être défini : « une action réflexe composée (1). » L'action réflexe est d'abord une contraction simple produite en réponse à une simple impression. Mais à mesure que l'organisation intérieure se complique et se spécialise, une seule impression peut mettre en branle des groupes de plus en plus nombreux de fibres musculaires. Ainsi une grenouille décapitée tressaille et sursaute quand une de ses pattes est excitée. De là à l'action réflexe composée il n'y a qu'une différence de degré; mais à la simple excitation a succédé un groupe complexe d'excitations différentes. Quand le gobe-mouche au sortir de l'œuf saisit sa proie, son acte est machinal et automatique. Pourtant il implique une exacte appréciation de la distance et le pouvoir de régler d'après elle, d'une manière précise, les mouvements musculaires; une simple impression n'y saurait suffire. Il faut que certaines fibres nerveuses de la rétine aient été excitées, et avec elles les muscles qui servent à ajuster les foyers des yeux et ceux qui en dirigent les axes vers un point déterminé. Sans cela, le mouvement provoqué n'aurait pas de direction précise. La coordination

---

(1) Herbert Spencer, *Principes de psychologie*, quatrième partie, chap. v.

complexe des contractions musculaires qui permet au gobe-mouche de saisir sa proie, résulte donc de plusieurs excitations coordonnées. De même pour tous les actes instinctifs. — On peut maintenant comprendre comment les actions réflexes composées sortent, par accumulation d'expériences, des actions réflexes simples. Si, par exemple, dans toute une race d'organismes, une impression visuelle, une impression tactile et une contraction musculaire sont continuellement associées, il suffira, à la longue, grâce à l'habitude acquise, de l'une ou de l'autre impression pour déterminer la détente musculaire qui, à l'origine, était la conséquence des deux impressions associées; de là ces contractions complexes, si nombreuses dans la vie animale, qui sont mises en jeu par une seule impression. Mais inversement, à mesure que les instincts s'élèvent, c'est-à-dire que les relations internes qui les constituent se multiplient et gagnent en étendue, en spécialité et en complexité, la cohérence de ces relations s'affaiblit; par suite l'automatisme des réactions diminue, la vie interne se détache et semble s'isoler davantage du milieu qui l'environne, et l'instinct va se perdre graduellement dans quelque chose de plus relevé.

Ici se place un intermédiaire important, la mémoire, dont la genèse peut sembler inexplicable. L'instinct proprement dit n'est pas un souvenir; il y a une telle cohésion entre les diverses actions automatiques qui le constituent, qu'elles se produisent toutes comme par une suite de détentes subordonnées, lorsqu'une impression physique a donné le branle. Mais, nous l'avons vu, à mesure que l'instinct s'élève, l'automatisme tend

à diminuer; les diverses réactions, primitivement liées ensemble et coordonnées les unes aux autres, se séparent et s'isolent. Alors, quand a lieu l'excitation du dehors, elles ne produisent pas toutes les mêmes effets : les unes donnent naissance à des mouvements musculaires; les autres demeurent dans un état intermédiaire entre la puissance et l'acte, impuissantes à atteindre l'intensité nécessaire à la production du mouvement. L'acte psychique a lieu sans entraîner à sa suite l'acte physiologique. Mais comme auparavant le mouvement avait suivi l'impression, ces impulsions avortées sont autant de *réminiscences* des mouvements autrefois engendrés. En dernière analyse, « se rappeler la cou-
» leur rouge, c'est être, à un faible degré, dans cet état
» psychique que la présentation de la couleur rouge pro-
» duit; se rappeler un mouvement fait avec le bras,
» c'est se sentir, à un faible degré, une répétition de ces
» états internes qui accompagnent le mouvement (1). »
Ainsi le dedans semble rompre avec le dehors et se constituer en une intimité spéciale.

On comprendra maintenant comment la raison peut sortir de l'instinct. L'abîme par lequel on les suppose séparés n'existe pas. Tout acte instinctif et tout acte rationnel sont également un ajustement de relations internes à des relations externes. Cette continuelle adaptation va se développant et se perfectionnant sans cesse par degrés insensibles. Seulement, tandis que, dans l'instinct, la correspondance lie les unes aux

---

(1) Herbert Spencer, *Principes de psychologie*, quatrième partie, chap. IV.

autres des relations simples et générales, dans la raison, elle unit des relations plus rares, plus complexes et plus abstraites. Mais y a-t-il là autre chose qu'une question de degré? S'avisera-t-on de soutenir, par exemple, que bornée à vingt phénomènes externes, la correspondance est instinctive et qu'elle devient rationnelle à vingt-et-un? Toutefois voici ce qu'il est vrai de dire. Quand l'ajustement automatique des relations internes aux relations externes se relâche, quand la correspondance s'est avancée des phénomènes les plus simples et les plus fréquents aux plus complexes et aux plus rares, quand, par suite, la répétition des expériences a été insuffisante pour produire une cohésion invincible entre les relations internes et les mouvements correspondants, alors l'excitation des agents nerveux détermine, non plus les mouvements qu'elle provoquait d'abord, mais simplement les *réminiscences* ou les *idées* de ces mouvements. Il en résulte un conflit entre ces idées ou tendances ébauchées, duquel finit par se dégager l'action la plus forte, c'est-à-dire, en définitive, celle qui a été le plus souvent répétée dans l'expérience. C'est là le type de l'action rationnelle.

Ainsi, il faut maintenir cette vérité : « que la cohésion » des états psychiques est proportionnelle à la fréquence » avec laquelle ils se sont suivis l'un et l'autre dans l'ex- » périence. » Mais pour les expliquer tous, et, en particulier, ceux qui sont aujourd'hui inséparables de l'esprit, il faut admettre cette autre loi : « que ces successions » psychiques habituelles établissent une tendance héré- » ditaire à de pareilles successions, qui, si les conditions

» restent les mêmes, croît de génération en généra-
» tion (1). »

Cette loi nouvelle permet de pénétrer le mystère des idées innées ou des formes universelles et nécessaires de la pensée. Ces idées et ces formes qui sont aujourd'hui, dans l'individu, des possessions naturelles, sont des habitudes et des acquisitions de la race; le capital intellectuel dont chacun de nous jouit dès sa naissance, est l'épargne accumulée de tous ceux qui nous ont précédés.
« Si même pour des relations externes qu'un seul orga-
» nisme a éprouvées pendant sa vie, il s'établit des rela-
» tions internes correspondantes qui sont presque auto-
» matiques; si dans un individu humain une combinai-
» son complexe de changements psychiques, comme
» ceux du sauvage qui tue un oiseau avec une flèche,
» devient, par une répétition constante, assez organique
» pour se produire presque sans la pensée des divers
» actes qu'il y a à exécuter; — et si une adresse de
» cette sorte est tellement transmissible que des races
» particulières d'hommes sont caractérisées par diverses
» aptitudes qui ne sont rien autre chose que des con-
» nexions psychiques qui commencent à devenir orga-
» niques, alors, en vertu de la même loi, il doit résulter
» que, s'il y a de certaines relations qui ont été experi-
» mentées par tous les organismes, quels qu'ils soient,
» relations qui ont été éprouvées à tout instant, pendant
» la veille, relations éprouvées en même temps que
» toute autre expérience, relations qui résultent d'élé-

(1) Herbert Spencer, *Principes de psychologie*, quatrième partie, chap. v.

» ments extrêmement simples, relations qui sont abso-
» lument constantes, absolument universelles, il s'établira
» graduellement dans l'organisme des relations qui sont
» absolument constantes, absolument universelles. Telles
» sont les relations de temps et d'espace. Ces relations
» étant éprouvées en commun par tous les animaux,
» l'organisation des relations correspondantes doit s'ac-
» cumuler, non-seulement dans chaque race d'animaux,
» mais dans toutes les races successives d'animaux, et
» doit, en conséquence, devenir plus stable que toute
» autre. Ces relations étant éprouvées dans chaque acte
» de chaque animal, elles doivent, pour cette raison aussi,
» avoir, pour leur répondre, des relations internes qui
» sont plus que toutes les autres indissolubles. Et de
» plus, pour la raison qu'elles sont uniformes, inva-
» riables, incapables de manquer, d'être retournées ou
» abolies, elles doivent être représentées par des con-
» nexions d'idées qui ne peuvent être ni retournées ni
» détruites. Étant la substance de toutes les autres rela-
» tions externes, elles doivent correspondre à des con-
» ceptions qui sont le substratum de toutes les autres
» relations internes. Étant les éléments constants et in-
» finiment répétés de toute pensée, elles doivent devenir
» les éléments automatiques de toute pensée, les élé-
» ments de la pensée dont il est impossible de se défaire,
» les *formes de l'intuition* (1). »

De la sorte seraient réconciliées l'hypothèse expéri-

---

(1) Herbert Spencer, *Principes de psychologie*, quatrième partie, chap. v.

mentale et celle des transcendantalistes. Toute connaissance viendrait directement de l'expérience, et pourtant les conditions générales en seraient fixées d'avance en chacun de nous. — « Dans ce sens, dit M. Spencer, qu'il
» existe dans le système nerveux certaines relations
» préalables correspondant à des relations dans le milieu
» environnant, il y a du vrai dans la doctrine des
» formes de l'intuition, — non le vrai que soutiennent
» ses défenseurs, mais une vérité d'un ordre parallèle.
» En correspondance à des relations externes absolues,
» se développent dans le système nerveux des relations
» internes absolues, — relations qui sont développées
» avant la naissance, qui sont antérieures à l'expérience
» individuelle et indépendantes d'elle, et qui s'établissent
» d'une manière automatique en même temps que les
» premières connaissances. Et dans le sens où je l'entends ici, ce ne sont pas seulement ces relations fondamentales qui sont ainsi prédéterminées, mais aussi
» un grand nombre d'autres relations plus ou moins
» constantes, qui sont représentées congénitalement
» par des connexions nerveuses plus ou moins complètes.
» — D'autre part, je soutiens que ces relations internes
» préétablies, quoique indépendantes de l'expérience de
» l'individu, ne sont pas indépendantes de l'expérience
» en général, mais qu'elles ont été établies par les expé-
» riences accumulées des organismes précédents. Le
» corollaire de tout ce qui a été précédemment développé,
» c'est que le cerveau représente une infinité d'expé-
» riences reçues pendant l'évolution de la vie en géné-
» ral ; les plus uniformes et les plus fréquentes ont été

» successivement léguées, intérêt et capital, et elles ont
» ainsi monté lentement jusqu'à ce haut degré d'intelli-
» gence qui est latent dans le cerveau de l'enfant, et que,
» dans le cours de sa vie, l'enfant exerce, fortifie en
» général, et rend plus complexe, et qu'il léguera à son
» tour, avec quelques faibles additions, aux générations
» futures. Et il arrive ainsi que l'Européen en vient à
» avoir vingt ou trente pouces cubes de cerveau de plus
» que le Papou. Il arrive ainsi que des facultés, comme
» celle de la musique, qui existent à peine dans les races
» humaines inférieures, deviennent congénitales dans
» les races supérieures. Il arrive ainsi que de ces sauvages,
» incapables de compter au delà du nombre de leurs
» doigts, et qui ne parlent qu'une langue qui ne renferme
» que des noms et des verbes, sortent à la longue nos
» Newton et nos Shakspeare (1). »

(1) *Principes de psychologie*, 4ᵉ partie, chap. IV.

CHAPITRE X

L'IDÉE D'ÉVOLUTION

Nous n'avons pas à discuter tous les problèmes que provoque la doctrine générale de M. Spencer. Sa théorie sur l'origine des principes de la connaissance doit seule nous occuper ; mais comme elle est une conséquence ou une application de l'idée maîtresse du système exposé dans les *Premiers principes*, nous devons, avant d'en venir aux difficultés spéciales qu'elle nous semble soulever, soumettre au contrôle de l'analyse l'idée qui en est l'âme.

On se plaît à mettre aux prises, comme deux doctrines diamétralement opposées et absolument irréductibles l'une à l'autre, la théorie des créations spéciales et celle des transformations lentes, ou de l'évolution. Scientifiquement envisagées, en dehors de tout parti pris métaphysique ou religieux, l'une et l'autre sont des hypothèses invérifiables, puisque, si nous ne voyons pas surgir du néant des êtres armés de toutes pièces, nous ne saisissons pas davantage, même dans le domaine des infiniment petits, et sous l'objectif des plus puissants microscopes, la transformation d'un être dans un autre. Mais, bien qu'elles ne puissent recevoir une confirmation directe, de telles hypothèses n'en ont pas moins entrée dans la science, à titre de vraisemblances ou de probabilités, à la condition d'établir entre tous les faits connus un lien intelligible. La doctrine évolutionniste réclame pour elle le plus haut degré d'intelligibilité auquel une doctrine scientifique du développement des choses puisse s'élever.

Quoi de plus invraisemblable et de plus répugnant à la pensée que l'hypothèse de créations successives et spéciales? On ne peut se figurer que des êtres apparaissent tout à coup munis de tous les instruments nécessaires à l'existence, doués de caractères distincts de ceux de leurs prédécesseurs, et dont rien, dans l'ordre naturel des choses, n'aurait déterminé la venue. L'imagination des poëtes, même aux jours de sa plus riche fécondité, n'a rien enfanté de pareil. — Mais en admettant que l'imagination pût se représenter une création spéciale, la raison se refuserait à la concevoir. Un tel fait serait une source d'anarchie dans le monde. La science repose en effet sur ces deux principes, que la quantité de matière demeure constante dans l'univers, et que rien ne s'y produit qui n'ait une cause naturelle. Supposez qu'un être soit tout à coup introduit du néant dans la réalité, voilà la quantité de matière accrue, l'ordre détruit, par suite l'équilibre des choses rompu, et cette perturbation se reproduit à chaque création nouvelle. Le monde serait donc soumis à l'action intermittente et arbitraire de forces perturbatrices, extérieures à lui ; il oscillerait du désordre au désordre, sans pouvoir se fixer jamais.

Dira-t-on que l'accroissement de matière produit par l'apparition d'un être ou d'une espèce est compensé par une perte égale, résultant de la disparition d'un être ou d'une espèce, et que grâce à cette sorte de comptabilité en partie double, où l'actif et le passif sont égaux, le bilan de la nature est toujours en équilibre ? — En premier lieu, rien, dans les faits, n'autorise une telle supposition. Si aux espèces disparues, et dont nous retrouvons les restes dans l'écorce du globe, ont succédé d'autres espèces, rien ne prouve, dans l'hypothèse des créations spéciales, que la balance des gains et des pertes ait toujours été équilibrée; en outre, l'anéantissement d'une partie de la matière n'est pas chose plus intelligible que la création d'une partie équivalente. En fait, rien ne se perd ; ce qui semble disparaître se transforme, et sous toutes les métamorphoses qu'elle subit, nous retrouvons toujours, en fin de compte, la même quantité de matière.

Dira-t-on que l'acte créateur se borne à donner à une portion de la matière une forme nouvelle ? — L'inintelligibilité que nous venons de signaler disparaît; mais il en reste une autre qu'on ne parvient pas à écarter. Non-seulement rien ne peut se créer ou se perdre; mais encore tout ce qui apparaît doit pouvoir être rapporté à une cause naturelle. L'acte créateur qui informerait la matière n'est pas le résultat des forces naturelles; autrement il tomberait sous les prises de la science, il ferait partie des phénomènes, ce qui est contradictoire avec la notion d'un tel acte. Il est donc étranger aux phénomènes sur lesquels il a pleine puissance ; on ne saurait par conséquent en déterminer ni le mode, ni la loi, si tant est qu'il ait une loi : c'est quelque chose de mystérieux, de surnaturel, d'antiscientifique ; c'est une menace de miracle toujours suspendue sur la nature. La science ne peut s'accommoder d'une telle hypothèse.

Tout autre est l'hypothèse de l'évolution. Suggérée par les faits, elle n'implique rien qui les contredise. — La quantité de matière est constante dans l'univers ; le fond de toutes choses est donc toujours le même, les formes seules varient. Et comment en expliquer la variété et la succession, sinon en recueillant les enseignements de la nature elle-même ? Or ne nous montre-t-elle pas que chaque être se forme lentement, par progrès infiniment petits et continus ? Pourquoi ne pas étendre au développement de la nature entière cette idée d'évolution, réalisée dans les êtres particuliers ? Nous ne rencontrons alors aucune des difficultés insurmontables, devant lesquelles échoue la doctrine des créations successives. Aucune parcelle de matière n'est censée introduite dans le monde ; aucun phénomène n'est supposé produit sans cause assignable ; une forme donnée a pour antécédents les formes qui l'ont précédée et le milieu où elle apparaît ; d'une forme à l'autre, la transition s'établit, non pas brusquement, par un *fiat* inexplicable, mais par une infinité de degrés insensibles, que la pensée parcourt sans heurts ni lacunes. Dans cette échelle indéfinie des êtres, dont l'origine n'est pas assignable, et où ce qui semble le terme n'est qu'un degré vers un progrès nouveau, rien qui n'ait sa raison dans ce qui précède, et qui ne contienne la raison de ce qui suit; l'enchaînement des formes progressives dans le temps et leur connexion dans l'espace sont un enchaînement et une connexion de raisons. Rien n'est donc plus intelligible que l'hypothèse de l'évolution.

Nous venons de marquer avec force la différence des deux doctrines. L'avantage semble au profit de la seconde. Mais cette intelligibilité dont elle se réclame, n'est-elle pas un prestige enfanté par l'imagination et qui s'évanouit au regard de la raison? On ne saurait soutenir sans paradoxe, semble-t-il, qu'entre ces deux théories adverses il y a seulement une différence de degré, et que la seconde est, en un sens, une épreuve infiniment réduite de la première. Rien n'est plus vrai pourtant.

Pour fixer les idées, considérons l'évolution telle que nous l'offre la nature dans la constitution et le développement des êtres individuels. Une cellule en est l'origine; un être muni de tous les instruments nécessaires à la vie en est le terme; entre ces deux extrêmes, se place une série d'états intermédiaires qui réalisent chacun un progrès sur l'état antérieur. Chacun de ces stades successifs est déterminé par les précédents et l'état du milieu, dans lequel s'accomplit l'évolution; une loi le lie aux modifications antérieures de l'embryon et à celles de l'atmosphère inorganique ou organique qui l'enveloppe. La science est satisfaite de cette explication. Mais au fond n'y a-t-il pas là le plus impénétrable des mystères? L'évolution ne renferme-t-elle pas quelque chose dont l'évolution ne saurait rendre compte? N'est-elle pas une série régulièrement ordonnée de créations infiniment petites?

En posant cette question, nous n'entendons pas parler d'une création de matière. Toute la substance d'un être pleinement achevé était contenue dans son germe et dans le milieu où il s'est développé. Mais cette matière, dont la somme va croissant jusqu'à complet achèvement, se groupe, à chaque étape nouvelle, de façons différentes; de là des formes variées que l'être en voie de développement revêt tour à tour. Que chacune d'elles ait sa raison mécanique dans celles qui précèdent et dans le milieu où elle apparaît, rien de mieux. Mais de l'une à l'autre, il y a transition brusque, et, par conséquent, solution de continuité. Agrandissons l'intervalle, grossissons la différence par l'imagination, et nous voilà en présence d'un véritable abîme. Entre l'origine et le terme de l'évolution, le passage n'a pas lieu instantanément; il s'accomplit graduellement par des intermédiaires, séparés eux-mêmes par des intervalles. — Dira-t-on que chacun de ces intervalles est comblé par d'autres intermédiaires, trop petits pour être saisis par les sens et les instruments auxiliaires des sens, mais possibles et nécessaires même aux yeux de la raison? — La réponse sera toujours la même. Par cela seul que ces intermédiaires sont des degrés d'un état donné à un état différent, ils doivent différer entre eux. Si petit qu'en soit l'intervalle, il est infranchissable pour la pensée; le second état ne saurait intelligiblement *sortir* du premier : il est le premier, *plus* quelque autre chose; sans cela, il n'y aurait pas de progrès, pas d'évolution. Mais si la série des changements évolutifs est une série d'additions, l'évolution n'est pas, à proprement parler, une transformation progressive d'états et d'éléments donnés.

On comprend, prise en gros, cette proposition aujourd'hui vulgaire, que les divers phénomènes physiques sont des transformations l'un de l'autre. Par transformation, on n'entend ici désigner que les apparences. Les savants ont une langue plus précise et plus exacte; ils parlent de la corrélation et de l'équivalence mécanique des diverses forces de la nature. Du mouvement semble anéanti, et une certaine quantité de chaleur est apparue. On dit que le mouvement s'est transformé en chaleur; mais, à proprement parler, du mouvement ne peut pas plus devenir chaleur que le nombre *trois* ne peut se transformer dans le nombre *quatre*. La chaleur n'est que du mouvement invisible à l'œil, insensible au toucher, mais sensible, sous une forme distincte de celle où il apparaît à l'œil et au toucher, à certains de nos sens. Au fond, il n'y a, dans cette prétendue transformation, qu'une opération analogue à celle qui consiste à diviser et à multiplier tout ensemble l'unité par un même nombre. Il en serait autrement dans les prétendues transformations évolutives : une certaine quantité de matière est incorporée à un ensemble donné; la forme du tout en est modifiée; ce qui constitue ici un progrès, ce n'est pas l'accroissement de la quantité des matériaux, mais le changement dans leur disposition. Encore une fois, que ces variations aient pour conditions et pour instruments des phénomènes mécaniques, nous le reconnaissons; mais on n'est pas autorisé, pour cela, à dire qu'un état donné est sorti d'un état antérieur, par voie de transformation. Si toutes les formes que traverse l'évolution sont contenues réellement dans la forme originelle, il n'y a pas transformation, mais accroissement géométrique, comme on le voulait dans la doctrine de la préexistence et de l'emboîtement des germes; si, au contraire, il y a épigenèse des formes successives, elles ne se transforment pas les unes dans les autres, car toute transformation implique un changement spécifique, et toute différence spécifique, si légère qu'on la suppose, est, pour la pensée, irréductible aux qualités qui l'ont précédée. Il y a donc dans l'évolution deux choses inséparables en fait, mais qu'il importe au plus haut point de ne pas confondre : une série de phénomènes mécaniques liés les uns aux autres par des lois de corrélation et d'équivalence, qui s'étendent à la nature entière, et une série de formes successives dont ces phénomènes sont la matière, sans en être toute la raison. Par conséquent, ce qui paraît continu, dans l'évolution, est réellement discontinu; les formes qui semblent sortir les unes des autres sont séparées par des intervalles, sans doute insaisissables aux sens, mais réels cependant. L'évolution est donc une suite, nous ne dirons pas de créations, car ce mot implique une production *e nihilo* de matière, mais d'apparitions successives. Où est alors, si ce n'est dans le degré, la différence d'intelligibilité entre l'hypothèse des créations spéciales, scientifiquement entendue, c'est-à-dire toute production de matière *e nihilo* écartée, et l'hypothèse des transformations lentes?

Ce qui cause le prestige, c'est une interprétation erronée du principe de continuité, et une facilité trop grande à croire que la raison se contente des satisfactions données à l'imagination. On part de cet adage : *Natura non facit saltus*, et comme on parvient assez aisément à grouper les faits en séries continues au regard de la sensibilité, on en conclut que les choses sortent les unes des autres, par une transmutation insensible. Mais la continuité réelle est une contradiction dans les termes. Tout changement est donné dans le temps; à ce titre, il semble qu'il doive être continu, car un temps vide est quelque chose d'inconcevable; des solutions de continuité, dans une série d'événements successifs, seraient autant de néants qui interrompraient le cours de la pensée. Mais ce temps continu n'est qu'un objet de sensibilité ; pour le penser, nous y appliquons le nombre, et aussitôt s'évanouit cette continuité apparente. Un nombre est relié à un nombre plus grand ou plus petit par une série d'accroissements ou de diminutions progressifs; mais quelque nombreux qu'ils soient, jamais ces intermédiaires ne parviennent à combler l'abîme qui sépare le nombre 1, par exemple, du nombre 2; jamais la somme $1+\frac{1}{2}+\frac{1}{4}+\frac{1}{8}+\frac{1}{16}$, etc., n'est rigoureusement égale à 2; un intervalle l'en sépare toujours; la série $\frac{1}{2}+\frac{1}{4}+\frac{1}{8}+\frac{1}{16}$, etc., s'étend à l'infini : il faudrait donc, pour que l'intervalle de 1 à 2 fût réellement comblé, qu'une série infinie fût actuellement réalisée, ce qui est contradictoire, car un nombre infini réel serait un nombre auquel on ne pourrait rien ajouter, c'est-à-dire un nombre qui ne serait pas un nombre. On ne saurait prétendre davantage, et pour la même raison, que les divers anneaux de cette chaîne sont unis les uns aux autres sans solution de continuité ; de l'un à l'autre, si rapprochés qu'ils soient, gît un intervalle, qu'on ne saurait combler, sans y introduire, chose contradictoire, un nombre infini d'intermédiaires ; il en sera de même pour chaque intervalle qui sépare ces intermédiaires de premier ordre, et ainsi de suite, à l'infini. Et comme le nombre des intermédiaires de premier ordre, pour qu'il n'y eût pas solution de continuité de l'un à l'autre, devrait être infini, supposer qu'il y a continuité absolue de l'un à l'autre, c'est supposer que l'infini élevé à une puissance infinie est actuellement réalisé, ce qui, en dernière analyse, revient à élever la contradiction à une puissance infinie (1).

Mais l'imagination passe outre. Pour elle, continuité signifie simplement absence de sauts brusques. Le cours ordinaire de la nature ne l'a pas habituée à de grandes et subites apparitions; entre les choses qui, au premier abord, lui paraissent discontinues, une observation plus exacte ou plus profonde lui a révélé l'existence d'intermédiaires ; elle va plus loin par induction, et elle sup-

---

(1) Nous empruntons ce principe de l'impossibilité d'un nombre infini actuel à M. Renouvier. Nous en ferons, comme on le verra, un fréquent usage, sans toutefois en tirer exactement les mêmes conséquences que M. Renouvier.

pose entre les choses différentes une continuité véritable, établie par une infinité d'intermédiaires infiniment petits; il lui suffit, pour que la continuité telle qu'elle se la figure soit possible, que les changements sensibles soient la résultante de changements insensibles. Elle fait ainsi de son infirmité une loi de la pensée et des choses, et elle déclare intelligible la façon dont elle se représente la réalité, sans s'inquiéter de savoir si elle ne se met pas en contradiction avec l'arbitre suprême de toute intelligibilité. Il suffit, pour remettre les choses en ordre, de l'employer contre elle-même, et de grossir, à l'aide du pouvoir presque illimité d'amplification qu'elle possède, les intervalles infiniment petits, que la raison déclare exister entre les choses sensiblement continues. Alors la discontinuité, qui semblait s'évanouir au sein de l'infiniment petit, reparaît, et l'imagination déroutée doit déclarer illusoire la continuité prétendue des changements.

Ainsi l'idée d'évolution n'implique pas l'idée de continuité, ni, à plus forte raison, celle de transformation. En un sens, on a pu dire que le monde était un phénomène unique indéfiniment diversifié dans l'espace et dans le temps; mais cette assertion ne vaut qu'en ce qui concerne la corrélation et l'équivalence mécanique des phénomènes. En un autre sens, il est aussi vrai de dire que le monde est un tissu de phénomènes distincts et séparés; car si la science lie chaque fait à un antécédent invariable et inconditionnel, elle ne peut, sans contradiction, soutenir qu'en réalité, et en dehors de toute acception métaphysique ou mathématique, le conséquent est l'antécédent transformé. Il faut donc reconnaître, ou bien que ce qui apparaît, au terme de l'évolution, était contenu, au moins virtuellement, dans l'origine, et, dans ce cas, ainsi que nous l'avons déjà dit, il y a uniquement, de l'embryon à l'être achevé, amplification géométrique, ou bien, si quelque chose de nouveau apparaît à chaque stade de l'évolution, c'est une addition véritable à ce qui préexistait; dans ce cas, il n'y a pas, non plus, transformation d'une forme dans une autre.

CHAPITRE XI

L'ÉVOLUTION ET LES PRINCIPES DE LA CONNAISSANCE

L'hypothèse de M. Spencer sur l'origine des formes universelles et nécessaires de la pensée offre à l'examen une difficulté spéciale, qui, selon le point de vue d'où on l'envisage, en fait la force ou la faiblesse. Pas plus que l'hypothèse de Mill, elle ne peut recevoir de vérification directe; c'est au contrôle indirect de l'analyse et de la logique qu'elle doit être soumise. Mais en raisonnant, nous faisons nécessairement usage de ces façons de penser, que l'on suppose l'œuvre continue et progressive des générations passées. Il faudrait, pour s'en représenter nettement l'origine et le progrès, s'en dépouiller, et, d'après l'hypothèse elle-même, la chose est impossible. Toujours nous les portons avec nous; elles sont les nerfs de toutes nos démarches intellectuelles. Peut-être existe-t-il, au plus bas degré de l'échelle animale, des organismes rudimentaires, semblables à ceux où apparurent les premiers linéaments de ce qui devait, par un progrès constant, devenir raison dans les organismes les plus complexes; peut-être la série des êtres vivants reproduit-elle, terme pour terme, toutes les étapes de l'évolution organique et mentale. Mais l'intimité de ces êtres nous est inaccessible; nous ne pouvons nous identifier tour à tour avec chacun d'eux, et saisir sur le fait la production et le développement de ce qui, d'abord simple action réflexe, devient peu à peu instinct, et d'instinct raison. L'intérieur d'un seul être nous est ouvert, le nôtre, et là nous trouvons, fixées d'avance, des conditions de pensée, dont nous ne pouvons nous affranchir, même par la plus violente des abstractions. Il en résulte que si, jugeant d'après ces lois les débuts et les progrès de l'évolution qui, dit-on, les produit, nous les trouvons en contradiction avec elles, cette sentence sera toujours suspecte, car ces exigences rationnelles ne sauraient être complétement satisfaites à l'origine d'un développement qui, par hypothèse, les engendre. Là est la force défensive de la théorie transformiste; mais là en est aussi la faiblesse. Si en effet ces lois sont aujourd'hui tellement enracinées dans l'esprit humain qu'elles fassent corps avec lui, comment un esprit a-t-il pu se représenter et décrire une série d'états antérieurs desquels elles seraient absolument absentes? Si donc il est logiquement impossible de vérifier l'hypothèse, il est logiquement impossible de l'établir. Mais M. Spencer a passé outre, et il nous a ainsi donné le droit de l'imiter.

Avec la doctrine de l'évolution, toute différence de fond s'atténue et s'efface entre la raison, l'instinct et l'action réflexe; ces divers modes des activités intérieures vont se perdre l'un dans l'autre, par dégradations insensibles, comme la lumière du jour passe aux ténèbres par le crépuscule; ce ne sont plus, à des degrés différents de complexité, que des réactions du dedans, adaptées aux actions du dehors. — En un sens très-général, cette définition est vraie. Les idées abstraites du penseur, qui formule les lois de l'univers, sont coordonnées aux phénomènes, de même que les mouvements de l'infusoire, en quête d'une proie, sont ajustés aux circonstances du milieu où il vit. Est-ce à dire cependant que se mouvoir automatiquement et raisonner ne soient que des puissances continues et progressives d'une même action fondamentale? Si cette question pouvait être résolue par des raisons de fait, le débat serait vite tranché entre la doctrine de l'évolution et les théories qu'elle prétend remplacer. Mais ici les faits précis nous manquent. Nous ignorons ce qui se passe dans le ganglion d'où part la réaction automatique, qui suit une excitation du système nerveux; nous ignorons de même ce qui a lieu dans le cerveau de l'oiseau, qui, le printemps et les amours venus, se met à construire un nid pour ses petits. Tout au plus pouvons-nous conjecturer qu'une image lui apparaît, et que, par un attrait mystérieux, elle sollicite et dirige ses mouvements inconscients. Mais c'est une pure conjecture, et, en outre, qui nous assure que le pouvoir de créer ces images qui tyrannisent son activité n'est pas, chez l'animal, un legs de l'évolution? — De l'instinct à la raison, nous ne voyons aucun intermédiaire apparent. L'être raisonnable a des idées abstraites, et non pas seulement des images individuelles; l'éveil de la raison, chez l'enfant, se reconnaît à de vastes généralisations spontanées. Mais cette faculté existait-elle au même degré chez nos lointains ancêtres? D'abord confondue avec l'instinct, ne s'en est-elle pas peu à peu détachée, pour s'en isoler tout à fait, par des progrès insensibles et continus, transmis sans pertes à travers les générations? Il est vrai que, dans les langues indo-européennes, les racines, qui ont semblé à certains philologues les premiers moyens d'expression, désignent des idées générales (1). Mais en est-il de même dans toutes les autres langues? Et même, à s'en tenir à la famille indo-européenne, les racines ne sont-elles pas d'un âge beaucoup plus récent que la création du langage? Partisans et adversaires de l'hypothèse de l'évolution s'accordent à reconnaître que le langage est la caractéristique de l'homme. Mais les premiers signes phonétiques n'ont-ils pas été les marques exclusives d'objets individuels, et n'est-ce pas beaucoup plus tard qu'ils ont acquis, grâce aux progrès de la raison, ce sens général aujourd'hui fixé dans les racines de nos langues indo-européennes? L'analyse du langage ne prouve pas, comme on l'a dit, « que nous commencions réellement » par connaître les idées générales, et que ce soit par » elles que nous connaissions et que nous nommions » ensuite les objets individuels » (2). Sur ce terrain, la discussion ne saurait aboutir, car plus on remonte vers un passé sans souvenirs, plus les conjectures remplacent les faits, et moins l'analyse sait où se prendre,

---

(1) Voy. Max Muller, *La science du langage*, 9ᵉ leçon.
(2) Voy. Bréal, *Mélanges de mythologie et de linguistique : Les racines indo-européennes.*

et, dans ce vague lointain, la doctrine des lentes transformations, bénéficiant de l'absence de preuves positives et incontestables, a pour l'imagination, qui se porte bien au delà des limites où la raison s'arrête, des séductions peut-être décevantes. C'est dans la raison consciente, où tout est en lumière, qu'il faut s'établir, pour apprécier à sa juste valeur la théorie de M. Spencer.

D'après M. Spencer, l'esprit est un. Depuis la pure appréhension de deux sensations successives jusqu'à la solution d'un problème de hautes mathématiques, il se comporte de la même manière, il procède de la même façon, il suit la même loi. Partout et toujours il assemble suivant des ressemblances, il sépare suivant des différences; c'est là son unique fonction, en apparence diversifiée par la variété de ses produits, mais que l'analyse retrouve au fond de toute œuvre intellectuelle. Toutes nos conceptions, des plus simples aux plus complexes, se produisent, suivant une même règle, comme s'engendre la série des nombres consécutifs, une fois la loi de la numération posée. Cette théorie sur l'unité de composition de l'esprit est la pierre angulaire de l'édifice entier. Il importe par conséquent d'en éprouver la solidité.

La question à résoudre est celle de savoir si tous les concepts et tous les principes suivant lesquels nous unissons les matériaux de la connaissance en assemblages variés, se résolvent analytiquement les uns dans les autres, ou s'il n'en est pas qui résistent à la fusion. Doit-on distribuer toutes nos connaissances en une série unique de termes, formés suivant une même loi, ou, au contraire, les répartir en plusieurs séries parallèles, qui se développeraient chacune suivant une règle propre, sans cesser cependant d'être unies en un même système? Il ne sera pas besoin, pour répondre, de faire l'inventaire de tous les concepts qui nous servent à grouper nos représentations; il nous suffira de considérer les plus simples d'entre eux, ceux dont l'originalité au moins apparente n'est pas contestée, les nombres, par exemple, et les figures géométriques.

Ce sont là deux espèces de notions d'une application générale; tout objet de pensée reçoit un nombre; tout objet de représentation est revêtu d'une figure. Suivant M. Spencer, ce ne seraient pas des notions originales, mais des composés où l'analyse découvrirait, comme seuls éléments, les rapports primitifs de la ressemblance et de la différence, c'est-à-dire de la succession. — Il est incontestable qu'un nombre implique la diversité, et, en un certain sens, la ressemblance. Pour que des choses nous semblent plusieurs, il faut qu'elles soient différentes: si entre elles aucune différence n'était saisie, elles se confondraient en une seule. Ainsi, par cela seul que deux objets, si semblables d'ailleurs qu'on les suppose, sont deux, il faut qu'ils soient marqués de qualités différentes, qu'ils occupent dans l'espace des places distinctes, ou tout au moins qu'ils apparaissent dans le temps à la suite l'un de l'autre. Mais, si la diversité est liée à la pluralité numérique, elle n'en est pas pour cela le seul fondement. Le soutenir serait méconnaître un des caractères essentiels du nombre. Un nombre est fait d'unités identiques, et jamais l'expérience ne nous en a présenté de telles. Comme le dit Stuart Mill, une lieue comptée sur une route, n'est jamais rigoureusement égale à une autre lieue mesurée à la suite. Il faut donc, pour constituer les unités d'un nombre, que les différences individuelles et concrètes s'effacent, et qu'il reste seulement, entre les objets, une séparation idéale et abstraite. Soutiendra-t-on que c'est là précisément l'effet du rapport de ressemblance uni au rapport de différence? — Mais peut-on concevoir l'identité d'états de conscience successifs, toute différence mise de côté? Pourrait-on dire alors qu'ils sont plusieurs? Et cette identité n'aurait-elle pas pour résultat de les fondre en un seul et de supprimer toute idée de pluralité? Le nombre est à la fois identité et pluralité, ressemblance et différence; mais une preuve qu'il ne naît pas de l'accouplement de ces deux notions, c'est que chacune d'elles, unie à l'autre, l'anéantit. Il est l'identité ou l'unité dans la multiplicité, c'est-à-dire dans la différence, et la différence, c'est-à-dire la multiplicité, dans l'identité ou l'unité. Le temps, fait d'événements distincts, n'est pas le nombre, mais il est apte à le recevoir. Nous pouvons, à mesure que les événements se produisent, assigner un nombre à chacun d'eux; mais ce n'est pas parce qu'ils sont différents les uns des autres, puisque les unités sont identiques; ce n'est pas non plus parce qu'il est loisible à l'esprit d'en éliminer tout caractère distinctif, car alors, cessant d'être distingués, ils se confondraient; c'est uniquement parce que le nombre est d'une application générale. La ressemblance et la différence sont au fond de tous les nombres, mais elles ne sauraient les constituer en se rapprochant uniquement l'une de l'autre, puisqu'alors elles s'annulent mutuellement. Le nombre est, comme nous le montrerons plus tard, la synthèse de l'unité et de la pluralité, deux notions corrélatives, dont le rapport constitue un concept irréductible.

Il serait plus difficile encore de réduire aux nombres les figures géométriques. D'une manière générale, l'espace est essentiellement différent du nombre. A partir de l'unité prise comme point de départ, la série des nombres se compose par l'addition de l'unité à elle-même et aux sommes précédemment construites. Dans l'espace, à partir d'un point pris pour origine, on peut développer la série des nombres, en haut et en bas, à droite et à gauche, en avant et en arrière. Numériquement, ces directions diverses ne diffèrent pas l'une de l'autre, puisque chacune d'elles peut recevoir la série illimitée des nombres. D'où vient donc la différence du droit et du gauche, du haut et du bas, de l'avant et de l'arrière? Leibniz, en définissant l'espace l'ordre des coexistences possibles, l'a effacée et n'en a pas rendu compte. C'est qu'elle est quelque chose d'absolument original. Une série de nombres, comptée en un sens ou en l'autre, est toujours la même; deux directions opposées dans l'espace, fussent-elles sur le prolongement l'une de l'autre, sont choses différentes. Nous pouvons, par un artifice de l'esprit, les replier, et les faire coïncider, pour en constater l'égalité ou l'inégalité; mais elles n'en restent pas moins distinctes. Et d'ailleurs l'espace est extérieur à nous; nous pouvons concevoir et construire les nombres sans sortir de nous-même.

L'impossibilité de ramener, par voie analytique, les déterminations géométriques à des déterminations purement numériques sera plus manifeste encore, si, au lieu de l'espace en général, nous considérons les figures déterminées qu'il contient. Toute question de géométrie revient en définitive à une question de mesure, et comme toute mesure s'exprime par des nombres, il pourrait sembler que les nombres sont les éléments essentiels des figures. Ainsi paraissent l'avoir pensé les pythagoriciens. Mais la forme n'a-t-elle pas quelque chose d'irréductible au nombre? Est-ce la même chose de former le nombre *trois*, par exemple, et de construire un triangle équilatéral? Un même nombre ne peut-il pas être le *schème* numérique de plusieurs *schèmes* géométriques? L'existence de la géométrie analytique semblerait devoir lever ce scrupule et nous incliner à croire que les nombres sont de tout point les substituts exacts des formes tracées dans l'espace. La *spécieuse* de Descartes, comme on l'appelait au dix-septième siècle, ne se passe-t-elle pas de toute intuition de l'étendue, et ne parvient-elle pas cependant, sans autres moyens d'expression que les signes de l'algèbre, à résoudre des problèmes pour lesquels la géométrie intuitive des anciens n'avait peut-être pas de méthode? — Il est vrai que les signes de l'algèbre sont devenus, aux mains de Descartes, les symboles des formes géométriques. Toutefois ce n'est pas à dire que les choses signifiées, en s'effaçant derrière les signes qui les expriment, aient perdu leur physionomie propre. L'établissement des premières formules de la géométrie analytique requiert la vue de figures déterminées. L'artifice de Descartes consiste en effet à ramener les diverses positions d'un point en mouvement à des variations de grandeurs susceptibles d'expressions algébriques. Il en résulte que l'intuition de l'étendue, qui semble disparaître sous la formule, en est cependant l'assise. Et, quand le mathématicien a développé ses formules par l'analyse, n'a-t-il pas de nouveau recours, pour en interpréter les résultats, à l'intuition des figures? Sans cela ferait-il œuvre de géomètre? La chose est si vraie, que l'analyse conduit parfois à des résultats, les quantités négatives, par exemple, qui n'ont de sens que par une convention relative à l'espace.

Sans pousser plus loin cette revue des conceptions qui servent de cadres à nos représentations, n'est-il pas visible que si elles sont distinguées par des caractères irréductibles, elles ne sauraient sortir, les plus complexes des plus simples, par la voie de l'évolution? L'évolution en effet, nous l'avons vu au dernier chapitre, ne crée ni ne transforme; elle se borne à développer, suivant une règle uniforme un germe donné. Concevra-t-on qu'au cours du développement, la loi qui l'a dirigé cède tout-à coup la place à une loi nouvelle? Concevra-t-on que continuant d'agir, elle reçoive, à des instants imprévus, le concours de règles étrangères, qui viendraient on ne sait d'où, puisqu'elles n'auraient pas de raison d'être dans les périodes antérieures de l'évolution? De telles interventions ne seraient-elles pas des crises miraculeuses, et ne ruineraient-elles pas cette idée d'un développement régulier et continu, par laquelle la théorie de l'évolution prétend l'emporter en intelligibilité sur les doctrines opposées? Imaginez qu'on ait construit une machine capable d'engendrer les nombres, dans l'ordre de la numération; elle les engendrera à l'infini, et l'on pourra dire qu'ils sortent les uns des autres par complication croissante, puisqu'ils seront tous faits suivant la même loi. Mais l'esprit se refuse à admettre qu'à un certain instant cette machine se mette à construire des formes géométriques, plus tard des propriétés chimiques, et plus tard encore des propriétés vitales. Il n'en est pas autrement de la machine universelle. Si les produits en sont de plus en plus complexes, ils sont tous semblables cependant, et faits d'après une règle commune.

Mais en accordant à M. Spencer l'unité de composition qu'il réclame pour l'esprit, et sans laquelle il est impossible de voir dans les formes actuelles de la pensée de lentes acquisitions de l'humanité entière et des races d'où elle serait sortie, l'hypothèse ne soulève-t-elle pas d'autre part d'invincibles difficultés?

L'auteur des *Principes de psychologie* reconnaît que chacun de nous apporte en naissant une constitution mentale déterminée, de laquelle résultent les conditions sous lesquelles nous nous représentons toutes choses et les pensons. Seulement, et c'est là le trait original de sa doctrine, ces possessions actuelles des individus humains sont, à ses yeux, des acquisitions de la race, sorte de capital transmis et accru de génération en génération. Par suite il est tenu de dire d'où vint la première mise de fonds qui fut le noyau des épargnes sans cesse grossissantes de l'humanité, car déclarer que l'intelligence humaine est impuissante à le découvrir, si loin qu'elle remonte dans la chaîne des ascendants, ce serait trahir l'hypothèse, et introduire, en contrebande, des sujets qui contiendraient déjà, au moins à l'état d'enveloppement, les notions que l'on déclare issues par évolution de la seule expérience. Où donc sera le commencement de ces notions? On ne saurait le fixer, sans pétition de principe, dans un sujet déjà déterminé par l'objet et en correspondance avec lui; car un tel sujet est un produit de l'évolution, et, si voisin qu'il soit de l'origine, il a reçu ce qu'il contient. Il faut donc le fixer ou bien dans un sujet sans rapport avec l'objet, ou bien dans l'objet sans rapport avec aucun sujet. Entre ces deux partis, le choix ne saurait être douteux.

L'existence d'un sujet pur est incompatible avec l'hypothèse de l'évolution. De tels sujets qui sont, par définition, étrangers à l'objet, ne sauraient en effet rien recéler qui vînt de l'expérience, et une philosophie qui rapporte tout à l'expérience doit les déclarer impossibles. On ne peut les concevoir qu'en les composant ou d'attributs purement moraux, conscience, liberté, bonté, désirs, passions, ou de ces formes vides de la pensée, dont on nie l'origine à priori, et auxquelles on assigne une genèse expérimentale. C'est donc dans l'objet qu'il faut placer l'origine première des conditions mentales de l'expérience et de la pensée.

Mais que pouvons-nous dire de cet objet? Nous nous

le représentons sous certaines conditions dont nous ne pouvons, par aucun effort de l'esprit, l'affranchir ; il est étendu, soumis au devenir, au nombre et à la causalité ; nous pouvons le feindre sans couleur, sans odeur, sans saveur ; mais, sous peine de le supposer anéanti, nous ne pouvons en bannir l'espace, le temps, le nombre, la causalité. L'espace, le temps, le nombre, lui appartiennent-ils en propre, à titre d'éléments constitutifs ? — Alors nous demandons comment nous en sommes assurés ? Ce ne peut être que par l'universalité et la nécessité dont ces notions nous semblent revêtues. Mais la logique du système permet-elle d'ériger en garantie de la vérité objective une nécessité subjective que l'on prétend dérivée de l'objet ? Et pourtant quelle autre caution pouvons-nous avoir de la correspondance des nécessités de notre esprit avec les nécessités des choses ?

Ce n'est là toutefois qu'une difficulté préjudicielle. Si l'on fait de l'espace, du temps, du nombre, de la causalité, des attributs constitutifs de l'objet, comme ce sont là précisément les formes principales sous lesquelles l'esprit se représente les choses et les pense, cela revient à dire que les formes de la représentation et de la pensée sont primitivement dans l'objet, ou mieux encore, qu'elles sont l'objet lui-même, et que celui-ci, en provoquant l'apparition et l'évolution de sujets de plus en plus déterminés, crée lui-même des miroirs où il se réfléchit avec une exactitude et une ampleur croissantes. C'est alors attribuer une existence absolue à des choses que cependant on a déclarées relatives ; c'est poser, hors de tout commerce avec le sujet sentant et pensant, un temps absolu, un espace absolu, un nombre absolu, un ordre absolu de causalité. Hegel faisait-il autre chose? M. Spencer ne souscrirait pas sans doute à cette conséquence, et il objecterait que cette représentation d'un objet pur, en fonction de l'espace, du temps, du nombre et de la causalité, est une illusion et une contradiction, parce qu'en nous le figurant ainsi nous obéissons à des exigences qui ne se manifestent qu'au terme de l'évolution, et que d'ailleurs tous ces éléments d'un objet supposé *pur* sont empruntés au sujet. — Mais, répondrons-nous, si l'origine des notions universelles et nécessaires, qui sont aujourd'hui les règles fixes de notre pensée, ne peut être placée, sans pétition de principe, dans un sujet pur, il faut, par suite, la placer dans l'objet pur; si, d'autre part, cet objet, sous peine de contradiction, doit être posé en dehors de tout rapport avec les formes de la pensée, comme nous ne pouvons rien penser sans faire usage de ces formes, un tel objet n'a rien où l'esprit puisse se prendre; nous ne pouvons ni le concevoir, ni le nommer. L'origine de ce qui nous permet de nous représenter et de concevoir tout ce que nous nous représentons et concevons se soustrairait donc à la pensée. On est ainsi conduit à cette conséquence au moins étrange, qu'à l'origine les notions universelles et nécessaires sont un pur néant, ou, ce qui revient au même, que leur germe n'a rien de commun avec elles.

On se demande alors ce que peut pour elles l'évolution à laquelle on en attribue le lent enfantement? Qu'un germe donné se développe progressivement, on le comprend; mais que rien ne soit donné, et rien ne sera produit; la machine fonctionnera à vide, sans rien rendre. Attribuera-t-on à l'évolution elle-même un pouvoir créateur? Dira-t-on que la *matière* élaborée, primitivement étrangère aux *formes* de la pensée, les revêt peu à peu, grâce à l'élaboration même qu'elle subit? En soumettant à l'analyse l'idée d'évolution, nous nous sommes prémunis contre le prestige des prétendues transmutations des choses. Peut-être les organismes les plus parfaits, où siégent aujourd'hui les instruments de la pensée raisonnante, ont-ils succédé par évolution à des organismes plus simples; peut-être encore l'action réflexe a-t-elle été le seul mode de réagir des sujets primitifs sur l'action de l'objet; il se peut aussi qu'à cette réaction simple aient succédé, la complication des organes croissant, des réactions de plus en plus complexes; que l'instinct soit apparu et à sa suite le souvenir, l'imagination, la prévision, la raison. Mais qu'en conclure? Que l'action réflexe est *devenue* l'instinct, et l'instinct la raison, uniquement par addition du même au même, c'est-à-dire par accroissement de quantité? Nous l'avons déjà dit, et nous le répétons : s'il est vrai que la quantité de matière soit constante dans l'univers, le fond inorganique de tous les êtres est le même, et l'on peut dire qu'ils sont des transformations les uns des autres; mais c'est à la condition de prendre ces mots en un sens métaphorique, et d'entendre par là qu'à travers la variété des formes successives, les lois de la corrélation et de l'équivalence mécanique des phénomènes persistent; mais à chaque degré de l'évolution, quelque chose apparaît qui ne préexistait pas, et qui n'a pas toute raison d'être dans les états antérieurs. Par conséquent, ou bien les notions universelles sont en germe à l'origine de l'évolution; alors celle-ci ne les crée pas, elle les développe, et les formes de la pensée ont un commencement absolu. Ou bien elles apparaissent à un degré quelconque de l'évolution; alors elles ne sont pas davantage un produit de l'évolution, et dans ce cas encore, elles ont un commencement absolu. C'est donner le change à l'esprit que de les affaiblir pour en reculer indéfiniment les origines; si loin qu'on nous force à en poursuivre les commencements, nous les retrouvons toujours avec leurs caractères spécifiques, et, si atténuées qu'elles soient, nous reconnaissons en elles les conditions sans lesquelles rien ne serait pensé.

LIVRE II

LA CRITIQUE

CHAPITRE PREMIER

LA CRITIQUE

Pour l'empirisme, l'esprit est un foyer de convergence où se réunissent et se concentrent peu à peu les rayons émanés du monde extérieur. Mais cette thèse ne peut être établie sans pétition de principe. C'en est assez pour permettre de retourner la métaphore et de comparer l'esprit à un foyer d'émergence d'où jaillirait la lumière répandue sur la réalité. Ainsi l'entendaient Descartes, lorsqu'il admettait en nous l'existence d'idées innées, et Leibniz, lorsqu'il faisait à l'axiome séculaire de l'empirisme cette restriction profonde : *nisi ipse intellectus*. L'esprit est inné à lui-même ; en d'autres termes, la pensée préexiste à l'expérience.

Mais cette maxime à laquelle on est forcé de se rendre, même quand on la nie, peut donner lieu à de graves malentendus. Que veut-on dire, en déclarant que la pensée est innée à elle-même et qu'elle préexiste à l'expérience ? Entend-on qu'il y a dans la connaissance deux parts absolument distinctes : d'un côté des vérités d'origine exclusivement empirique, et de l'autre des vérités d'origine exclusivement rationnelle ; d'un côté l'expérience nue, de l'autre la pensée pure, et que cependant ces deux sortes de vérités se réunissent et s'appliquent l'une à l'autre pour constituer la science? — C'est ainsi que Locke et tous ceux qui, jusqu'à Kant, rejetèrent la doctrine cartésienne, semblent l'avoir compris. Ainsi interprétée, la théorie de l'innéité prête le flanc à des objections irréfutables, et son moindre défaut est de donner le change à la pensée.

Nous savons quelle question se pose à l'origine et au terme de la science positive. Les faits sont particuliers et contingents; les lois sont universelles et nécessaires. Où prenons-nous l'idée de cette liaison invariable et constante des phénomènes? L'empirisme répond : Nous la puisons à la source des faits ; il n'y a pas deux sources distinctes et séparées de connaissances ; il n'y a pas, dans la connaissance, deux sortes d'éléments irréductibles. — Mais, malgré tous ses efforts pour composer les vérités universelles et nécessaires avec les seules données de l'expérience, un soupçon plane toujours sur lui et suffit à le tenir en échec : l'expérience qui est censée fournir tout le contenu de la pensée, ne recèle-t-elle pas elle-même des éléments à priori sans lesquels elle serait impossible ?

On peut opposer à la thèse de l'innéité, entendue au sens courant et vulgaire, une fin de non-recevoir analogue. Comment faire le départ entre les connaissances à priori et les connaissances à posteriori? Nous ne saurions nous supposer, par hypothèse, privés de toute donnée expérimentale. Quand, par la réflexion, nous nous étudions nous-mêmes, nous trouvons en nous la connaissance toute faite, la synthèse de l'à priori et de l'à posteriori opérée. Pouvons-nous alors être assurés que les vérités innées sont pures de tout élément empirique? S'il est vrai qu'elles ont des caractères spéciaux, universalité et nécessité, dont l'expérience, toujours particulière et contingente, ne saurait rendre compte, n'y a-t-il rien, dans le contenu des termes qu'elles unissent, qui vienne, soit directement, soit indirectement, de l'expérience? Ce soupçon une fois élevé, il est impossible de le dissiper; il faudrait pour cela faire table rase dans notre esprit, rejeter toutes nos connaissances sans exception, et, ce vide mental une fois atteint, opposer une barrière infranchissable à l'expérience qui tend incessamment à introduire en nous ses produits, et laisser champ aux seules vérités rationnelles qui surgiraient du fonds même de l'esprit. Mais une telle entreprise est chimérique, et, de plus, elle implique contradiction. En admettant que le vide complet de l'âme pût être obtenu, ne faudrait-il pas savoir à quel signe infaillible les connaissances purement expérimentales diffèrent des connaissances purement rationnelles, pour pouvoir contenir les unes et ne donner accès qu'aux autres.

Cette difficulté n'est pas la seule. Ces vérités rationnelles ont un objet propre, hors de la sphère de l'expérience possible. Cependant elles sont la règle de notre expérience, la garantie de notre science ; elles concourent donc avec les vérités purement empiriques. Cela étant, on demande comment se fait l'application des vérités à priori aux phénomènes. D'après l'hypothèse, l'expérience a un domaine absolument séparé de l'esprit; il n'y a rien de commun entre ce qui nous vient à pos teriori et ce qui nous est donné à priori. Dès lors, qui empêche de supposer que l'expérience a un cours distinct de celui de la pensée, et que, par suite, le courant des phénomènes et celui des pensées ne se rencontreront jamais? Et même, en admettant que l'ordre des choses soit conforme à celui de nos idées, quelle garantie en avons-nous, si ce n'est la caution empirique du fait? Nous anticipons, en vertu des principes innés, sur le cours d'une nature, qui, par hypothèse, n'a rien de commun avec eux ; nous sommes, par suite, réduits à attendre la confirmation des faits, et nos assertions n'ont, en dernière analyse, d'autre valeur objective que celle qu'elles reçoivent de l'expérience. On revient ainsi à la doctrine empirique, et, en fin de compte, les principes innés ne sont pas une base plus solide de nos convictions scientifiques que les inductions expérimentales fortifiées par l'habitude.

Ce conflit séculaire et cette impuissance mutuelle de l'empirisme brut et de l'innéité absolue eussent été sans fin et sans remède, si, par une de ces révolutions fécondes qui changent la face de la spéculation, Kant n'était venu poser la question en termes nouveaux, et en produire une solution nouvelle, également éloignée des solutions extrêmes jusque-là proposées. L'empirisme est impuissant, quoi qu'il fasse, à montrer comment, avec les seules données de l'expérience toujours particulière et contingente, l'esprit formerait des assemblages aux rapports universels et nécessaires. D'autre part, la doctrine des idées innées, entendue au sens absolu que nous avons plus haut signalé, ne réussit pas mieux à faire voir comment l'esprit appliquerait à des matériaux sensibles, supposés absolument étrangers à lui, les lois universelles et nécessaires qui sont le fond de lui-même. Kant sort la philosophie de peine, en montrant que phénomènes et lois, faits et principes, nous sont donnés ensemble, que l'objet de la connaissance est une synthèse primitive et indissoluble, si ce n'est par abstraction, de l'objet, au sens vulgaire du mot, et du sujet.

Les esprits accoutumés à considérer comme produits de la seule expérience les vérités d'ordre expérimental, et comme fruits de la seule raison les vérités universelles et nécessaires, se font malaisément à l'idée que ce qu'ils ont l'habitude de désunir est uni, c'est-à-dire que l'expérience elle-même contient quelque chose de la raison. Pourtant, s'ils recueillent les enseignements les plus récents et les moins contestés des sciences positives, ils se familiariseront peu à peu avec ce paradoxe apparent. Rien n'est une meilleure introduction à l'intelligence de la critique kantienne, que la moderne théorie des sensations. Couleurs et sons nous semblent revêtus de tous les caractères indispensables à constituer des objets; nous les localisons, hors de nous, dans l'espace ; quand nous avons cessé de les sentir ou de les percevoir, nous ne laissons pas d'être convaincus qu'ils continuent d'exister; le bon sens se révolterait à l'idée que ce sont là de vains fantômes comme ceux du rêve. Cependant une rigoureuse analyse scientifique démontre que, considérés comme couleurs et comme sons, c'est-à-dire avec leurs qualités spéciales, ce sont uniquement nos sensations projetées hors de nous, et érigées ainsi en objets. Toutes nos sensations objectives sont l'œuvre de deux facteurs, l'un qui nous est extérieur, l'autre qui est nous-même. Un même excitant, appliqué à des organes différents, provoque en nous des sensations spécifiquement distinctes ; dans l'œil, des clartés et des couleurs ; dans l'oreille, des bruits et des sons ; à la peau, des sensations tactiles ; dans les muscles, des sensations musculaires. Inversement, des excitants spécifiquement distincts, mécaniques, physiques, chimiques, éveillent, s'ils sont appliqués au même organe, des sensations de même espèce. Que le nerf optique, par exemple, soit sollicité à l'action par les ondulations de l'éther, par une pression ou un choc mécanique, par une substance médicamenteuse introduite dans le sang, il répondra toujours par une sensation de lumière. Les différences spécifiques de nos sensations objectives viennent donc de nous et non pas de l'objet ; de même pour les variations innombrables de chacune de ces espèces ; les sons musicaux diffèrent les uns des autres en intensité, en hauteur et en timbre ; c'est encore le sujet qui donne à chacune de ces différences, et aux degrés qu'elle comporte, leurs qualités propres. Physiquement, deux sons d'intensités, de hauteurs et de timbres distincts, ne diffèrent que par l'amplitude, la quantité et la composition des vibrations qui les provoquent. Mais la sensation ne fait pas elle-même le départ entre ses éléments subjectifs et objectifs ; elle se témoigne à elle-même, comme objet, avec sa qualité spéciale. Le monde est obscur et silencieux ; cependant il est pour nous sonore et lumineux.

Qu'on étende à la connaissance entière cette conception désormais acquise à la science, et l'on entrera de plain-pied dans la doctrine de Kant. Tout vient de la sensation, disait Leibniz, si ce n'est la pensée elle-même. Kant s'empare de cette restriction et en développe le sens. La pensée est innée à elle-même; et, par pensée, il ne faut pas entendre un ensemble de vérités qui nous apparaîtraient sans aucun rapport aux objets de l'expérience, mais le système des conditions qui président à l'exercice de toute pensée. D'autre part, comme il est impossible que des objets soient donnés à la connaissance, qui ne soient pas soumis aux conditions organiques de cette connaissance, les lois de la pensée sont aussi celles des objets pensés. Il résulte de là que l'objet n'est pas quelque chose d'absolument isolé du sujet, ni le sujet quelque chose d'absolument étranger à l'objet ; mais, pourrait-on dire, l'objet proprement dit est un objet-sujet, et le sujet un sujet-objet.

De ces brèves formules ressortent et l'originalité de la conception kantienne, et la solidité des positions qu'elle occupe. Un tel système, loin de sacrifier les objets de l'expérience, comme on l'a parfois prétendu, en peut seul établir la réalité. L'empirique part du fait brut de la sensation ; mais il ne saurait nier que la sensation est subjective ; dès lors il lui est impossible d'établir une démarcation tranchée entre la veille et le sommeil. Qui nous assure que nous sommes éveillés ? — La sensation subjective de l'effort. — Mais alors qui nous garantit que les autres sensations concomitantes à cette sensation continue de l'effort musculaire ont plus de réalité objective que celles qui surgissent, pendant le rêve, dans notre imagination? Sera-ce la constance et la régularité de leurs successions et de leurs assemblages, par opposition à l'incohérence et à la mobilité des assemblages formés dans le rêve? Mais si nous n'en avons d'autres témoins que les sensations elles-mêmes, d'où savons-nous que cet ordre est durable, qu'à l'instant qui va suivre, il ne sera pas troublé ou interverti? Qui nous permet même de penser à un avenir? Le dernier mot de l'empirisme, cette doctrine qui, plus que toute autre, semble fondée sur la réalité, serait donc le nihilisme. La conception de Kant, au contraire, érige en objets les sensations qui, en elles-mêmes, n'ont aucune preuve de réalité objective. La sensation proprement dite est individuelle, variable, subjective; mais si, pour devenir un objet de connaissance, elle doit revêtir des formes qui sont le résultat et l'expression des lois fondamentales de la connaissance, nous avons un critérium infaillible pour discerner la veille du rêve. Dans le rêve, les représentations s'assemblent et se dissocient au hasard; dans la veille, les objets de pensée sont liés par des rapports invariables, universels et nécessaires, puisqu'ils ne sont rien autre chose que les conditions essentielles de l'existence et de l'exercice d'une pensée une, partout et toujours concomitante à ses objets.

D'autre part, loin d'aboutir au scepticisme idéaliste, la doctrine de Kant peut seule nous en préserver, de même qu'elle nous met en garde contre le nihilisme, fruit naturel d'un empirisme rigoureux. La doctrine des idées innées en vient facilement à nier la réalité sensible. Les difficultés insurmontables que présente l'hypothèse d'une scission absolue de la connaissance en deux parts, l'une purement expérimentale, l'autre purement rationnelle, font promptement prendre parti pour la raison contre l'expérience. Les vérités nécessaires s'imposent à l'esprit avec une autorité infaillible et indiscutable ; il s'en faut qu'il en soit ainsi des vérités expérimentales : dès lors, s'il est logiquement impossible de lier et d'unir une raison et une expérience hétérogènes, l'hésitation n'est pas permise ; il faut sacrifier l'ombre à la proie, les apparences sensibles aux réalités intelligibles. La critique kantienne n'exige pas de tels sacrifices. Nous venons de voir comment elle érige les sensations en objets ; mais ce n'est pas aux dépens des vérités d'ordre intellectuel. Ce qui fait la réalité des objets empiriques, c'est l'ensemble des rapports permanents qui les lient ; mais cet ordre et cette liaison sont d'origine rationnelle ; ces lois qui, appliquées aux sensations subjectives, les transforment en objets, ne sont rien autre chose que les conditions inhérentes à la pensée elle-même. La pensée, qu'on l'appelle entendement ou raison, demeure donc la législatrice de la science. Elle impose ses lois à la réalité tout entière, parce que les choses ne peuvent être objets de connaissance qu'à la condition de se soumettre aux lois de toute connaissance.

On comprend dès lors que l'esprit puisse édifier la science, c'est-à-dire dépasser, dans ses prévisions, le résultat des expériences accumulées. Les rapports suivant lesquels s'unissent les phénomènes sont constitutifs de l'esprit lui-même ; par conséquent, étant donné l'esprit, ils sont nécessaires, et ils seront les mêmes tant que l'esprit sera l'esprit. Si loin qu'en imagination nous anticipions sur l'avenir, nous sommes présents à nous-mêmes ; notre esprit se transporte loin de l'instant actuel ; mais dans ce voyage, plus rapide que l'éclair, il ne laisse en arrière aucune des conditions qui lui sont essentielles ; dès lors il voit le passé ou l'avenir, si lointains qu'ils soient, sous les mêmes aspects généraux que le présent ; ses exigences sont invariables, quels que soient les objets qu'il pense. Mais, comme, d'autre part, les sensations ne peuvent devenir objets de pensée qu'à la condition, nous ne dirons pas de se plier, ce qui supposerait de leur part une tendance contraire à celle de la nature, mais d'être conformes aux conditions de la pensée, nous pouvons spéculer en toute sécurité, il n'est pas à craindre que l'avenir démente nos prévisions, que le fait donne tort à la raison. La science est vraie parce que l'esprit existe.

Les avantages d'une telle doctrine sur celles qu'elle remplace une fois mis en lumière, la solidité de la position où elle est établie apparaît de soi. Prise en elle-même, la critique est inattaquable. Avec quelles armes l'attaquer, qui ne se tourneraient pas pour la défendre ? Si l'empirisme objecte que, sans l'expérience, la réalité serait pour nous lettre close, que l'homme ne sait que ce qu'il tient d'elle, la critique répond que les éléments à priori de la pensée, antérieurs et supérieurs à l'expérience, se manifestent cependant en elle. Si l'idéalisme soutient que cela seul est vrai qui est universel et nécessaire, et par suite étranger à l'expérience, la critique répond que les sensations, en tant que sensations, sont subjectives, variables d'individu à individu, mobiles et changeantes, mais que ce qui en fait des objets permanents de connaissance, soustraits aux caprices de l'imagination et aux vicissitudes des sensibilités individuelles, ce sont précisément les lois universelles et nécessaires de toute pensée.

Qu'on ne dise pas, comme on l'a fait parfois, qu'elle pose ses théories sans les prouver. Les preuves qu'on est en droit de lui demander ne sont pas des démonstrations, au sens géométrique du mot. Quand il s'agit de savoir s'il existe des principes à priori, la démonstration doit être dialectique et non logique; il faut partir du fait même de la pensée, en déterminer les conditions essentielles: si ces conditions ont tels caractères qu'elles puissent être attribuées à l'expérience, l'empirisme a gain de cause; si, au contraire, certains concepts, de caractères opposés à ceux de l'expérience, sont toujours engagés dans la pensée, que seuls ils rendent possible, on ne saurait, sans pétition de principe, en attribuer l'origine et la génération à l'expérience, qui sans eux ne serait pas. Or c'est à cette conclusion qu'aboutit la critique. Une sensation ne devient un objet qu'à la condition de revêtir certaines formes, d'obéir à certaines règles. Peut-on alors soutenir que ce qui rend l'expérience possible ne la précède pas logiquement? Cette prétention, qui est celle de l'empirisme, conduit, quand elle est soutenue jusqu'au bout, aux plus flagrantes pétitions de principe. En discutant les doctrines de l'association et de l'évolution, n'avons-nous pas vu qu'on ne pouvait expliquer empiriquement l'origine et le développement d'une de ces notions universelles et nécessaires, qui sont présentes à toutes les démarches de l'esprit, sans la supposer, c'est-à-dire sans qu'elle soit impliquée dans le sens des termes par lesquels on désigne les phénomènes chargés de l'engendrer? Affirmer qu'une notion ou une vérité est à priori, c'est dire simplement qu'on ne peut, sans pétition de principe, la supposer issue de l'expérience. En ce sens, l'empirisme impuissant est le meilleur témoin de la critique.

Rappelons-nous d'ailleurs en quels termes Kant pose la question au début de la *Critique de la raison pure*. Il constate d'abord que toutes nos connaissances commencent avec l'expérience : « Car, dit-il, par quoi la faculté » de connaître serait-elle appelée à s'exercer, si elle ne » l'était pas par des objets qui frappent nos sens, et qui, » d'un côté, produisent d'eux-mêmes des représenta- » tions, et de l'autre excitent notre activité intellectuelle » à les comparer, à les unir ou à les séparer, et à mettre » ainsi en œuvre la matière brute des impressions sen- » sibles, pour en former cette connaissance des objets » qui s'appelle l'expérience ? » Mais si toutes nos connaissances commencent avec l'expérience, il ne s'ensuit pas qu'elles en dérivent toutes. L'expérience nous montre ce qui est, et non ce qui doit être ou ce qui ne peut pas ne pas être ; elle constate qu'une règle donnée n'a pas jusqu'ici subi d'exception, mais elle ne peut garantir qu'elle n'en subira pas. Son témoignage est

toujours particulier et contingent. Si donc il y a dans notre connaissance des principes universels et nécessaires, on peut être assuré qu'ils ne viennent pas de l'expérience. « La nécessité et l'universalité absolues sont
» donc les marques certaines de toute connaissance à
» priori, et elles sont même inséparables ; voilà un double
» signe qui permet de distinguer sûrement une connais-
» sance pure d'une connaissance empirique (1). » Il s'agit donc uniquement de savoir s'il y a dans la connaissance des vérités et des notions universelles et nécessaires.

Mais l'affirmation de l'à priori dans la pensée humaine n'est que la thèse préliminaire de la critique. Avant Kant on avait, sur la foi du double critère de l'universalité et de la nécessité, admis l'existence d'idées innées ; mais on n'avait pas montré comment la science est possible, car ce n'est pas en expliquer la possibilité que de dire : nous apportons les germes de certaines vérités qui se développent au contact de l'expérience et en deviennent les règles invariables ; ou, si l'on avait tenté une autre explication, on avait promptement abouti à un idéalisme qui sacrifie aux idées innées les objets d'expérience. Kant, le premier, essaye d'expliquer comment la science est possible, c'est-à-dire comment les objets de l'expérience sont conformes aux principes à priori, et, pour cela, il admet que les sensations deviennent objets en revêtant les formes à priori de la sensibilité et de l'entendement.

(1) Kant, *Critique de la raison pure*, Introduction, p 48, trad. Barni.

Dira-t-on que cette thèse capitale est posée et non justifiée? Encore une fois, ce serait se méprendre sur la nature des solutions que comportent les problèmes relatifs aux principes de la connaissance. On ne peut les résoudre que par des hypothèses. La meilleure, ou plutôt la seule vraie, c'est celle qui s'établit victorieusement sur les ruines des autres, sans faire violence aux faits. Telle est l'hypothèse kantienne. C'est un fait qu'il existe une nature extérieure à nous; c'est un fait que nous en faisons la science; c'est un fait que certaines vérités sont universelles et nécessaires. Le seul moyen de comprendre que ces principes, conditions de toute pensée, règlent aussi l'ordre de la nature, est celui que Kant a proposé. L'impuissance de l'idéalisme à maintenir en harmonie la nature et la pensée, sans absorber la première dans la seconde, celle de l'empirisme à déduire de données purement empiriques les règles universelles de l'expérience, sont les plus fortes preuves en faveur de la solution critique. Quant à ces doctrines inférieures qui, espérant se garder de ce qu'elles appellent les excès de l'empirisme, de l'idéalisme et de la critique, maintiennent, au nom du sens commun, des distinctions absolues entre les choses de l'expérience et celles de l'esprit, sans même se demander comment la communication pourrait s'établir entre choses radicalement hétérogènes, elles leurrent l'esprit, car elles érigent en solutions les problèmes à résoudre.

Ainsi il est acquis qu'à l'origine de la science sont placées des vérités à priori, et que ces vérités sont les conditions mêmes de la pensée. Un pas est fait vers la solution que nous poursuivons. Les raisons invoquées au nom de la science positive contre la possibilité de la métaphysique ne méritent pas créance. Nous avons à rechercher maintenant si les lois objectives de la pensée ne recèlent pas l'absolu, si les principes de la physique, entendue au sens large du mot, ne conduisent pas qui les suit sans détour, au delà du physique, dans le métaphysique.

Pour répondre à cette question, il nous faut d'abord déterminer et analyser ces principes de toute science objective.

CHAPITRE II

LES LOIS OBJECTIVES DE LA CONNAISSANCE

Les choses que les sciences se proposent d'étudier sont les *objets* de la connaissance. Ce mot est pris ici dans le sens étymologique, *objectum*, *ob-jacere*, ce qui est étendu devant moi (1). Si par sujet on entend, avec tous les philosophes, l'être conscient qui se rapporte à lui-même la connaissance, l'objet est tout ce qui est extérieur à lui, ce qu'en un sens il s'attribue, ce qu'en un autre sens il distingue de lui-même. L'objet est comme une circonférence dont le sujet est le centre. Nous appelons lois objectives de la connaissance, les lois premières et irréductibles qui enveloppent également tous les objets possibles et leurs relations particulières.

Ainsi définis, les objets ne sont pas toute la réalité. Le sujet est réel; l'acte même de la connaissance en implique l'existence. C'est une question de savoir si le

---

(1) Cette définition de l'objet ne comprend que les objets d'expérience. Il ne saurait en être autrement sans pétition de principe. Il s'agit en effet de savoir si la métaphysique a un objet, et si cet objet est accessible. Poser une définition de l'objet et des lois objectives qui comprendrait l'objet de la métaphysique, ce serait, dès l'entrée, trancher par une affirmation arbitraire le problème à résoudre. La possibilité de la science positive est reconnue ; celle de la métaphysique est contestée. Nous sommes par suite autorisé à poser une définition de l'*objet*, qui s'étende à tous les objets de science proprement dite ; mais nous n'avons pas le droit de dépasser ces limites.

sujet est constitué uniquement par les lois objectives de la connaissance, ou s'il ne contient pas quelque chose d'étranger à l'objet. C'en est une autre que de savoir si le sujet, dont chacune de mes pensées est une affirmation, est le seul dont je puisse affirmer l'existence, ou s'il n'en existe pas d'autres, semblables ou analogues à lui. Mais ce sont là questions réservées. Nous devons déterminer et analyser les principes de la science positive, pour voir s'ils ne recèlent pas l'absolu. Or la science n'a affaire qu'à des objets ; s'il est dans le sujet autre chose que les lois objectives de la connaissance, peu lui importe. Si certaines combinaisons de phénomènes objectifs recouvrent des sujets, peu lui importe encore ; ces sujets, en admettant qu'il en existe, sont pour elle des objets. Pour la science positive, un homme est une somme variable de phénomènes géométriques, mécaniques, physiques et chimiques. — Sous le bénéfice de ces réserves, abordons l'étude des lois objectives de la connaissance.

Quelles sont ces lois ? — La méthode pour les déterminer est impliquée dans la conception même que nous en avons. Les lois objectives sont par définition les lois premières et irréductibles, qui enveloppent également tous les objets possibles de l'expérience. — Il résulte de là qu'elles ne sauraient être déduites de lois plus générales, qu'elles ne peuvent être analytiquement ramenées les unes aux autres ; que, données dans une connaissance actuelle, elles tombent sous l'expérience, et que cependant elles doivent apparaître comme universelles et supérieures à l'expérience ; enfin, qu'elles doivent être constamment vérifiées par le développement illimité de l'expérience. L'observation empirique les constate dans le fait, mais sans les reconnaître, et sans pouvoir les dégager du particulier avec lequel elles sont mêlées. La réflexion ne peut davantage les découvrir au fond du sujet, car, ou le sujet contient déjà quelque chose de l'expérience, et alors l'analyse doit s'ajouter à la réflexion pour discerner, dans la pensée actuelle, ce qui est particulier et à posteriori, de ce qui est universel et à priori; ou le sujet est absolument pur de toute expérience, et alors les lois qui, par définition, se manifestent en objectivant les sensations, y sont invisibles et latentes. Il faut donc analyser l'expérience, recueillir tout ce qui, en elle, nous en apparaît comme la condition universelle et nécessaire, soumettre à une nouvelle analyse le premier résidu, et ne conserver que les éléments qui résistent à la fusion analytique. On obtient ces lois de la même façon qu'en chimie on dresse la liste des corps simples.

Il va de soi qu'une telle analyse n'impose pas ses résultats comme s'imposent les conclusions de prémisses données. On ne démontre pas les principes, car principe veut dire commencement, et il n'y a pas de premier anneau dans une chaîne illimitée. Cependant l'analyse critique peut recevoir une vérification synthétique. Les lois objectives, qu'elle isole de l'expérience, où elles sont engagées, sont les principes des sciences, et de celles dont la constitution est déjà ancienne, et de celles qui se forment. On doit donc les trouver toutes à l'origine ou au terme des sciences, et l'on ne doit trouver qu'elles. Si, en un sens, la critique contrôle la science, en un autre sens la science contrôle la critique. A la fin de l'analyse, on doit les confronter l'une avec l'autre. Si elles coïncident rigoureusement, l'exactitude de l'analyse sera démontrée.

La voie que nous venons d'indiquer et que nous allons suivre est une conséquence de la thèse essentielle de la critique kantienne. Kant cependant ne s'y est pas engagé. Il a préféré partir d'une division des facultés étrangère à sa doctrine, et d'une distribution des jugements qu'il accepte, sans la soumettre à l'épreuve. Cette méthode est arbitraire. Il aurait fallu prouver d'abord qu'au regard de la science, la sensibilité, ou faculté de représentation, est distincte de l'entendement, ou faculté de jugement ; il aurait fallu prouver ensuite que tous les éléments de la pensée sont impliqués dans la quantité, la qualité, la relation et la modalité des jugements, et qu'aucun de ceux qu'on y découvre ne fait double emploi. Mais la position, librement choisie par la critique, rend cette preuve impossible. Il est plus naturel, et aussi plus logique, de partir de l'expérience. En effet, puisque les lois objectives, enveloppent toute l'expérience possible, elles sont certainement manifestées dans l'expérience actuelle, et comme nous avons un critérium infaillible qui permet de les isoler de l'élément particulier et contingent auquel elles sont unies, nous n'avons pas à craindre l'erreur, si notre esprit est assez ferme pour poursuivre l'analyse jusqu'au bout, sans défaillance (1).

(1) Voyez, sur la méthode de détermination des catégories et sur la critique des catégories kantiennes, Renouvier, *Essais de critique générale*, premier essai, 2ᵉ édit., t. I, p. 184, sqq.

Toutes ces lois objectives sont soumises à une loi régulatrice commune, la *loi de non-contradiction*. — Une pensée qui se contredit elle-même est une pensée détruite. Par conséquent, une notion donnée doit rester la *même* sous toutes ses métamorphoses, à travers toutes les transformations analytiques qu'elle subit. Mais cette loi gouverne aussi les synthèses primitives que forment entre elles les diverses notions fondamentales de la connaissance objective. L'esprit se refuse à comprendre que les contradictoires soient accouplés. Si donc, dans une proposition dont le sujet et l'attribut sont empruntés à différentes lois objectives de la connaissance, l'attribut était la négation du sujet, ou réciproquement, la proposition devrait être rejetée comme fausse.

L'accord de la pensée avec elle-même est la loi subjective de toute pensée. Il est impossible à une pensée normale de reconnaître l'égale vérité de propositions contradictoires.

CHAPITRE III

LE TEMPS ET L'ESPACE

Nous allons analyser les lois objectives de la connaissance. Une telle étude, si méthodique et exacte qu'elle soit, a toujours quelque chose d'artificiel. En effet, les lois objectives de la pensée sont liées entre elles par des synthèses primitives et irréductibles ; l'analyse ne saurait donc les isoler complétement l'une de l'autre, sans en négliger quelques traits essentiels. Le système synthétique qu'elles forment se suffit à lui-même ; mais chacune d'elles, prise à part, est en partie déterminée par les autres, et, par un retour inévitable, sert à les déterminer. Peut-on, par exemple, penser l'espace sans aucune idée du temps ; le temps, sans aucune idée du mouvement ; le mouvement, sans aucune intuition de l'espace ; le nombre, sans aucune notion de la durée ? Il en doit être ainsi ; autrement ces lois diverses auraient des domaines absolument séparés, sans passage et sans communication de l'un à l'autre, et, par suite, il y aurait, dans l'esprit et dans la réalité, autant de compartiments isolés que de lois premières, sans que la pensée pût circuler de l'un à l'autre, pour les relier en un système unique ; en un mot, la science serait impossible.

Cependant cette incapacité foncière et sans remède à déterminer complétement chaque loi de la connaissance à part de toutes les autres ne doit pas nous empêcher d'en tenter l'analyse. Nous marquerons ce que chacune d'elles a d'original et ce qu'elle emprunte aux autres, et notre description analytique sera le tableau des principes généraux de la science et des rapports qui les unissent.

Les deux lois objectives que nous détachons le plus aisément des objets représentés et pensés sont la loi de temps et la loi d'espace.

Kant a établi le premier que le temps et l'espace ne sont ni des objets individuels de représentation, ni des idées générales. Nous ne les sentons pas comme nous sentons les qualités des choses, car toute représentation d'objets étendus et d'événements successifs les implique. Nous n'en formons pas la notion comme nous formons les idées générales, car les idées générales ne sont possibles que par la représentation des parties qui les composent. Si donc le temps et l'espace étaient des idées générales, il faudrait que les idées individuelles qui entrent en leur composition fussent connues avant l'idée générale qui en serait l'unité. Or la représentation des parties du temps et de l'espace n'est possible que par celle du temps et de l'espace en général. Donnés en fait dans toute représentation actuelle, indispensables à toute représentation possible, le temps et l'espace sont empreints au plus haut degré du signe infaillible qui dénote les lois objectives de la connaissance. Nous ne pouvons en faire abstraction sans anéantir tout objet de pensée, et nous ne pouvons nous représenter aucun objet sans qu'il soit soumis à la double condition du temps et de l'espace. S'il est des objets soustraits en apparence à la condition de l'espace, en les érigeant en objets, c'est-à-dire en les distinguant de nous-mêmes, en les mettant en face de nous, nous les rapportons indirectement à l'espace. Les métaphores que nous sommes forcés d'employer, pour exprimer cette fonction objectivante de l'esprit, témoignent de cette nécessité; elles sont tirées des choses de l'espace.

Le temps et l'espace sont donnés en une synthèse indissoluble. L'intuition du temps suppose le changement, le changement suppose le mouvement, et le mouvement l'espace. L'intuition de l'espace implique la coexistence de parties actuelles ou possibles, et la coexistence implique le temps. Pourtant il est possible de marquer en traits nets et précis les différences qui les séparent.

Abstraction faite de toute idée de quantité, le temps est déterminé et défini par des rapports de succession, l'espace par des rapports de position. La succession, c'est uniquement l'avant et l'arrière; la position, c'est à la fois l'avant et l'arrière, le haut et le bas, le droit et le gauche, par rapport à quelque terme de comparaison. L'espace a trois dimensions; le temps n'en a pas, ou quand on lui en attribue une, c'est par métaphore.

En second lieu, l'espace porte en lui-même sa représentation et son unité de mesure. On en détermine arbitrairement une certaine partie, et elle peut en être considérée comme le type et comme l'unité : comme le type, car elle contient tout ce qui est essentiel à l'espace, les trois dimensions et leurs rapports; comme l'unité, car elle peut être appliquée indifféremment sur toute autre portion de l'espace, et servir ainsi à la mesurer. Rien de semblable n'a lieu pour le temps. Pour nous le représenter et pour le mesurer, il faut emprunter des symboles à l'espace et au mouvement réunis. Considéré abstraitement, comme condition de toute connaissance objective, le temps coexiste à tous les événements passés, présents et futurs; mais, considéré objectivement, il tombe dans le néant aussitôt après avoir existé; aussi est-il impossible d'en détacher une portion et de la conserver intacte et invariable, comme type et comme étalon. Nous le mesurons à l'aide du mouvement, et nous l'imaginons symboliquement comme une ligne droite sur laquelle un mobile se meut sans rétrograder jamais.

C'est, en effet, un caractère distinctif de l'espace et du temps que le premier peut être parcouru successivement dans tous les sens, à partir d'une certaine origine, et que le second coule toujours dans le même sens. Objectivement, le temps est un présent aux limites insaisissables; le passé et l'avenir sont présents, par cela seul que nous les pensons. Si nous faisons revivre l'un et donnons à l'autre une existence anticipée, c'est par une fiction de l'esprit, souvenir ou prévision. Penser au temps, c'est ou bien considérer, dans la pensée actuelle, une condition de toute connaissance objective, et alors le passé et l'avenir ne sont autre chose que l'universalité même de cette condition; ou bien c'est imaginer, dans le présent une série d'événements qui ne sont plus ou qui ne sont pas encore, et alors le passé et l'avenir ne sont encore rien autre chose que cette condition universelle appliquée à des pluralités distinctes. Mais, dans aucun cas, nous ne parcourons le temps régressivement ou nous n'en devançons le cours. Dans l'espace, au contraire, mille voies différentes nous sont ouvertes à partir de tout point; et, après nous être avancés sur chacune d'elles, nous pouvons rétrograder vers le point de départ. Il est donc impossible de confondre l'espace et le temps. Cependant ils présentent d'importants caractères communs.

Tous deux sont continus. Les événements se succèdent, les corps se touchent sans lacunes. Le temps et l'espace ne sont pas faits de parties rapprochées et juxtaposées; conditions de toute intuition, ils enveloppent tous les événements et tous les objets possibles. Si nous supposons un événement ou un objet anéanti, il n'en résulte pas une rupture et une lacune dans la trame des choses. Le temps et l'espace, pris en eux-mêmes, sont indifférents à l'apparition et à la disparition des événements et des objets. Quoi qu'il se passe en eux, pourrait-on dire, toujours l'un coule, et toujours l'autre s'étend.

Tous deux sont homogènes. Il n'est pas deux événements ni deux objets identiques; si semblables qu'ils paraissent aux sens, ils diffèrent et doivent différer l'un de l'autre; autrement ils ne seraient plus deux, et se confondraient en un. Mais le temps et l'espace ne sont pas affectés par cette variété. Une heure est toujours identique à une heure, quel que soit l'événement qui l'emplit; elle est toujours divisible en soixante minutes. Un cube d'un mètre de côté est toujours et partout identique à un cube d'un mètre de côté; quel que soit l'objet qu'il limite, il a toujours six faces d'un mètre carré chacune.

Tous deux sont illimités. « Le temps et l'espace, disait Leibniz, marquent des possibilités au delà de la supposition des existences. » Si loin que l'imagination recule les limites de nos perceptions actuelles, le temps et l'espace seront toujours au delà, et l'esprit est plus tôt fatigué d'imaginer que le temps et l'espace de fournir.

Ce triple caractère de continuité, d'homogénéité et d'illimitation, est une conséquence de la nature du temps et de l'espace, inexplicable avec toute autre théorie que la théorie kantienne.

Si l'on voit dans le temps et l'espace des qualités des choses senties, comme, en fait, les choses ont, au regard des sens, des intervalles, des différences et des limites, le temps et l'espace ne sauraient être continus, homogènes et illimités. Si l'on en fait des idées générales extraites de la perception répétée de choses successives et étendues, par un procédé semblable à celui qui engendre en nous les idées d'espèces et de genres, la différence, la discontinuité et la limitation doivent y être présentes. Si l'on en fait des choses subsistant par elles-mêmes, on peut concevoir qu'ils soient continus et homogènes; mais, outre que dans cette hypothèse on ne saurait expliquer comment les choses sensibles, événements et objets étendus, y sont contenus, on ne peut concevoir qu'ils soient illimités. En effet, comme nous aurons à le constater plus d'une fois, une grandeur réelle ne saurait sans contradiction être illimitée, et le temps et l'espace, posés comme choses en soi, doivent exister actuellement. Ces difficultés et ces contradictions s'évanouissent avec la théorie de Kant, et la raison de la continuité, de l'homogénéité et de l'infinité du temps et de l'espace apparaît clairement.

Conditions à priori de toute intuition, l'espace et le temps ne peuvent être faits de parties juxtaposées ; inhérents à l'esprit, ils sont essentiellement unité comme l'esprit lui-même. Mais comme leur fonction est d'être appliqués à la multiplicité sensible et d'en faire un objet de représentation, ils s'étalent en quelque sorte hors de l'esprit, et, sans cesser d'être unité, ils deviennent multiplicité. C'est arbitrairement que nous les subdivisons ; les divisions qu'y introduisent les événements et les objets divers ne leur sont pas pour ainsi dire congénitales. Il est inconcevable qu'ils ne soient pas continus, car il est inconcevable qu'une condition de la connaissance soit absolument multiple.

On ne concevrait pas davantage qu'ils ne fussent pas homogènes. Pour qu'ils pussent changer de caractères essentiels à un instant ou en un lieu, il faudrait qu'à cet instant et en ce lieu l'esprit cessât d'être lui-même. Alors on concevrait, à la rigueur, qu'une série d'événements revînt sur elle-même ou se bifurquât, que l'espace perdît quelqu'une de ses dimensions ou en acquît de nouvelles. Mais nous ne pouvons concevoir que les conditions essentielles imposées à l'exercice de l'esprit soient modifiées, car il faudrait pour cela qu'elles fussent déjà détruites et remplacées. Par conséquent, l'hypothèse de l'hétérogénéité de l'espace et du temps est contradictoire.

Pour la même raison, on ne saurait, sans contradiction, leur assigner des limites. Le faire, ce serait déclarer que les conditions essentielles de la pensée ne sont pas permanentes. Au delà de l'instant et du lieu présents, nous plaçons du temps et de l'espace encore, parce que nous ne pouvons, même en imagination, nous représenter rien qui soit soustrait aux lois fondamentales de la représentation. Si le temps s'arrêtait, si l'espace nous manquait brusquement sous les pieds, c'est que l'esprit aurait cessé d'être lui-même. Mais une telle hypothèse est inconcevable.

Continus et illimités, le temps et l'espace reçoivent cependant des limites, et, par suite, des déterminations. La limite du temps est l'instant; celles de l'espace sont le point, la ligne et la surface.

L'instant est une abstraction. Il doit être sans durée, autrement il serait contenu entre deux limites, l'une qui le bornerait par rapport à la durée antérieure, l'autre par rapport à la durée future, et, comme chacune de ces limites serait elle-même un instant, elle aurait une durée, et serait, elle aussi, contenue entre deux limites, et ainsi de suite. — Nous concevons l'instant comme la limite vers laquelle tend une durée finie qui diminue sans cesse; il n'a donc pas de durée, et cependant il n'est pas un pur néant; la notion la plus claire qu'on puisse s'en faire est celle que nous venons d'indiquer. — Il en résulte que deux instants non séparés se confondent, et que le temps ne peut être conçu comme formé d'instants successifs. Une durée finie en contient autant qu'on peut imaginer; mais ils n'en sont pas les éléments constitutifs. Elle est comprise entre deux limites, c'est-à-dire entre deux instants, parce qu'elle est finie. Entre ces deux limites on peut en intercaler deux autres, entre celles-ci deux autres encore, et ainsi de suite. Pour qu'elle pût être considérée comme faite d'instants, il faudrait que l'intervalle de deux instants pût être comblé par d'autres instants en nombre fini; car supposer que le nombre en est infini, c'est admettre, assertion contradictoire, qu'un nombre infini est actuellement réalisé. Mais si le nombre des instants constitutifs d'une durée finie est fini, on aboutit à cette autre contradiction que deux instants sont à la fois confondus et distincts. L'intervalle est donc un élément constitutif du temps; l'instant se définit en fonction de l'intervalle, et l'intervalle en fonction de l'instant. Aussi l'éminent continuateur français de Kant, M. Renouvier, s'inspirant peut-être d'une pensée plus antique, a-t-il pu dire que la durée était la synthèse de l'instant et de l'intervalle.

Les limites de l'espace sont le point, la ligne et la surface. On les définit d'ordinaire : la surface, ce qui n'a pas d'épaisseur; la ligne, ce qui n'a ni épaisseur, ni largeur; le point, ce qui n'a ni épaisseur, ni largeur, ni longueur. Mais, en fait, toute surface a une épaisseur, toute ligne une largeur, et tout point une longueur. On ne remédie pas à cet inconvénient en déclarant que l'épaisseur de la surface, la largeur de la ligne et la longueur du point sont infiniment petites, car il y a une infinité de grandeurs infiniment petites, plus petites qu'une grandeur infiniment petite donnée. Il faut les définir de la même façon que nous avons défini l'instant : la surface est la limite vers laquelle tend une étendue à trois dimensions, dont une dimension décroît sans cesse; la ligne est la limite vers laquelle tend une surface dont la largeur décroît sans cesse; le point est la limite vers laquelle tend une ligne dont la longueur décroît indéfiniment. — Il suit de là que la ligne ne peut pas plus être composée de points que la surface de lignes et que le solide de surfaces. Une ligne finie est terminée par deux limites, c'est-à-dire par deux points; entre ces deux limites, c'est-à-dire entre ces deux points, on peut intercaler deux points, c'est-à-dire deux limites; entre ceux-ci, deux autres encore, et ainsi de suite. Pour qu'il fût permis de la considérer comme composée de points, il faudrait, ou qu'un nombre infini pût être actuellement réalisé, ou que deux points pussent se toucher sans se fondre en un seul, deux suppositions qui renferment chacune une contradiction. — Pour la même raison, on ne saurait dire que la surface est faite de lignes et le solide de surfaces.

Un espace fini est donc déterminé par des limites et par des intervalles; la ligne comprend l'intervalle des points, la surface l'intervalle des lignes, et le solide l'intervalle des surfaces. La ligne est donc à la fois intervalle et limite, intervalle des points et limite des surfaces. De même, la surface est l'intervalle des lignes et la limite des solides. Le point est donc la limite première et irrésoluble.

La durée n'a qu'une dimension, une seule loi, par

conséquent; l'espace a trois dimensions, et, par suite, une infinité de lois. La ligne n'est pas composée de points juxtaposés, ni la surface de lignes juxtaposées; elles sont, l'une la synthèse des points et de l'intervalle, l'autre celle de l'intervalle et des lignes. Il en résulte que l'on peut, sans contradiction, construire lignes et surfaces, en imaginant, entre les points et les lignes limites, d'autres points et d'autres lignes. Mais la seule faculté d'intuition permet de voir que cette interposition des points entre les points, des lignes entre les lignes, peut se faire de mille façons différentes. Entre deux points, on peut construire une infinité de lignes, entre deux lignes une infinité de surfaces. Chaque ligne, chaque surface spécifiquement déterminée a une loi propre de construction; chaque loi de construction donne naissance, quand elle est réalisée, à une figure : il y a donc, dans l'espace, une variété illimitée de figures. L'étude des propriétés et des relations de ces figures donne lieu à un système de vérités coordonnées, c'est-à-dire à une science, la géométrie.

Une notion fondamentale, impliquée dans la diversité des figures, est celle de direction. Pour déterminer des directions diverses, il faut certaines directions supposées fixes. Le rapport des directions variables à une direction fixe implique à son tour la distance; la distance implique la mesure, et la mesure l'unité. La géométrie ne peut donc se constituer avec les seules notions tirées de l'espace; il faut que directions et distances soient considérées comme quantités. Nous sommes ainsi conduits à une loi nouvelle, la loi du nombre.

CHAPITRE IV

LE NOMBRE

« Tous les phénomènes, dit Kant, comprennent,
» quant à la forme, une intuition dans l'espace et dans
» le temps, qui leur sert à tous de fondement à priori.
» Ils ne peuvent donc être appréhendés, c'est-à-dire
» reçus dans la conscience empirique qu'au moyen de
» cette synthèse du divers, par laquelle sont produites les
» représentations d'un espace et d'un temps déterminés,
» c'est-à-dire par la composition des éléments homo-
» gènes, et par la conscience de l'unité synthétique de ces
» divers éléments. Or la conscience de la diversité homo-
» gène, dans l'intuition en général, en tant que la repré-
» sentation d'un objet est d'abord possible par là, est le
» concept d'une quantité. La perception même d'un
» objet, comme phénomène, n'est donc possible que par
» cette même unité synthétique des éléments divers de
» l'intuition sensible donnée, par laquelle est pensée, dans
» le concept d'une quantité, l'unité de la composition des
» divers éléments homogènes, c'est-à-dire que les phé-
» nomènes sont tous des quantités (1). » — En d'autres

(1) Kant, *Critique de la raison pure*, p. 221.

termes, tout objet est donné à l'intuition comme *plusieurs* et comme *un*; la synthèse du multiple et de l'un est le nombre; le nombre est donc une des lois objectives de la pensée. On peut ne pas assigner de nombre déterminé à un objet donné; mais nous ne pouvons le penser que sous la condition du nombre.

La loi de nombre est originale, c'est-à-dire qu'elle ne se déduit pas analytiquement d'autres lois logiquement antérieures à elle. Qu'il soit impossible de se représenter ou de concevoir le nombre sans le temps, ou même sans le mouvement et l'espace, il n'y a là rien d'étonnant, car nous savons que les diverses lois objectives de l'esprit forment entre elles des synthèses indissolubles, et se déterminent mutuellement. Si tout espace, tout temps, tout mouvement, nous sont donnés comme à la fois *plusieurs* et *un*, c'est que le nombre est engagé dans toute représentation et dans toute idée; mais l'unité, la multiplicité, et leur synthèse, sont des notions irréductibles. L'espace, c'est essentiellement l'extension; le temps, la succession; le mouvement, la succession dans l'étendue; il n'y a là rien d'un et de multiple par soi-même; le nombre est attaché à l'étendue, à la succession et au mouvement, par une de ces synthèses primitives dont nous avons déjà constaté et dont nous constaterons encore l'existence; ce qui a parfois poussé à essayer de le déduire analytiquement du temps ou même de l'étendue, c'est qu'il y est toujours impliqué. Mais alors ce qu'on prend pour le temps et l'espace purs et simples, c'est le temps et l'espace déterminés par le nombre; on prend pour une donnée élémentaire l'alliage synthétique de deux données inséparables, mais cependant distinctes.

Considéré en général et dans son essence, le nombre est la synthèse de l'*un* et du *multiple*. Aucun de ces deux termes ne peut s'entendre et se définir sans l'autre ; la multiplicité absolue est inintelligible ; de même, l'unité absolue. Il ne s'agit pas ici de savoir s'il y a ou s'il peut y avoir des êtres absolument simples ; c'est une question réservée ; nous parlons uniquement de l'unité numérique, et il est incontestable que l'unité ne présente un sens à l'esprit que si on l'oppose à la multiplicité.

Synthèse de l'un et du multiple, le nombre n'a qu'une loi. Mais cette loi se diversifie, sans perdre son caractère essentiel, en raison des multiplicités différentes qu'elle détermine. En d'autres termes, le nombre est une loi générale de construction, de laquelle la pensée tire un nombre illimité de nombres.

Les nombres ont pour élément l'unité. Le nombre en général étant la synthèse de l'un et du multiple, un nombre déterminé est une loi de composition de l'unité avec elle-même. Ainsi le nombre 2, le plus simple des nombres, est une loi de construction en vertu de laquelle on ajoute l'unité à elle-même ; le nombre 3, une loi de construction en vertu de laquelle on ajoute l'unité au nombre 2, et ainsi de suite.

Si l'on compose les nombres en ajoutant successivement l'unité à elle-même, ou à des nombres déjà formés par ce procédé, on les décompose, en retranchant l'unité des sommes précédemment construites, et les décomposer ainsi, c'est composer d'autres nombres.

Par exemple si 3 est 2+1, il est aussi 4—1. L'addition et la soustraction sont deux opérations inverses, dont les résultats s'annulent mutuellement; elles sont les seules fonctions numériques primitives; les autres fonctions directes et inverses, dont les mathématiques font usage dans le calcul, fonction produit et fonction quotient, fonction puissance et fonction racine, fonction logarithmique et fonction circulaire, etc., en sont des dérivées, de même que les fonctions encore inconnues qui pourront être plus tard découvertes.

Toute construction numérique est accompagnée d'une intuition. Comme l'intuition a des limites, les nombres deviennent promptement irreprésentables. On remédie à cet inconvénient par l'artifice de la numération. Au lieu de composer les nombres avec des unités, on les compose avec des groupes d'unités. Ainsi, dans le système décimal, qui a prévalu parmi nous, le premier groupe est composé d'unités, le second de dizaines, le troisième de centaines, etc. A parler rigoureusement, la dizaine, la centaine, sont des unités dix fois, cent fois plus grandes que les unités proprement dites; il suffit donc de définir chaque groupe et d'en fixer la valeur, puis de les composer entre eux, pour composer les unités dont ils se composent. On attribuera à chaque groupe, pour en dénoter la valeur relative, une position spéciale dans le groupe total, et il sera possible de représenter avec peu de signes de très-grands nombres.

Les unités abstraites, éléments du nombre, sont indivisibles; cependant, par rapport au *tout-un* qu'elles constituent, elles sont des parties; il en résulte que l'on peut, sans ruiner le principe du nombre, considérer l'unité elle-même comme une *totalité* de parties identiques. Ainsi $1 = \frac{10}{10}$ ou $\frac{100}{100}$, etc. En réalité, on n'a fait que changer d'unité. Un dixième, un centième, sont des unités dix fois, cent fois plus petites que l'unité proprement dite. Numériquement parlant, des unités dix fois, cent fois plus petites ou plus grandes, se comportent de la même façon que l'unité, et obéissent aux mêmes lois. Un nombre formé de dixièmes ou de dizaines se construit par composition de l'unité dixième ou de l'unité dizaine avec elle-même, et se décompose par soustraction.

Les nombres se forment par additions successives; il en résulte que la série en est illimitée. A tout nombre, si grand qu'on le suppose, on peut toujours ajouter l'unité; il y a donc une infinité de nombres. Nous voici en présence de la notion de l'infini.

La notion de l'infini a tourmenté souvent les philosophes et ceux des mathématiciens qui ont voulu introduire dans la science des considérations d'ordre métaphysique. Mais, quand on considère la loi génératrice du nombre, le prestige et la difficulté s'évanouissent.

Fini et infini sont deux termes corrélatifs. Fini signifie ce qui a des limites; infini, ce qui n'en a pas. Tout nombre étant une synthèse de l'unité et de la multiplicité, est fini; un nombre infini est inconcevable, car il serait multiplicité absolue, sans unité, ce qui implique contradiction. — Si, au contraire, par grandeur finie on entend toute grandeur qui peut être accrue, et par

grandeur infinie celle qui, étant plus grande que toute quantité finie, ne peut recevoir d'accroissement, la notion d'un nombre infini est encore contradictoire. Le nombre, en effet, se forme par addition d'unités; tout nombre donné peut donc être augmenté d'une unité; un nombre infini serait, en ce sens, un nombre auquel on ne pourrait rien ajouter, c'est-à-dire un nombre qui ne serait pas un nombre. Pourquoi la loi de construction qui engendre tous les nombres finis rencontrerait-elle un obstacle infranchissable? L'opération par laquelle nous formons les plus grands nombres est, au fond, identique à celle par laquelle nous formons les plus petits. Si nous n'avons pas trouvé d'obstacles à l'addition de l'unité à elle-même, il est inconcevable qu'il puisse jamais s'en présenter à l'addition de l'unité au groupe le plus grand possible d'unités. Par conséquent la loi du nombre implique un pouvoir de construction sans limites, et, si loin que nous allions dans la série de ces constructions successives, jamais nous ne pouvons rencontrer de nombre auquel il soit impossible d'ajouter l'unité. « A proprement parler, dit Leibniz,
» il est vrai qu'il y a une infinité de choses, c'est-à-
» dire qu'il y en a toujours plus qu'on n'en peut assi-
» gner. Mais il n'y a pas de nombres infinis, si on les
» prend pour des touts véritables. »

Ce qui est vrai, c'est que la série des nombres est illimitée. Si on l'appelle infinie, cela veut dire que, les mêmes raisons subsistant toujours pour aller plus loin, suivant une parole du profond penseur que nous venons de nommer, jamais nous ne rencontrerons un nombre auquel nous ne pourrons pas ajouter l'unité. Par conséquent, le nombre par lequel on exprimerait la somme de tous les termes de la série peut toujours être augmenté; il implique donc contradiction que la série soit jamais terminée. Comme Aristote l'avait vu, l'infini est une *puissance* qui se développe incessamment, sans être jamais pleinement réalisée.

Cependant les termes : infini, infiniment grand et infiniment petit, ont dans la langue des sciences mathématiques un sens clair qui ne recouvre aucun mystère et ne recèle aucune contradiction. Tout nombre, nous l'avons vu, est donné dans une intuition; mais il y a des limites à l'imagination humaine. Si par l'artifice de la numération nous obvions en partie à ce défaut d'ampleur, il vient un instant où la représentation intuitive des groupes composés d'unités est impossible; il faudrait, pour ainsi dire, élever la numération à la deuxième, à la troisième, à la n^e puissances, et, à quelque degré qu'on l'élevât, on finirait toujours par rencontrer l'inimaginable. — Les mathématiciens appellent infinie toute quantité qui ne peut pas être assignée. L'infini, ainsi entendu, est un pur symbole dont l'emploi conduit à ce paradoxe apparent : Supposez que le nombre des astres du ciel soit infini; supposez que chacun de ces astres soit brisé en un nombre infini de fragments qui deviennent chacun un nouvel astre : le nombre infini des corps célestes ne sera pas accru d'une unité; ce nombre sera cependant l'infini élevé à une puissance infinie; mais comme par nombre infini on entend tout nombre plus grand que toute quantité assignable, l'infini, avant que d'être élevé à une puissance infinie, était déjà plus grand que toute quantité assignable. L'imagination se perd dans ces constructions qui la dépassent de toutes parts; mais la raison s'y meut et s'y oriente avec autant d'aisance et de sûreté que dans les nombres les plus petits.

De même il y a des quantités infiniment grandes et des quantités infiniment petites. Une variable est infiniment grande ou infiniment petite, quand elle peut devenir plus grande ou plus petite que toute quantité donnée. Ces deux expressions : infiniment grand et infiniment petit, n'ont qu'un sens relatif. Le soleil est immensément grand par rapport à une molécule d'hydrogène, et une molécule d'hydrogène est immensément petite par rapport au soleil. Cependant si le volume du soleil était soumis à une loi continue de décroissance, et celui de la molécule d'hydrogène à une loi continue d'accroissement, le soleil serait infiniment petit par rapport à la molécule, et la molécule, infiniment grande par rapport au soleil. On conçoit donc que l'infiniment grand puisse être infiniment accru, et l'infiniment petit infiniment diminué.

L'infini, envisagé dans le nombre, n'a donc pas le sens mystérieux et accablant qu'on lui prête quelquefois; il exprime une possibilité qui n'est jamais épuisée.

On comprend aisément la nature de l'infini mathématique, si l'on voit dans le nombre une des conditions mentales nécessaires à la pensée des objets, et on ne la comprend pas dans toute autre hypothèse. Ceux qui

veulent faire dériver de l'expérience les notions des différents nombres, sont impuissants à expliquer comment, si grands que soient les nombres réalisés dans l'expérience actuelle, l'esprit a du mouvement pour aller plus loin et engendrer des nombres toujours plus grands. Il ne faut pas dire que des expériences accumulées se dégage peu à peu une loi qui s'étend à l'expérience possible, car, si cette loi enveloppe toute l'expérience, elle y est logiquement antérieure, bien qu'elle y soit actuellement manifestée. Ceux qui font des nombres des choses en soi aboutissent promptement à des contradictions invincibles; en les posant comme des touts actuels et véritables, ils s'interdisent de parler de l'infini, ce qui répugne à l'idée même de nombre, ou bien ils posent des nombres infinis réels en nombre infini, ce qui est doublement contradictoire. La nature et la cause de l'infini n'ont pas échappé à la profonde sagacité de Leibniz. « La considération de l'infini, dit-il, vient de
» celle de la similitude ou de la même raison, et son ori-
» gine est la même avec celle des vérités nécessaires et
» universelles. » Si en effet les nombres déterminés sont les expressions diverses d'une nécessité inhérente à l'esprit, on doit admettre que la loi qui les engendre ne peut rencontrer de limites; il faudrait, en effet, qu'à cette limite les conditions organiques de la pensée fussent brusquement changées. Mais une telle supposition est inconcevable. L'infini mathématique est donc une conséquence de la nature des lois objectives de la pensée.

CHAPITRE V

LE NOMBRE ET L'ESPACE

Les notions du nombre et de l'espace sont des notions originales et irréductibles l'une à l'autre. Pour s'en convaincre pleinement, il suffit de remarquer que le nombre est discret et que l'étendue est continue. De 1 à 2 il existe un intervalle qui ne peut être comblé; jamais la série $\frac{1}{2} + \frac{1}{4} + \frac{1}{8} + \frac{1}{16}...$, si loin qu'on la prolonge, ne reliera 1 à 2 sans lacune; un intervalle infiniment petit, c'est-à-dire plus petit que toute quantité assignable, les séparera toujours; et même il est vrai de dire que cette chaîne, en apparence continue, de quantités régulièrement décroissantes, renferme une infinité d'autres intervalles de plus en plus petits, mais qui cependant ne sont jamais nuls. $\frac{1}{4}$ ne peut pas plus être relié à $\frac{1}{2}$ par une série continue, que 1 à 2. Pour que ces intervalles fussent comblés, il faudrait qu'une infinité de nombres infinis fût actuellement réalisée, ce qui, nous le savons, implique contradiction. L'étendue, au contraire, est continue; en la parcourant, nous ne rencontrons aucune lacune; les intervalles qui, dans l'espace, séparent les limites, points, lignes et surfaces, ne sont pas des vides mais des pleins géométriques, car l'espace en lui-même est donné comme un tout, et les limites que les objets y déterminent, ou que l'esprit y introduit à son gré, n'en affectent pas la nature. Cependant, malgré cette différence essentielle, le nombre est uni à l'espace par la pensée. Les synthèses primitives qu'ils forment comptent parmi les principes les plus importants de la science positive. Il n'est donc pas hors de propos, puisque nous analysons les principes à priori de la science, pour en déterminer la portée, d'étudier ces synthèses.

Le nombre se suffit à lui-même pour constituer une science. Une fois la loi générale du nombre posée, il y a lieu de rechercher les lois dérivées suivant lesquelles les opérations se transforment les unes dans les autres. C'est l'objet de l'arithmétique, science purement analytique, qui ne requiert que les synthèses numériques, et n'a pas besoin de faire appel à des notions étrangères au nombre. L'étendue, au contraire, ne devient objet de science qu'à la condition d'emprunter le nombre. L'espace est déterminé par les figures; une figure est un système de points, de lignes ou de surfaces; en faire la science, c'est en déterminer les relations constantes. On trouve dans l'étendue les éléments de cette détermination; les figures ont diverses propriétés; propriétés de grandeur, égalité ou inégalité : ainsi deux triangles rectangles sont égaux quand ils ont un angle égal compris entre deux côtés égaux chacun à chacun; une perpendiculaire et une oblique menées d'un même point sur une même droite sont inégales; propriétés de similitude : ainsi deux triangles rectangles sont semblables, quand ils ont un angle égal compris entre côtés proportionnels ; propriétés de direction, perpendicularité, obliquité, parallélisme ; propriétés de distance : une circonférence est une courbe dont tous les points sont également distants d'un point fixe intérieur appelé centre ; l'ellipse est une courbe telle que la somme des distances de l'un quelconque de ses points à deux points fixes intérieurs soit constante. Mais toutes ces propriétés, égalité ou inégalité, similitude, direction, distance, impliquent la notion de quantité, c'est-à-dire de nombre. En dernière analyse, les questions géométriques reviennent à des questions de mesure.

La géométrie, a dit Auguste Comte, « a pour but
» final la *mesure* de l'étendue. Si l'on prend le mot
» mesure dans son acception mathématique directe gé-
» nérale, qui signifie simplement l'évaluation des rap-
» ports qu'ont entre elles des grandeurs homogènes
» quelconques, on doit considérer, en géométrie, que
» la *mesure* des surfaces et des volumes, par opposition
» à celles des lignes, n'est jamais conçue, même dans les
» cas les plus simples et les plus favorables, comme s'ef-
» fectuant immédiatement... Mais il existe un certain
» nombre de lignes, plus ou moins faciles à assigner,
» dont la longueur suffit pour définir exactement telle
» surface ou tel volume. La géométrie, regardant ces
» lignes comme les seules susceptibles d'être mesurées
» immédiatement, se propose de déduire de leur simple
» détermination le rapport de la surface ou du volume
» cherché à l'unité de surface ou à l'unité de volume.

» Ainsi, l'objet général de la géométrie, relativement
» aux surfaces et aux volumes, est proprement de rame-
» ner toutes les comparaisons de surfaces ou de volumes
» à de simples comparaisons de lignes. »

La mesure des lignes ne se fait pas toujours immédiatement. « Mais il suffit de distinguer entre la ligne
» droite et les lignes courbes, la mesure de la première
» étant seule regardée comme directe, et celle des autres
» comme constamment indirecte. Bien que la superpo-
» sition soit quelquefois rigoureusement praticable pour
» les lignes courbes, il est évident néanmoins que la
» géométrie vraiment rationnelle doit la rejeter néces-
» sairement, comme ne comportant, lors même qu'elle est
» possible, aucune exactitude. La géométrie des lignes
» a donc pour objet général de ramener constamment
» la mesure des lignes courbes à celle des lignes droites...
» Pour comprendre la possibilité d'une telle transfor-
» mation, il faut remarquer que dans toute courbe quel-
» conque il existe constamment certaines droites dont
» la longueur doit suffire pour déterminer celle de la
» courbe. Ainsi, dans un cercle, il est évident que de la
» longueur du rayon on doit pouvoir conclure celle de la
» circonférence; de même la longueur d'une ellipse
» dépend de celle de ses deux axes (1). »

L'étendue est donc un système de rapports de position, doublés de rapports de quantité; la géométrie suppose par conséquent l'application du nombre à l'étendue. Comment se fait cette application?

(1) A. Comte, *Cours de philosophie positive*, dixième leçon.

Ce ne peut être par une synthèse empirique, car s'il en était ainsi les propositions géométriques seraient particulières et contingentes ; elles perdraient ce double caractère d'universalité et de nécessité, qui a valu aux sciences mathématiques un renom de certitude supérieure à celle des autres sciences. L'application du nombre à l'étendue est l'œuvre d'une synthèse à priori, qui se traduit par les axiomes.

On doit distinguer deux catégories d'axiomes : les axiomes analytiques et les axiomes synthétiques. Les premiers dérivent tous des principes d'identité et de contradiction : une chose est ce qu'elle est, elle n'est pas ce qu'elle n'est pas ; une même chose ne peut pas à la fois être ce qu'elle est et ce qu'elle n'est pas, dans le même temps et sous le même rapport. Ces formules peuvent recevoir diverses traductions ; de là les axiomes, que nous avons appelés analytiques, tels que : si à deux quantités égales on ajoute des quantités égales, les sommes sont égales ; si de deux quantités égales on retranche des quantités inégales, les restes sont inégaux, etc. Ces propositions et les autres semblables peuvent être formées par analyse.

« Laissons là l'expérience ; fermons les yeux, et ren-
» fermons-nous dans l'enceinte de notre propre esprit ;
» examinons les termes qui constituent nos propositions ;
» tâchons de savoir ce que nous entendons par les mots
» de grandeur et d'égalité, et voyons quelles construc-
» tions mentales nous faisons, lorsque nous fabriquons
» l'idée d'une grandeur égale à une autre... Soit une
» collection d'individus semblables, tel troupeau de

» moutons, ou une collection d'unités abstraites, tel
» groupe mental d'unités pures, figurées aux yeux par
» un même signe tracé plusieurs fois. Nous appelons
» ces collections des grandeurs... A présent, comparons
» une de ces collections avec une autre collection ana-
» logue, et faisons correspondre, par la pensée ou au-
» trement, un premier objet de la première avec un
» premier objet de la seconde, un second avec un se-
» cond et ainsi de suite, jusqu'à ce qu'une des deux soit
» épuisée. Deux cas se présentent. — Ou bien les deux
» collections sont épuisées ensemble; alors le nombre
» des moutons est le *même* dans le premier troupeau et
» dans le second, le nombre des unités est le *même* dans
» le premier et dans le second groupe; auquel cas on
» dit que les deux grandeurs sont *égales*. Égalité signi-
» fie présence du même nombre. — Ou bien l'une
» des deux collections est épuisée avant l'autre; alors le
» nombre des moutons est différent dans le premier et
» dans le second troupeau, le nombre des unités est diffé-
» rent dans le premier et dans le second groupe; en ce cas,
» on dit que les deux grandeurs sont inégales. Inégalité
» signifie donc présence de deux nombres différents.

  » Maintenant, pour ces sortes de grandeurs, nous pou-
» vons prouver l'axiome. Soient deux grandeurs égales
» auxquelles on ajoute des grandeurs égales. Selon
» l'analyse précédente, cela signifie que la première col-
» lection contient un certain nombre d'individus ou d'u-
» nités, qu'on lui en ajoute un certain nombre, que la
» seconde contient le *même* nombre d'individus ou
» d'unités que la première, qu'on lui en ajoute le *même*

» nombre qu'à la première ; que, dans les deux cas, le
» même nombre est ajouté au même nombre, et que,
» partant, les deux collections finales contiennent le
» même nombre ajouté au même nombre, c'est-à-dire
» le *même nombre total* d'individus ou d'unités ; d'où il
» suit, d'après la définition, que les deux sommes de gran-
» deurs finales sont des grandeurs égales. — Pareille-
» ment, soient deux grandeurs égales, desquelles on
» ôte des grandeurs égales : selon la même analyse, cela
» signifie que la première collection contient un certain
» nombre d'individus et d'unités, qu'on lui en ôte un
» certain nombre, que la seconde contient le *même* nom-
» bre d'individus ou d'unités que la première, qu'on lui
» en ôte le *même* nombre qu'à la première ; en sorte que,
» dans les deux cas, le même nombre est diminué du
» même nombre, et que, partant, les deux collections
» finales contiennent le même nombre diminué du même
» nombre, c'est-à-dire le *même nombre restant* d'indivi-
» dus ou d'unités ; d'où il suit, toujours d'après la défi-
» nition, que les deux restes, ou grandeurs finales sont
» des grandeurs égales (1). »

On remarquera que dans ces axiomes le rapport d'égalité ou d'inégalité est affirmé entre des termes relativement indéterminés ; qu'il s'agisse de quantités discrètes ou de quantités continues, il est vrai que deux quantités égales demeurent égales quand on y ajoute des quantités égales, et ainsi des autres. Mais l'application de ces axiomes à des quantités spécifiquement détermi-

---

(1) H. Taine, *l'Intelligence*, livre IV, chap. II.

nées, et l'étendue mesurable est de ces dernières, suppose que l'étendue est donnée comme quantité. Il faut donc qu'au préalable la synthèse ait eu lieu entre les rapports de position et les rapports de quantité, entre l'étendue et le nombre ; elle n'est donc pas l'œuvre des axiomes analytiques, puisque ceux-ci la supposent. Mais d'autres axiomes interviennent dans la science. Avant d'en marquer les caractères et d'en rechercher le rôle, justifions d'abord la distribution des axiomes en deux catégories distinctes.

Le vulgaire entend par axiome toute proposition évidente. Si l'on s'en tenait à cette définition, il faudrait réunir en un même faisceau les propositions les plus différentes. Ainsi, pour le vulgaire, c'est un axiome que deux et deux font quatre ; c'en est un autre que le soleil se lève à l'orient et se couche à l'occident ; pourtant ces propositions sont loin d'avoir mêmes caractères et même origine. Il faudrait aussi donner le nom d'axiomes à des préjugés fortement enracinés, à des erreurs vivaces et générales, dont la vérité ne semble pas suspecte à la majorité des hommes. — Les savants entendent par axiome toute proposition indémontrable dont la vérité commande l'assentiment, et sans laquelle la démonstration de tout un ordre de vérités est impossible : telles sont, par exemple, les propositions citées plus haut sous le nom d'axiomes analytiques, et ces autres : deux lignes droites ne peuvent pas enclore un espace ; deux droites parallèles ne se rencontrent jamais, si loin qu'on les suppose prolongées, etc. Mais, bien que ces propositions soient toutes également évidentes, indémontrables, et principes de démonstration, elles sont loin de présenter toutes les mêmes caractères.

Dans les *Seconds analytiques*, Aristote distingue deux sortes de principes, les principes communs et les principes propres ; les premiers sont ceux que doit posséder quiconque veut apprendre *quoi que ce soit*, ἣν ἀνάγκη ἔχειν τὸν ὁτιοῦν μαθησόμενον ; les seconds sont ceux que doit posséder celui qui veut apprendre *quelque chose* de déterminé, ἣν ἀνάγκη ἔχειν τόν τι μαθησόμενον. — Les principes communs énoncent des relations entre des termes indéterminés ; ils sont les règles générales de toute pensée, quel qu'en soit l'objet. C'est, par exemple, un principe commun que le principe d'identité, car c'est une nécessité commune à toute pensée, que l'objet pensé, quel qu'il soit, ne se détruise pas lui-même par la contradiction. Les principes propres énoncent, au contraire, des relations entre des objets déterminés. C'est, par exemple, un principe propre que la définition d'un nombre ou d'une figure.

Cela posé, on comprend que ces deux espèces de principes soient indispensables à la démonstration. Les premiers donnent les règles générales de la pensée, en tant que pensée ; mais, si une *matière* particulière n'y est pas introduite, ils demeurent vides et stériles. Les principes propres fournissent cette matière ; mais, si les principes communs ne s'y appliquent pas, l'esprit n'aura aucune garantie, qu'en la soumettant aux transformations analytiques qu'elle peut subir ; il ne sort pas des voies de la vérité.

Cette distinction d'Aristote correspond à celle que

nous établissons entre les axiomes analytiques et les axiomes synthétiques. Les premiers sont toutes les propositions évidentes, indémontrables, principes de démonstration, qui énoncent des relations générales et constantes entre des *grandeurs indéterminées*. Tels sont les sept premiers axiomes d'Euclide. Ils sont les principes communs de toutes les sciences mathématiques; les relations qu'ils expriment sont réalisées dans tout ordre de grandeurs, continues ou discrètes. — Les axiomes synthétiques, au contraire, sont toutes les propositions évidentes, indémontrables, principes de démonstration, qui énoncent des relations générales et constantes entre des *grandeurs déterminées*. Chaque science mathématique a ses axiomes propres; la géométrie a les siens : ce sont ceux qui donnent la synthèse de la position et de la quantité, et déterminent ainsi la matière à laquelle s'appliquent les axiomes analytiques.

Les axiomes synthétiques de la géométrie sont au nombre de quatre : l'axiome de la ligne droite, celui du plan, et le double axiome de la perpendiculaire et de la parallèle. Le premier permet la mesure des longueurs ; le second, celle des surfaces, et les deux autres, celles des directions (1).

La ligne droite est le plus court chemin d'un point à un autre. — Cette proposition a longtemps tourmenté philosophes et géomètres. Qu'est-elle au juste ? Une définition, un théorème ou un axiome ? Les uns en font une définition ; le rôle de la définition n'est-il pas d'énon-

---

(1) V. Renouvier, *Premier essai*, t. I, p. 290, sqq , 2ᵉ édit.

cer le caractère essentiel d'un objet, et n'est-ce pas le caractère essentiel de la ligne droite que d'être plus courte que toute autre ligne menée entre ses points limites? — Les autres en font un théorème. Un théorème n'énonce-t-il pas une propriété particulière d'une figure déterminée, et la direction rectiligne n'a-t-elle pas la propriété d'être plus courte que toute autre direction? — Cette incertitude, et, pour parler comme d'Alembert, ce scandale des éléments de la géométrie cesserait, si, avec M. Renouvier, on consentait à voir dans cette proposition un de ces axiomes irréductibles qui lient en une synthèse indissoluble, la quantité et la position.

Toute longueur est une quantité; elle est à la fois une et multiple, car elle est divisible. Mesurer une longueur c'est en prendre une certaine portion comme unité, voir combien de fois elle est contenue dans la longueur donnée, et exprimer par un nombre le résultat de l'opération. Mais le nombre est composé d'unités identiques; il faut donc, pour qu'une grandeur linéaire soit susceptible de mesure directe, que toutes les parties en soient identiques. Seule la ligne droite satisfait à cette condition. On ne peut mesurer une ligne brisée par une unité tirée d'elle-même. On peut mesurer un arc de cercle par un arc détaché d'un cercle de même rayon; mais ce mode de mesure n'a pas de généralité; il cesse d'être applicable en dehors du cercle considéré; de cercle à cercle, si les rayons varient, il faut changer d'unité de longueur; de même pour l'hélice. Pour les autres courbes, cette mesure directe est impossible; il n'y a pas identité entre deux portions quelconques d'une ellipse, d'une parabole, d'une hyperbole, etc. Seule la ligne droite est telle qu'une partie quelconque peut toujours en être superposée à une autre partie quelconque, de même que dans un nombre une unité quelconque est identique à une autre unité abstraite. La ligne droite est par conséquent la double unité de position et de quantité, nécessaire à la mesure des longueurs, et partant des distances. L'axiome de la ligne droite est donc une synthèse de la position et de la quantité.

On a essayé d'en donner une démonstration analytique. « Observons d'abord, dit M. Taine, que la défini-
» tion ordinaire de la ligne droite est mauvaise; on dit
» qu'elle est la plus courte qui puisse être menée d'un
» point à un autre. Ce n'est pas là une propriété primi-
» tive, mais une propriété dérivée; on n'assiste point,
» en la pensant, à la génération de la ligne; on ne possède
» pas les éléments de la construction mentale; on ne tient
» qu'une de ses suites... Ce n'est point ainsi que les fins
» et subtiles analystes grecs ont défini la ligne droite.
» Euclide n'admet pas au début qu'elle soit la plus courte;
» il le prouve plus tard, en comparant des triangles dont
» elle est un côté, ce qui la démontre plus courte qu'au-
» cune ligne brisée, puis en étendant le cas de la ligne
» brisée à la ligne courbe qui est sa limite. Il faut donc
» lui chercher une définition différente, et, selon notre
» usage, assister à sa construction. Or, nous l'avons
» construite en considérant deux points donnés, et en
» remarquant la ligne que trace le premier point lors-
» qu'il se meut vers le second, et vers le second seule-

» ment…. De là deux conséquences : l'une qui concerne
» la ligne entière, l'autre qui concerne ses diverses por-
» tions. Si, à partir du même point, on trace une autre
» ligne qui se meut aussi vers le même second point, et
» vers celui-là seulement, ce second tracé ne fait que
» répéter exactement le premier ; car tous ses caractères,
» comme tous ceux du premier, dérivent complètement
» et uniquement du rapport qu'il a, comme le premier,
» avec ce seul second point ; d'où l'on voit que les carac-
» tères des deux lignes, quels qu'ils soient, connus ou
» inconnus, sont tous absolument les *mêmes*, en d'autres
» termes que ces deux lignes se confondent, et n'en font
» qu'une… Voilà pour la ligne entière : considérons
» maintenant ses diverses portions. Puisque le tracé
» entier est complètement et uniquement déterminé par
» son rapport avec le second point, et dérive de là tous
» ses caractères, chacune de ses portions constituantes
» est uniquement, complètement déterminée par le même
» rapport, et dérive uniquement de là tous ses carac-
» tères, sauf un, qui est la propriété d'être telle portion,
» non telle autre, située à tel ou tel endroit de la ligne,
» au commencement, au milieu ou à la fin, Par consé-
» quent, si nous faisons abstraction de cette particularité,
» toutes les portions de la ligne ont exactement les
» mêmes caractères ; en d'autres termes, elles sont les
» *mêmes*. Effectuons cette abstraction, et, pour cela, sup-
» primons l'emplacement particulier d'un fragment
» de la ligne, en le retirant de l'endroit où il est, de la
» fin, par exemple, pour le transporter ailleurs, par
» exemple, au commencement, et pour le superposer

» en ce point à la ligne totale. Il se confondra avec la
» portion sur laquelle il sera appliqué, et les deux frag-
» ments n'en feront qu'un. D'où il suit qu'une portion
» quelconque de la ligne droite, retirée de sa place et
» superposée en un autre point quelconque à la ligne
» totale, coïncidera rigoureusement avec la portion sur
» laquelle on l'aura appliquée (1). »

Rien de plus ingénieux et de plus subtil que cette démonstration, rien de mieux articulé et de plus solide en apparence. Mais la base n'en est-elle pas chancelante et ruineuse? On définit la ligne droite celle qu'engendre un point qui se meut vers un autre point, et vers celui-là seulement. Une telle définition n'implique-t-elle pas la notion de direction? Comment reconnaîtrait-on, en effet, sans cela, que dans son mouvement continu un point se meut vers un seul et même point? Mais l'appréciation d'une direction quelconque suppose une direction fixe, prise pour terme de comparaison. Et quelle autre direction peut jouer ce rôle, que la direction rectiligne? Ainsi la synthèse que nous considérons comme primitive est introduite, en contrebande, dans la définition, d'où on la prétend absente. Dès lors la démonstration que l'on fait reposer sur cette définition s'aff a ou devient superflue.

La mesure des surfaces se ramène analytiquement à la mesure des lignes droites. Mais auparavant il faut que nous soyons en possession d'une unité superficielle de position et de quantité à la fois. Elle nous est fournie

---

(1) H. Taine, *L'Intelligence*, livre IV, chap. II.

par l'axiome du plan : le plan est la surface sur laquelle une ligne droite peut toujours être appliquée. — On peut dire de plus, par rapport aux autres surfaces, ce que nous avons dit de la ligne droite par rapport aux autres lignes.

On mesure les directions en les rapportant à une direction supposée fixe. La question se ramène à des mesures de lignes droites. Mais, d'un point donné à une ligne donnée, on peut tracer une infinité de lignes droites. Laquelle choisir, pour y rapporter les autres ? — Il en est une qui jouit d'une propriété spéciale constante, c'est la perpendiculaire. La perpendiculaire à une droite est la droite qui forme, avec la première, deux angles adjacents égaux ; par un point pris sur cette droite, on ne peut élever qu'une seule perpendiculaire à cette droite ; d'un point pris hors d'une droite, on ne peut abaisser qu'une seule perpendiculaire sur cette droite. Il y a donc là synthèse d'une direction constante et d'une quantité constante d'écartement, et l'on conçoit que l'angle droit soit l'unité de mesure des angles, c'est-à-dire des directions.—Un autre axiome synthétique, complément de l'axiome de la perpendiculaire, est celui qui lie l'égalité de la direction à une égalité de grandeur : deux parallèles sont toujours également distantes, si loin qu'on les prolonge.

Toutes ces propositions sont indémontrables. Les démonstrations qu'on en a parfois tentées renferment toutes des pétitions de principe. Comment n'en serait-il pas ainsi ? N'ont-elles pas pour fonction d'unir deux choses par elles-mêmes hétérogènes : la quantité et la position ?

Or, la démonstration est toujours analytique, elle procède par la décomposition de prémisses données. Quelles pourraient être les prémisses d'où l'on déduirait les axiomes? Ou bien ce seraient des propositions relatives, soit à la quantité pure, soit à la position pure, auquel cas, on n'en pourrait tirer une synthèse de la quantité et de la position; ou bien ce seraient des propositions où la quantité et la position seraient liées ensemble. Mais les seuls principes qui présentent ce caractère sont précisément ceux que nous avons appelés les axiomes synthétiques de la géométrie.

Cette synthèse à priori posée, l'application du nombre à l'étendue est possible.

Considérons d'abord le cas le plus simple. Soit à mesurer une ligne droite. On en prend une portion quelconque comme unité, on recherche, par des superpositions successives, combien de fois elle est contenue dans la longueur dont on l'a détachée, et on exprime par un nombre, le résultat de l'opération.

Toute ligne droite donnée est commensurable avec une certaine unité de longueur; mais, soit une certaine unité de longueur donnée, toute ligne droite n'est pas commensurable avec elle. En d'autres termes, l'unité peut n'être pas contenue un nombre exact de fois dans la longueur à mesurer. Comment mesurer l'excès? — A l'aide des fractions. Une fraction est une unité d'un nouvel ordre, liée par un rapport constant à l'unité primitive. Si l'unité fractionnaire est contenue un nombre exact de fois dans l'excès à mesurer, la mesure exacte de la longueur totale est possible. — Mais s'il reste un nouvel excès? — On recourt au même artifice, en usant de fractions plus petites, et ainsi de suite à chaque excès nouveau. — Mais nous voilà au rouet, comme disait Montaigne, et il semble, par suite, que la mesure exacte de l'étendue, c'est-à-dire l'application rigoureuse du nombre à l'étendue, soit impossible.

On peut présenter la difficulté sous une forme peut-être plus saisissante encore. — Le nombre est discret ; l'étendue est continue ; une étendue quelconque se divise en autant de parties que l'on veut, par l'interposition de nouvelles limites entre ses limites ; elle est donc divisible à l'infini. Comment alors pouvons-nous l'exprimer numériquement par 1 ? Si l'unité abstraite, élément du nombre, n'est pas elle-même divisible à l'infini, elle n'est pas l'expression exacte de l'unité étendue ; mais si elle est divisible à l'infini, il est impossible d'exprimer, par des nombres fractionnaires, la série illimitée des divisions successives de cette même étendue. Comment pouvons-nous, à ce nombre sans nombre de parties, substituer l'unité?

Nous voilà donc de nouveau en présence de la notion de l'infini. Mais l'analyse que nous en avons faite, au précédent chapitre, va nous permettre de lever la difficulté. Rappelons d'abord les résultats acquis. — Un nombre infini actuel est une contradiction dans les termes; la série ascendante ou descendante des nombres est infinie; mais cela signifie simplement qu'un nombre, si grand ou si petit qu'on le suppose, peut toujours être augmenté ou diminué. L'infiniment grand et l'infiniment petit sont notions purement relatives.

Cela posé, on comprend que les rapports de grandeurs incommensurables—tels sont le côté et la diagonale du carré—ne puissent être représentés ni par des nombres entiers, ni par des nombres fractionnaires. Mais est-ce à dire pour cela que l'application du nombre à la quantité continue ne soit pas générale ? — Il est des cas où une série indéfinie de termes tend vers une limite dont elle s'approche sans cesse, sans l'atteindre jamais. Ainsi la série $1 + \frac{1}{2} + \frac{1}{4} + \frac{1}{8} + \frac{1}{16} + \frac{1}{32}$, etc., a pour limite 2; mais jamais la somme des termes actuels de cette série n'est rigoureusement égale à 2, car toujours le dernier terme peut être divisé suivant la même loi que les termes précédents. Mais, s'il en est ainsi, c'est-à-dire si la variable s'approche indéfiniment de la limite, elle peut en différer de moins que d'une quantité assignable, si petite que soit celle-ci. Par suite, on est autorisé à substituer la limite à la variable. Il en résulte une erreur, dira-t-on, car jamais la variable ne sera exactement égale à la limite. C'est vrai; mais l'erreur est inassignable, c'est-à-dire nulle, car la différence de la variable et de la limite peut être, à volonté, rendue plus petite que toute quantité assignée quelconque.

Ainsi, pour prendre des exemples très-simples, à la série infinie $\frac{1}{2} + \frac{1}{4} + \frac{1}{8} + \frac{1}{16}$, etc., dont les termes expriment les divisions successives d'une grandeur finie par 2, je substitue, sans erreur, la limite 1 ; de même encore, je considère le cercle comme la limite des polygones réguliers inscrits et circonscrits, dont les côtés deviennent de plus en plus petits, et je transporte, sans erreur, à la circonférence et au rayon du cercle les propriétés du périmètre et de l'apothème des polygones réguliers.

Ainsi les synthèses primitives qui lient la quantité discrète et la quantité continue ne sont pas en défaut, et l'application du nombre à l'étendue ne souffre pas d'exception.

CHAPITRE VI

LA SUBSTANCE

Les lois étudiées aux chapitres précédents sont les lois abstraites de la pensée. Pour en constater l'existence, il faut faire face à la réalité, puisqu'elles sont des lois objectives; mais, pour en déterminer les caractères, il n'est pas besoin de supposer l'existence de phénomènes réels. Le temps et l'espace, objets d'imagination et de calcul, sont le double milieu de tous les phénomènes; ils continueraient de subsister pour l'esprit, alors même que tout ce qui les remplit serait anéanti; les caractères n'en seraient pas modifiés, alors même que les réalités actuelles seraient remplacées par des réalités spécifiquement différentes; ils sont donc, ainsi que le temps qui sert à les déterminer, les lois du possible en tant que possible. On peut imaginer des mondes distincts de celui que nous habitons, supposer détruites les qualités sensibles, réduire par hypothèse la réalité à un pur objet géométrique, introduire à volonté, dans ce monde imaginaire, des déterminations qualitatives différentes de celles que nous sentons aujourd'hui : les lois du temps, de l'espace et du nombre seront toujours réalisées et respectées. Il répugne à la pensée, et nous savons pourquoi, qu'elles soient détruites ou violées.

Ce seraient les seules lois de la connaissance, si la connaissance avait pour unique objet le possible. Mais dans l'espace et le temps, soumis au nombre, des phénomènes réels sont donnés qui affectent nos sens avec une intensité variable. Par cela seul qu'ils se produisent dans l'espace et le temps, ils en subissent les lois; il implique contradiction qu'un phénomène objectif n'ait pas une durée, une étendue et un nombre. Mais ces lois numériques et géométriques ne sont pas les seules qui le déterminent; autrement, il n'y aurait pas de différence entre l'état de veille et le rêve; les sensations se succéderaient à l'aventure, et la pensée se perdrait dans cette fantasmagorie anarchique. Les phénomènes réels, dont l'existence n'est pas affaire de démonstration, mais d'aperception immédiate, sont donc soumis à des lois spéciales, que, par opposition aux lois abstraites précédemment reconnues et étudiées, nous pouvons appeler les lois concrètes de la connaissance objective.

Soumis au temps, à l'espace et au nombre, les phénomènes forment des groupes coexistants et successifs, et cela à l'infini, puisqu'il n'y a pas de limites au temps et à l'espace. Les percevoir, c'est les rapporter à un instant et à un lieu déterminés; les penser, c'est leur assigner une place fixe dans l'espace et dans le temps, et, par suite, en réduire la multiplicité et la diversité à l'unité. Nous commençons à les penser en leur donnant une quantité. Mais les éléments de la quantité sont homogènes; les unités des nombres abstraits, les parties de l'espace et du temps sont identiques; l'hétérogénéité des phénomènes n'est donc pas réduite à l'unité par cela seul qu'elle a subi l'application du nombre. Tout phénomène, outre la quantité extensive dont il est revêtu, nous est donné avec une intensité variable. Déterminer le degré de cette intensité, c'est encore le penser; mais cette opération est au fond semblable à la précédente; seulement, au lieu de compter des parties, nous comptons des degrés; les éléments sont encore des éléments quantitatifs, c'est-à-dire homogènes, ajoutés les uns aux autres, par addition. Il faut donc que de nouvelles lois interviennent pour lier, suivant des rapports invariables, les phénomènes hétérogènes et en faire une unité compatible avec la pensée. Ces lois sont la loi de substance et la loi de cause.

Ce sont essentiellement les lois du réel, par opposition à l'espace, au temps et au nombre, qui sont les lois du possible. Ce n'est pas à dire que l'application en soit uniquement bornée à l'expérience actuelle; toute loi objective de la pensée s'étend par définition à l'expérience tout entière, passée, présente et future; mais les lois abstraites enveloppent, outre le monde actuel, une infinité de mondes purement possibles, qui n'ont pas reçu et ne recevront jamais l'existence. Les lois concrètes s'étendent à tout ce qui, étant donné le monde actuel, peut être pour nous, ou pour d'autres êtres semblables à nous, l'objet d'une expérience. Les premières, pourrait-on dire, sont les lois du possible en tant que possible; les secondes, les lois du possible en fonction du réel.

Les notions de substance et de cause, bien qu'irréductibles l'une à l'autre, sont inséparables. La substance implique la permanence, et la cause, le changement ; permanence et changement ne se conçoivent pas l'un sans l'autre. Mais l'alliance n'en est pas analytique ; elle est une de ces synthèses primitives et irrésolubles qui tiennent en un système unique les divers éléments à priori de la connaissance. Nous devons cependant les isoler l'une de l'autre pour les étudier chacune à part. Commençons par la loi de substance.

Substance est un mot ambigu et équivoque : *substantia, sub-stare, qui se tient dessous*. L'idée impliquée par l'étymologie du mot est celle d'un *support*, qui évoque immédiatement l'idée corrélative de quelque chose de supporté. Quelque chose qui sert d'assise, et quelque chose qui par soi-même n'a pas d'assise, voilà le contenu général de l'idée de substance. Mais cette idée peut être prise en un sens logique et en un sens métaphysique. Toute proposition se compose de deux termes, le sujet et l'attribut reliés par une copule. L'attribut n'a pas d'existence par lui-même ; il emprunte un semblant d'existence à son union avec le sujet. Ainsi l'idée d'animal n'a pas d'existence par elle-même ; elle en acquiert une quand elle est unie à un sujet, vertébré, par exemple, et elle la perd aussitôt qu'elle en est séparée. Il y a deux sortes de sujets et de substances logiques : les sujets généraux et les sujets individuels. Les premiers peuvent être tantôt sujets et tantôt attributs ; ainsi, l'idée de vertébré, que nous venons de considérer comme le sujet, c'est-à-dire comme le support de l'idée d'animal, peut être elle-même l'attribut d'un autre sujet, de mammifère, par exemple; de telles idées ne jouent donc qu'accidentellement le rôle de sujets; ce sont des substances qui ont besoin elles-mêmes d'être supportées. — Les sujets individuels, Pierre, Paul, ce mammifère qui passe en ce moment sur la route, ne peuvent être que sujets dans les propositions et jamais attributs; ils sont les supports derniers auxquels aboutit la série des propositions à sujets généraux. Ainsi, l'animal est être; le vertébré est animal; le mammifère est vertébré; le bimane est mammifère; Pierre, Paul, sont bimanes; Pierre, Paul, sont les assises dernières de ces sujets-attributs, échelonnés suivant l'ordre de généralité, bimane, mammifère, vertébré, animal, être.

Nous sommes ainsi conduits au sens métaphysique du mot substance. Un sujet abstrait est la somme des attributs qu'on en peut affirmer. Un sujet concret, un individu, est autre chose; c'est un groupe de qualités phénoménales, plus, semble-t-il, un noyau réel qui les supporte et en est le fondement. De là ce principe : Toute qualité est inhérente à une substance.

C'est là, dit-on, une de ces vérités qui éclairent tout homme venant en ce monde. Pour l'établir, on fait d'ordinaire appel au sens commun. Des qualités en l'air sont inconcevables; on ne conçoit pas une couleur sans un corps coloré; un son, sans un corps sonore; une saveur, sans un corps sapide; une odeur, sans un corps odorant. Qualité et substance sont deux termes corrélatifs; on ne conçoit pas une qualité sans une substance qui en soit le fondement d'inhérence, ni une substance sans des qualités qui la manifestent. La substance n'est donc pas la somme des qualités elles-mêmes, car, si toute qualité requiert un support, une qualité ne peut être le support d'une qualité ; autrement on recule à l'infini, et jamais on ne rencontre cette assise première et solide sans laquelle les phénomènes seraient comme suspendus dans le vide. Mais, comme les phénomènes seuls nous apparaissent, les substances sont des entités, des choses en soi, distinctes des phénomènes, et soustraites aux vicissitudes de l'existence sensible.

Le principe énoncé plus haut se résout donc en deux propositions : 1° il n'y a pas de qualités sans substance ; — 2° les substances sont des êtres en soi. Aussi, le sens commun qu'on invoque pour l'établir, et qui en accepte en effet la formule générale : toute qualité suppose une substance, ne l'admettrait-il plus ainsi dédoublé. « On » étonnerait un homme étranger aux spéculations phi- » losophiques si on lui disait que ce qui frappe ses yeux » et résiste à son effort n'est qu'une modification d'une » entité qu'on ne peut ni voir, ni toucher (1). » Le sens commun peut-il donc avoir tort contre lui-même, ou bien ne donne-t-on pas à ses assertions un sens métaphysique dont il n'est pas responsable ? Examinons l'hypothèse des substances choses en soi.

En premier lieu, il faut les déclarer inconnues et inconnaissables, en faire des x algébriques, impossibles à déterminer par aucun de nos moyens de connaissance. Elles ne sont pas, en effet, données dans l'intuition

(1) Lachelier, *Du fondement de l'induction.*

sensible, puisqu'on les imagine pour servir de base aux phénomènes, objets de cette intuition. Si, par abstraction, on supprime, dans un objet, les qualités sensibles, couleurs, sons, saveurs, odeurs, étendue, résistance, poids, etc., il ne reste rien de déterminé, c'est-à-dire de connaissable ; s'il reste quelque chose, ce sera quelque qualité phénoménale, car, par nos yeux, nous ne pouvons voir que l'étendue colorée ; par le toucher, sentir que l'étendue résistante. Il faudra donc faire abstraction de ce résidu phénoménal, et cela, jusqu'à épuisement complet des phénomènes. Que restera-t-il alors ? Si quelque chose de perceptible subsiste, ce n'est pas la substance, puisque tout ce qui est perceptible est qualité sensible, et que la fonction de la substance est, dit-on, de supporter les qualités. Il reste donc un néant pour les sens. Par suite, la substance est quelque chose d'impossible à déterminer. Quel saurait être alors l'usage scientifique de cette notion, si l'on entend ne pas restaurer les vaines entités de la scolastique ?

Mais l'inutilité scientifique est le moindre défaut de l'hypothèse. Admettons que nous soyons contraints, pour comprendre les qualités, de poser des substances. Peut-on sans contradiction en faire des choses en soi ? De deux choses l'une : ou il y a une substance unique de tous les phénomènes, ou il y a autant de substances distinctes que de groupes de phénomènes délimités pour les sens.

Dans le premier cas, on demande comment la substance unique engendre la multiplicité des phénomènes divers, supportés par elle, et comment ces phénomènes hétérogènes peuvent être substantiellement unis, tout en restant distincts et sans se fondre en un seul. Jamais les partisans d'une substance unique n'ont répondu à ces questions sans pétition de principe ou sans contradiction. Il ne suffit pas, en effet, de dire que c'est une loi inhérente à la substance de se manifester par une infinité d'attributs et de modes différents ; on ne peut, de l'idée de substance, déduire cette nécessité ; et, pour les besoins de la cause, on y introduit en contrebande la multiplicité et la diversité qui devraient en jaillir naturellement.

Dans le second cas, comme chaque groupe de phénomènes est une multiplicité et une diversité, la même question se pose et se répète autant de fois qu'il y a de substances particulières. Comment chaque substance, unité réelle d'un groupe de phénomènes divers, engendre-t-elle cette multiplicité et cette diversité ? Outre cette difficulté capitale, de nouveaux obstacles, non moins invincibles, surgissent. Un des rôles essentiels de la substance est de relier en un seul faisceau des phénomènes hétérogènes. Mais s'il existe autant de substances que de groupes distincts de phénomènes, de deux choses l'une : ou ces substances sont entre elles sans rapports et sans lien, ou elles sont ordonnées. Dans le premier cas, si chaque être en particulier est un système harmonieux, l'ensemble des êtres est anarchique, alors la science est impossible. Dans le second, en vertu de la nécessité à laquelle on obéit, en plaçant des substances au delà des phénomènes, il faut, au delà de ces substances multiples du premier degré, pour ainsi dire, imaginer d'autres substances du second degré qui seront l'unité des premières, et ainsi de suite à l'infini, ou à moins de retomber dans l'hypothèse d'une substance unique et universelle. Il y aurait donc des plans et des arrière-plans de réalité, échelonnés les uns au-dessous des autres, et les assises superposées des substances ne reposeraient en définitive sur rien.

Il y a plus encore. Chaque groupe de phénomènes peut être fragmenté. Tout être phénoménal est divisible. Qu'advient-il de la substance quand il est divisé ? Est-elle anéantie ? Continue-t-elle d'exister ? Si elle est anéantie, les phénomènes doivent s'évanouir, puisqu'ils sont censés tirer d'elle leur apparente existence. Si elle continue d'exister, elle doit être elle-même fragmentée ; mais alors elle contenait essentiellement la multiplicité, ce qui est incompatible avec la fonction qu'on lui assigne d'être l'unité essentielle d'une diversité accidentelle. Si l'on passe outre, on aboutit à l'hypothèse d'une pluralité indéfinie de substances élémentaires dans chaque être phénoménal, et, de la sorte, on se livre à la contradiction, et l'on renonce à rendre compte de l'unité de chaque être.

Ainsi, par quelque côté qu'on aborde l'hypothèse, on se heurte à la contradiction. Le sens commun croit aux substances ; mais, comme l'a dit M. Lachelier : « Si » l'on ose faire parler au bon sens le langage de Kant, » il croit aux substances phénomènes et non aux sub- » stances noumènes (1). »

(1) Lachelier, *Du fondement de l'induction*

Que faut-il donc entendre quand on dit que toute qualité est inhérente à une substance? Voici la réponse de Kant.

« Tous les phénomènes sont dans le temps, et c'est
» en lui seulement, comme dans un substratum, qu'on
» peut se représenter la simultanéité aussi bien que le
» changement. Le temps donc, où doit être conçu tout
» changement des phénomènes, demeure et ne change
» pas; la succession ou la simultanéité n'y peuvent être
» représentées que comme ses déterminations. Or le
» temps ne peut être perçu en lui-même. C'est donc
» dans les objets de la perception, c'est-à-dire dans les
» phénomènes, qu'il faut chercher le substratum qui
» représente le temps en général, et où peut être perçu,
» dans l'appréhension, au moyen du rapport des phé-
» nomènes avec lui, tout changement ou toute succes-
» sion. Mais le substratum de tout ce qui est réel, c'est-à-
» dire de tout ce qui appartient à l'existence des choses,
» est la *substance*, où tout ce qui appartient à l'existence
» ne peut être conçu que comme détermination. Par
» conséquent, ce quelque chose de permanent, relative-
» ment à quoi tous les rapports des phénomènes dans
» le temps sont nécessairement déterminés, est la sub-
» stance du phénomène, c'est-à-dire ce qu'il y a en lui
» de *réel*, et ce qui demeure toujours le même comme
» substratum de tout changement. Et, comme cette
» substance ne peut changer dans son existence, sa
» quantité dans la nature ne peut ni augmenter ni
» diminuer.....

» C'est sur cette permanence que se fonde aussi la

» légitimité du concept du changement. Naître et périr
» ne sont pas des changements de ce qui naît et périt.
» Le changement est un mode d'existence qui succède
» à un autre mode d'existence du même objet. Tout ce
» qui change est donc *permanent*, et il n'y a que son
» *état* qui *varie*. Et comme cette variation, cette vicis-
» situde ne concerne que les déterminations qui peuvent
» finir ou commencer, on peut dire, au risque d'em-
» ployer une expression en apparence quelque peu
» paradoxale, que seul le permanent (la substance)
» change, et que le variable n'éprouve pas de chan-
» gement, mais une *vicissitude*, puisque certaines
» déterminations cessent et que d'autres commen-
» cent.

» Le changement ne peut donc être perçu que dans
» les substances, et il n'y a de perception possible du
» naître et du mourir qu'en tant que ce sont de simples
» déterminations du permanent, puisque c'est justement
» ce permanent qui rend possible la représentation du
» passage d'un état à l'autre, et du non-être à l'être, et
» que par conséquent on ne saurait les connaître empi-
» riquement que comme des déterminations variables
» de ce qui est permanent. Supposez que quelque chose
» commence d'être absolument : il vous faut admettre
» un moment où elle n'était pas. Or à quoi voulez-vous
» rattacher ce moment, si ce n'est à ce qui était déjà ?
» Car un temps vide antérieur n'est point un objet de
» perception. Mais si vous liez cette naissance aux
» choses qui étaient auparavant, et qui ont duré jus-
» qu'à elle, celle-ci n'était donc qu'une modification de

» ce qui était déjà, c'est-à-dire du permanent. Il en est
» de même de l'anéantissement d'une chose; il présup-
» pose la représentation empirique d'un temps où un
» phénomène cesse d'être.

» La permanence est donc une condition nécessaire,
» qui seule permet de déterminer les phénomènes,
» comme chose ou comme objet, dans une expérience
» possible (1). »

Ce passage a besoin de commentaire.

Les phénomènes sont donnés dans la sensibilité à l'état de sensations subjectives. Nous en faisons des objets, en les localisant dans le temps et l'espace; nous commençons à les penser en leur appliquant la quantité. Mais, comme nous l'avons vu plus haut, cela ne suffit pas à en effacer l'hétérogénéité et à les réduire à l'unité réclamée par la pensée. Il faut pour cela trouver une existence fixe qui en soit le fondement. La pensée n'est pas en effet une capacité vide; si nous nous feignons dépourvus de toute sensation actuelle, il reste au moins en nous les traces des perceptions passées. Ces perceptions et les images laissées par elles sont multiples et diverses; si elles l'étaient d'une manière absolue, c'est-à-dire s'il n'y avait pas passage d'un phénomène à l'autre, la conscience naîtrait et mourrait avec chaque phénomène, pour renaître et mourir encore avec le phénomène suivant, et ainsi de suite, car il n'y a pas conscience sans état de conscience. Ne serait-ce pas l'anarchie, et plus encore, le néant? La conscience ne se pose-t-elle

---

1) Kant, *Critique de la raison pure*, t. I, p. 242; trad. Barni.

pas en effet en s'opposant, et le pourrait-elle dans cette série d'existences fragmentaires, se succédant comme autant de tronçons isolés qui ne pourraient se souder l'un à l'autre ? Les représentations phénoménales font partie intégrante du moi conscient ; le seul moyen de concevoir qu'elles y pénètrent sans y apporter le trouble et que, tout en restant multiples et diverses, elles n'en brisent pas l'unité, c'est d'admettre que, malgré leur multiplicité et leur hétérogénéité, elles sont unité. C'est dire que dans le changement ou passage d'un phénomène à l'autre quelque chose ne disparaît pas, ne change pas.

En termes plus simples, on ne saurait percevoir quelque chose qui change, sans voir aussi quelque chose qui ne change pas. Si les bords d'une rivière étaient animés du même mouvement que la barque emportée par le courant, le batelier se croirait immobile. Si tout se mouvait avec la même vitesse, le mouvement serait inappréciable. Le changement implique l'existence d'une chose permanente.

Quelle est cette chose ? Ce ne saurait être, nous l'avons vu, une entité insaisissable, ni une légion de ces entités. C'est ce qu'il y a de fixe dans les phénomènes ; c'est ce que nous retrouvons au fond de toutes nos perceptions, quand, par l'analyse, nous les résolvons en leurs éléments constitutifs. La critique établit la nécessité de la substance comme liaison de phénomènes ; mais elle ne va pas plus loin ; elle enseigne que tous les faits, en apparence les plus divers, doivent être les modes différents d'un même phénomène fondamental ; c'est à la science positive, éclairée par elle, qu'il appartient de découvrir ce fond commun des choses objectives. Nous verrons bientôt qu'elle n'a pas failli à cette tâche, et que ses inductions les plus légitimes se rencontrent avec les déductions de la critique.

CHAPITRE VII

LA CAUSE

Les phenomènes perçus dans l'espace et dans le temps sont soumis à un perpétuel devenir. Autour de nous, tout change, rien ne demeure : les astres se meuvent dans le ciel ; tous les corps, détachés de l'écorce de notre globe, sont entraînés dans le mouvement qui l'emporte ; ils sont en outre animés de mouvements particuliers ; en eux, les qualités physiques, les propriétés chimiques se modifient incessamment. Si donc nous ne parvenions pas à fixer cette mobilité ondoyante et diverse, notre vie serait comme un rêve, et l'état d âme que provoquerait en nous ce spectacle mobile serait la tristesse légendaire d'Héraclite. Mais, nous l'avons vu, la pensée a pour fonction essentielle de réduire à l'unité cette multiplicité sans cesse renouvelée, et, pour cela, elle lie ensemble les phénomènes les plus divers suivant des concepts immuables.

Nous avons, au précédent chapitre, analysé l'un d'eux, celui de la substance, et nous sommes parvenus à cette conclusion : sous tous les changements, quelque chose reste ; dans le passage d'un phénomène à l'autre, quelque chose subsiste ; la quantité d'être est constante dans l'univers.

Ce principe, qui ne saurait être, par aucun moyen, extrait de l'expérience, puisqu'il enveloppe toute expérience, passée, présente et future, donne une première assise aux phénomènes ; mais il ne suffit pas à en faire un système pleinement intelligible. La permanence de la substance ne pourrait-elle pas, en effet, s'allier avec un devenir capricieux et arbitraire ? La quantité de l'existence phénoménale ne pourrait-elle pas être constante, sans que l'apparition de ses manifestations fût astreinte à des lois fixes et immuables ? — Une telle hypothèse aurait pour effet d'annuler la garantie de stabilité et d'unité que fournit à l'esprit le principe de la substance. Si, en effet, les phénomènes se produisaient à l'aventure, la pensée devrait demeurer confinée dans le présent ; le passé ne pourrait nous autoriser à anticiper sur l'avenir. Quel fruit nous reviendrait de l'expérience accumulée des générations qui ne sont plus, si nous n'étions pas assurés que les rapports des phénomènes à venir seront semblables à ceux des phénomènes passés ? La science deviendrait une stérile érudition, ou, mieux encore, la pensée devrait abdiquer au profit de la sensibilité, Un nouveau principe est donc nécessaire, qui complète le principe de la substance : c'est le principe de causalité.

On peut l'énoncer d'une manière générale : tout ce qui commence d'exister est déterminé par une cause. Il est aisé de voir qu'il est le nerf caché de toutes nos inductions, et par suite de la science positive tout entière.

La science a pour objet la découverte des lois qui régissent les phénomènes ; une loi se formule en une proposition générale; elle dépasse donc les limites de l'expérience; autrement elle devrait être formulée en une proposition particulière; au lieu de dire : toutes les fois que A sera, B sera; il faudrait dire : jusqu'ici toutes les fois que A a été, B a été aussi. La science serait alors un répertoire de faits, duquel on ne saurait rien conclure pour l'avenir. — Il n'en est pas ainsi. En pensant la loi d'un phénomène, nous nous le représentons, par anticipation, déterminé dans l'avenir, comme il l'a été dans le passé; l'expérience fournit la matière de la loi, mais elle n'en donne pas la forme. Il faut, pour ériger le fait en loi, croire à ce qu'on a justement appelé le déterminisme des phénomènes, c'est-à-dire croire que chaque fait est lié à une cause déterminante, et que, partout et toujours, cette cause sera suivie du même effet.

Toutes les lois positives sont des applications de ce principe. C'est une loi, en mécanique, que deux corps s'attirent en raison directe des masses, et en raison inverse du carré des distances; c'est une loi, en physique, que les corps abandonnés à eux-mêmes tombent, dans le vide, avec une même vitesse; c'est une loi, en physiologie, que l'injection du curare dans le système circulatoire entraîne la paralysie des nerfs moteurs. Chacune de ces formules contient deux termes et un rapport: les termes sont une cause et un effet, ils varient d'une formule à l'autre; le rapport est celui de la détermination constante de l'effet par la cause; il est invariable, quelle que soit la nature particulière des termes qu'il unit.

Mais, s'il est facile de constater l'intervention du principe de causalité dans la connaissance objective, il est moins aisé d'en déterminer au juste le sens. Le mot cause n'est pas moins ambigu que le mot substance; il prête à des méprises qu'il importe de prévenir par une analyse rigoureuse.

La notion de cause a une signification subjective et une signification objective. C'est une tâche délicate que de démêler ces deux sens, souvent confondus, et même souvent niés, tour à tour, chacun au profit de l'autre. — Historiquement, la science a débuté par une sorte de fétichisme inconscient. Trouvant en lui-même une source de mouvement, l'homme imagina aux phénomènes extérieurs des causes semblables à celle qu'il sentait en lui-même, et il leur attribua l'initiative des changements de l'univers; il en fit des êtres séparés des phénomènes, doués de passions et de volontés. Cette conception grossière cède peu à peu devant l'observation et le calcul. Mais alors se manifeste une tendance à nier l'originalité de la cause subjective. Par un retour, que l'on dirait soumis à la loi physique de la réaction égale et contraire à l'action, on transporte au moral la notion de la causalité extérieure, comme on avait auparavant transporté à la nature la notion de la causalité morale; on fait du moral un système mécanique et rigide, où chaque phénomène est rigoureusement déterminé, comme on avait fait des êtres de la nature un peuple de volontés libres. — La science ne peut que perdre à cette confusion; aussi importe-t-il que le sens objectif de la notion de cause soit dégagé de toute superfétation étrangère.

C'est en nous-mêmes que nous trouvons l'intuition

de la causalité. Nous sentons, sans méprise possible, qu'une partie de *nos* phénomènes est déterminée par *nous*. En ce moment, je pense; des idées succèdent, en mon esprit, à des idées; elles s'enchaînent logiquement, ou encore se suivent d'après des rapports empiriques; on pourrait croire, par suite, que les premières apparues appellent les autres à l'existence, en vertu d'une force secrète et d'un attrait tout-puissant. Mais ce n'est là qu'une partie du phénomène. La série entière de ces idées, liées logiquement, ou empiriquement associées, a pour base un effort continu d'attention. Que ma volonté qui le soutient soit sollicitée vers un autre objet, ou que, fatiguée, elle s'affaisse, la série de mes pensées est interrompue; pour la renouer, il faut un nouvel effort et un nouvel acte de volonté. — C'est encore de la même manière que nous soutenons la tension de nos muscles. Je soulève un poids; je le laisse retomber; je le reprends : c'est ma volonté qui, prise en quelque sorte, abandonnée et reprise, donne lieu à ces phénomènes intermittents. En un mot, nous sentons en nous un rapport de déterminant à déterminé, c'est-à-dire de cause à effet.

De là à se considérer comme une source originelle et créatrice de mouvement, il n'y a qu'un pas, et ce pas est vite franchi par une psychologie qui s'isole de la critique et de la science positive. On va même plus loin, et l'on transporte à la nature entière cette notion d'une causalité créatrice. On réalise des causes au delà des phénomènes. Ainsi, étant donné un groupe de phénomènes changeants, on en attribue le changement à une cause insaisissable. Un corps en mouvement en rencontre un autre immobile, et le meut : on déclare qu'il y a dans le premier une puissance de mouvement, qui, après le choc, doit être passée dans le second corps, puisqu'alors il se meut ; on peuple ainsi le monde sensible d'entités invisibles, dont la fonction est de produire les phénomènes, et d'établir et de maintenir entre eux un ordre constant.

On voit par là combien cette théorie des causes est voisine de la théorie réaliste des substances. Aussi n'a-t-elle pas plus d'utilité scientifique. Si le savant a besoin de croire au déterminisme des phénomènes pour en formuler les lois, il ne cherche pas à mesurer ces causes substantielles, qu'on doit, sous peine de contradiction, déclarer invisibles ; tout son effort se borne à rechercher les effets qu'on leur attribue et les relations constantes de ces effets.

D'ailleurs cette théorie présente les mêmes difficultés que celle des substances. De deux choses l'une, dirons-nous encore : ou les phénomènes dérivent d'une cause unique, ou ils dérivent de plusieurs causes. Dans le premier cas, la cause unique se confond avec la substance unique, et il est impossible de concevoir la pluralité et la diversité des phénomènes. Dans le second, comment expliquer la communication des causes? Le cas le plus simple de cette communication est le fait du choc. Deux corps se rencontrent, l'un en mouvement, l'autre immobile ; après le choc, le mouvement du premier est anéanti ou ralenti, et un mouvement est imprimé au second. Le premier corps est donc cause du mouvement du second, et le second, cause du repos ou du ralentissement du premier. Comment comprendre cette causalité réciproque, si la cause objective est une puissance créatrice? Comment comprendre qu'elle passe du premier corps dans le second, ou qu'elle cesse d'agir dans l'un pour se manifester dans l'autre? Comment, si chaque cause est une source originelle de mouvements, le mouvement du premier corps est-il arrêté ou diminué? Comment, avant le choc, le second corps demeurait-il en repos? Pour répondre à ces questions, il faudrait imaginer une loi aux manifestations des causes; mais cette loi serait la causalité véritable, c'est-à-dire l'origine de l'ordre constant de l'univers, et, si on lui attribuait ce pouvoir créateur qu'on place gratuitement au sein des causes substantielles, les mêmes questions se présenteraient encore, et ainsi de suite, à l'infini.

Ce n'est pas tout. Un corps se meut ; il en rencontre un autre qu'il est impuissant à mouvoir. Il s'y brise ; ses fragments continuent à se mouvoir en diverses directions. La cause une du mouvement du corps, — et on doit la supposer une, — s'est-elle elle-même fragmentée et dispersée? Alors elle n'était pas essentiellement une, et comme chaque fragment peut à son tour être fragmenté, la subdivision de la cause une peut aller à l'infini. Dans ce cas, comment en expliquer l'unité originelle?

Outre ces difficultés générales, l'hypothèse que nous examinons soulève des difficultés spéciales non moins invincibles. Non-seulement elle n'est d'aucun usage

scientifique, mais elle contredit les résultats les plus
généraux de l'expérience. L'unité des phénomènes
physiques, pressentis, dès les premiers jours, par la
sagesse antique, affirmée à priori par Descartes, est
établie aujourd'hui sur des preuves expérimentales
Tout est mouvement hors de nous, et la somme de
l'énergie virtuelle et de l'énergie actuelle est constante.
Quel pourrait être le rôle des causes substantielles dans ce
mécanisme universel? — Elles créent, dit-on, le mouvement et l'ordonnent. — Mais à chaque fois que se manifeste ce pouvoir créateur, c'est-à-dire à l'apparition de
chaque phénomène nouveau, la somme de l'énergie
change dans l'univers. — Dira-t-on, pour pallier cette
conséquence désastreuse, que la somme des mouvements
créés à chaque manifestation des causes est précisément
égale à la somme des mouvements anéantis? — Mais
nous savons que ce qui demeure constant dans l'univers, ce n'est pas la somme des mouvements réels,
comme l'avait cru Descartes, ni même la quantité de la
force vive, comme l'avait pensé Leibniz, mais la somme
de l'énergie potentielle et de l'énergie actuelle. Il n'y a
pas d'anéantissement, au sens absolu du mot. Toute
force qui semble disparaître demeure disponible. Aussi,
même en admettant que la création d'une quantité
déterminée de mouvement correspondît à l'entrée
d'une quantité rigoureusement égale de mouvement
dans le réceptacle de la virtualité, l'équilibre de la
nature n'en serait pas moins rompu, puisque la quantité
de mouvement produit serait ajoutée à la somme de
l'énergie virtuelle et de l'énergie réelle qui préexistaient.

Ainsi, par une conséquence imprévue, mais nécessaire de l'hypothèse, les causes suprasensibles auxquelles on attribue une puissance ordonnatrice seraient des causes incessantes d'anarchie dans le monde.

Ce n'est pas à dire pour cela que la notion de cause soit une forme vide, sans signification objective. S'il en était ainsi, le principe de causalité ne saurait avoir d'application scientifique. Non-seulement nous déclarons que tout phénomène a une cause, mais nous donnons un sens précis et positif à ce dernier mot.

Les phénomènes forment dans le temps et dans l'espace des séries simultanées. Considérons l'une d'elles, et supposons-la arrêtée et suspendue en un certain point et à un certain instant. Que va-t-il se produire après ce temps d'arrêt? Ce sera un phénomène. — Mais quel sera-t-il? A ne tenir compte que des lois de temps, d'espace, de nombre et de substance, nous l'ignorons. Nous savons seulement que ce phénomène aura un lieu dans l'espace, une durée dans le temps, qu'il sera à la fois un et multiple, et que sa production n'augmentera ni ne diminuera la somme de l'énergie actuelle et de l'énergie virtuelle de la nature. Mais une infinité de phénomènes possibles, indéterminés en qualité et en quantité, satisfont à ces conditions. En est-il un qui, plus que les autres, soit prédéterminé à l'existence ? — Pour fixer les idées, considérez un corps en mouvement. A tel point et à tel instant de sa course, nous pouvons, en ne tenant compte que des lois de temps, d'espace, de nombre et de substance, nous demander s'il continuera son mouvement, avec quelle vitesse, dans quelle direction, s'il reviendra sur lui-même, s'il continuera de se mouvoir en ligne droite, s'il suivra une direction perpendiculaire à sa direction primitive, ou toute autre des mille directions intermédiaires. L'un ou l'autre de ces possibles peut-il sortir indifféremment des conditions données, ou en est-il un qui soit, à l'exclusion des autres, déterminé à l'existence? — A cette question Kant répond : Étant donné l'ensemble des conditions antécédentes d'un phénomène, ce phénomène est prédéterminé. — Comment l'esprit est-il conduit à cette affirmation ?

« La question de savoir comment toutes nos sensa-
» tions s'unissent dans une seule pensée, a dit un émi-
» nent interprète de la pensée kantienne, est précisé-
» ment la même que celle de savoir comment tous les
» phénomènes composent un seul univers... Pourquoi
» une infinité de phénomènes, dont chacun occupe dans
» l'espace et dans le temps une place distincte, sont-ils
» à nos yeux les éléments d'un seul monde, et non
» autant de mondes étrangers les uns aux autres?
» Est-ce parce que ces places, quelque distinctes qu'elles
» soient les unes des autres, appartiennent toutes à un
» seul temps et à un seul espace? Mais qui nous em-
» pêche de dire que l'espace finit et recommence avec
» chacun des corps ou plutôt des atomes qui l'occupent,
» et que le temps meurt et renaît à chacune des vicissi-
» tudes des mouvements qu'il mesure? L'espace et le
» temps, malgré la parfaite similarité de leurs parties,
» ne sont point en eux-mêmes une unité, mais au con-

» traire une diversité absolue; et l'unité que nous leur
» attribuons, loin de servir de fondement à celle de
» l'univers, ne peut reposer elle-même que sur la liai-
» son intime des phénomènes qui les remplissent. La
» question se réduit donc à savoir en quoi consiste cette
» liaison; et nous ne pouvons, ce semble, nous repré-
» senter sous ce titre qu'un ordre de succession et de
» concomitance, en vertu duquel la place de chaque
» phénomène dans le temps et dans l'espace peut être
» assignée par rapport à celle de tous les autres. Tou-
» tefois, l'unité qui résulte d'un tel ordre n'est encore
» qu'une unité de fait, dont rien ne nous garantit le
» maintien; et l'on ne peut pas même dire que de sim-
» ples rapports de temps et de lieu établissent entre les
» phénomènes une unité véritable, tant que ces rap-
» ports peuvent varier à chaque instant, et que l'exis-
» tence de chaque phénomène reste non-seulement
» distincte, mais encore indépendante de celle des
» autres. Ce n'est donc pas dans une liaison contin-
» gente, mais dans un enchaînement nécessaire, que
» nous pourrons trouver enfin l'unité que nous cher-
» chons; car, si l'existence d'un phénomène n'est pas
» seulement le signe constant, mais encore la raison
» déterminante de celle d'un autre, ces deux existences
» ne sont plus alors que deux moments distincts d'une
» seule, qui se continue, en se transformant du premier
» phénomène au second. C'est parce que tous les phé-
» nomènes simultanés sont, comme dit Kant, dans une
» action réciproque universelle, qu'ils constituent un
» seul état de choses, et qu'ils sont de notre part l'objet

» d'une seule pensée; et c'est parce que chacun de ces » états n'est, en quelque sorte, qu'une nouvelle forme » du précédent, que nous pouvons les considérer comme » les époques successives d'une seule histoire, qui est à » la fois celle de la pensée et de l'univers (1). »

La cause d'un phénomène, c'est donc l'ensemble des conditions qui le déterminent, et, comme elles sont données dans l'espace et dans le temps, elles peuvent être mesurées; par suite la notion de cause a un usage objectif et scientifique.

La conception de la cause objective, à laquelle aboutit la critique, ne lui est pas propre; c'est aussi celle que s'est faite, à la suite de Hume, l'école empirique anglaise. Ainsi, pour Stuart Mill, quand un phénomène se produit dans l'ordre de la nature, il n'apparaît pas sans lien à ce qui l'a précédé, mais il est uni à un groupe de circonstances antécédentes. De ces circonstances, les unes sont invariables et les autres variables. Les premières sont la *cause* de l'événement qui arrive invariablement après elles. Toutefois cette définition est insuffisante. Si, en effet, la constance dans l'ordre de succession était l'unique signe de la causalité, il faudrait dire que la nuit est cause du jour, et le jour cause de la nuit, puisqu'ils alternent en succession régulière et constante. Or, l'esprit se refuse à l'admettre. A l'invariabilité dans la succession doit donc se joindre un autre caractère : c'est l'*inconditionnalité* de l'antécédent. Nous ne pouvons dire que la nuit est cause du jour et le jour

---

(1) Lachelier, *Du fondement de l'induction*, p. 52, sqq.

cause de la nuit, malgré l'alternance régulière et invariable de leurs apparitions successives, car cette succession est soumise elle-même à une condition, le lever du soleil à l'horizon ; c'est ce dernier phénomène qui fait succéder la clarté aux ténèbres ; sans lui, la succession de la nuit et du jour serait interrompue. Il faut donc définir la cause d'un phénomène « l'antécédent ou la » réunion d'antécédents dont le phénomène est invaria- » blement et inconditionnellement le conséquent (1). »

Il n'y a rien d'étonnant à voir coïncider, sur ce point, deux doctrines si divergentes, sur les questions d'origine. L'erreur de l'empirisme est, nous l'avons vu, de vouloir déduire de l'expérience les notions que l'expérience implique. L'expérience d'où il part est constituée de toutes pièces ; elle contient donc, outre la *matière*, la *forme* à l'état d'application particulière. S'il est impossible d'en faire sortir cette forme à titre de condition universelle de toute expérience possible, car jamais le particulier n'est égal à l'universel, cette forme n'y est pas moins donnée avec ses qualités propres. Aussi l'empirisme, toute question d'origine mise à part, doit-il conduire à des déterminations positives semblables à celles où aboutit la critique.

D'ailleurs, les écoles métaphysiques antérieures à Kant et à Mill, ont puissamment contribué à accréditer cette opinion que la cause objective d'un fait est l'ensemble des conditions qui le déterminent. — Pour Descartes, la pensée est l'essence des âmes ; l'étendue,

---

(1) Stuart Mill, *Système de logique*, liv. III, chap. v ; trad. française

l'essence des corps; de l'une à l'autre, il n'y a pas de communication véritable ; dans le monde extérieur, il n'y a que des mouvements, ou mieux encore, l'univers matériel n'est qu'un seul et même mouvement qui se diversifie à l'infini dans l'espace ; la cause d'un fait ne peut donc être, dans cet univers géométrique et mécanique, que l'ensemble des conditions qui le déterminent. — Pour Spinosa, la pensée et l'étendue sont deux attributs de la substance unique qui en manifestent, chacun à sa façon, l'essence éternelle, et qui se développent nécessairement par une infinité de modes finis. Dans un tel système, chaque phénomène résulte non de l'action d'une cause productrice, mais d'un ensemble de conditions liées à l'ensemble par une nécessité invincible. — Pour Malebranche, toute causalité véritable réside en Dieu, et cette thèse supprime la causalité objective, ou la réduit à n'être que la condition déterminante des faits. — Pour Leibniz enfin, les monades sont sans action les unes sur les autres; chacune d'elles se développe à l'écart, en vertu d'une loi intérieure, et le concert universel des êtres n'est que le résultat d'une harmonie préétablie entre les développements de toutes les monades individuelles. Il n'y a donc, dans le monde, ni action efficace d'un être sur l'autre, ni production véritable, mais seulement corrélation et correspondance harmonieuse des phénomènes. — Les causes, celles du moins que la science poursuit, les seules dont nous ayons à nous préoccuper dans cette analyse des lois objectives de la pensée, ne sont donc rien autre chose que les conditions antécédentes et concomitantes des faits.

CHAPITRE VIII

LA CRITIQUE ET LA SCIENCE

Nous venons de passer en revue les lois objectives de la connaissance. Temps, espace, nombre, substance et cause sont les lois primordiales qui érigent nos sensations en objets et les rendent intelligibles. Avant de rechercher si elles sont une voie ouverte vers l'absolu, nous devons soumettre à une vérification synthétique les analyses que nous en avons données, et pour cela en confronter les résultats avec les résultats les plus généraux de la science positive.

On a divisé, non sans raison, les sciences de la nature en deux groupes distincts : les sciences abstraites et les sciences concrètes. Cette division correspond à celle que nous avons proposée des lois objectives de la connaissance, en lois du possible et lois du réel. Les lois du possible, temps, espace, nombre, sont les principes de la *mathématique;* les lois du réel, substance et cause, sont les principes de la *physique*.

La mathématique est à la fois une science et un instrument. Comme science, elle détermine les rapports fondamentaux des quantités discrètes et des quantités continues; comme instrument, elle applique à la réalité les méthodes issues de la science. L'arithmétique et la géométrie construisent à priori leurs objets. Le débat entre ceux qui veulent tirer de l'expérience les notions mathématiques, et ceux qui les rapportent à une source rationnelle, repose sur un malentendu que dissipe la critique. Nous n'aurions l'idée d'aucun nombre déterminé ni d'aucune figure géométrique, si nous étions réduits à l'intuition de nous-même. Faisons abstraction de toute représentation sensible. Que reste-t-il? L'unité abstraite du moi. Mais elle ne peut même pas se saisir comme unité, car il lui faut pour cela s'opposer à une multiplicité, et les fonctions multiples qu'on peut supposer en elle sont virtuelles, tant qu'une multiplicité réelle et extérieure ne les a pas sollicitées à l'action. A plus forte raison n'aurions-nous, dans cet état hypothétique, aucune notion de l'étendue et des déterminations dont elle est susceptible. La plus simple des figures implique une pluralité de parties coexistantes, extérieures au moi, et extérieures l'une à l'autre. D'autre part, si les notions mathématiques dérivent de l'expérience, telle que la rêvent les empiriques, les vérités mathématiques doivent déposer tout caractère d'universalité et de nécessité. Mais si, comme l'enseigne la critique, le temps, l'espace et le nombre sont des conditions de toute expérience, nous ne pouvons les saisir que dans l'expérience elle-même, et elles y apparaissent avec le double caractère d'universalité et de nécessité propre à toute condition de la pensée. Dès lors l'intuition mathématique, bien que donnée dans un cas singulier, a force de loi universelle et nécessaire.

Les objets de la mathématique sont la quantité discrète ou le nombre, et la quantité continue, ou l'étendue figurée. Comme tout objet d'expérience est soumis à la triple loi du temps, de l'espace et du nombre, les mathématiques doivent avoir une application universelle. Les progrès de la science prouvent chaque jour qu'il en est ainsi. A l'origine, les mathématiques formaient une science à part, un domaine déterminé, à la juridiction restreinte. Aujourd'hui, elles ont toutes les autres sciences pour tributaires; elles ont pénétré dans toutes les provinces du savoir positif, et il n'est pas de question scientifique à la solution de laquelle elles ne concourent. La mécanique, l'astronomie, sciences concrètes au premier chef, s'y sont incorporées; la physique les a reçues en plus d'une de ses parties; la chimie commence à en sentir l'influence heureuse. En présence des résultats admirables auxquels conduit cette alliance des sciences abstraites et des sciences concrètes, on peut dire que l'excellence d'une science se mesure à la part qu'y obtiennent les mathématiques.

Nous n'insisterons pas davantage sur ce point. Il n'est douteux pour personne que les lois de la quantité, c'est-à-dire, en dernière analyse, les lois de temps, d'espace et de nombre, sont parmi les principes fondamentaux de la science positive. Il est plus difficile d'établir qu'il en est de même des lois de substance et de cause. A cet effet, traçons à larges traits un tableau de la science.

Le grand destructeur des idoles métaphysiques, Descartes, enseignait, au nom de l'évidence, que l'essence de la matière est l'étendue' et que tous les changements subis par elle se ramènent au mouvement, dont la quantité demeure constante dans l'univers. — Partie d'un autre point que Descartes, la science moderne a retrouvé, par d'autres voies, cette conception générale; elle enseigne, elle aussi, que hors de nous tout se réduit à l'étendue et au mouvement; que, dans l'infiniment grand et dans l'infiniment petit, dans un système planétaire et dans une molécule, ces mêmes lois régissent une matière homogène; que le mouvement circule d'un pôle à l'autre du monde, et que le déploiement infiniment varié des phénomènes n'est au fond que l'éternelle répétition d'un même fait, l'éternelle manifestation d'une même loi.

Elle prouve d'abord que tous les phénomènes sont mécaniques. Nos sensations ne sont pas les images, mais les signes de choses extérieures. Chaque nerf a un type propre d'action, une énergie spécifique (1); c'est un ressort qui joue toujours de la même façon, de quelque manière qu'il soit mis en jeu. Déjà nous avons eu occasion d'en donner des preuves expérimentales. Toute sensation est un produit de deux facteurs, l'un intérieur, l'autre extérieur, qui est le mouvement. On ne saurait le contester pour les phénomènes, qui apparaissent dans le corps sans en changer l'état, et sans en

---

(1) J Mueller, *Manuel de physiologie.*

modifier la constitution moléculaire. Par exemple, un son musical est, hors de nous, une somme déterminée de vibrations mécaniques. Si l'amplitude des vibrations augmente ou diminue, l'intensité du son varie dans un rapport constant; si la somme en est accrue, dans l'unité de temps, la hauteur du son s'élève. Outre l'intensité et la hauteur, les sons ont un timbre, qualité qui a longtemps semblé réfractaire à l'analyse expérimentale. Mais les récents et mémorables travaux d'Helmholtz ont fait rentrer dans la règle commune l'apparente exception; un son est l'union d'un son fondamental et d'un cortége variable de sons auxiliaires, les harmoniques; de là résultent les variétés des timbres. Physiquement, les sons sont donc des mouvements et des nombres; les mélodies et les harmonies qui charment nos oreilles sont des mélodies et des harmonies numériques et mécaniques, réglées par des lois mathématiques. — On peut en dire autant des autres qualités sensibles. La chaleur, par exemple, n'est pas un agent matériel spécifiquement distinct du son et de la lumière; c'est un mouvement moléculaire. De même la lumière; de même aussi, sans doute, l'électricité et le magnétisme.

Les changements d'état subis par les corps, sans que la constitution chimique en soit altérée, sont aussi des résultats du mouvement intime qui en anime les dernières particules. L'eau, par exemple, passe de l'état liquide à l'état gazeux, sous l'influence de la chaleur. Les molécules n'en sont pas décomposées, mais les distances qui les séparent sont accrues. La vitesse de leurs mouvements est augmentée; de là résulte la force expansive de la vapeur (1).

Cette explication, purement mécanique, enveloppe de même les phénomènes qui altèrent et modifient la constitution des corps. Longtemps on a rapporté les phénomènes chimiques à une force spéciale et mystérieuse, l'affinité, mais ce n'était en donner qu'une explication verbale. « Cette force entièrement inconnue, cette force
» occulte devient la clef qui ouvre tous les secrets de nos
» opérations chimiques. Il y a des affinités plus grandes
» et d'autres plus petites; il y en a d'électives. L'affinité
» devient un être de raison; j'allais dire qu'elle a des
» préférences, qu'elle a des sentiments. On la satisfait,
» ou elle n'est pas satisfaite selon les circonstances (2). »

Aujourd'hui la chimie tient un autre langage. « Les
» atomes ne sont pas immobiles, même dans les corps en
» apparence les plus fixes et dans les combinaisons toutes
» faites. Au moment où celles-ci se forment, les atomes
» se précipitent les uns sur les autres. Dans ce conflit, on
» remarque ordinairement un dégagement de chaleur,
» résultant de la dépense de force vive que les atomes
» ont perdue dans la mêlée, et l'intensité de ce phéno-
» mène calorifique donne la mesure de l'énergie des
» affinités qui ont présidé à la combinaison... Les atomes
» des divers corps simples ne sont pas doués des mêmes
» aptitudes de combinaison les uns à l'égard des autres;
» ils ne sont pas équivalents entre eux; c'est ce qu'on
» nomme l'atomicité, et cette propriété fondamentale des

---

(1) Voy. Tyndall, *La chaleur considérée comme mode du mouvement.*
(2) Sainte-Claire Deville, *Revue des cours scientifiques*, 1868.

» atomes est liée sans doute aux divers modes de mouve-
» ment dont ils sont animés. Lorsque ces atomes se com-
» binent entre eux, leurs mouvements ont besoin de se
» coordonner réciproquement, et cette coordination dé-
» termine la forme des nouveaux systèmes d'équilibre qui
» vont se former, c'est-à-dire des nouvelles combinai-
» sons (1). » Ainsi, cette harmonie des sphères célestes,
qui enchantait les Pythagoriciens, se retrouverait dans
le monde des infiniments petits ; dans une molécule,
comme dans un système planétaire, tout vibrerait, tout
serait en mouvement.

Certes, on est encore loin d'avoir ramené toutes les
actions naturelles à l'action primitive du mouvement.
« La variété et la complication multiple de ces actions,
» l'impossibilité de les observer directement sont autant
» d'obstacles qui empêchent d'arriver à la forme pre-
» mière du mouvement. C'est une œuvre dont la réalisa-
» tion est réservée à un avenir encore lointain, et que la
» génération présente ne verra peut-être pas (2). »
Cependant cette grande conception du mécanisme
universel inspire à la science des découvertes, qui la
confirment chaque jour.

Une autre thèse scientifique, inséparable de la théorie
mécanique des phénomènes naturels, est celle de la
conservation de l'énergie. On sait, depuis longtemps
déjà, que les diverses forces de la nature sont liées les
unes aux autres. Si l'on prend l'une d'elles pour ori-

---

(1) Wurtz, *Discours inaugural de l'association française pour l'avancement des sciences*. Lille, 20 août 1874.
(2) Helmholtz, *Congrès des naturalistes allemands*. Inspruck, 1869.

gine, on en voit sortir toutes les autres, directement ou indirectement; dans quelque ordre qu'on les dispose, elles forment une chaîne continue (1). Il y a plus : non-seulement les forces de la nature sont corrélatives, mais elles sont équivalentes. L'équivalence est l'expression rigoureuse et mathématique de la corrélation. La chose est démontrée pour la chaleur et le mouvement. La chaleur et le travail mécanique diffèrent en qualité; l'unité de l'une, la calorie, n'est pas l'unité de l'autre, le kilogrammètre. Cependant, entre les deux unités, il existe une liaison invariable, évaluée mathématiquement : une calorie est équivalente à 425 kilogrammètres, et réciproquement. Dans le calcul et dans le fait, chacune de ces deux quantités peut être substituée à l'autre; la force motrice développée par la dépense d'une calorie égale 425 kilogrammètres, et, réciproquement, la quantité de chaleur développée par la dépense de 425 kilogrammètres est une calorie. Par suite, la disparition de la chaleur ou du mouvement n'est qu'apparente : à une quantité déterminée de mouvement, qui semble disparaître, est substituée une quantité équivalente de chaleur; et une quantité déterminée de chaleur, qui paraît anéantie, est remplacée par une quantité équivalente de mouvement. Généralisant ces données désormais acquises sans retour, la science proclame « qu'il y a équivalence parfaite entre tous les phéno-» mènes dynamiques de l'univers, et que, quand l'un de » ces phénomènes se manifeste, il y en a nécessairement

---

(1) Grove, *De la corrélation des forces physiques*

« un autre qui cesse sous forme proportionnelle (1). »
On est ainsi conduit, par induction, au principe général
de la conservation de l'énergie.

Une quantité demeure constante dans l'univers :
c'est la somme de l'énergie potentielle et de l'énergie actuelle. Tout se résout en mouvement, mouvement apparent et mouvement invisible, mouvement de translation, et vibrations moléculaires et atomiques;
ces divers modes des mouvements se transforment les uns dans les autres, ou plutôt se succèdent les uns aux autres suivant des rapports fixes. Tout mouvement, en apparence disparu, est devenu un mouvement insensible équivalent, ou une énergie capable de le reproduire.

Ainsi « la loi universelle est la généralisation inat-
» tendue de l'aphorisme de Salomon, qu'il n'y a rien
» de nouveau sous le soleil, en ce sens qu'elle nous
» apprend à retrouver partout la même puissance pri-
» mitive, dans l'infinie variété de ses manifestations.
» L'énergie de la nature est une quantité constante, et
» tout ce que l'homme peut faire dans la recherche de
» la vérité physique, ou dans les applications des
» sciences physiques, c'est de changer de place les
» parties constituantes d'un tout qui ne varie jamais,
» de sacrifier l'une d'elles pour en produire une autre.
» La loi de conservation exclut rigoureusement la créa-
» tion et l'annihilation. Les vagues peuvent se changer
» en rides et les rides en vagues; la grandeur peut être

---

(1) Hirn, *Conséquences métaphysiques de la thermodynamique.*

» substituée au nombre, et le nombre à la grandeur;
» des astéroïdes peuvent s'agglomérer en soleils, des
» soleils se résoudre en faunes et en flores, les flores et
» les faunes peuvent se dissiper en gaz; la puissance en
» circulation est éternellement la même; elle roule en
» flots d'harmonie à travers les âges, et toutes les éner-
» gies de la terre, toutes les manifestations de la vie,
» aussi bien que le déploiement des phénomènes, ne
» sont que des modulations ou des variations d'une
» même mélodie céleste (1). »

Traduisons en langage philosophique ces conclusions de la science, il vient :

1° Tout phénomène est mécanique, c'est-à-dire tout phénomène est déterminé par des conditions antécédentes invariables.

2° La quantité d'énergie est constante dans la nature, c'est-à-dire la quantité d'être est invariable, et cette existence permanente est le fond commun de tous les phénomènes, le support de tous les changements.

Ne reconnaissons-nous pas dans ces formules les deux lois objectives de la cause et de la substance?

Ainsi, la science positive aboutit aux mêmes résultats que la critique. En ses inductions les plus générales, elle retrouve les lois primitives qu'à son insu elle applique.

La science et la critique coïncident; mais coïncident-elles en toutes leurs parties? Temps, espace,

---

(1) Tyndall. *La chaleur considérée comme mode du mouvement.*

nombre, substance et cause, sont des principes de la science positive; mais n'en est-il pas d'autres?

A s'en tenir aux termes mêmes dont nous avons fait usage, on peut croire que notre liste des lois objectives de la connaissance est incomplète. Nous avons, en effet, souvent parlé des forces de la nature. La force, envisagée scientifiquement, c'est-à-dire dans les objets, est-elle une notion primitive et originale, ou n'est-elle, sous un nom nouveau, qu'une des notions déjà analysées? Passer outre à cette question serait laisser derrière nous un inconnu qui suffirait à faire suspecter nos conclusions futures.

Le mot force a, en effet, un sens d'apparence profonde et quelque peu mystérieuse; quand on l'a prononcé, il semble qu'on ait dit le dernier mot des choses. De réduction en réduction, savants et philosophes, et, parmi ceux-ci, spiritualistes et matérialistes, arrivent à quelque chose d'irréductible, qu'ils nomment, avec des sens divers, les *forces* essentielles et primordiales des choses. Aussi importe-t-il, au plus haut point, pour prévenir toute méprise et couper court à des débats souvent mal engagés sur un malentendu, de déterminer la signification objective de ce mot.

Rappelons d'abord une distinction plus haut établie. Les choses sont sujets et objets : les considérer comme sujets, c'est considérer ce qu'elles sont pour elles-mêmes; en ce sens, chacun de nous ne connaît directement qu'un seul sujet, lui-même; — les considérer comme objets, c'est considérer ce qu'elles sont pour d'autres sujets; en ce sens, les sujets, différents de moi, s'il en existe, ce que j'ignore encore, me sont donnés comme objets. La science ne traite que des objets, et les lois premières qu'elle applique à les connaître, sont ce que nous avons appelé les lois objectives de la connaissance. La notion de force est à la fois subjective et objective. Nous n'avons à la considérer ici que sous le second de ces aspects.

Objectivement, le mot force sert à désigner des choses très-différentes : ainsi, on distingue les forces physiques, telles que la chaleur, la lumière, l'électricité, le magnétisme, des forces mécaniques, telles qu'un choc ou une pression. L'auteur de la *Corrélation des forces physiques*, Grove, les définit « les principes » actifs, inséparables de la matière, qui sont supposés » amener les divers changements qu'elle subit. » Ainsi entendue, force ne serait pas synonyme de cause : la cause, en effet, c'est l'ensemble des conditions déterminantes d'un fait; la force, au contraire, serait une activité distincte de la matière, bien qu'inhérente en elle, dont l'initiative produirait les divers faits liés entre eux par la causalité. La cause régnerait, pour ainsi dire, à la surface, et la force, dans l'intimité des objets.

Mais, ainsi définie, la notion de force n'est d'aucun usage scientifique. On a fait depuis longtemps justice de ces explications verbales, autrefois en faveur, et qui consistaient à rapporter un phénomène à quelque puissance cachée et inconnue. Expliquer les faits, c'est en formuler les lois, et la loi d'un fait est le rapport constant qui le lie à un autre fait, simple ou complexe; les attribuer à des activités mystérieuses, c'est donner le change à l'esprit, et doubler le problème au lieu de le résoudre. Que sert-il, par exemple, de dire que tous les phénomènes calorifiques émanent d'une force appelée chaleur? Y a-t-il, dans cet énoncé, rien qui nous permette de les calculer, de les prévoir, rien qui nous en rende maîtres?

Cependant, ceux mêmes des physiciens qui sont le moins suspects de métaphysique, parlent de la corrélation et de l'équivalence des forces de la nature. Mais entendent-ils désigner par ces mots une sorte de drame invisible qui s'accomplirait sous les phénomènes, hors de la prise de nos sens? — En aucune manière. Par les diverses forces de la nature, ils désignent les diverses affections de la matière, et c'est uniquement entre phénomènes spécifiquement distincts qu'ils déterminent des corrélations et des équivalences. Ainsi, dire que l'électricité et la chaleur sont forces corrélatives, c'est dire que des phénomènes électriques provoquent des phénomènes de chaleur, et réciproquement, que, par exemple, « si des métaux dissemblables sont mis en » contact et soudés ensemble, et qu'on chauffe le point » de contact ou de soudure, un courant d'électricité cir- » cule au travers des métaux, dans une direction déter- » minée (1). » Dire qu'il y a équivalence entre la chaleur et le mouvement, c'est dire qu'en toute expérience, une quantité déterminée de chaleur est remplacée par une quantité déterminée de mouvement, et *vice versâ*. Dans chacune de ces expressions, le mot *force* désigne les

---

(1) Grove, *De la corrélation des forces physiques.*

phénomènes eux-mêmes, et non pas une puissance occulte qui aurait pour fonction de les produire suivant des corrélations et des rapports numériques constants. Tout au plus pourrait-on dire que, dans le langage des physiciens, force et cause sont synonymes : ainsi la chaleur serait une force, parce que les phénomènes calorifiques sont suivis d'effets invariables ; mais, ainsi compris, le mot force ne peut désigner qu'un rapport constant de succession entre les faits.

Si maintenant on se rappelle la conclusion générale de la physique mécanique, on verra que, à parler en toute rigueur, l'expression de forces physiques envisagées comme spécifiquement distinctes des forces mécaniques, n'a plus de raison d'être ; on la conserve par respect pour un usage séculaire et pour abréger le langage, mais on ne la tient que pour l'expression brève et commode d'ordres de faits multiples et divers. Les forces physiques ne seraient donc pas à s'en tenir aux résultats le plus généraux de la science, différentes en espèces des forces mécaniques. Nous sommes ainsi conduits à cette question : Qu'est-ce que la force mécanique ?

On l'a définie de plusieurs façons. — Tantôt on la considère comme une traction ou une pression exprimable en kilogrammes ; c'est ainsi que Delaunay a dit : « Une force quelconque peut toujours être mesurée par » un poids, et, en conséquence, évaluée en nombre, au » moyen de l'unité de poids (1). » — Tantôt on la con-

---

(1) Delaunay, *Traité de mécanique rationnelle*, p 118 Paris, 1856

sidère comme une vitesse exprimable en mètres; ainsi Laplace a dit : « La force n'étant connue que par l'es-
» pace qu'elle fait décrire dans un temps déterminé, il est
» naturel de prendre cet espace pour sa mesure (1). »
— Tantôt encore on la considère comme un travail, c'est-à-dire comme un poids soulevé à une certaine hauteur, et, dans ce cas on l'exprime en kilogrammètres; c'est dans ce sens que d'Aubusson a dit :
« Dans les arts, on a toujours dit et l'on dira toujours :
» la force d'un courant d'eau, d'une machine, d'un
» cheval (2). »

Malgré des différences apparentes, toutes ces définitions ont ceci de commun qu'aucune d'elles ne définit la force par elle-même, mais par ses effets et les moyens de les mesurer. N'est-il pas dès lors possible de les condenser toutes en une définition unique? « Le défaut
» capital de la définition généralement adoptée, di
» M. de Saint-Robert, est de s'appliquer à une quantité
» de choses diverses. Par exemple, lorsqu'un corps en
» mouvement en rencontre un autre en repos, il le met
» en mouvement, il est la cause de ce mouvement. Donc
» d'après la définition, un corps en mouvement est une
» force. — Un corps abandonné à lui-même se met en
» mouvement; il tombe. La cause qui le fait tomber, et
» qu'on appelle *pesanteur*, est une force. Cette force agit
» toujours sur le corps, même lorsqu'il est suspendu ou
» déposé sur un appui. La force qui détermine la pres-
» sion exercée sur l'appui est-elle de même nature que la

---

(1) Laplace, *Mécanique céleste*, t. I. p. 15.
(2) D'Aubusson, *Traité d'hydraulique*, p. 334.

» force d'un corps en mouvement? — Lorsqu un obstacle
» arrête un corps en mouvement, il est la cause qui mo-
» difie le mouvement; donc, cet obstacle est une force.
» — Nous pourrions multiplier les exemples, pour faire
» ressortir combien la définition ordinaire du mot force
» est indéterminée. » Mais, malgré cette indétermination,
» toutes les forces, qu'elles reçoivent le nom de *pres-*
» *sion*, de *tension*, d'*attraction*, de *répulsion*, sont de
» même nature, en ce sens qu'elles peuvent se mesurer
» toutes par des poids. Elles obéissent toutes à la loi de la
» réaction égale à l'action... Si l'on envisage la force
» comme une pression ou une tension, toutes les forces
» deviennent de même nature et numériquement com-
» parables, quelle que soit la différence des agents qui
» les font naître. Nous définissons donc la force comme
» étant *la pression ou la tension qui agit sur un corps*
» *pour en modifier l'état de repos ou de mouvement* (1). »

Si maintenant on se rappelle qu'une loi mathématique lie la force exprimée en kilogrammes à la vitesse
exprimée en mètres, on arrive à cette conclusion que
la force est « non la cause subsistante de tout mouvement, mais la cause qui modifie tout mouvement
variable (2). » — Ainsi se trouve dissipé par la science
elle-même, le prestige attaché par l'imagination au mot
force. La force n'est pas une entité cachée aux sens et
se dérobant au calcul, mais uniquement *la cause qui*
modifie tout mouvement variable. Est-ce là une notion

---

1) Dr Saint-Robert, *Qu'est-ce que la force?* Appendice à l'ouvrage de Balfour Stewart sur la *Conservation de l'énergie*.

(2) *Ibid.*

distincte de la notion de cause proprement dite? Et dans l'acte de la force, n'a-t-on pas seulement à distinguer un acte antécédent, c'est-à-dire un mouvement défini dans un mobile donné, et un acte conséquent, c'est-à-dire un mouvement de même nature que l'antécédent et qui le détermine suivant une relation mathématique? Force signifie donc, *in concreto*, le mouvement lui-même, *in abstracto*, la loi du mouvement.

Objectera-t-on que le mot force signifie aussi *capacité de travail*, et qu'ainsi lui est rendu ce sens de *puissance* que les précédentes analyses lui avaient enlevé? — L'objection est sérieuse. La force ou les forces sont transitoires; la puissance est éternelle et impérissable. Mais il suffit de distinguer, dans la puissance totale, la *puissance vive*, la *puissance disponible*, l'*énergie actuelle* et l'*énergie virtuelle*, pour que nos conclusions subsistent. La physique mathématique nous apprend que toutes les puissances naturelles peuvent se convertir les unes dans les autres suivant des rapports fixes, ou, en termes plus précis encore, que la somme de toutes les puissances d'un système livré à lui-même est constante. On doit en conclure que la puissance totale d'un tel système est invariable et toujours égale à la somme de la puissance vive et de la puissance disponible, et que la variété indéfinie des phénomènes résulte des variations numériques dans la proportion de ces deux facteurs. Les *forces* sont les intermédiaires qui transforment les puissances vives en puissances disponibles, et les puissances disponibles en puissances vives; elles résultent donc de l'échange du mouvement entre les différents éléments de l'univers, ou plutôt elles ne sont que ce mouvement et les lois qui le régissent. Nous n'avons donc pas à rectifier notre liste des lois objectives de la connaissance ; la notion de force n'a droit à y figurer que comme un second nom de la notion de cause.

Nous ne saurions trop le répéter, la science ne poursuit pas des entités insaisissables; les forces dont elle donne les formules et dont elle calcule les relations, ne sont pas des puissances cachées d'où sortiraient les phénomènes. Peut-être le langage mécanique de la nature n'est-il que la traduction d'un texte écrit en une autre langue; peut-être nos sensations sont-elles un symbolisme à deux degrés, et de même que sons, couleurs, saveurs, sont les signes et non pas les images des mouvements moléculaires, peut-être ceux-ci sont-ils à leur tour les signes d'une réalité plus profonde. La science l'ignore, et sous peine de se dénaturer elle-même, elle fait profession de l'ignorer. Des êtres, nous l'avons déjà dit, ont un dedans et un dehors ; par leur dehors, ils constituent l'objet de la science. Nous ne les voyons et ne les parcourons qu'en surface, l'intérieur nous en est inaccessible. Dans le monde moral, par un consentement mutuel, les esprits peuvent s'aborder et s'aboucher. Mais, même dans ce cas, il n'y a pas pénétration de l'un par l'autre. Pour que deux intérieurs moraux communiquent ensemble, il faut entre eux des manifestations, parole orale, parole écrite, gestes, signes en un mot, et que ce sont ces signes, sinon des mouvements du corps et des milieux où il se trouve, c'est-à-dire des phénomènes objectifs? Nous pouvons traduire le langage extérieur de l'âme, parce qu'en nous-mêmes nous trouvons le texte qu'il exprime; mais le langage mécanique de la nature est intraduisible à la science; elle parvient à déchiffrer le sens des sensations proprement dites, mais elle ne va pas plus loin. Il se peut que les choses objectives ne soient que les phénomènes d'elles-mêmes; la science n'a pas souci de cette question, elle la laisse à la métaphysique.

C'est donc trahir la *physique* au profit de la *métaphysique*, et préparer à celle-ci d'irréparables mécomptes, quand vient le jour du contrôle scientifique, que d'attribuer à certains des termes familiers à la science une signification qu'ils n'ont pas dans l'esprit du savant, et de s'en prévaloir au profit de la métaphysique.

Nous pouvons donc conclure, d'une manière générale, que nos analyses critiques ont résisté à l'épreuve de la confrontation scientifique; les lois objectives de la connaissance, temps, espace, nombre, substance et cause, sont les principes de la science, et en sont les seuls principes.

CHAPITRE IX

L'ABSOLU

La science positive a pour fonction de lier les phénomènes suivant des rapports universels et constants; il en résulte qu'elle est par nature, à tout jamais confinée dans le domaine du relatif, et aussi qu'elle met en œuvre des principes dont l'expérience, toujours particulière et changeante, ne saurait être la source. Ces principes, expression diverses des exigences fondamentales de la pensée, garant d'un ordre durable et nécessaire dans le monde, éléments immuables de notre connaissance des choses sensibles, ne sont-ils pas la manifestation de l'absolu au sein du relatif? En d'autres termes, pouvons-nous à l'aide des lois à priori de la science objective déterminer le premier principe des choses? Voilà ce que nous avons à rechercher maintenant.

Cette recherche suppose que nous avons déjà quelque notion de l'absolu; on ne cherche que ce qu'on pressent, et si l'intuition et l'explication des faits ne suscitaient en nous l'idée de quelque autre genre d'explication plus complète et plus élevée, nous nous en tiendrions, sans rien demander davantage, aux résultats de la science positive; il nous suffirait d'unir en un système de plus en plus large et de mieux en mieux ordonné les lois des phénomènes, et l'idée d'une raison première et dernière des choses ne naîtrait même pas en nous. — En fait, il n'en est pas ainsi. Un instinct invincible nous pousse à franchir les limites de la science proprement dite. En y obéissant, courons-nous risque de nous perdre en de folles aventures, ou tendons-nous, au contraire, vers un terme réel et accessible?

Pour répondre à cette question, il nous faut d'abord définir l'absolu. Cette entreprise semble un défi jeté à la logique. Définir, en effet, c'est déterminer, délimiter; la définition suit la connaissance des objets, et ne la précède pas; elle en est la fin, non le point de départ. Pour définir l'absolu il faudrait donc le connaître. Or il s'agit de savoir si l'absolu est une vaine idole, ou au contraire un objet réel de connaissance. — Pourtant, au début de toute investigation, on est forcé de fixer, au moins nominalement, le sens des termes. On ne peut se mettre à la recherche de l'absolu sans savoir déjà de quelque manière ce qu'il est ou ce qu'il n'est pas. Autrement on irait à l'aventure et sans guide. — D'ailleurs ici la contradiction n'est qu'apparente. N'est-il pas possible de définir l'absolu, par opposition à son contraire, le relatif, sans que rien soit impliqué sur ses conditions internes d'existence et d'intelligibilité? N'en peut-on pas donner, s'il est permis de parler ainsi, une définition générique, avant d'en chercher les caractères spécifiques? Est-il interdit de fixer les limites par delà lesquelles il doit être, sans préjuger la question de savoir si l'esprit a des voies pour aborder et franchir ces limites?

On se plaît d'ordinaire à rapprocher, et même à identifier l'absolu et l'infini. Mais la précision des idées et du langage exige que ces deux notions soient séparées et distinguées avec soin. — Infini, nous l'avons vu, a un sens clair. Il se dit de toute grandeur sans limites. Ainsi le temps et l'espace sont infinis, car si loin que par la pensée on en recule les bornes, toujours la durée et l'étendue s'ouvrent au delà de la durée et de l'étendue. De même le nombre est infini, car si loin qu'on pousse l'addition de l'unité à elle-même, jamais la possibilité de nouvelles additions n'est épuisée; si loin qu'on poursuive la division de l'unité par un nombre sans cesse grandissant, toujours ce diviseur peut être accru d'une unité. L'infini n'est donc jamais pleinement réalisé; suivant une parole toujours vraie d'Aristote, c'est une puissance qui *devient* sans cesse, sans *être* jamais. — On établit, il est vrai, une distinction entre l'indéfini et l'infini : l'indéfini serait ce que nous venons de dire; l'infini, au contraire, serait tout attribut sans limites. En ce sens le nombre serait indéfini, et les perfections que métaphysiciens et théologiens prêtent à l'absolu, bonté, sagesse, justice, puissance, liberté, intelligence, seraient infinies. Mais cet infini, distingué de l'infini mathématique, n'offre à l'esprit qu'un sens métaphorique; la notion de limite qu'on en exclut ne ressemble en rien à la limite mathématique. Un infini mathématique est une grandeur à laquelle on peut toujours ajouter; un infini métaphysique serait, au contraire, un attribut réel, auquel on ne pourrait rien ajouter. Un tel infini, auquel rien ne manque, où tout est en acte, et rien en puissance, mérite mieux le nom de fini, c'est-à-dire d'achevé. Mais ainsi entendu, il ne fait qu'un avec l'absolu. Alors, puisqu'il a un nom sans équivoque, à quoi bon le désigner par deux termes différents, dont l'emploi arbitraire peut engendrer de graves malentendus?

Infini et absolu sont synonymes, au sens métaphysique. Que signifie donc l'absolu? — Si nous en avions une intuition directe et immédiate, nous le définirions comme on définit un nombre ou une figure géométrique, et le difficile problème, dont nous poursuivons laborieusement la solution, ne se poserait pas. Mais, par cela seul que la nature et l'existence de l'absolu sont mises en question, on doit conclure que nous n'en avons pas cette vue qui mettrait fin à tout débat. Nous ne pouvons donc le définir encore que nominalement et par contraste.

L'absolu s'oppose au relatif. — Le relatif, soit dans la connaissance, soit dans l'existence, est ce qui ne peut être conçu et ne peut exister par soi. Ainsi, l'égalité des trois angles d'un triangle rectiligne à la somme de deux angles droits est une vérité relative bien qu'universelle et nécessaire, car elle est liée à d'autres vérités logiquement antérieures desquelles elle reçoit toute certitude. De même mon existence est relative, car je ne me la suis pas conférée, et si l'être duquel je la tiens n'eût pas existé je n'existerais pas; de même encore, tout phénomène qui apparaît dans le temps et l'espace est relatif, car il n'a pas en lui-même la raison de son existence, et, pour le comprendre, l'esprit est contraint de le rattacher aux conditions qui l'ont déterminé. Le relatif est donc, d'une façon générale, ce qui n'existe que par une autre chose que soi. — Par opposition, *l'absolu est ce qui existe en soi et est conçu par soi*, ce qui, pour exister, n'a besoin que de soi, et dont le concept, pour être formé, n'a besoin du concept d'aucune autre chose.

Si maintenant on consulte l'étymologie du mot, absolu signifie ce qui est achevé et ce qui est indépendant. « Le terme absolu, a dit Hamilton, présente une
» ambiguité double qui correspond au sens double du
» mot latin. 1° *Absolutum* veut dire ce qui est *libre* ou
» *sans lien;* en ce sens, l'absolu sera ce qui est en
» dehors de toute relation, comparaison, limitation,
» condition, dépendance, etc... Il est donc l'équivalent
» du mot τὸ ἀπόλυτον des Grecs du Bas-Empire... 2° *Ab-*
» *solutum* veut dire *fini, parfait, achevé;* en ce sens,
» l'absolu sera ce qui est hors de relation, etc., en tant
» que fini, parfait, achevé, total; il correspond donc au
» τὸ ὅλον et au τὸ τέλειον d'Aristote (1). » — Ces deux sens, il est aisé de le voir, reviennent à celui que nous avons indiqué plus haut. Une chose *achevée* est celle à laquelle rien ne manque. Or il manque quelque chose à tout ce qui est relatif. N'est-ce pas une infirmité et une pénurie que de ne pas exister par soi-même, et de recevoir d'un autre être une existence précaire et sans cesse menacée? L'*achevé* existe donc par soi, il est l'ab-

---

(1) Hamilton, *Discussions*, p. 14, note.

solu. — Une chose indépendante est celle qui ne relève pas d'une autre qu'elle-même. Or le relatif est toujours tributaire de l'être duquel il reçoit l'existence. N'est-ce pas la dépendance la plus étroite et l'esclavage le plus lourd que de tenir l'être d'autrui ? L'*indépendant* existe donc par soi ; il est l'absolu. — Ainsi, absolu, achevé et indépendant sont trois termes synonymes qui désignent également l'existence en soi et par soi.

Mais c'est là une forme ou un cadre vide où n'est contenue aucune détermination positive. Dire que l'absolu est ce qui existe en soi et est conçu par soi, c'est ne rien dire sur sa nature; c'est n'énoncer aucune des conditions sans lesquelles il est impossible à l'esprit de le concevoir positivement ; c'est simplement tracer une délimitation abstraite et comme géométrique, sans rien préjuger sur les qualités qui pourront y être contenues. Ainsi le veut la dialectique. Ce sont, en effet, questions distinctes et bien différentes que celle d'affirmer l'existence en soi et par soi, et que celle de déterminer les conditions intimes de cette existence. C'est pour les avoir confondues que plus d'un philosophe s'est emprisonné dans un labyrinthe sans issue.

Cela posé, écrivons un chapitre d'histoire.

Tous les philosophes, et ceux qui admettent que l'absolu peut être déterminé et ceux qui le nient, sont d'accord pour reconnaître, par opposition à l'existence des phénomènes relatifs, une existence en soi et par soi. Une rapide revue de la philosophie ancienne et moderne va nous en convaincre.

Les premiers sages de la Grèce attribuaient tous les phénomènes sensibles aux métamorphoses infiniment diversifiées d'un principe unique et éternel, l'eau, l'air ou le feu. Ils concevaient les faits, et ceux du monde extérieur et ceux de l'esprit, comme relatifs, puisque, pour les expliquer, ils les rapportaient à un principe ; le principe, au contraire, leur semblait absolu, c'est-à-dire existant en soi et par soi, puisqu'ils en faisaient l'origine et le fondement de tout, et qu'ils ne le rapportaient à rien d'antérieur. Négligeons les déterminations variées que s'en faisaient les Ioniens, et il reste : quelque chose existe en soi et par soi.

Plus tard, on explique tous les êtres de la nature et leurs changements par les combinaisons d'atomes éternels, éternellement en mouvement dans un vide éternel. Cette conception nouvelle contenait encore l'idée d'une existence absolue et fixe, en antagonisme avec l'existence relative et mobile des faits. Les êtres singuliers et les phénomènes apparaissent et disparaissent au hasard du rapprochement et de la séparation des atomes ; ceux-ci, et le vide où ils se meuvent, sont en soi et de tout temps. — Négligeons cette détermination positive de l'absolu, et il reste : il est quelque chose d'existant en soi et par soi.

Les Pythagoriciens sont conduits à la même conclusion générale. Pour eux, les choses sensibles sont des apparences ; les nombres sont les réalités véritables, c'est-à-dire ce qu'il y a d'immobile, de constant et d'universel dans les phénomènes changeants, passagers et particuliers. — N'est-ce pas encore affirmer, par opposition aux existences relatives, une existence en soi et par soi?

Platon ne tient pas un autre langage. Les choses des sens n'ont, à ses yeux, qu'une ombre de réalité; seules les *idées* sont réelles, et, plus que chacune d'elles en particulier, celle qui en résume l'essence, l'idée du Bien. — Faisons abstraction du contenu positif de cette détermination pour n'en retenir que la forme, et une fois encore nous obtenons ce reste : il est une existence en soi et par soi, soutraite aux vicissitudes des existences relatives.

La métaphysique d'Aristote diffère de celle de Platon. Mais le Bien, moteur immobile d'un monde sollicité par un irrésistible attrait, existe en soi, alors que les phénomènes, dont il provoque le mouvement et le progrès par sa perfection même, sont suspendus à lui, et en reçoivent une existence relative et passagère.

Si, passant des anciens aux modernes, nous prenons chez ceux-ci quelques exemples caractérisés, Descartes, Spinoza, Schelling, si différents qu'ils soient l'un de l'autre, reconnaissent en commun, au premier principe des choses, l'existence en soi et par soi. — Pour Descartes, l'être parfait est l'origine première du monde, et des choses étendues, et des choses pensantes; il possède au degré le plus élevé, sagesse, intelligence et liberté; mais le fondement de ces attributs est l'existence en soi, opposée à l'existence d'emprunt que les corps et les esprits tiennent de la continuité de l'acte créateur. — Pour Spinoza, la substance une et éternelle se manifeste par une infinité d'attributs infinis chacun dans son genre, lesquels se manifestent à leur tour par une infinité de modes finis. L'ensemble des modes, c'est notre monde, monde relatif, puisque les modes n'ont d'existence que par les attributs qu'ils manifestent, et que les attributs eux-mêmes n'existent que par la loi nécessaire qui en fait des manifestations de la substance. Celle-ci, au contraire, existe en soi, et, pour la concevoir, nous n'avons besoin de recourir au concept d'aucune autre chose. — Pour Schelling, l'univers des corps et des esprits est la mise en acte progressive de l'absolu. Chacun des êtres qu'il contient, des phénomènes qui s'y produisent, n'existe que par sa relation nécessaire au développement du principe commun. Seul, ce principe, dont l'évolution produit tour à tour les moyens par lesquels il se réalise, tient de lui-même l'existence. — Défalquons de cette conception le mode spécial de développement attribué par Schelling au premier principe, et il reste que le premier principe existe en soi et par soi.

Ainsi, tous les systèmes métaphysiques, sous les formes les plus diverses, matérialisme, idéalisme, panthéisme, spiritualisme, concourent en un même point. Toutes les conceptions positives, même les plus divergentes, sont contenues dans les limites de cette définition : *l'absolu est ce qui existe en soi et est conçu par soi.*

Il y a plus. Ceux-là même qui nient la possibilité de la métaphysique s'accordent sur ce point avec les écoles de métaphysique. — D'après les positivistes,

cela seul qui est objet d'expérience sensible est objet de science. Nous ne connaîtrions donc que les faits et les lois : si loin que la science pousse ses démarches, jamais elle ne quitte le terrain de l'expérience, si loin qu'elle engage ses inductions et ses hypothèses, jamais elle ne dépasse les lois. Pourtant, au-delà de cette région ouverte à la science, le positivisme reconnaît qu'il existe une autre région dont il nous refuse l'accès. « Ce qui
» est au delà du savoir positif, soit matériellement le
» fond de l'espace sans borne, soit intellectuellement
» l'enchaînement des causes sans terme, est inacces-
» sible à l'esprit humain. *Mais inaccessible ne veut pas
» dire nul ou non existant.* L'immensité, tant maté-
» rielle qu'intellectuelle, tient par un lien étroit à nos
» connaissances, et devient, par cette alliance, une idée
» positive et du même ordre; je veux dire qu'en la
» touchant et en l'abordant, cette immensité apparaît
» avec son double caractère, la réalité et l'inaccessibi-
» lité (1). » « Le domaine ultérieur est celui des choses
» qui ne peuvent être connues. La science positive pro-
» fesse de n'y rien nier, de n'y rien affirmer; en un
» mot, elle ne connaît pas l'inconnaissable; *mais elle
» en constate l'existence.* Là est la philosophie supé-
» rieure; aller plus loin est chimérique; aller moins
» loin est déserter notre destinée (2). » — Mais qu'est cet inconnaissable dont on reconnaît l'existence en termes si formels, sinon ce qui existe en soi et par soi,

---

(1) Littré, *Auguste Comte et la philosophie positive*, p. 520, 2ᵉ édit.
(2) Littré, *La science au point de vue philosophique;* — *Les hypothèses de cosmogonie positive.*

c'est-à-dire l'absolu? Si c'était, en effet, une partie du relatif, elle devrait tomber sous les prises de la science, puisque la science recherche les rapports des faits, et qu'elle va jusqu'où ces rapports s'étendent, et qu'elle s'arrête là seulement où ils cessent. L'inconnaissable a donc un mode d'existence distinct de celui des choses qui entrent dans le savoir positif, et ne peut être par suite que l'absolu tel que nous l'avons défini. Qu'on le déclare inaccessible, que l'on soutienne que nous n'avons pour nous y porter et nous y diriger ni voile, ni boussole, c'est une autre question dont il n'est pas temps de nous préoccuper encore. On reconnaît qu'il existe, par cela seul qu'on reconnaît des limites à la science positive, et qu'on ne fait pas de ces limites celles de la réalité, et cela nous suffit. S'il est des positivistes qui refusent de souscrire aux paroles de M. Littré ils s'avancent plus que lui vers la métaphysique, et, cédant malgré eux à une logique secrète, plus forte que la logique de leur système, ils sont contraints de placer toute réalité dans nos sensations, et d'aboutir soit au matérialisme, soit à l'idéalisme.

Ceux qui, comme M. Herbert Spencer, sans être positivistes au sens orthodoxe du mot, professent, à la suite de l'école empirique, que toutes les connaissances humaines sont relatives, ne nient pas plus que M. Littré l'existence d'un inconnaissable au delà du relatif, c'est-à-dire d'un absolu. « A côté de la conscience *définie*, » dont la logique formule les lois, il y a aussi une con- » science *indéfinie* qui ne peut être formulée. A côté » des pensées complètes et des pensées incomplètes,

» qui, bien qu'incomplètes, sont encore susceptibles de
» recevoir leur complément, il y a des pensées qu'il est
» impossible de compléter, et qui n'en sont pas moins
» réelles, parce qu'elles sont des affections normales de
» l'intelligence. Notons d'abord que tous les raisonne-
» ments par lesquels on démontre la relativité de la
» connaissance supposent distinctement l'existence po-
» sitive de quelque chose au delà du relatif. Dire que
» nous ne pouvons connaître l'absolu, c'est affirmer im-
» plicitement qu'il y a un absolu. Quand nous nions que
» nous ayons le pouvoir de connaître *l'essence* de l'ab-
» solu, nous en admettons tacitement l'existence, et ce
» seul fait prouve que l'absolu a été présent à l'esprit,
» non pas en tant que rien, mais en tant que quelque
» chose. Il en est de même à chaque pas du raisonne-
» ment qui sert d'appui à la doctrine de la relativité. Le
» *noumène*, nommé partout comme antithèse du *phé-*
» *nomène*, est pensé partout et nécessairement comme
» une réalité. Il est rigoureusement impossible de con-
» cevoir que notre connaissance n'ait pour objet que
» des apparences, sans concevoir en même temps une
» réalité dont ces apparences soient la représentation...
» L'impulsion de la pensée nous porte inévitablement
» par delà l'existence conditionnée à l'existence incon-
» ditionnée; et celle-ci demeure toujours en nous
» comme le corps d'une pensée à laquelle nous ne
» pouvons donner de forme (1). »

Kant enfin, rangé si souvent parmi les sceptiques,

---

(1) Herbert Spencer, *Les premiers principes*, trad. Cazelles, p. 199.

est loin de méconnaître cette existence, la seule solidement assise parce qu'elle repose sur elle-même. D'après lui, la sensibilité, soumise aux lois du temps et de l'espace, nous donne des représentations que l'entendement lie suivant des lois à priori. Mais ce monde de phénomènes ordonnés n'est pas à ses yeux toute la réalité; c'est la seule chose que nous puissions scientifiquement connaître; mais au delà existe un monde de choses en soi, de *noumènes* invisibles aux sens, inaccessibles à l'entendement, doués d'une existence absolue. L'espace et le temps nous les voilent à jamais; cependant l'existence en est indéniable, autrement on ne saurait comprendre la *matière* de la sensation, cette excitation étrangère à notre volonté, qui sollicite à l'action nos puissances sensibles. La chose est si vraie, que jamais les explications de la science ne nous satisfont pleinement. Nous cherchons toujours à pousser la liaison des faits au delà du dernier terme atteint; un instinct intérieur excite sans cesse l'entendement à poursuivre la raison des choses, témoin irrécusable des limites de notre science, et aussi de l'existence d'un absolu inaccessible.

Ainsi, tous les systèmes, quand on en défalque les différences spécifiques, présentent un même résidu, l'affirmation d'une existence en soi et par soi. Mais c'est là une pure constatation de fait. L'important est de savoir si cette affirmation commune est légitime, et si ces témoignages unanimes sont un témoignage de vérité.

De cette unanimité il ressort que la notion de l'absolu s'impose à l'esprit avec une nécessité invincible. Est-ce, comme on l'a prétendu souvent, par une nécessité de raisonnement issue du principe de causalité? — Tout ce qui est, dit-on, a sa raison d'être; c'est pour cela qu'étant donné un phénomène, nous le rattachons à une cause qui en est la raison; c'est pour cela que nous rattachons cette cause elle-même à une cause antérieure, et ainsi de suite, tant que nous demeurons dans l'ordre des choses relatives. Mais nous ne pouvons y demeurer sans nous mettre en contradiction avec le principe même, qui nous en fait lier les éléments les uns aux autres par la causalité. Il est impossible que la série des causes et des effets relatifs soit infinie; il faut nécessairement s'arrêter quelque part. Quel est ce premier terme dont le raisonnement réclame si impérieusement l'existence, sinon l'absolu? Si, en effet, il ne se confère pas à lui-même l'existence, il la tient d'un autre être que lui; alors, il n'est pas le premier terme. Il doit donc être *causa sui*, comme disait Spinoza. — Mais Kant a dégagé et mis en relief le vice irrémédiable de cet argument. Quand nous remontons de cause en cause, dans l'ordre de la nature, nous ne sortons pas des phénomènes, car la cause d'un fait, c'est l'ensemble des faits qui le déterminent. De deux choses l'une alors : ou l'application que l'on fait du principe de causalité aux phénomènes est légitime, ou elle ne ne l'est pas. Si elle l'est, on ne saurait, sans changer de principe et de voie, terminer arbitrairement la série des causes relatives, et passer brusquement à une cause absolue; si elle ne l'est pas, on n'a pu former la série qui, dit-on, aboutit, en fin de compte, à l'absolu.

Ce n'est pas déductivement, mais dialectiquement que la réalité d'une existence en soi peut être établie. — Les choses relatives vont par couples : une circonférence partage l'espace entier en deux portions inséparables, l'une intérieure, l'autre extérieure; — une espèce ne peut être conçue sans le genre auquel elle appartient, ni ce genre sans les caractères communs aux espèces qu'il renferme; — une cause physique ne peut être séparée de son effet, ni un effet de sa cause. Le relatif, dans l'ordre de la connaissance et dans l'ordre de l'existence, étant ce qui ne peut être conçu et ne peut exister par soi, est lié d'une manière nécessaire à ce qui le rend concevable et existant. De même le relatif et l'absolu, au sens abstrait et général, sont une paire indissoluble de notions.

Les sciences du relatif témoignent de leur impuissance par leurs progrès même. Elles font tenir en des rapports de plus en plus généraux les rapports précédemment découverts; elles élargissent la synthèse des phénomènes à mesure que l'analyse en devient plus profonde; mais elles ne parviennent jamais à saisir un premier anneau auquel la chaîne entière serait suspendue, elles tendent, mais en vain, à remonter à l'infini. La raison de cette incapacité nous est connue : il serait contradictoire que l'esprit conçût une limite à l'espace, au temps, à la série des nombres, à celle des causes relatives, et qu'il pût faire varier la quantité donnée d'existence objective. Il faudrait, pour cela, qu'à la limite de l'espace et du temps, du nombre, de la chaîne des causes et des effets, à chaque variation dans la quantité d'existence, il changeât brusquement de manières d'être essentielles. Mais, précisément parce que l'application s'en poursuit indéfiniment, les lois objectives de la connaissance sont des témoins de l'absolu. Rien de ce qu'elles atteignent dans le domaine objectif ne se suffit à soi-même; chacun de leurs pas en avant, qui semble un progrès, laisse en réalité l'esprit aussi loin du terme; on ne gagne rien sur l'infini. Mais cette notion du relatif, c'est-à-dire de ce qui n'existe pas en soi, suppose un corrélatif incessant, la notion de l'absolu, c'est-à-dire de ce qui existe en soi. Supprimez le second terme, et le premier cesse d'être intelligible. On pourra, il est vrai, se représenter une existence relative déterminée, celle de tel être et de tel événement; on pourra même en donner la raison, en la rattachant à une existence antérieure aussi infirme qu'elle. Mais on ne pourra pas s'élever à la notion abstraite et générale du relatif. L'idée même de relativité s'y oppose; l'existence par autrui ne se comprend pas sans l'existence par soi.

Dira-t-on que cette notion du relatif, abstraction faite de telle ou telle existence particulière, est une notion générale extraite de la représentation des existences particulières, données dans l'espace et dans le temps, et soumises aux lois du nombre, de la substance et de la cause? — Rien n'est plus vrai; mais qu'on prenne garde aux conditions même de toute généralisation. Une idée générale n'est intelligible qu'à la condition, disent les logiciens, de rentrer sous une idée plus générale encore; aussi l'idée de l'être abstrait, ce *summum genus* dans lequel viennent se condenser et s'anéantir toutes les autres notions, appauvries peu à peu par une généralisation croissante, est-elle la plus inintelligible de toutes les idées, car, par définition, elle ne saurait tenir dans une autre idée plus générale. Si l'idée vide du relatif n'exige, pour être construite, rien de plus que les matériaux et les procédés ordinaires de la généralisation, il faut la déclarer inintelligible, car il n'est pas de genre plus étendu qu'elle, dans lequel elle soit contenue. Mais ceux qui la présentent comme se suffisant à elle-même ne l'entendent pas ainsi; ils la déclarent pourvue de toutes les conditions requises d'intelligibilité. Par là ils avouent, implicitement, s'ils ne le reconnaissent pas en termes formels, qu'elle est liée d'une façon indissoluble et nécessaire à la notion d'une existence absolue (1).

Comprendrait-on, sans cela, cette persistance obstinée de l'esprit humain à tenter de franchir les limites du relatif? Sans cesse déçu, sans cesse il recommence; courir l'aventure métaphysique semble être une de ses fonctions natives. N'est-ce pas une preuve que le relatif ne se suffit pas à lui-même, et qu'il faut, pour le concevoir, le mettre en parallèle avec quelque chose qui possède la plénitude de l'existence? Nous ne préjugeons pas ici la question de savoir s'il est possible à l'esprit humain de déterminer l'absolu; nous affirmons seule-

---

(1) Voy. Herbert Spencer, *Les premiers principes*, loc cit.

ment qu'il croit en l'absolu pur et simple, et cela par une nécessité permanente de sa nature. — Jusqu'à ce jour le pôle de notre hémisphère est demeuré inaccessible; diverses routes ont été suivies pour l'atteindre; aucune n'y a conduit. Doute-t-on cependant que le pôle existe? — L'absolu est le pôle de notre connaissance; diverses routes ont été proposées et suivies pour y parvenir. Il se peut qu'aucune d'elles n'y conduise; mais devons-nous douter pour cela qu'il existe?

La démonstration qui précède de l'*absolu indéfini* est brève et simple. Pourtant elle peut soulever de nombreuses objections; allons droit aux plus importantes.

Et, tout d'abord, cette façon de poser l'absolu en corrélation avec le relatif n'en est-elle pas la ruine? — L'absolu est, par définition, ce qui existe en soi, et ce qui, par suite, doit pouvoir être conçu, sans qu'il soit besoin de recourir au concept d'aucune autre chose. Cependant, pour en prouver l'existence, nous l'avons placé en relation avec son contraire. N'est-ce pas faire l'aveu que nous ne pouvons le concevoir qu'en recourant au concept d'une autre chose? N'est-ce pas le dépouiller du caractère essentiel dont on l'avait investi tout d'abord, et le transformer en une sorte d'*absolu relatif*, ce qui serait contradictoire?

La réponse est aisée. Il ne s'est pas agi, jusqu'à présent, de déterminer la notion de l'absolu, mais de prouver que l'absolu existe. Pour cela, nous avons pris pied sur le seul terrain dont la solidité est incontestée, le relatif, et nous avons dit : le relatif ne peut être conçu que comme le corrélatif de son contraire. — Est-ce avoir placé l'absolu en corrélation avec le relatif? N'est-ce pas plutôt avoir mis le relatif en corrélation avec l'absolu? Où est la contradiction? Elle serait dans une conception d'un relatif hors de toute relation avec une existence absolue, c'est-à-dire, si l'on peut ainsi parler, d'un *relatif-absolu*. L'insuffisance incurable du relatif est la preuve de l'absolu; mais cela ne veut pas dire que la notion d'une existence en soi implique nécessairement celle des existences relatives.

Une objection plus grave est tirée de l'incapacité prétendue de l'esprit à s'élever au-dessus du relatif. Aucun philosophe ne l'a présentée avec plus de force qu'Hamilton. — L'absolu est pour lui l'inconditionnellement limité, par opposition à l'infini, dont il fait l'inconditionnellement illimité. — Que ces deux notions ainsi définies soient mutuellement incompatibles, nous le reconnaissons sans difficulté. Mais, que nous importe? N'avons-nous pas fait voir que l'infini ne doit se dire que des grandeurs susceptibles de croître au delà de toute limite assignable? Nous avons uniquement affaire à l'absolu, c'est-à-dire à l'existence pleine et achevée, se suffisant à elle-même. Acceptons la définition qu'en donne Hamilton, et pesons les arguments par lesquels il veut prouver qu'une telle notion est *négative du concevable lui-même*. « Penser, dit-il, c'est condi-
» tionner; la pensée ne peut s'élever au-dessus de la con-
» science; or, la conscience n'est possible que par l'anti-
» thèse du sujet et de l'objet de la pensée, connus seule-
» ment par leur corrélation et se limitant mutuellement.

» D'où l'absolu, c'est-à-dire l'inconditionnellement limité,
» ne peut être positivement saisi par l'entendement. On
» ne peut le concevoir qu'en faisant abstraction des con-
» ditions même sous lesquelles la pensée se réalise ; par
» conséquent, la notion de l'inconditionné n'est qu'une
» notion négative, négative du concevable lui-même. »

Nous ne pouvons nous refuser à admettre les prémisses de l'argument. — Penser, au sens objectif du mot, c'est conditionner, c'est soumettre les sensations, pour les ériger en objets, aux lois du temps, de l'espace, du nombre, de la substance et de la cause. — La pensée ne peut, d'autre part, s'élever au-dessus de la conscience. — Mais faut-il en conclure que l'absolu, conçu en dehors de toute détermination positive, est la négation du concevable lui-même? Les formes ou conditions de la pensée sont données dans la conscience. Au point de vue où nous sommes placés, elles sont les éléments constitutifs du sujet ; elles s'appliquent à tous les objets de pensée, pour les déterminer positivement. Si elles impliquent la notion de l'existence en soi et par soi, on ne saurait soutenir qu'une telle notion dépasse la conscience et contredit les conditions de la pensée. L'absolu est alors donné dans la conscience.

Le philosophe écossais n'a pas vu que la question de l'absolu devait être divisée. Il faut d'abord savoir si la notion d'une existence en soi et par soi s'impose à l'esprit, en vertu même de ses lois constitutives, et puis rechercher s'il est possible de connaître le contenu de cette idée. Il se peut qu'avec notre outillage intellectuel la solution du second problème nous soit interdite ;

mais la solution du premier n'en serait pas moins acquise. Il se peut que les différentes déterminations qu'on a proposées de l'absolu soient contradictoires ; mais, nous le répétons, c'est là une question réservée ; avant de l'aborder, il faut savoir si oui ou non le concept d'une existence en soi est légitime. — Qu'on prouve que la notion du relatif se suffit à elle-même, et que pour le comprendre, force n'est pas de le placer en face de la notion de l'absolu, et l'on aura gain de cause ; mais tant que cette démonstration ne sera pas faite, et elle ne saurait l'être sans contradiction, car un relatif hors de toute relation avec son contraire serait un *relatif absolu*, nos conclusions demeurent.

Dira-t-on, et c'était là sans doute la pensée d'Hamilton, qu'un tel absolu est une notion vide, qui nous importe peu, si nous sommes impuissants à la remplir ? — Mais alors même que cette impuissance serait démontrée, ce que nous allons examiner, ne serait-ce donc rien que d'être assurés de l'existence d'un inconnaissable ? Les croyances, à défaut des certitudes scientifiques, trouveraient en cette conviction une assiette inébranlable.

CHAPITRE X

LES ABSOLUS : LA TOTALITÉ DES PHÉNOMÈNES

L'absolu existe ; la métaphysique a donc un objet. Mais est-ce un objet accessible ? — La définition que nous en avons donnée, et dont on ne saurait au nom d'aucun système contester la légitimité, n'est, pour ainsi dire, que le tracé d'une limite. Cette limite, pouvons-nous la franchir, et pénétrer dans ce qu'elle enferme ; en un mot, sans métaphore, pouvons-nous déterminer les conditions internes qui sont le fondement et la raison intime de l'existence en soi ?

Ce problème peut sembler déjà résolu par tout ce qui précède. N'avons-nous pas, en effet, tout d'abord recherché les caractères, les procédés et les limites de la science ? N'avons-nous pas vu que son objet unique est de découvrir les lois des phénomènes, et ses procédés de décomposer l'expérience actuelle pour composer l'expérience future ? Et n'avons-nous pas conclu de là, légitimement, que l'absolu lui était fermé. Il faudrait s'en tenir à cette conclusion, et ne pas poser de nouveau un problème résolu, si tout, dans la science, était fourni par l'expérience. Mais la critique a introduit dans le problème des éléments nouveaux qui le transforment. Elle a prouvé que les sciences positives appliquent en chacune de leurs démarches des principes à priori. Dès lors il y a lieu de se demander si la science, impuissante par elle-même à dépasser le relatif, ne recèle pas l'absolu en ses principes, c'est-à-dire si les lois objectives, engagées en tout acte de science, ne peuvent pas nous fournir le contenu positif de l'existence en soi. Il n'y aurait rien de contradictoire à ce que la science proprement dite fût à tout jamais confinée dans le relatif, et à ce que, malgré cela, les principes qui en sont l'âme eussent une portée plus étendue. Dans ce cas, la métaphysique, bien qu'avec un objet et des procédés distincts de ceux des sciences positives, n'en serait pas moins une science aux certitudes entières, puisqu'elle trouverait les éléments constitutifs de son objet dans les principes des sciences elles-mêmes.

Pour résoudre ce problème, la méthode est simple. La définition vide de l'absolu nous fournit la pierre de touche des définitions pleines qu'on en peut proposer. L'absolu est ce qui existe en soi et est conçu par soi; il suit de là que toute détermination incompatible, c'est-à-dire contradictoire avec l'existence en soi, doit être rejetée. — Cela posé, trouvons-nous dans les *objets* de la connaissance quelque chose dont nous puissions affirmer sans contradiction l'existence en soi?

Il n'est jamais venu à personne l'idée d'élever à l'absolu aucun des phénomènes objectifs pris en particulier. Chacun d'eux, en effet, apparaît dans un point déterminé de l'espace, et dans un instant déterminé du temps, et n'a pas en lui-même la raison de son existence éphémère. Mais, si chaque phénomène, isolé de ceux qui l'entourent, qui le précèdent et qui le suivent, est relatif, la totalité des phénomènes n'est-elle pas absolue? Si, dans l'univers, un fait, pris à part, relève d'une cause qui le détermine, l'univers entier ne relève-t-il pas uniquement de lui-même? Si chaque partie détachée du tout n'a pas en elle sa raison d'exister, le tout n'existe-t-il pas en soi et par soi? Plus d'un système métaphysique a vu dans la totalité des phénomènes objectifs l'absolu véritable. Cette conception satisfait-elle aux conditions requises de toute conception positive de l'absolu?

On reconnaîtra sans peine, en premier lieu, qu'un tel absolu ne serait pas perceptible. Au delà de nos représentations actuelles, s'ouvre dans l'espace et le temps, un champ illimité d'êtres et de phénomènes que nous ne percevrons jamais. Nous ne pouvons avoir une intuition simultanée de toutes les choses qui, actuellement, composent l'univers, la loi du temps nous en empêche; nous ne pouvons davantage les percevoir tous successivement, la loi du temps y met encore obstacle, impuissants à les avoir tous présents dans la perception, nous ne pouvons davantage les imaginer tous. Outre que l'imagination ne reproduit qu'autant que la perception a fourni, nos représentations imaginaires sont astreintes aux limites du temps et de l'espace; nous avons beau les enfler, nous n'enfantons rien, comme on l'a dit, au prix de la réalité des choses.

Ce ne sont là toutefois que des difficultés préjudicielles. S'il n'en était pas d'autres, et de plus graves, on pourrait soutenir que notre connaissance de l'absolu, bien qu'adéquate, est toujours fragmentaire, et qu'un fragment de l'univers peut être tenu pour un bon échantillon de l'univers entier. Mais non-seulement une telle conception de l'absolu est fatalement fragmentaire, elle est encore grosse de contradictions.

De deux choses l'une, ou la totalité des phénomènes est infinie, ou elle est finie. Dans les deux cas, peut-on dire qu'elle contienne en soi la raison de son existence? — Si elle est infinie, elle l'est et dans le temps, et dans l'espace. Voilà donc un double infini de choses successives et simultanées actuellement réalisé, et c'est là chose doublement contradictoire. Comment alors concevoir que ce qui est inconcevable tienne de lui-même la raison de son existence, et soit conçu en soi et par soi? — Si elle est finie, la contradiction plus haut produite semble disparaître, mais d'autres difficultés, non moins insurmontables, se présentent. En premier lieu, la totalité finie des phénomènes a commencé dans le temps; de plus, elle est limitée dans l'espace. Alors comment expliquer que le temps et l'espace soient illimités? Un temps vide, tel que celui qui, dans l'hypothèse, aurait dû précéder l'apparition de l'univers phénoménal, un espace vide, tel que celui qu'on est forcé d'imaginer autour du tout des phénomènes, sont des abstractions, de purs néants. Or est-il concevable que le néant s'impose à l'esprit d'une manière nécessaire? On est donc amené, par une logique inflexible, à douer d'une existence réelle le temps et l'espace qui contiennent l'univers et le débordent de toutes parts.

Mais alors on déplace l'absolu, et on le transporte du contenu au contenant, et, comme conséquence, reparaît la contradiction attachée à la conception d'un infini réel. — En second lieu, comment concevoir qu'un tel absolu soit sa cause à lui-même ?

La notion objective de la causalité est précise : tout phénomène est déterminé par un ensemble de conditions invariables. Il n'est que deux façons de se représenter que l'univers des phénomènes soit sa propre cause : ou les phénomènes en nombre fini qui le constituent se produisent et se déterminent en quelque sorte d'une façon rectiligne, et alors le premier fait apparu contenait la raison de tous ceux qui devaient suivre, et en a provoqué la venue et réglé la liaison. Dans ce cas, ce qui est absolu, ce n'est pas l'ensemble des faits, mais le fait premier, origine et cause de la série entière. Or, c'est là une conception contradictoire. Puisqu'il est de l'essence de tout phénomène de ne pouvoir surgir sans être déterminé à l'existence par une cause, on demande quelle est la cause du premier phénomène. Il ne saurait la renfermer en lui-même, sous peine de n'être plus un phénomène ; elle est donc quelque chose d'extérieur à lui. Mais ou ce quelque chose n'est pas un phénomène, ou c'est un phénomène. Dans le premier cas, les phénomènes seraient dépouillés du caractère absolu que leur attribuait l'hypothèse ; dans le second, il faut une cause à ce premier phénomène, qui cesse ainsi d'être premier, et, en outre de cela, reparaît la contradiction de l'infini réel.

Mais si la série des causes phénoménales n'est pas

rectiligne, elle peut être circulaire, et revenir sur elle-même ; alors il n'y a pas, à proprement parler, de premier phénomène, et dans cette chaine finie et sans fin tout à la fois, chaque anneau est lié à d'autres anneaux en avant et en arrière. — On évite ainsi, nous le reconnaissons, les difficultés et les contradictions que nous venons de signaler dans l'hypothèse d'une série rectiligne des phénomènes, mais on provoque d'autres aussi manifestes et aussi invincibles. Il y a longtemps qu'Aristote a fait justice d'une causalité circulaire des phénomènes, revenant périodiquement sur elle-même, sans rupture et sans lacune. Pour plus de simplicité, réduisons à quatre les phénomènes en nombre fini qui sont censés constituer l'univers absolu et s'engendrer réciproquement. Soient A, B, C, D. Prenons A pour origine arbitraire de la circulation causale qui sa déroule dans le temps. D'après la définition de la cause, B est déterminé par A et le suit ; C est déterminé par B et le suit ; D est déterminé par C et le suit ; mais comme la causalité est supposée circulaire, A est lui-même déterminé par D et le suit. Supprimons les intermédiaires B et C, qui ne servent qu'à transmettre, après l'avoir reçue, la causalité, on aboutit à ces contradictions que A tout à la fois détermine D et est déterminé par lui, que D ne peut exister que par A, et que A ne peut exister que par D, que A est à la fois antérieur et postérieur à D. — La causalité absolue que, par hypothèse, on attribue à l'ensemble des phénomènes, ne peut donc pas plus être circulaire que rectiligne.

D'ailleurs une telle conception est pour ainsi dire frappée de relativité à toutes les faces. L'existence de l'univers phénoménal nous est révélée par nos sensations subjectives; avant d'être un objet pour notre connaissance, c'est une série de modifications qui ne nous font pas sortir de nous-même. Dans cet état, qui précède la représentation objective, il n'y a ni moi, ni non-moi, ni sujet, ni objet, car il n'y a pas d'opposition entre un intérieur et un extérieur. Mêlés et confondus, ce qui sera plus tard le sujet et ce qui sera plus tard l'objet n'en font qu'un, sorte de réalité insaisissable qui n'a de nom dans aucune langue. Nous savons comment les sensations, d'abord purement subjectives, sont érigées en objets par l'intervention des lois objectives de la pensée, temps, espace, nombre, substances et cause; c'est en les localisant à la suite les unes des autres, et en dehors les unes des autres, c'est en attribuant à ces représentations successives et simultanées des quantités déterminées, en les reliant les unes aux autres en un système unique où chaque partie est déterminée par les autres, que nous en faisons des objets de pensée. L'univers ainsi représenté et pensé est donc relatif au temps, à l'espace, au nombre, à la substance et a la cause. Quelle chimère que de vouloir en faire un absolu!

CHAPITRE XI

LES ABSOLUS : LE TEMPS, L'ESPACE, LE NOMBRE

La totalité des phénomènes n'est pas l'absolu. Mais est-ce à dire pour cela que l'absolu ne soit pas contenu, d'une manière ou d'une autre, dans les objets de la science ? Cette question n'aurait pas de sens, si tout, dans la connaissance objective, dérivait de l'expérience. Mais n'avons-nous pas montré que la science, à son insu ou à son escient, applique aux choses qu'elle étudie, des principes à priori, et que non-seulement ces principes sont le commencement du savoir, mais encore qu'ils entrent, comme facteurs primitifs et irréductibles, dans la constitution des objets de l'expérience ? Si donc les phénomènes, en tant que phénomènes, ne possèdent, ni isolément, ni pris ensemble, l'existence en soi, et par soi, il peut se faire que les lois objectives, sans lesquelles nous serions réduits à des sensations purement subjectives, dépourvues de réalité extérieure et d'ordre régulier, soient autant d'aspects de l'existence absolue, empreints sur l'existence phénoménale et relative.

Ce qui engagerait à le croire, c'est le contraste de ces

principes avec les phénomènes auxquels ils s'appliquent. Loin de sortir de l'expérience, ils y sont logiquement antérieurs et supérieurs. L'expérience, au sens courant du mot, est particulière et contingente ; ses objets apparaissent en des points et en des instants déterminés; ils se suivent en un certain ordre. Mais rien, dans le phénomène lui-même, ne prouve que cette apparition soit nécessaire, et que cet ordre soit universel et durable. Les principes, au contraire, dominent l'expérience qu'ils rendent possible; ils nous permettent, en quelque sorte, de concentrer en un lieu et en une durée finie, l'espace immense et le temps infini; de tenir, sous la vue de l'esprit, passé et avenir condensés dans le présent; de telle sorte que, au regard des principes, les faits qui se déploient dans l'espace et se déroulent dans le temps, ne semblent que les réalisations successives de formules étrangères au temps et à l'espace. — Outre qu'ils sont universels, les principes sont nécessaires; par aucun effort d'abstraction et d'imagination, nous ne pouvons nous en supposer dépourvus : ils font partie de nous-mêmes; ils sont notre pensée elle-même, en ce qu'elle a d'organique et d'essentiel. Dès lors, n'est-il pas naturel de croire qu'ils ont une portée plus grande que celle de la science proprement dite qu'ils servent à fonder sans s'y épuiser tout entiers, et qu'en eux sont marqués les traits de l'absolu.

Nous sommes loin de contester que les principes aient une portée moins courte que l'expérience brute. N'avons-nous pas établi qu'ils sont les fondements de toute connaissance objective? Mais sommes-nous autorisé, à conclure de là qu'ils réfléchissent l'image de l'existence absolue?

Souvenons-nous d'abord que si les principes à priori de la connaissance érigent en objets de pensée les sensations subjectives, sans les sensations, ils demeureraient des virtualités latentes et inefficaces. L'*objet de connaissance*, au sens précis donné plus haut à cette expression, est une fusion de deux éléments, ou, mieux encore, un produit de deux facteurs, le sujet pur, et l'objet pur, facteurs qui, en fait, ne nous sont pas donnés isolément, mais en leur produit commun. — De là on conclura légitimement que si les objets sont relatifs aux lois de temps, d'espace, de nombre, de substance et de cause, temps, espace, nombre, substance et cause sont, en un certain sens, relatifs aux sensations. Le temps est en toute sensation, et il nous y apparaît, non pas seulement comme élément de la sensation présente, mais comme la condition de toute sensation possible. Mais supprimez les sensations, et le temps s'évanouit pour la conscience. — L'espace est de même en toute sensation présente, et nous l'y voyons comme condition de toute sensation future. Mais que les sensations disparaissent, et avec elles disparaît l'espace. — Chaque objet pensé a un nombre, et c'est pour nous une loi que tout objet en ait un; mais le nombre suppose la sensation, car il implique le temps. — Nous en disons autant de la substance : substance signifie permanence, et s'oppose à changement; mais le changement est donné dans le fait, et, sans lui, la permanence serait inintelligible. —

Il n'en est pas autrement de la cause ; l'idée d'une liaison temporelle des phénomènes ne saurait aller sans les phénomènes eux-mêmes. Par conséquent, considérées en leurs manifestations naturelles, les lois objectives de la connaissance, malgré les caractères par lesquels elles s'opposent aux phénomènes proprement dits, sont empreintes de relativité.

Mais cette relativité n'est peut-être pas immuable. Elle affecte les lois objectives en leur origine chronologique, mais non pas peut-être en leur essence. Nous les trouvons agglutinées aux sensations dont elles font des objets de représentation et de pensée ; mais l'abstraction ne peut-elle pas les dégager de cet alliage, et les produire pures de tout élément relatif? Nous ne pouvons nous représenter ni penser aucun objet, sans le soumettre aux conditions de temps, d'espace, de nombre, de substance et de cause ; mais le temps, l'espace, le nombre, la substance et la cause, considérés en soi, en dehors de toute application actuelle et possible aux phénomènes, ne seraient-ils pas des objets de pensée, exempts de toute relativité? Les systèmes métaphysiques répondent affirmativement à cette question, car leurs absolus ne sont rien autre chose que les diverses lois de la connaissance objective, élevées à la puissance absolue, c'est-à-dire douées — indûment ou non, c'est ce que nous ignorons encore, — d'une existence en soi et par soi.

La chose ne saurait être contestée pour les lois mathématiques de la connaissance objective ; elles ont été prises, ensemble ou séparément, pour l'absolu, par des systèmes fameux dans l'histoire de la pensée humaine, le pythagorisme et le matérialisme géométrique des atomistes. Jamais, il est vrai, on n'a investi de l'existence absolue le temps et l'espace considérés en eux-mêmes. C'est que, en dehors de toute détermination quantitative, c'est-à-dire en dehors de toute application du nombre, ils sont, comme nous l'avons montré, non des objets de pensée, mais des conditions de représentation, des intuitions pures, comme dirait Kant. Mais le nombre, le temps et l'espace, déterminés par le nombre, ont été, tour à tour, tenus pour les principes premiers et irréductibles des choses.

Nourris dans les mathématiques, dit Aristote parlant des Pythagoriciens, ils virent partout des nombres, et ils en conclurent que les principes des nombres sont les principes de toutes choses. — En d'autres termes, les sensations sont mobiles, particulières et contingentes. Ce qui dans le monde est permanent, universel et nécessaire, ce sont les rapports des phénomènes entre eux ; comme ces rapports s'expriment par des nombres, les nombres sont la réalité véritable ; par conséquent, les principes des nombres, la multiplicité et l'unité, sont les éléments premiers et irréductibles de l'univers. Ainsi, les phénomènes sont dépouillés de toute réalité effective au profit de la quantité, seule chose immuable, et le multiple et l'un, le pair et l'impair, ou encore l'infini et le fini, sont l'absolu véritable.

De même les atomistes anciens, Leucippe et Démocrite, confèrent l'existence en soi au temps et à l'espace déterminés par le nombre. Leur système est un matérialisme géométrique, qui tient le milieu entre le matérialisme physique des Ioniens et l'idéalisme des Éléates. Ils réduisent toutes choses à leurs conditions mathématiques. Pour eux, pas de forces réelles, au sens physique du mot; les choses sont essentiellement le vide, c'est-à-dire l'immensité de l'espace indéterminé, et les atomes, c'est-à-dire des déterminations géométriques de l'étendue. Le fait unique, celui auquel se ramènent de proche en proche tous les autres phénomènes, est le mouvement. C'est le mouvement qui rapproche et sépare les atomes, et ainsi engendre et détruit les êtres particuliers de l'univers. Nos sensations, le blanc et le noir, le doux et l'amer, ne sont que des formes imposées par notre sensibilité aux différences purement géométriques des corps; ceux-ci ne diffèrent entre eux que par la forme et la disposition de leurs atomes constitutifs. Les qualités ne sont que des apparences; les quantités géométriques seules sont réelles. Quant au mouvement générateur et destructeur de chaque chose en particulier, on peut dire qu'il est la cause de tout ce qui apparaît dans l'univers, car tout fait résulte d'un choc; mais c'est une cause au sens relatif du mot : un mouvement donné résulte en effet d'un mouvement antérieur, et ainsi de suite, à l'infini; la série des phénomènes qui s'engendrent les uns les autres est illimitée en avant et en arrière; le monde est éternel; il n'a pas eu de commencement; il n'aura pas de fin. — La notion d'une causalité absolue est donc absente du système atomistique, et le triple absolu qui y est proclamé est le temps, l'espace et le nombre.

Maintenant la question est de savoir si le nombre, le

temps et l'espace, conçus comme existant en soi et par soi, sont des conceptions légitimes. — La réponse nous sera aisée, car nous avons déterminé les caractères essentiels de ces notions.

Le nombre est une synthèse de l'unité et de la multiplicité. — Objectivement, l'unité pure n'a pas plus de sens que la multiplicité pure; celle-ci ne se comprend que par contraste avec celle-là, et réciproquement. C'est ce qu'avaient vu les Pythagoriciens, qui, au témoignage d'Aristote, posaient comme principes des nombres, et par suite des choses, l'un et le multiple, qu'ils appelaient encore le fini et l'infini, le pair et l'impair, ou de noms symboliques, le droit et le gauche, le mâle et la femelle, la lumière et les ténèbres. Le nombre est un couple de contraires. — Attribuera-t-on l'existence absolue à l'un de ces contraires, l'autre exclu? — On ne saurait le faire sans contradiction. Il est illégitime de supprimer en un rapport quelconque l'un des termes corrélatifs, et de prétendre maintenir l'autre; qu'on le fasse, et le rapport s'évanouit. Si donc on proclame absolue l'unité pure, à l'exclusion de la multiplicité, ou la multiplicité, à l'exclusion de l'unité, ou bien on parle à vide, ou bien, par un sophisme familier à l'esprit humain, on se réfère tacitement au terme que l'on prétend anéantir. — Dira-t-on que l'absolu c'est la synthèse de l'un et du multiple, le nombre en un mot? — C'est ainsi que semblent l'avoir entendu ceux des Pythagoriciens qui, au-dessus du couple unité et multiplicité, établissaient l'unité pure, grosse de la multiplicité en puissance. La difficulté qui vient d'être signalée subsiste, bien qu'elle ait revêtu une autre forme. Dans cette unité pure, l'u ne se conçoit que comme corrélatif du multiple, et le multiple n'a de sens que par opposition à l'un. Comment la fusion, si intime qu'on la suppose, de ces deux relatifs, pourrait-elle produire un absolu?

Ce n'est pas tout. Le nombre, considéré comme synthèse de l'un ou du multiple, n'est que la définition abstraite, ou, si l'on veut, la loi de formation des nombres; 10 000 est un nombre au même titre que 2. Ce qui existe, et d'une existence absolue, dans l'hypothèse, ce n'est donc pas la synthèse abstraite de l'unité et de la multiplicité, mais la série des synthèses réelles, opérées suivant cette loi. Or, nous savons qu'en vertu même de cette loi de construction, la série des nombres est infinie; à tout nombre quelque grand qu'on le suppose, on peut toujours ajouter l'unité. Si donc le nombre est l'existence absolue, la série infinie des nombre est actuellement réalisée. L'esprit, en effet, se refuse à concevoir un absolu qui serait partie en acte, et partie en puissance. Si quelques systèmes que nous rencontrerons plus tard ont posé à l'origine métaphysique des choses un absolu virtuel qui se réalise progressivement lui-même, ils ont du moins distingué en qualité les manifestations successives de cette puissance absolue, et placé au début de l'évolution, une loi nécessaire en vertu de laquelle elle s'accomplit. — Ici, rien de semblable n'est possible. Les membres ne diffèrent les uns des autres que par la quantité; ils sont tous formés suivant la même loi, et l'on ne saurait dire qu'une loi de développement nécessaire est, en fait, contenue dans le premier nombre formé. La loi de construction suivant laquelle l'esprit édifiera tous les nombres est donnée dans un nombre déterminé quelconque, comme une loi physique est donnée dans chacun des phénomènes individuels qu'elle régit; mais il appartient à l'esprit de donner ou de refuser carrière aux manifestations de la loi des nombres, d'en limiter, en fait, la série où il lui plaît. Et, d'ailleurs, ces absolus, qui se développent progressivement, par évolution, tendent vers une fin déterminée qu'ils atteindront certainement; la série des nombres est infinie, et il implique contradiction qu'elle soit jamais close. Par conséquent, si loin qu'on en pousse le développement, on est toujours aussi éloigné qu'auparavant d'un terme qui recule à mesure qu'on en semble approcher.

Il suit de là qu'attribuer au nombre l'existence en soi et par soi, voir en lui la détermination interne et positive de l'absolu, c'est admettre que l'infini est actuellement réalisé. Mais, nous l'avons établi, c'est là une conception contradictoire. A un infini réel, on ne peut rien ajouter; au nombre, on peut toujours ajouter quelque chose. Partant, il faut, ou déclarer finie la série des nombres, ce qui est contradictoire, ou refuser au nombre l'existence absolue, et ne voir en lui qu'une des conditions organiques de la pensée.

Quant au temps et à l'espace, supposés en soi et par soi, ils n'enveloppent pas moins de contradictions. Que deviendraient, dans cette hypothèse, les événements et les objets qui y sont contenus? Si l'on en maintient la réalité, on demande comment deux existences, celle des événements et des objets, et celle du temps et de l'espace, peuvent coïncider sans se confondre? On est ainsi conduit à déclarer illusoires les choses successives et les choses étendues, et à faire du double milieu où elles apparaissent, la seule réalité véritable. Cette conséquence n'est pas désavouée par les partisans du temps et de l'espace absolus, témoins Leucippe et Démocrite ; mais alors surgit la contradiction attachée à l'existence d'une quantité infinie actuellement réalisée. Le temps et l'espace sont sans limites ; nous y appliquons, sans l'épuiser jamais, la série des nombres. S'ils possèdent une existence en soi et par soi, s'ils sont des aspects de l'absolu, un double infini est actuellement réalisé.

Le temps, le nombre et l'espace ne sont donc pas le contenu de l'absolu.

CHAPITRE XII

LES ABSOLUS : LA SUBSTANCE

Le temps, l'espace et le nombre ne sauraient entrer, comme attributs, dans la notion d'une existence en soi et par soi. Peut-être n'en est-il pas ainsi des autres lois objectives de la connaissance. On est tenté de le croire, avant tout examen, en songeant que temps, espace et nombre sont les lois du possible en tant que possible, tandis que substance et cause sont les lois du possible réalisé.

La notion de substance a été, dès les premiers jours de la spéculation philosophique, et est restée la catégorie favorite de toute une classe de métaphysiciens. Les panthéistes ont cru qu'elle était cette détermination positive de l'absolu vainement cherchée au sein des catégories mathématiques. — Il est impossible, avons-nous dit, de percevoir quelque chose qui change, sans voir quelque chose qui ne change pas; la multiplicité des phénomènes ne saurait entrer dans la pensée, sans y apporter le désordre, qu'à la condition d'être elle-même unité; par suite, quelque chose demeure invariable dans le passage d'un phénomène à l'autre, c'est la substance. — Douez, par la pensée, cette substance de l'existence en soi et par soi, et vous aurez, en ce qu'elle a d'essentiel, la conception panthéistique du monde. Pour le panthéisme, en effet, qu'il affecte en ses développements la forme matérialiste ou la forme idéaliste, qu'il soit mécaniste ou dynamiste, le principe des choses et les choses ne sont pas distincts; tous les phénomènes qui se déploient dans l'espace et se déroulent dans le temps ont un fond commun, unité substantielle qui en relie les aspects variés en un système unique. Cette affirmation fondamentale est commune aux antiques penseurs d'Ionie, aux Stoïciens, aux Néoplatoniciens, à Spinoza, à Schelling. Qu'on voie, dans ce principe d'existence et de vie qui produit toutes choses et y circule, un élément matériel, eau, air ou feu, qu'on en fasse, au contraire, une source spirituelle toujours débordante, d'où s'écoule le torrent infini des choses, qu'on le suppose constitué par une infinité d'attributs infinis, qui, de toute éternité, se sont manifestés nécessairement par des modes finis, ou qu'on le pose comme purement virtuel à l'origine, et se réalisant progressivement lui-même en vertu d'une loi interne d'évolution, semblable à un germe qui produit en lui-même les instruments indispensables à son plein achèvement, ce sont là des différences spécifiques, et sous elles gît cette affirmation commune que toutes choses sont au fond identiques, car elles sont toutes les manifestations d'une substance unique, existant en soi et par soi.

Le panthéisme, en introduisant ainsi la notion de substance dans celle d'existence en soi et par soi, la remplit-il vraiment ? La définition spécifique qu'il propose de l'absolu est-elle légitime ?

La réponse à la première de ces deux questions n'est pas douteuse. Introduire dans la notion de l'absolu, pour la remplir, celle de substance, c'est en vérité placer un cadre vide dans un autre cadre vide. Qu'est-ce, en effet, que la substance ? Envisagée dans le système des principes de la connaissance, elle est une loi, et non pas une notion ; on ne la définit pas, on la formule : la quantité d'être demeure constante dans l'univers. Si de cette formule on extrait la notion de permanence, elle n'est, il faut le reconnaître, qu'un attribut de l'être, et non pas l'être lui-même ; détachée des phénomènes qu'elle enveloppe et lie dans un système unique, elle n'est l'objet d'aucune représentation distincte. Il faut donc, pour en faire une notion pleine et concrète, y faire pénétrer, en contrebande, des déterminations positives, toutes empruntées au monde des choses relatives. Aucune doctrine panthéistique n'a évité cet écueil. Les Ioniens, les Stoïciens ne s'y brisaient-ils pas, en identifiant la substance unique des choses avec l'eau, l'air, le feu ou l'éther ¿ Les Néoplatoniciens le tournaient-ils, en déclarant d'essence spirituelle la source toujours féconde et toujours jaillissante d'où émane, d'après eux, la réalité entière ? Spinoza ne s'y heurte-t-il pas dès ses premières démarches ? Peut-il, comme il prétendait le faire, tirer toute la science de quelques vérités premières, qui s'imposent à la raison, sans recourir à l'expérience ? Cette substance, existant en soi et par soi, qui est à ses yeux le fonds commun de tous les êtres, n'est-elle pas la plus creuse de toutes les abstractions ? Qu'importe qu'elle se manifeste par une infinité d'attributs infinis, puisqu'aucun de ces attributs n'est tiré d'elle-même ? Les seuls que nous puissions connaître sont l'étendue et la pensée ; mais ne sont-ce pas là choses révélées par l'expérience ? Et, sans cette infidélité à sa méthode, Spinoza aurait-il pu enchaîner la longue série des propositions de l'Éthique ? Peut-on dire que Schelling, et les panthéistes allemands ses contemporains, aient été plus heureux ? Où ont-ils pris, sinon dans l'expérience, cette conception d'un être qui se réalise en produisant lui-même les moyens de sa réalisation ? Rien de semblable est-il contenu dans l'idée de la substance et peut-il en être déduit ? — La notion de substance, par elle-même, est donc vide. On ne peut l'employer à définir l'absolu qu'à la condition d'y faire entrer des déterminations qu'elle ne renferme pas en puissance, et où les prendre, si ce n'est dans l'expérience ? Par conséquent, le panthéisme, sous peine de tenir tout entier en une proposition sans issue, est condamné à désavouer son principe et à investir d'une existence absolue les phénomènes relatifs.

Serrons de plus près encore cette fausse notion d'une substance absolue. De deux choses l'une : ou la substance est le total des phénomènes actuels et possibles, ou elle en est distincte.

La première hypothèse est écartée. Nous avons déjà fait voir que l'existence absolue ne pouvait être affirmée de la totalité des phénomènes. Reste la seconde. Elle-même peut être divisée : ou la substance est infinie, ou elle est finie.

Ou la substance est infinie. — Etant donnée la conception d'une substance absolue, distincte des phénomènes, cette hypothèse n'est pas arbitraire. Les phénomènes, en effet, se produisent dans l'espace et le temps ; temps et espace sont également infinis ; un point et un instant quelconques étant pris pour origine, il est permis à l'esprit de projeter à l'infini, en avant et en arrière, à droite et à gauche, en haut et en bas, les séries des phénomènes. La substance les accompagnera partout ; n'en est-elle pas le fond commun et le support constant ? On se la représentera donc comme un fluide immense et éternel, répandu dans tout l'espace et dans tout le temps, à la surface duquel apparaissent des modifications limitées et passagères. On ne saurait soutenir, en effet, qu'elle est comme condensée tout entière en un point et en un instant, car il faudrait alors expliquer comment cette unité, qui ne contiendrait même pas une pluralité virtuelle, pourrait engendrer la multiplicité indéfiniment variée des phénomènes. — Mais qu'est cette substance immense et éternelle, sinon une double contradiction dans les termes, sinon un double infini actuellement réalisé ? Certains systèmes panthéistiques allégueront en vain que l'évolution de la substance, d'où sortent toutes choses, a un commencement et qu'elle aura une fin. Ils prêtent le flanc à de nouvelles contradictions que bientôt nous allons mettre au jour, et ils ne parviennent pas même à éviter celles que nous venons de signaler. En effet, à un instant donné, entre l'origine et le terme de l'évolution organique de l'absolu substantiel, le monde occupe l'espace entier ; il s'étend donc au delà de toute limite assignable, et, avec lui, la substance dont il est la manifestation. — La contradiction inhérente à la conception de l'infini réel est donc attachée à l'absolu-substance supposé infini.

Ou la substance est finie. — Dans cette hypothèse, comment expliquer que le temps, l'espace, le nombre, qui, par essence, sont sans limites, soient réels, dans celles de leurs parties qui coïncident avec la substance objective, et qu'au delà ils soient de pures possibilités idéales, à tout jamais exclues de la réalité? Si l'on en fait des lois subjectives que le sujet sentant et pensant applique nécessairement aux choses, il faut pousser la théorie jusqu'au bout, et ne pas accorder à la loi de substance une réalité objective qu'on refuse aux lois mathématiques. — Ce n'est pas tout. En déclarant finie dans l'espace et dans le temps la substance absolue des choses, on pense échapper à l'étreinte de la contradiction. On ne l'évite un instant que pour en être saisi plus fortement.

La totalité des phénomènes, manifestation de la substance unique, est continue. Des intervalles, vides d'être, entre les êtres réels, morcelleraient la substance en un nombre infini de fragments. Il faudrait alors expliquer comment ces substances, mille et mille fois répétées, communiquent entre elles pour produire l'harmonie que nous constatons dans la sphère des phénomènes. Ce serait se créer à plaisir des difficultés insurmontables. Aussi tous les systèmes panthéistiques admettent-ils entre les êtres une continuité sans lacunes. Mais alors la contradiction de l'infini réel se présente sous une forme nouvelle. Soient deux états successifs de la substance; ils sont séparés par un intervalle dans le temps, puisqu'ils sont successifs, dans l'espace, puisque la substance occupe une portion déterminée de l'espace; autrement ils se fondraient en un. Cet intervalle a des limites. Entre ces limites on peut intercaler une autre limite; dans les subdivisions ainsi obtenues, on peut intercaler d'autres limites encore, et ainsi de suite, à l'infini. On plonge ainsi de plus en plus vers les racines de l'être, sans les rencontrer jamais. La substance absolue est donc divisible à l'infini; et, comme elle est réelle, elle est actuellement composée d'un nombre infini de parties, ce qui est contradictoire. Chacune de ces parties, si petite qu'on la suppose, est elle-même divisible à l'infini, et par suite composée actuellement d'un nombre infini de parties. La substance limitée dans le temps et dans l'espace serait donc, en dernière analyse, une somme infinie de sommes infinies. Quel dédale de contradictions!

En vain, pour en sortir, prétendrait-on, avec les atomistes, sans admettre cependant le vide, que les dernières parties de la substance sont indivisibles. Il faut, ou bien les déclarer inétendues, et alors, avec l'étendue, s'évanouit la substance elle-même; ou bien, poursuivre sans relâche cette chimère sans cesse décevante d'une divisibilité réelle à l'infini. — On ne se tire pas davantage de peine en alléguant que la divisibilité est purement idéale. Le système entier s'enfuirait alors par l'issue que l'on prétendrait ouvrir à la contradiction qu'il contient. Pour que la divisibilité illimitée d'un intervalle donné entre deux événements successifs ou deux choses étendues fût idéale, il faudrait que le temps et l'espace n'eussent aucune réalité objective. Mais cette substance, dont on veut faire l'absolu, où nous est-elle donnée, si ce n'est parmi les lois mêmes de la connaissance objective, en compagnie du temps, de l'espace et du nombre? Elle doit avoir même sort qu'eux. Par quelle prérogative jouirait-elle d'une réalité qui leur serait refusée?

La substance n'est donc pas plus que le temps, l'espace et le nombre, le contenu positif de l'absolu.

CHAPITRE XIII

LES ABSOLUS : LA CAUSE

Reste la loi de cause. Y trouverons-nous ce que nous n'avons rencontré dans aucune des autres lois objectives de la connaissance?

Plus encore que la substance, la cause semble la catégorie métaphysique par excellence. Elle est impliquée dans la notion vide de l'absolu : exister par soi, c'est être cause de soi. Elle double toutes les déterminations positives qui ont été proposées de l'existence absolue : le nombre des Pythagoriciens était conçu comme la cause de toutes choses; les principes de Leucippe et de Démocrite, vide et atomes, étaient de même la cause première des phénomènes; la substance des panthéistes, suivant quelque loi qu'elle se manifeste, est encore la cause de l'existence phénoménale. Aurions-nous donc mis enfin la main sur l'attribut essentiel de l'absolu?

L'analyse de la notion de cause nous inclinerait à le croire. Les phénomènes relatifs n'existent pas par eux-mêmes. L'absolu tient de soi l'existence qu'il confère au relatif. Si par cause d'une chose on doit entendre ce qui détermine cette chose à l'existence, l'absolu est à la fois la cause de lui-même et celle des choses qui n'ont pas cette prérogative d'exister par elles-mêmes. Tous les systèmes ont reconnu cette identité de l'absolu et de la causalité. Toutefois, ils l'ont entendue en des sens fort différents. Il en est, en effet, de la notion de cause comme de celle de substance; par elle-même, elle est vide. Dire que l'absolu est cause de lui-même, c'est uniquement en traduire, dans un langage nouveau, la définition générique : l'absolu est ce qui existe en soi et par soi; ce n'est pas y introduire une détermination positive qui explique cette existence en soi et par soi. Aussi n'est-il pas étonnant que cette notion de la causalité soit revendiquée, par les systèmes les plus opposés, comme un attribut des déterminations différentes qu'ils donnent du premier principe des choses. Nous venons de le dire, les Pythagoriciens posaient le nombre comme la cause universelle et éternelle du monde ; de même les panthéistes font de la substance la raison d'être de tout ce qui apparaît dans le temps et dans l'espace; d'autres, enfin, pour qui les choses et leur principe sont substantiellement distincts, placent la cause du monde hors du monde et des lois qui le régissent. Mais les uns et les autres ne se bornent pas à identifier la cause et l'absolu ; ils en donnent des déterminations puisées, comme nous le montrerons plus tard, en dehors des lois objectives de la connaissance; ils y introduisent des notions qu'on ne saurait en déduire par développement analytique.

Aussi, lorsqu'on pèse les titres de légitimité de la notion d'une causalité absolue, faut-il en distraire soigneusement ce qu'on y réunit. Pour les uns cette cause absolue est immanente ; elle se confond alors avec la substance, dont elle n'est qu'un autre nom. Deux lois objectives de la connaissance sont ainsi, du même coup, élevées à l'absolu. Mais, si l'une d'elles ne peut sans contradiction subir cette transformation, l'autre, par là même, y doit être aussi rebelle. Nous pourrions répéter de la cause absolue, supposée immanente aux phénomènes, tout ce qu'au précédent chapitre nous avons dit de la substance absolue; les termes seuls de l'argument seraient changés. — Les autres séparent la cause absolue des choses qu'elle produit, et ils semblent, en cela, se tenir plus près que les panthéistes des enseignements de l'expérience. L'antécédent d'un fait n'est-il pas distinct du conséquent qu'il détermine ? Par suite, la cause du monde ne doit-elle pas en être distinguée ? Mais, outre qu'ils provoquent des questions d'une solution difficile, en particulier celle des rapports de la cause absolue avec ses effets relatifs, ils ne parviennent pas à donner de cette cause une définition satisfaisante, sans recourir à des éléments étrangers à la loi objective de la causalité. Ainsi ils font de cette cause la perfection suprême, la personnalité la plus complète et la plus haute. Sont-ce là des inductions légitimes ou illégitimes ? Cette question ne peut encore être soulevée. Nous constatons seulement que le spiritualisme, qui s'établit au sein de la notion de cause, comme en une position inexpugnable, est forcé d'en sortir, pour chercher ailleurs des attributs positifs et concrets sans lesquels la cause absolue est une pure abstraction.

Nous devons donc considérer l'idée d'une cause absolue des choses, en dehors des éléments étrangers que les divers systèmes y introduisent synthétiquement pour la déterminer. — La causalité nous est donnée dans l'expérience, et nous y apparaît, ce qui en fait une loi objective de la connaissance, comme une des conditions universelles et nécessaires de toute expérience possible : tout phénomène est déterminé par un ensemble de conditions antécédentes. Le passage de cette causalité relative à la notion d'une causalité absolue est-il illégitime ? — Il semble d'abord qu'il peut s'accomplir en élevant à l'absolu la série des causes phénoménales. Mais ce serait retomber dans une hypothèse naguère examinée et écartée : la totalité des phénomènes n'est pas l'absolu. Il faut donc, après être remonté jusqu'à un certain point dans la série des conséquents et des antécédents, liés dans le temps, la terminer tout à coup et en déclarer absolue l'origine. Alors la question se pose ainsi : cette cause première, raison d'elle-même et raison des phénomènes, peut-elle être conçue sans contradiction avec la loi de causalité que nous appliquons à connaître scientifiquement les phénomènes?

Il est aisé de voir que si nous nous abandonnons au courant de cette loi de causalité, nous serons portés, d'antécédent en antécédent, à l'infini. Un événement se produit ou un être apparaît, sans avoir en eux-mêmes leur raison d'exister; pour les comprendre et les penser, je les rattache à un événement ou à un être antérieurs; mais, comme cet événement et cet être, causes des premiers, ne sont pas d'une autre nature que ceux qu'ils expliquent; ils ne contiennent pas davantage en eux-mêmes la raison de leur existence; force m'est donc de les rattacher, eux aussi, à des événements et à des êtres antérieurs qui les ont déterminés, et, comme le temps et l'espace, dans lesquels se forment les séries simultanées des conséquents et des antécédents, sont illimités, il n'y a pas d'origine première à la causalité phénoménale. Cette pensée, apparue d'abord avec netteté à Démocrite, n'a rien d'accablant pour l'esprit humain. Les lois objectives de la connaissance — et la loi de causalité en est une — expriment les conditions et les exigences organiques de la pensée elle-même. Partout où il va, l'esprit porte avec lui les nécessités inhérentes à sa nature. Il doit donc dérouler à l'infini la série des causes et des effets, à mesure qu'il va dans le temps, en deçà ou au delà de l'instant présent. La loi objective de la causalité n'implique en aucune manière la nécessité d'un premier commencement.

Toutefois cette régression sans limite est loin de satisfaire pleinement l'esprit. Si l'on voit dans les choses extérieures des réalités substantielles qui se peindraient en notre esprit, comme en un miroir, déclarer illimitée la série des causes et des effets, c'est douer d'une existence actuelle un nombre infini de termes, ce qui répugne à la pensée. Aussi, pour éviter la contradiction, coupe-t-on la chaîne à un instant donné, et la suspend-on tout entière à un premier anneau qui, lui-même, ne tient à rien. — Mais ce qui semble l'exigence suprême de la raison n'en est peut-être que le suprême désespoir.

Pour en juger, il nous faut revenir à la causalité relative, car dans l'ordre de la science, le seul auquel nous ayons maintenant affaire, nous ne trouvons pas d'autre type de causalité. Que sera donc cette cause absolue, origine première des phénomènes ? Par définition, elle sera cause d'elle-même, en contraste absolu, par conséquent, avec les causes relatives. Si, pour la concevoir, nous ne faisons appel à aucun élément étranger à la causalité elle-même, nous sommes forcés de la supposer constituée par des déterminations successives, liées entre elles, comme le sont les phénomènes, dans le monde extérieur ; car dire qu'elle est étrangère au temps, c'est s'exposer à être mis en demeure de dire ce qu'est ce temps qui coulait à vide avant l'apparition des phénomènes. On transporte donc nécessairement au sein de la causalité absolue le mode relatif de la causalité. Alors les mêmes questions reparaissent. La série des déterminations internes de la cause absolue est-elle infinie ou finie ? La première hypothèse enveloppe la contradiction d'un infini réel, déjà tant de fois relevée ; la seconde ne fait que reculer la question. Il faut en effet, dans ce cas, une cause première à la série des déterminations internes de la cause absolue, et cette cause ne peut être elle-même qu'absolue. On est ainsi conduit à former une chaîne sans fin de causes absolues, se déterminant les unes les autres. Où est alors le premier commencement que l'on se flattait d'atteindre ?

Ainsi, au regard de la loi de la causalité objective, l'idée d'un commencement absolu des choses est contradictoire. Si l'on passe outre, on entraîne avec soi, pour l'introduire dans l'absolu, ce relatif au-dessus duquel on prétendait s'élever. La notion de cause ne nous fournit donc pas plus que celle de substance le contenu positif de l'existence en soi et par soi.

L'objet de la métaphysique est donc inaccessible à la science. Les lois objectives de la connaissance universelle, nécessaires, antérieures et supérieures à l'expérience, ne sont pas autant d'avenues dirigées des choses relatives vers l'absolu ; aux limites du relatif, elles sont fermées par un obstacle insurmontable, la contradiction. C'est qu'elles sont uniquement les rapports les plus généraux et les plus constants suivant lesquels nous unissons nos sensations. Isolées des phénomènes, elles expriment seulement des possibilités abstraites. Il suit de là que si nous essayons, par leur canal, de pénétrer dans l'absolu, ou nous nous perdons dans le vide, ou, retenant quelque chose du relatif, nous emportons avec nous un germe de contradiction qui, se développant au sein de l'absolu où nous l'avons placé, l'altère et le détruit. Tous les absolus positifs construits par les métaphysiciens avec des matériaux empruntés aux principes premiers de la science, temps, espace, nombre, substance et cause, sont relatifs par quelque côté, et la chose paraîtra naturelle si l'on songe que temps, espace, nombre, substance et cause n'ont de contenu positif que celui qu'ils empruntent aux sensations.

Au terme de la critique, l'absolu nous apparaît donc comme une limite infranchissable de la pensée. Toutes les catégories convergent vers lui, mais aucune ne l'atteint. Nous savons, à n'en pas douter, qu'il existe en soi et par soi, mais notre science est impuissante à déterminer les conditions intimes de son existence. Nous pouvons dire qu'elles sont en lui-même, et qu'il les tient de lui-même ; mais là se borne notre savoir. Quand nous essayons de soulever le voile qui nous le cache, ce que nous apercevons c'est encore une image du relatif. Nous devons donc le déclarer incompréhensible, au sens scientifique du mot. Si parfois nous croyons le comprendre, c'est que nous l'avons détrôné en lui imposant des conditions incompatibles avec l'existence en soi et par soi.

La science ne renferme donc, ni en sa matière, ni en sa forme, rien qui permette de définir positivement l'absolu. Aussi la métaphysique n'est-elle pas une science.

LIVRE III

LA MÉTAPHYSIQUE

CHAPITRE PREMIER

LE SUJET CONSCIENT

L'arrêt qu'après une longue et méthodique instruction nous venons de porter contre la métaphysique semble sans appel. L'absolu existe, mais nous ne pouvons pas en déterminer scientifiquement la notion ; tout dans notre entendement témoigne de son existence, mais aussi de notre impuissance à le connaître ; le relatif ne se conçoit que par contraste avec une existence en soi et par soi ; mais aucune des avenues que l'esprit s'ouvre et parcourt dans le champ des phénomènes ne le conduit au delà ; s'il essaye de passer outre, il rencontre un obstacle infranchissable, la contradiction. Nous semblons donc réduits à nous taire sur ce qui de tout temps a tenu le plus au cœur de l'humanité.

Peut-être ce silence serait-il la suprême vertu de l'entendement, si l'homme était un entendement pur. Et même alors ne serait-il pas une violence à des instincts vivaces de l'esprit? Qui s'est jamais résigné à rester sans mot dire sur la raison suprême des choses? Ceux qui ont cru, de bonne foi, y avoir réussi n'ont-ils pas, à leur insu, une pensée de derrière la tête, erreur ou préjugé peut-être, mais qui n'en est pas moins l'assise d'une science qu'ils pensent se soutenir elle-même ? Les uns veulent que tout vrai savoir soit le produit de la seule expérience. Mais, à nous en tenir aux sensations, les phénomènes sont des apparences mobiles et fugitives. Qui peut alors garantir à l'esprit qu'on ordre constant et général les unit les uns aux autres, et que la vie n'est pas un rêve désordonné ? Les autres, et nous avons vu qu'ils avaient raison, soutiennent que la connaissance des faits est soumise à certaines règles, issues de l'esprit lui-même, et dont l'origine nous est la caution d'un ordre durable de nos pensées. Mais, alors, qui peut nous garantir que l'ordre des choses est identique à celui de nos pensées, et que la vie n'est pas un rêve bien réglé ? Dans les deux cas, la science flotte dans le vide. Aussi le besoin de l'asseoir et de la fixer rend-il l'esprit infidèle aux conclusions qui lui paraissent le mieux assurées, et le pousse-t-il fatalement, sans souci de la contradiction, à douer d'une réalité absolue, ou les phénomènes eux-mêmes, ou les conditions mentales sous lesquelles nous les pensons. Il n'est pas de positiviste qui ne soit au moins incliné vers le matérialisme, et ceux des disciples de Kant qui se sont inspirés de la *Raison pure* ont tous été des idéalistes.

Si déjà l'entendement ne sait pas se tenir dans les limites que lui assigne l'analyse rigoureuse de la science et de l'esprit, l'âme tout entière n'a-t-elle pas plus de raisons encore d'en sortir ? Trouverait-elle à réaliser ses besoins, ses aspirations et ses devoirs au sein de cette science, aux mains de laquelle les êtres se résolvent en phénomènes, les phénomènes en lois, et les lois en logique ? La science s'éloigne de plus en plus des choses réelles et sensibles, à mesure qu'elle y pénètre plus avant ; ce qu'elle cherche en effet, ce sont les conditions des phénomènes, et les rapports abstraits et généraux qui les unissent ; aussi, à mesure que ces conditions deviennent moins particulières, que ces rapports s'élargissent, les choses sensibles reculent-elles de plus en plus, jusqu'à disparaître entièrement le jour où serait saisie la formule universelle du monde phénoménal. Mais que valent, pour une âme qui désire, aime, veut et se sent obligée, cette abstraction du monde et l'impassible contemplation de l'entendement pur ? S'asservira-t-elle aux décisions de la science, et, pour cela, sacrifiera-t-elle quelques-uns de ses plus puissants instincts ? Ce désespoir même, s'il était possible, serait une preuve qu'en elle tout n'est pas satisfait par la science. Et, dès lors, serait-il justifié ? Les exigences du savoir démontré auraient-elles plus d'empire que celles de la vie pratique ? Et si elles ne peuvent être également satisfaites, ne faut-il pas, pour sacrifier les unes aux autres, les faire toutes comparaître, les comparer et les juger ? Et comment les juger puisqu'en elles sont nos seuls éléments de décision ? En fait l'âme se tire elle-même de peine ; sans cesser de croire à la science, elle écrit toujours quelque chose sur la page blanche de l'absolu, mais avec d'autres caractères que ceux de la science objective.

Après avoir analysé les caractères et les procédés de la science positive, recherchant quels éléments intellectuels y étaient impliqués, nous avons appelé lois objectives de la connaissance les conditions générales de toute représention et de toute pensée des phénomènes. Pour les déterminer, nous avons fait face au monde, et, dans cette situation, les seuls objets de notre connaissance nous ont paru des groupes de phénomènes assemblés suivant les lois de l'espace, du temps, du nombre, de la causalité et de la substance. Alors ce que nous sommes habitués, dans la vie pratique, à considérer comme des personnes, comme des individus, comme des centres d'action, les autres hommes, les animaux, les plantes, les minéraux, notre globe terrestre, toute planète, tout soleil, s'évanouissait pour ne laisser derrière soi que des rapports ordonnés en un système abstrait. Mais la connaissance des objets implique l'existence d'une autre réalité, le sujet. Voilà une source à laquelle nous n'avons pas encore puisé, car si les lois à priori de la science en émanent, nous ne les connaissons qu'en les répandant sur les objets. Peut-être y rencontrerons-nous quelque élément nouveau de connaissance, sans analogue dans le monde des objets, qui nous éclairera sur la nature de l'absolu, invisible à la science.

L'existence du sujet est incontestable. Ce qui nous apparaît est comme un cercle : à la circonférence sont les objets; au centre, le sujet. Nous ne coulons pas avec nos sensations; sans nous en isoler, nous nous en distinguons; nous sommes ouverts au monde entier, en ce sens que notre connaissance peut s'étendre à des phénomènes toujours plus nombreux et plus lointains; mais en recevant le monde, nous ne nous perdons pas en lui. Rien n'est plus certain que l'opposition du moi et du non-moi; rien n'est plus clair que le sentiment de cette position centrale du sujet. Le sens commun en témoigne, quand, pour exprimer le plus haut degré de la certitude, il dit : « Je suis sûr de cela comme de mon existence. »

La conscience, tel est donc le premier fait que nous constatons, en rentrant en nous-mêmes. Mais sommes-nous en présence d'un fait original et irréductible, ou d'une transformation de ce que nous avons déjà rencontré dans les objets? Cette question doit être résolue ; car si la conscience du sujet était un dérivé de l'objet, ce serait chimère que de vouloir y chercher rien qui ne soit déjà dans l'objet, et la voie, en apparence nouvelle où nous entrons, reviendrait, par un cercle fatal, à celles que nous avons déjà parcourues.

Ce ne sont pas les thèses matérialistes que nous avons en vue et qui nous préoccupent ici. Malgré l'appareil scientifique dont il se plaît, surtout de nos jours, à s'entourer, le matérialisme n'a pas cessé d'être un système de métaphysique, c'est-à-dire une de ces solutions à priori sur l'origine première, et l'essence des phénomènes conscients et inconscients, que la critique a déclarés illégitimes. Au delà des apparences sensibles, il prétend saisir la réalité substantielle dont toutes choses dériveraient par un double courant de composition et de décomposition. Cette prétention suffit pour le mettre ici hors de cause. Mais la science positive, celle qui écarte comme insolubles les problèmes métaphysiques d'origine et d'essence, n'est-elle pas amenée, par les enseignements de l'expérience et de la raison à penser que la conscience ne contient rien que ne puissent expliquer les lois de l'objet?

Les événements conscients sont liés à des phénomènes nerveux et, par cet intermédiaire, à des événements physiques; n'est-ce pas un indice qu'ils en sont des transformations? La théorie de l'unité des phénomènes physiques nous préparerait et nous inclinerait, ce semble, à le croire. Le vulgaire, jugeant aux apparences, tient pour essentiellement distinctes les affections diverses de la matière; ce sont pourtant choses composées des mêmes éléments, et, mieux encore, aspects divers d'un phénomène unique. Mais si, redressant et interprétant les apparences, nous sommes conduits à unir par une corrélation et une équivalence mathématiques, les phénomènes les plus dissemblables, pourquoi s'arrêter au fait de conscience, et n'y pas voir une de ces métamorphoses qui sont la variété et la vie du monde? Pourquoi, si la conscience est liée d'une manière constante à des événements extérieurs, échapperait-elle à la loi d'équivalence et de transformation mutuelle, qui semble partout la conséquence immédiate d'une telle liaison? Pourquoi une relation mathématique n'en lierait-elle pas l'apparition à l'anéantissement apparent d'une quantité déterminée de mouvement, comme sont unis, hors de nous, mouvements sensibles, phénomènes de chaleur, de lumière et d'électricité? Pourquoi la conscience ne serait-elle pas un mode de cette énergie qui circule en quantité constante dans l'univers, et en produit, par des combinaisons variées, tous les phénomènes? Pour ne pas le croire, il faudrait résister aux analogies les plus pressantes.

Pourtant on n'y céderait pas sans s'égarer. L'unité

des phénomènes physiques n'a de sens, en effet, que si la conscience conserve son originalité et ne va pas se perdre, comme le mouvement dans la chaleur, ou la chaleur dans le mouvement, dans l'ensemble des phénomènes extérieurs. Aux jours où une science à peine informée faisait de la pesanteur, de la chaleur, de l'électricité, des affinités chimiques autant de forces substantielles et créatrices, logées dans l'étendue, où par un jeu insaisissable elles étaient censées produire des effets sensibles, on pouvait aussi se figurer que la conscience venait d'une force semblable, attachée à la matière ; telle fut toujours la pensée du matérialisme. Mais, depuis qu'une information, plus complète et plus exacte a banni de la nature toute puissance occulte et ramené de proche en proche tous les phénomènes extérieurs au mouvement, on ne saurait, sans se prendre à de superficielles analogies, soutenir que les événements conscients dérivent, par transformation, des phénomènes mécaniques auxquels ils sont unis.

Voici de quel fait il faut partir : nous avons conscience de sensations spécifiquement distinctes, et, ce fait constaté, voici quel problème il faut résoudre : quelle est la raison de ces différences qualitatives ? — Cette raison, on a cru d'abord la trouver hors de la conscience, hors même de l'organisme, dans ce milieu physique qui nous assaille de tant d'impressions diverses. Aux phénomènes de mouvement correspondent, disait-on, les forces mécaniques ; aux sensations des couleurs, les forces lumineuses ; aux sensations de chaleur, la force calorifique ; et ces forces, irréductibles l'une à l'autre, paraissaient expliquer suffisamment la diversité de nos sensations. Mais, après s'être convaincu, à n'en pas douter, que la matière brute ne recèle pas de ces énergies spécifiques, on en a déplacé le siège. Müller pensa l'avoir trouvé dans les organes des sens et dans les nerfs spéciaux qui les desservent. Chaleur, sons, couleurs seraient alors des systèmes variés de mouvements, revêtus par nos sens de formes distinctes sous lesquelles disparaîtrait leur commune composition. N'était-ce pas là encore réaliser des entités, prendre des métaphores pour des raisons, et donner un asile, dans l'organisme, aux puissances occultes bannies de la nature? Rien, en effet, dans l'action des organes et des nerfs qui ressemble à la qualité de la sensation; autant que nous le savons encore, tout y serait, comme dans le monde extérieur, mouvement et quantité; et si les mouvements physiques ne rendent pas compte de la qualité propre d'une sensation, par quel privilège inexplicable en serait-il autrement du mouvement des molécules organiques et nerveuses? Aussi le siège des énergies spécifiques des sensations se déplace-t-il de nouveau; des organes, il est transporté aux centres encéphaliques, rendez-vous commun de tous les conducteurs nerveux. Par de rigoureuses expériences, les physiologistes ont délimité, dans l'encéphale, le théâtre de chaque espèce de sensations; ainsi les sensations du goût et de l'ouïe siégeraient dans la protubérance annulaire; celles de la vue, dans les tubercules quadrijumeaux. Ne semble-t-il pas, par suite, que là aussi doivent résider les raisons des caractères par lesquels elles se distinguent entre elles? Mais à quoi peut se réduire, en dernière analyse, l'action des centres nerveux, si ce n'est au mouvement? Elle est encore à peu près inconnue ; mais l'analogie nous induit à penser qu'elle ne doit pas essentiellement différer des autres modes de l'activité organique ; les molécules et les atomes de l'encéphale vibreraient donc comme vibrent les molécules et les atomes physiques. Ainsi, en poursuivant de l'extérieur aux organes, des organes aux nerfs, des nerfs aux centres nerveux, une explication toujours fuyant, toujours nous retombons sur des antécédents semblables. Alors pourquoi le mécanisme des organes, ou celui des nerfs, ou celui des centres nerveux, aurait-il une vertu que n'a pas le mécanisme physique ? Hors de nous et en nous, aux couches superficielles et aux couches profondes de l'organisme, le mouvement est toujours le mouvement, et des molécules physiques aux molécules cérébrales il ne change pas de nature. Par conséquent, s'il est une condition de la sensation consciente, il n'en est pas la raison tout entière, et, en fin de compte, il faut bien placer, dans le sujet conscient lui-même, ces énergies spécifiques, tour à tour attribués à la nature extérieure, aux organes des sens, aux nerfs et aux centres nerveux. Sans cela, comprendrait-on cette perpétuelle illusion où nous sommes touchant les qualités sensibles? Comprendrait-on surtout que nous puissions la rectifier?

Allons plus loin. Les façons de parler courantes de la physique générale sont inexactes. Il est faux de dire, par exemple, que du mouvement devient de la chaleur, et de la chaleur du mouvement. Pour parler en toute

rigueur, il faudrait dire que du mouvement de translation devient du mouvement vibratoire, invisible à nos sens, réel cependant, et que du mouvement vibratoire devient du mouvement de translation ; la théorie de l'unité des phénomènes physiques implique qu'ils sont tous les répétitions infiniment variées d'un phénomène unique. La raison ne se refuse pas alors à comprendre cette transmutation apparente des choses naturelles les unes dans les autres. Le monde est alors, pour elle, comme une équation, qui prendrait diverses formes sans changer de valeur; les phénomènes lui semblent les variations d'un même thème mathématique; de l'un à l'autre elle ne trouve pas d'abîme infranchissable; car, pour elle, le second est au fond le premier. Mais un semblable passage fait-il communiquer les phénomènes objectifs et les faits de conscience? Considérons une sensation. « La condition nécessaire et suffisante
» de cette sensation est un mouvement intestin d'un
» centre nerveux ; que ce mouvement soit inconnu, peu
» importe ; tel ou tel, il est toujours un déplacement de
» molécules plus ou moins compliqué et propagé; rien
» de plus. — Or, quel rapport peut-on imaginer entre
» ce déplacement et une sensation? Des cellules consti-
» tuées par une membrane et par un ou plusieurs
» noyaux sont semées dans une matière granuleuse,
» sorte de pulpe mollasse ou de gelée grisâtre composée
» de noyaux et d'innombrables fibrilles; ces cellules se
» ramifient en minces prolongements qui probablement
» s'unissent avec les fibres nerveuses, et l'on suppose
» que par ce moyen elles communiquent entre elles et

» avec les parties blanches conductrices. Remplissez-
» vous les yeux et la mémoire des préparations anato-
» miques et des planches micrographiques qui nous
» montrent cet appareil; supposez la puissance du mi-
» croscope indéfiniment augmentée, et le grossisse-
» ment poussé jusqu'à un million ou un milliard de
» diamètres. Supposez la physiologie adulte et la théorie
» des mouvements cellulaires aussi avancée que la phy-
» sique des ondulations éthérées ; supposez que l'on
» sache le mécanisme du mouvement qui, pendant une
» sensation, se produit dans la substance grise, son cir-
» cuit de cellule à cellule, ses différences selon qu'il
» éveille une sensation de son ou une sensation
» d'odeur, le lien qui le joint aux mouvements calori-
» fiques ou électriques ; bien plus encore, la formule
» mécanique qui représente la masse, la vitesse et la
» position de tous les éléments des fibres et des cellules
» à un moment quelconque de leur mouvement. Nous
» n'aurons encore que du mouvement, et un mouve-
» ment quel qu'il soit, rotatoire, ondulatoire, ou tout
» autre, ne ressemble en rien à la sensation de l'amer,
» du jaune, du froid ou de la douleur. Nous ne pouvons
» convertir aucune des deux conceptions en l'autre, et
» partant les deux événements semblent être de qualité
» absolument différente, en sorte que l'analyse, au lieu
» de combler l'intervalle qui les sépare, semble l'élargir
» à l'infini (1). »

Les savants, et en particulier ceux qui ont poursuivi

---

(1) H. Taine, *De l'intelligence*, t. I, p. 352.

le plus loin l'unité de composition des phénomènes physiques, ne tiennent pas un autre langage. « Le passage
» de l'action physique du cerveau, dit Tyndall, aux faits
» de conscience correspondants est inexplicable. Nous
» reconnaissons qu'une pensée définie et une action mo-
» léculaire définie du cerveau se produisent simultané-
» ment ; nous ne possédons pas l'organe intellectuel, ni
» même apparemment un rudiment de l'organe qu'il
» nous faudrait pour passer de la première à la seconde
» par le raisonnement. Ces phénomènes se manifestent
» ensemble, mais nous ne savons pas pourquoi. Quand
» même notre esprit et nos sens acquerraient assez de
» développement, de lumière et de force pour nous per-
» mettre de sentir et de voir les molécules mêmes du cer-
» veau ; quand même nous serions capables d'en suivre
» tous les mouvements, les combinaisons et les décharges
» électriques, s'il y en a ; quand même nous aurions la
» connaissace intime des états correspondants de la
» pensée et du sentiment, nous serions aussi loin que
» jamais de la solution de ce problème : comment des
» actions physiques sont-elles liées à des faits de con-
» science ? L'abîme qui sépare ces deux classes de phé-
» nomènes sera toujours infranchissable pour l'intelli-
» gence (1). »

Du Bois-Raymond, si souvent mal à propos invoqué par les docteurs de la métaphysique matérialiste, a dit :
« Quel rapport puis-je concevoir, d'une part, entre les
» mouvements définis d'atomes définis dans mon cer-

---

(1) *Revue scientifique*, 6 novembre 1875.

« veau, et de l'autre entre des faits primordiaux, indé-
» finissables et incontestables, tels que la douleur ou le
» plaisir que je ressens, une saveur agréable, le parfum
» d'une rose, le son d'un orgue, ou la couleur rouge
» que je perçois?... Il est absolument inconcevable que
» des atomes de carbone, d'hydrogène, d'azote et
» d'oxygène ne soient pas indifférents à leurs positions
» et à leurs mouvements passés, présents et à venir. Il
» est tout à fait inconcevable que la conscience résulte
» de leur action simultanée (1). »

En un mot, la fusion et l'unité des phénomènes physiques n'ont rien de déconcertant pour la pensée, car, par le calcul, elle peut en convertir les formules les unes dans les autres; mais du phénomène mécanique au fait de conscience, il n'y a pas de conversion intelligible; aussi ne peut-on voir dans l'un une transformation de l'autre.

Si donc nous faisons abstraction de tout souci relatif à l'essence des choses, pour voir seulement, avec la science, les faits et leurs liaisons, nous constaterons entre l'objet et le sujet une correspondance constante, mais aussi une distinction ineffaçable. L'apparition du fait de conscience est liée sans doute à la présence de certaines conditions physiques et organiques, mais elle n'en sort pas, comme le travail mécanique sort de la chaleur, ou la chaleur du travail mécanique. Ici, la corrélation n'entraîne pas l'équivalence et les substitutions mutuelles des termes en rapport. On ne saurait le

---

(1) *Discours d'Inspruck*, 1872.

nier sans méconnaître les conditions mêmes de la science. Dans le vocabulaire scientifique, matière ne veut pas dire une substance inconnue, une source mystérieuse d'où viendraient les phénomènes par des canaux invisibles; que vaudrait pour l'explication des choses cette aveugle notion? C'est simplement le nom des phénomènes extérieurs. Et que pouvons-nous dire de ces phénomènes, où ne soit quelque chose du sujet? Les définirons-nous par leurs qualités sensibles? Elles sont données en fonction du sujet. Par les rapports qui en forment de fixes assemblages? Ils sont, eux aussi, donnés en fonction du moi conscient. Le sujet se distingue des phénomènes objectifs, et cependant on doit dire de ces phénomènes, au moins par métaphore, que les phénomènes extérieurs sont, en un sens, le sujet répandu hors de lui. Comment, après cela, s'aviserait-on d'absorber le sujet dans l'objet?

CHAPITRE II

L'ACTIVITÉ DU SUJET

Poussons plus avant l'étude du sujet. — Il est distinct de l'objet; mais n'en serait-il pas uniquement la doublure consciente? La réponse à cette question est latente au précédent chapitre. Dans le sujet, avons-nous dit, résident les énergies spécifiques qui impriment à chaque espèce de sensation sa marque distinctive. C'est dire implicitement que le sujet n'est pas une simple série de phénomènes conscients, s'ordonnant suivant le temps, mais que chacun des faits qu'il s'attribue implique une action de sa part. — Cette vérité a été contestée; il importe de peser les raisons qu'on a eues de la nier, car l'activité du sujet conscient serait un élément positif de connaissance dont nous n'avons pas rencontré l'analogue parmi les objets.

Les activités intérieures, a-t-on dit, sont les derniers survivants de la légion aujourd'hui vaincue et dispersée des entités scolastiques; leur prestige a été plus durable, parce qu'il semblait à l'homme qu'en les abandonnant il s'abandonnait lui-même. Pourtant elles font obstacle à la connaissance scientifique du sujet, à la constatation des lois qui régissent les phénomènes. S'attardera-t-on à chercher des rapports là où l'on croit saisir intuitivement des causes véritables? Et cependant, à y regarder de près, que cachent ces mots de facultés et de puissances intimes? Ou ils n'ont aucun sens, ou ils désignent simplement, comme dans la science du monde extérieur les mots causalité et substance, des rapports invariables de succession ou de simultanéité. J'ai, par exemple, la faculté de sentir. Cela signifie que si un événement extérieur fait impression sur mes sens, si les conducteurs nerveux qui relient l'organe ému aux centres nerveux ne sont pas rompus, si ces centres ne sont pas en mauvais état, l'excitation physique sera infailliblement suivie d'une réaction consciente, agréable ou pénible. Il n'y a là simplement qu'une succession invariable de deux phénomènes, un antécédent, l'ensemble des conditions physiques et organiques, et un conséquent, la sensation. — De même, j'ai la faculté de marcher. Cela veut dire que la résolution de porter mes pieds en avant une fois prise, ou l'image de la marche une fois apparue d'instinct ou d'habitude à mon esprit, si mon cerveau est sain, si les nerfs moteurs qui émergent de l'encéphale ne sont pas paralysés, si mes muscles fonctionnent d'une façon normale, si mes pieds ne rencontrent pas d'obstacle infranchissable, le phénomène conscient, résolution ou image instinctive de la marche sera suivi du mouvement de mes jambes. Là encore, il y a simplement succession de deux phénomènes, par une série d'intermédiaires inconscients : actions du cerveau, du cervelet, de la moelle, des nerfs moteurs et des fibres musculaires. Au fond de toute prétendue faculté, l'analyse découvrirait des successions de même sorte.

Si telles sont, au fond, les puissances intimes du sujet, qu'est le sujet lui-même, sinon la somme des événements conscients? Il se constituerait donc peu à peu, à mesure que s'ajouteraient les unes aux autres les sensations et les images qu'elles laissent en disparaissant ; à un instant donné, il serait la sensation présente, plus le double cortège de souvenirs et d'anticipations qui se déroule, en sens opposés, derrière elle et devant elle. — L'analyse des formes du langage, par lesquelles nous exprimons nos états de conscience, confirme cette manière de voir. Nous disons, par exemple : je jouis, je souffre, je me souviens, je prévois, je veux. C'est toujours le même sujet, avec des attributs différents. Qu'on réunisse toutes ces propositions en une formule unique, le sujet sera *je*, et l'attribut, l'expression complexe de nos divers états de conscience, passés et présents, et comme l'attribut d'une proposition est un fragment du sujet, ou le sujet tout entier débité par l'analyse, si nous pouvions faire tenir en une même proposition tous les phénomènes que nous nous sommes attribués et que nous nous attribuons, nous aurions la formule complète de notre vie mentale, l'expression adéquate de notre moi tout entier, le total de tous les éléments constitutifs du sujet. — L'expérience, du reste, est ici d'accord avec les résultats de l'analyse. Parfois le cours de la conscience est brusquement arrêté et interrompu, et alors surgit, sans liens avec le passé, un moi nouveau, qui,

d'abord indécis, s'accuse de plus en plus nettement, à mesure que se développe la nouvelle série de sensations, apparue à la suite de la série précédemment anéantie (1). Parfois encore, la personne morale se scinde, et deux personnages semblent cohabiter, sans se confondre, dans le même moi. N'est-ce pas une preuve nouvelle « que le
» moi, la personne morale, est un produit dont les sensa-
» tions sont les premiers fondements (2)? »

En ces termes, la thèse du phénoménisme mental est aisée à réfuter. Comment se fait, pourrait-on demander, l'addition des phénomènes intérieurs? Est-elle uniquement l'œuvre du cours extérieur de la nature? Dans ce cas, comment expliquer que la conscience ne tombe pas avec chaque sensation qui finit, pour renaître avec la sensation suivante? Et alors que devient la continuité de la vie consciente? Comment les sensations les plus hétérogènes, celles mêmes qui se repoussent mutuellement, s'agrègent-elles en une conscience unique? Comment le souvenir est-il possible, et comment la prévision ? — Mais on a donné de cette théorie une expression plus parfaite, qui rend superflues plusieurs de ces questions, et échappe ainsi à la plupart de ces difficultés.

« Nous ne concevons pas l'esprit tout seul, dit Stuar
» Mill, en tant que distinct de ses manifestations de con-
» science. Nous ne le connaissons pas, et nous ne pou-
» vons pas nous le figurer, si ce n'est comme représenté

---

(1) V. Krishaber, *De la névropathie cerébro-cardiaque*. — Azam, *Amnésie périodique*.
(2) H. Taine, *Revue philosophique*, mars 1876.

» par la succession des divers sentiments que les méta-
» physiciens appellent du nom d'états ou de modifica-
» tions de l'esprit. Néanmoins, il est vrai que notre
» notion de l'esprit, aussi bien que celle de la matière,
» est la notion de quelque chose dont la permanence
» contraste avec le flux perpétuel des sensations et des
» autres sentiments ou états de conscience que nous y
» rattachons, de quelque chose que nous nous figurons
» restant le même, tandis que les impressions par les-
» quelles il révèle son existence changent. Cet attribut
» de permanence, en supposant qu'il n'y ait rien autre
» chose à considérer, pourrait s'expliquer pour l'esprit
» comme pour la matière. La croyance que mon esprit
» existe, alors même qu'il ne sent pas, qu'il ne pense
» pas, qu'il n'a pas de conscience de sa propre existence,
» se réduit à la croyance d'une *possibilité permanente*
» *de ces états*. Si je me conçois comme plongé dans un
» sommeil sans rêve, ou dans le sommeil de la mort, et si
» je crois que mon moi, ou, en d'autres termes, mon esprit
» existe ou existera sous ces états, bien que ce ne soit
» pas d'une manière consciente, l'examen le plus scru-
» puleux de ma croyance n'y découvrira qu'une
» chose, c'est que je crois effectivement que ma capacité
» de sentir n'est pas détruite dans cet intervalle, et
» qu'elle n'est suspendue que parce qu'*elle ne rencontre*
» *pas la combinaison de conditions qui pourra la mettre*
» *en action;* que dès qu'elle la rencontrera, elle revivra,
» et par conséquent qu'elle demeure une possibilité
» permanente. Ainsi, je ne vois rien qui nous empêche
» de considérer l'esprit comme n'étant que la série de

» nos sensations, telles qu'elles se présentent effective-
» ment, en y ajoutant des possibilités infinies de sentir,
» qui demandent, pour leur réalisation actuelle, des
» conditions qui peuvent avoir ou n'avoir pas lieu, mais
» qui, en tant que possibilités, existent toujours, et dont
» beaucoup pourront se réaliser à volonté. »

On reconnaît d'ailleurs qu'il y a entre nos diverses sensations « un lien réel comme les sensations elles-
» mêmes, et qui n'est pas un pur produit des lois de la
» pensée. » Mais on déclare que la nature de ce lien nous est inconnue, et que nous en affirmons l'existence par induction. « Nous sommes forcés de recon-
» naître que chaque partie de la série est attachée aux
» autres parties par un lien qui leur est commun à toutes,
» qui n'est pas la chaîne des sentiments eux-mêmes ; et
» comme ce qui est le même dans le premier et dans le
» second, dans le second et dans le troisième, dans le
» troisième et le quatrième, et ainsi de suite, doit être
» le même dans le premier et dans le cinquantième,
» cet élément commun est un élément permanent (1). »

Ainsi, d'après Stuart Mill, les facteurs du sujet seraient, avec les sensations actuelles, les souvenirs, la croyance à la possibilité indéfinie de nouvelles sensations, et un lien permanent et unique qui ferait de ces états actuels, passés et virtuels, une chaîne continue. Mais de la nature de ce lien nous ne pouvons rien connaître, en sorte que la connaissance positive du sujet serait bornée à la connaissance des états successifs de con-

---

(1) Stuart Mill, *La philosophie d'Hamilton*, chap. XII.

science. — La question est ainsi nettement posée: il s'agit de savoir si nous avons ou non quelque connaissance intuitive de l'élément commun et permanent de tous nos états de conscience, c'est-à-dire du lien par lequel la conscience est censée passer de l'un à l'autre, sans solution de continuité.

La conscience du sujet ne saurait aller, nous l'accordons, sans l'intuition de quelque état de conscience défini. Nous ne nous sentons pas à vide. Quand, par la réflexion, nous nous isolons du monde extérieur, nous retenons en nous les images laissées par les sensations; et quand nous appliquons notre esprit aux notions générales, aux rapports abstraits, nous faisons usage de signes; l'acte même par lequel nous saisissons notre sujet, en dehors de tout état de conscience défini, serait, s'il était possible, un état de conscience déterminé. L'intuition du sujet n'est pas celle d'une sorte de substance inerte, qui porterait les phénomènes intérieurs, comme fait un noyau de cristallisation, les solides qui s'y déposent, et qu'il serait loisible d'en isoler à volonté par la réflexion. Mais s'ensuit-il que nous saisissions seulement en nous une série de sensations, sans rien, en chacune d'elles, de plus intime? Les expressions mêmes dont nous faisons usage pour exprimer cette hypothèse sont un témoin de sa fausseté. Nous appelons *internes* les états de conscience passés, présents et possibles; nous nous les attribuons; nous disons qu'ils se passent en nous. Qu'est-ce à dire, si le *moi* auquel nous les rapportons en est uniquement la succession? Qu'y a-t-il alors d'interne en chacun d'eux? Je vois une prairie verte; ce qu'il y a d'interne dans cet état de conscience, ce n'est ni la prairie ni la couleur verte. N'est-ce pas uniquement le rapport de ces choses au moi, c'est-à-dire l'acte par lequel je m'en attribue la représentation? Logiquement, et le langage en témoigne, le sujet préexiste à ses modifications, et il ne peut être uniquement constitué par elles.

On dira sans doute que le phénomène devient interne en prenant place dans une série de phénomènes de même ordre; mais ce sera simplement reculer la difficulté. Cette série en effet a commencé, et comment le premier terme en a-t-il pu être attribué au moi, si déjà l'intuition n'en contenait pas celle du sujet lui-même? Autant que nous pouvons en juger par induction, la vie mentale serait d'abord vague et confuse; le nouveau-né ne localise pas ses sensations, il ne coordonne ses mouvements vers aucune fin précise; il n'a pas apparemment de personnalité; son sujet ne s'est pas encore posé en antagonisme avec l'objet; ses affections sont inconscientes, et si elles provoquent des cris et des mouvements, ce sont de pures réactions automatiques, semblables à celles de l'animal mutilé qu'on irrite. Si de cette inconscience surgit tout à coup la conscience, si cet être qui n'est plus simplement un objet, et qui n'est pas encore un sujet, prend le sentiment de lui-même et s'oppose à ce qui n'est pas lui, ce n'est pas que les états inconscients aient, en s'accumulant, formé un total conscient, comme des vibrations imperceptibles forment, en s'agrégeant, un son perceptible; car de l'inconscience à la conscience nous ne voyons aucun passage. Ce qui est vrai, c'est qu'à un certain instant, variable sans doute suivant les individus, le sujet s'apparaît à lui-même en un acte de conscience spontané, mais déterminé, et que ce sentiment persistant à travers tous nos états intérieurs, en fait une chaîne continue. Quand il se manifeste, nous nous saisissons nous-mêmes pour ne plus nous abandonner désormais. Sans doute notre capital intérieur s'augmente à mesure que nous vivons ; la somme de nos souvenirs s'accroît ; la portée et l'amplitude de nos prévisions s'étendent ; mais ces gains de chaque jour ne nous rendent pas plus intérieurs à nous-mêmes ; alterneraient-ils avec des pertes, et souvent la chose arrive, nous ne perdons rien de nous-mêmes au sens rigoureux du mot ; nos souvenirs peuvent disparaître, notre faculté de prévoir s'affaiblir, notre sensibilité s'émousser, nous avons toujours le sentiment de notre existence comme sujet. Un seul acte qui se répercute tout le long de notre vie, et non pas qui se reproduit à chaque état nouveau, enchaîne tous nos phénomènes en une seule et même histoire.

Pourrait-on, sans cela, comprendre la continuité de la conscience ? elle ne meurt pas avec chaque sensation pour renaître à la sensation suivante ; elle passe de l'une à l'autre sans s'interrompre ; autrement nous aurions autant de vies différentes que de sensations distinctes, et nous ne pourrions souder ensemble ces mille tronçons isolés. Mais si la continuité du sentiment intime ne vient pas de l'acte même par lequel le sujet se pose en s'opposant à l'objet, d'où viendrait-elle? Ce ne pourrait être que du monde extérieur. Dira-t-on alors que hors de nous tout est continu, et que par suite la série de nos états de conscience qui, dans cette hypothèse, est parallèle à celle des événements externes, doit se développer sans lacunes? Mais cette continuité du temps nous échapperait si nous n'avions le sentiment d'une existence une et identique, qui, tout en coulant dans la durée, la domine et la concentre, dans le présent, par le souvenir et par la prévision. Il existe certainement entre nos divers états de conscience des attractions et des affinités parfois invincibles; ainsi une sensation présente peut susciter, par appel ou par rappel, de longues séries de sensations possibles ou de sensations passées; mais c'est là seulement la matière de la prévision et du souvenir; nous nous attribuons ces sensations qui ne sont plus et qui ne sont pas encore, et cela par un acte identique à celui par lequel nous nous attribuons les sensations actuelles. Si elles étaient nous-mêmes, comme elles sont distinctes l'une de l'autre, non-seulement par leurs places dans la durée, mais surtout par leurs qualités, notre conscience serait toujours limitée à celle qui l'occuperait dans l'instant présent; le temps n'existerait pas pour nous; le sujet s'évanouirait aussitôt qu'il serait posé; ce serait un véritable nihilisme intellectuel.

Or en fait il n'en est pas ainsi. L'instant présent est quelque chose d'insaisissable, une limite entre ce qui n'est déjà plus et ce qui n'est pas encore. L'état de conscience a une durée, ou il ne serait pas perceptible; il chevauche donc du passé sur l'avenir, par-dessus le présent. C'est dire qu'il implique une tendance vers ce qui n'est pas encore. Fera-t-on du sujet le spectateur inerte d'événements qui se dérouleraient devant lui? Ce serait supposer un moi distinct des phénomènes qu'il s'attribue, comme un miroir l'est des images qu'il réfléchit, et par conséquent contredire à l'hypothèse. Et dans ce cas, il faudrait dire comment, et de quel droit, il peut s'attribuer des phénomènes qui se produisent et se déterminent sans aucune participation de lui, et qui, par essence, lui sont complètement étrangers. En outre, le moi, même réduit au rôle de spectateur inerte, sinon indifférent, doit avoir conscience de lui-même ; il lui faut donc, en s'éclairant, se poser comme distinct des phénomènes à la revue desquels ce serait son unique fonction d'assister. Mais cette conscience de soi, d'où la tirerait-il? La tiendra-t-il de son essence? Alors il est autre chose que la somme des phénomènes qu'il s'attribue. La prend-il dans une action déterminée ? Alors cette action est au nombre de celles qu'il se rapporte, et empêche de le déclarer passif, puisque sans elle il ne se serait pas révélé à lui-même. — On est donc toujours ramené à ce dilemme : Ou le moi n'a pas d'action propre, et il est constitué uniquement par les états de conscience successifs. — Alors quelle est l'origine de la conscience? — Ou le sujet se pose dans un acte déterminé ; — alors cet acte seul suffit à le constituer, et les divers états de conscience qu'il s'attribuera, dans la suite, ne feront que le déterminer, mais ne le constitueront pas.

Il serait inutile d'ajouter que pour composer le sujet conscient, aux sensations actuelles et aux souvenirs se joignent des possibilités indéfinies de sensations. — Nous raisonnons sur nos phénomènes intérieurs comme sur ceux du dehors; de ce qu'en certaines conditions, certaines sensations se sont produites, nous pouvons inférer qu'elles se produiront encore en des circonstances identiques. Faudrait-il voir, en cette induction, un facteur du sujet? Loin de servir à le constituer, ne le suppose-t-elle pas plutôt? En effet, de ces conditions dont le concours est nécessaire pour qu'une sensation déterminée ait lieu, l'une, la supposition de la présence du sujet conscient à l'instant où seront réunies les conditions extérieures de la sensation, n'a-t-elle pas rien à voir avec le dehors? En pensant à l'avenir et aux sensations possibles, ne ramené-je pas à l'instant présent le temps qui n'est pas encore, et ne me supposé-je pas, en présence des sensations possibles, ce que je suis actuellement? Si cette condition intérieure était supprimée, je pourrais toujours supposer réunies, hors de moi, les circonstances qui dans le passé ont provoqué en moi des sensations; l'induction n'aurait rien d'illégitime; mais pour voir en elles des possibilités de sensations, il faut, par anticipation, me supposer contemporain de leur réunion. Nous projetons à chaque instant notre vie mentale au delà de cet instant, et nous la feignons remplie par des événements semblables ou analogues à ceux dont nous avons été déjà témoins. Mais en anticipant ainsi sur l'avenir, nous ne faisons qu'avancer notre centre de perspective sur une ligne dont la direction nous est indiquée par ce que nous connaissons déjà d'elle; nous restons centre, c'est-à-dire sujet, et si les faits viennent donner tort à nos prévisions et nous présenter des phénomènes en tout dissemblables à ceux dont nous avons conjecturé la venue, nous rectifierons le contenu de nos prévisions, mais notre moi n'en sera pas modifié.

Nous n'avons pas suivi pas à pas le texte de Stuart Mill, pour ne pas être tenté de nous prévaloir contre lui de quelques expressions peu précises. Toutefois malgré cette réserve de bonne foi, toujours commandée avec un penseur de bonne foi entière, il est, dans la page citée plus haut, un mot à relever. En introduisant dans le moi, comme facteurs constituants, des possibilités de sensations, Stuart Mill en distingue implicitement deux espèces ; les unes qui ne dépendraient pas de nous, les autres que nous pourrions à notre gré poser ou retenir. Il est à regretter que le pénétrant philosophe n'ait pas poussé plus loin l'analyse, et qu'il n'ait pas déterminé la nature de ces possibilités que nous *pouvons réaliser à volonté*. Il eût été conduit sans doute à compléter sa *théorie psychologique de la croyance à l'esprit*, en reconnaissant, en cet esprit, un élément actif qu'il entrevoit sans le saisir. Essayons, en partant du point où il s'arrête, de pousser plus loin l'analyse.

Le moi comprend, outre les sensations actuelles et les souvenirs des sensations passées, la croyance a des possibilités de sensations que, parfois, nous pouvons réaliser nous-mêmes. Rien n'est plus vrai. Analysons un acte volontaire. Je me représente la possibilité d'un mouvement de mon bras. Pour que cet état de conscience soit réalisé, il faut que plusieurs conditions organiques et physiques soient réunies : par exemple, que mon cerveau et mon cervelet fonctionnent, que la paralysie n'enchaîne pas mes nerfs moteurs et les muscles où ils aboutissent, que certaines de mes articulations soient libres, qu'aucun obstacle invincible n'empêche au dehors le mouvement représenté. Aucune d'elles ne dépend de moi; mais il ne suffit pas qu'elles soient réunies pour que le mouvement se produise. Par elles-mêmes, elles n'ont aucune efficacité, et on pourrait les supposer données de tout temps, sans que l'acte, qui cependant en dépend, fût produit. Elles deviendront efficaces seulement lorsque une condition nouvelle, la résolution, s'y joindra, et celle-ci n'a rien de commun avec elles. Elle est un acte du moi lui-même, et ce que je m'attribue, lorsque le mouvement résulte du concours de cette condition intime avec les conditions externes, c'est, si vous le voulez, le mouvement de mon bras, mais à titre de résolution volontaire, et non pas de déplacement dans l'espace d'une partie de mon organisme. La chose est si vraie, que l'on peut supposer absentes une ou plusieurs des conditions extérieures de ce mouvement, sans que, pour cela, nous cessions de nous attribuer la volonté impuissante de l'exécuter. Si aux conditions extérieures ne s'adjoint pas la condition intérieure, seule vraiment efficace, la possibilité de sensation qu'elles recèlent n'intéresse pas le sujet et n'y est pas rapportée ; si la condition intérieure une fois posée ne rencontre pas, au dehors, le concours des conditions extérieures, elle est matériellement sans vertu ; mais le sujet ne se l'attribue pas moins pour cela, preuve évidente qu'à ses yeux toutes les conditions des phénomènes qu'il peut éprouver ne sont pas égales, et que certaines d'entre elles, loin de servir à le constituer, le supposent constitué.

La conscience que nous avons de nous-mêmes n'est donc pas la résultante de l'addition des sensations. Nous nous posons comme sujet en une crise dont le souvenir se perd, mais une fois la rupture entre le sujet et l'objet accomplie, c'est pour la vie entière. Le moi, une fois détaché de la nature en laquelle il était perdu d'abord, ne s'y perd plus. Ses défaillances périodiques et accidentelles n'exigent pas pour être réparées une reconstitution nouvelle. Au sortir du sommeil et de la léthargie, nous renouons sans trop de peine le présent au passé ; c'est que la conscience de nous-mêmes est celle d'un acte et non pas uniquement d'une série de sensations ; c'est que le sujet n'est pas une pure suite de phénomènes, mais une activité, sans cesse modifiée, toujours une cependant, qui, dominant ses états, les ramène tous à l'unité d'une même conscience.

CHAPITRE III

LA LIBERTÉ

Il nous faut maintenant rechercher de quelle manière se manifeste l'activité consciente. Nous savons déjà qu'une de ses fonctions essentielles est de ramener à l'unité, suivant des règles constantes, la multiplicité sans cesse renouvelée des phénomènes. Ne fait-elle pas autre chose? Est-elle bornée à suivre le développement des phénomènes dans l'espace et dans le temps, à les mesurer, à les unir par les liens de la causalité et de la substance? Dans ce cas, comme l'apparition des phénomènes ne dépend pas de nous, et comme aussi les lois conformément auxquelles nous les unissons ensemble s'imposent à nous, l'impulsion et la direction de notre activité viendraient du dehors. Cependant, vérité ou illusion, nous ne savons encore, il nous semble que notre vie consciente n'est pas en tout réglée d'une manière fatale, et que parfois elle se dirige vers des fins posées par elle-même. Il importe au plus haut point de savoir si cette croyance est une erreur et un leurre.

Toutes nos actions sont-elles fatalement déterminées, et en est-il de libres? S'enchaînent-elles mécaniquement les unes aux autres comme une série continue de mouvements, où chaque mouvement nouveau est en tout déterminé par ceux qui l'ont précédé et par les circonstances qu'il va rencontrer, ou bien au contraire en est-il qui n'aient pas toute raison d'être dans les antécédents? Lorsque en nous un possible abstrait passe de la puissance à l'acte, est-ce toujours uniquement en vertu de sa liaison avec les actes antérieurs, ou n'est-ce pas parfois en vertu d'une raison d'un autre ordre et d'une initiative qui nous serait propre? Dans le premier cas, l'individualité humaine serait une apparence ; nos actes iraient se perdre, par des liaisons de plus en plus lointaines, dans le torrent des événements extérieurs ; notre être, qui nous semble pourtant si solide et si fixe, n'aurait pas d'autre assise que les phénomènes, et ce serait alors peine perdue que de chercher dans le sujet quelque élément de connaissance étranger à l'objet. Dans le second cas, au contraire, en nous serait un mode de détermination et de production inconnu dans le monde extérieur, et nous aurions ainsi de nouvelles et peut-être de plus vives clartés sur la nature des choses.

Que beaucoup de nos actes soient pris dans le cours de la nature et ne s'en dégagent jamais, on ne saurait le nier. L'intérêt est notre première façon d'agir, et avant que la raison se soit éveillée en nous, de nombreuses et puissantes habitudes se sont formées, desquelles résulte plus tard la plus grande partie de nos actions. Mais, n'y eût-il, dans le champ de la conscience, qu'un seul acte soustrait à la liaison mécanique des antécédents et des conséquents, ce serait assez pour nous révéler l'existence d'une causalité non mécanique. C'est là une question de fait. Cependant on en a plus d'une fois subordonné la solution à des solutions métaphysiques. Ainsi, le matérialisme nie la liberté au nom de la loi universelle qu'il prétend régir également les phénomènes matériels et les phénomènes conscients. Si hors de nous et en nous tout est action et réaction mécaniques, où y aurait-il place pour une libre initiative? La liberté ne serait-elle pas la ruine de l'ordre universel? De même encore Spinoza, la trouvant incompatible avec les principes de la raison, la nie. La raison, suivant lui, pose 'origine métaphysique des choses une substance unique et éternelle qui se manifeste nécessairement par une infinité d'attributs infinis, lesquels, à leur tour, se manifestent non moins nécessairement par des modes finis. Alors, comment les modes de la pensée consciente ne seraient-ils pas nécessairement déterminés, puisque la loi et la raison de leur existence est de contribuer, pour leur part, à la réalisation nécessaire de la substance infinie? Un seul acte libre tiendrait Dieu en échec. Le sentiment de notre prétendue liberté résulte de l'ignorance des motifs qui nous font agir. — Nous ne devons ici tenir aucun compte de ces négations systématiques. Au point où nous sommes, tous les systèmes métaphysiques nous sont également suspects, et ce serait déroger à la méthode, qui seule nous a paru pouvoir conduire à la solution poursuivie, que de recevoir des arguments issus d'une autre source que la conscience elle-même.

A s'en tenir rigoureusement à l'observation du sujet, la conscience dépose en faveur de la liberté; elle nous atteste que nous avons l'initiative de certains de nos actes. A chaque résolution volontaire, nous sentons que le contraire du parti que nous avons adopté eût pu l'être également par nous. Avant d'agir, nous concevons, en effet, d'abord, comme possibles l'un et l'autre, un acte et son contraire; tous deux sollicitent de nous l'existence pour des raisons différentes; celui qui sera préféré ne nous déterminera pas mécaniquement, comme une bille en repos est mise en mouvement par un corps qui la heurte; il demeure quelque temps devant nous, longtemps même souvent, avec le cortége de motifs qui plaident en sa faveur, et son contraire, avec ses raisons d'être préféré, obtient de nous une aussi longue audience. A quoi bon cette conception du contraire d'un acte, si cet acte seul était possible? A quoi bon cette lutte de raisons opposées, si la résolution était prédéterminée par celles-ci ou celles-là, les autres exclues? Ce qui est vrai, c'est que les motifs ne peuvent terminer eux-mêmes leur querelle, et que nous y mettons fin par une raison de force irrésistible, notre libre vouloir. L'acte volontaire se sent indépendant de toute influence extérieure à lui. N'en faisons-nous pas l'expérience décisive, quand les raisons d'agir et de ne pas agir semblent également partagées, ou que les unes ont sur les autres une prépondérance évidente? Ne nous suffit-il pas alors d'intervenir, pour rompre l'équilibre et réaliser une action qui paraissait devoir demeurer en suspens, ou pour tenir en échec la coalition des motifs et en triompher?

Là ne se borne pas le témoignage de la conscience en faveur de la liberté. Elle nous atteste, nous l'avons vu au précédent chapitre, l'action du moi. Or, sans la liberté cette action serait inintelligible. Supposons qu'il y ait en nous seulement des instincts, des inclinations, des habitudes, sans une puissance supérieure à ces raisons d'agir variées. Chacun de nos actes sera déterminé par l'une ou l'autre de ces tendances, et la trame continue en sera, à la conscience près, semblable au réseau des phénomènes physiques. Alors, où suis-je, dans ce tissu compacte, dont les mailles se lient les unes aux autres toujours de la même façon? Dira-t-on que ce qui me détermine ce sont *mes* instincts, *mes* inclinations, *mes* habitudes, *mes* passions, et qu'ainsi *je* suis vraiment la cause déterminante de mes actes? Mais, pour que tout cela soit mien, il faut que je me l'attribue, et comment le ferai-je, si je ne m'en distingue pas? Si tout est déterminé en moi par des inclinations préexistantes, si je ne puis insérer des actions vraiment miennes dans la série des phénomènes intérieurs, je suis un automate conscient, un spectateur inerte d'actions où je ne suis pour rien, et que, par conséquent, j'ai tort de m'attribuer, et même ce rôle passif est au-dessus de mes capacités. Pour voir ces actions qui couleraient hors de moi, il me faut avoir conscience de moi-même, et l'aurai-je sans une action déterminée? Mais si cette action qui me révèle à moi-même est de celles dont la production ne m'appartient vraiment pas, elle n'est pas mienne, et dès lors elle ne peut m'ouvrir les yeux sur cette vie que je me rapporterais sans y intervenir jamais; si elle est mienne, elle n'est pas prise dans la chaîne mécanique des antécédents et des conséquents, elle émane de mon initiative, de moi-même, en un mot, et elle est ainsi un témoin infaillible de ma liberté.

Ces témoignages semblent sans réplique. Cependant le même témoin, interrogé par les adversaires de la liberté, dépose aussi pour eux. — Nos actions, disent les déterministes, ne sont pas le résultat d'une initiative étrangère et supérieure à nos motifs de détermination, mais elles forment une série continue d'antécédents et de conséquents, où chaque terme est déterminé par ceux qui le précèdent, et détermine à son tour ceux qui le suivent; le présent est gros du passé et plein de l'avenir. La conscience ne nous atteste-t-elle pas que jamais nous n'agissons sans pouvoir rendre compte des raisons qui nous y ont déterminés? Agir en connaissance de cause, n'est-ce pas le privilége de l'homme, et qu'est-ce, sinon connaître les raisons déterminantes de nos actes? Toutefois, les déterminations humaines ne ressemblent pas de tout point aux déterminations physiques. Si nos actes ne sont pas sans raison, ils ne s'enchaînent pas cependant à la façon des phénomènes objectifs; notre vie mentale n'est pas un mécanisme où tout se passe par chocs, par actions et par réactions automatiques. Nous avons conscience des raisons d'agir qui nous déterminent, et par là nous échappons à la loi du déterminisme mécanique qui enveloppe l'univers matériel. — Si l'on invoque contre ce témoignage de la conscience les actes en apparence indifférents et les actes capricieux, il sera aisé de répondre que les premiers ne sont pas nôtres, et qu'ils ont, hors de la conscience, dans l'organisme, des raisons mécaniques qui les provoquent, et que les autres, déraisonnables seulement en apparence, sont le plus souvent déterminés par un motif conscient, le désir de nous prouver à nous-même et aux autres, fût-ce à l'encontre de la raison, notre liberté d'indifférence. — En un mot, toute action volontaire a un motif, et une volonté qui agirait en dehors de l'influence de tout motif, serait une force aveugle.

Mettons aux prises, devant la conscience, les deux thèses opposées. — Nous délibérons; des motifs contraires d'agir nous apparaissent; nous résolvons le conflit par la décision. — Voilà les faits. — Comment les interpréter? — Doit-on dire que le moi, en se résolvant après examen, le fait sans tenir compte des motifs, et qu'il est comme un juge qui, la cause entendue, oublierait, pour porter sa sentence, les raisons invoquées par les deux parties? Une sentence ainsi rendue ne serait-elle pas aveugle et inique? Et si tel devait en être le caractère, à quoi bon la délibération avant la décision? — Un juge équitable se prononce conformément à la justice; il a des raisons pour juger en un sens et non pas dans un autre; sa sentence est vraiment celle de la justice dont il n'est que l'interprète; telle cause est bonne par elle-même, et telle autre mauvaise; et si les parties vont devant le juge, comme devant un arbitre éclairé et souverain, c'est que l'une d'elles se refuse à reconnaître son erreur et sa malignité. De même, les raisons d'agir ont une force intrinsèque : les unes sont bonnes et les autres mauvaises; et si elles vont devant la volonté éclairée, c'est que celle-ci a le pouvoir de discerner la vertu propre à chacune d'elles. La délibération consciente est l'examen de la cause à juger; la décision est la sentence. Mais, sous peine de folie pour l'être qui la porterait, cette sentence ne peut être arbitraire. Si donc il est faux de soutenir, avec certains fatalistes métaphysiciens, que la volonté est déterminée à agir comme un corps à se mouvoir, par une impulsion mécanique, cependant, en se résolvant, avec conscience, sur des raisons d'agir proposées, elle est déterminée dans le sens où elle se résout.

De même, le second témoignage de la conscience en faveur de la liberté se retourne contre ceux qui l'invoquent. Sans liberté, dit-on, pas de moi. On doit dire, au contraire : Si la liberté telle qu'on l'a définie existe, il n'y a pas de moi. — En fait, le sentiment de notre personnalité n'est pas limité à l'instant présent; le présent est insaisissable. Nous nous souvenons de notre passé, et nous organisons notre avenir, et notre moi s'étend, de part et d'autre du présent, jusqu'où portent notre souvenir et notre prévision. Il faut, pour cela, que nos événements intérieurs soient liés les uns aux autres en une chaîne continue. Or, si chacun de nos actes émane d'un pouvoir de détermination étranger et extérieur aux raisons déterminantes, par quel lien tient-il aux actes qui le précèdent et à ceux qui le suivent? Chaque acte libre serait le commencement absolu d'une vie nouvelle; et, de la sorte, notre vie totale, mesurée à la durée de notre existence matérielle, serait coupée en un nombre indéfini de tronçons isolés. Dans cette anarchie intérieure, le moi se perd et ne peut se retrouver. Or, quel pourrait être le lien de nos différents actes, sinon une relation de causalité? Une pure succession dans le temps serait incapable de réduire à l'unité d'une même conscience les divers phénomènes qu'elle échelonnerait à la suite les uns des autres. On ne peut donc se refuser à reconnaître le déterminisme des phénomènes intérieurs. Sans doute les causes qui les déterminent ne sont pas comparables à celles qui, hors de nous, provoquent l'apparition des phénomènes mécaniques; ce sont des inclinations, des tendances, des idées, toutes choses que nous nous attribuons, et qui sont nous-même. Mais c'est chimère que de prétendre découvrir en nous, sur un arrière-plan, au delà de nos phénomènes et de nos tendances, un pouvoir d'initiative, par lui-même indifférent à toutes les raisons d'agir, leur donnant de lui-même une efficacité dont elles sont dépourvues, et capable, à lui seul, de leur faire contre-poids.

On dira peut-être que tous nos actes, issus d'un seul et même moi, trouvent dans cette communauté d'origine l'élément commun et permanent qui, malgré leur diversité, en fait les fragments d'une seule et même histoire. On aurait raison de tenir ce langage, si la liberté d'indifférence n'était pas la négation de l'action elle-même, malgré la puissance apparente d'initiative qu'elle semble recéler. Une action, en effet, ne tombe sous la prise de la conscience que par sa direction; sa direction est déterminée par sa fin; ce qui nous permet de distinguer une action d'une autre, c'est la différence des buts où elles tendent. Supprimez les fins, c'est-à-dire les raisons d'agir, et l'action n'est plus qu'une possibilité abstraite indéterminée. Or, nous n'avons pas conscience de l'indéterminé. Aussi la liberté d'indifférence échapperait-elle au sentiment que nous avons de nous-même.

Ainsi du même témoin semblent sortir des témoignages contradictoires. Qu'en conclure et à quoi se résoudre? — Il est difficile, a dit Emerson, pour ne pas dire impossible, d'exprimer fortement une vérité sans faire un tort apparent à quelque autre vérité. Ne serait-ce pas ici le cas? La conscience humaine est avec les partisans de la liberté d'indifférence, quand ils affirment que l'homme n'est pas comme une machine, dont tous les rouages solidaires sont mis en mouvement par un moteur extérieur; elle est aussi avec les déterministes, quand ils soutiennent que toutes nos actions raisonnables ont des raisons, et qu'une liberté indifférente aux motifs serait une puissance arbitraire et aveugle. Chacun de ces systèmes n'aurait-il pas raison en ce qu'il affirme, et tort en ce qu'il nie? Pour le savoir, instituons une observation rigoureuse des faits, et à cette fin établissons une série de travaux d'approche qui enserreront de plus en plus étroitement, jusqu'à nous permettre de l'aborder, le domaine propre de la liberté.

On a parfois étendu les frontières de ce domaine à l'histoire entière de l'humanité. Si l'homme est libre, a-t-on dit, la série de ses manifestations dans le temps doit en offrir la preuve. Or que nous révèle l'histoire considérée d'un œil de philosophe? Parfois elle se déroule avec une lente régularité; les événements s'enchaînent d'une manière insensible, comme s'ils sortaient, par évolution, de ceux qui les ont précédés. Mais parfois aussi le cours régulier en est brusquement interrompu et troublé; alors à l'évolution paisible des faits succèdent les révolutions, c'est-à-dire l'essor inattendu d'initiatives héroïques ou malfaisantes, d'inspirations sublimes ou perverses. Et que sont ces soudaines apparitions, sinon les résultats d'une spontanéité qui se met en travers du courant, en apparence fatal, des événements, pour en changer le cours? En vain alléguerait-on que les révolutions ont eu des causes où l'histoire trouve la leçon du politique. Si les politiques demandent des leçons à l'histoire, c'est qu'ils croient à l'intervention efficace de la spontanéité humaine dans la direction des événements. Les peuples fatalistes n'ont pas d'histoire, pas de politique. Quel enseignement contiendrait le passé, s'il renfermait toutes les raisons déterminantes de l'avenir?

Toutefois les événements humains ont été soumis à des calculs où les volontés sont traitées sans plus de déférence que les agents physiques. Les résultats de la statistique sont connus, et rien n'est plus en opposition avec l'hypothèse d'une volonté indéterminée, insérant d'elle-même, sans autre raison que son libre vouloir, ses résolutions dans la chaîne des événements. Comment concilier cette puissance, soustraite aux prévisions du calcul, avec la régularité et la constance de résultats sans cesse confirmés par les faits? N'est-il pas plus raisonnable de penser que toute action humaine sort du concours de deux sortes de causes : les unes générales, communes à l'humanité tout entière, à une race, à un peuple, à une période historique, à un état donné de civilisation ; les autres spéciales, propres à chaque individu, inclinations héréditaires, naturelles et acquises, passions, préjugés de famille, d'éducation, idées individuelles? Si l'on considère les actes humains en assez grand nombre pour épuiser toutes les combinaisons possibles de ces deux espèces d'influences, c'est-à-dire pour éliminer le hasard des données du problème, et telle est l'œuvre de la statistique, le résultat du calcul doit être voisin d'une quantité constante (1). Pour l'individu, qui ne peut réaliser qu'un petit nombre de ces combinaisons, la prévision serait impossible ; mais pour une masse suffisante d'individus, elle ne le serait pas. Ce n'est donc pas dans le développement de l'humanité à travers les âges qu'il faut chercher la liberté.

La trouverons-nous dans le cercle plus restreint de nos relations avec les autres hommes, dans notre histoire individuelle ? — Pas davantage. — On a dit que si la liberté n'existait pas, la vie humaine serait renversée. L'organisme social et domestique dont nous faisons partie n'est pas composé uniquement d'éléments qui réagissent les uns sur les autres, comme les pièces d'une machine ou les cellules d'un corps vivant ; à chaque instant, l'homme, dans ses rapports avec les autres hommes, témoigne de sa croyance invincible au libre arbitre par

(1) Stuart Mill, *Logique*, liv. VI.

des actions variées, persuasion, menaces, blâme, éloge, prédication, qu'il exerce sur eux. — Rien n'est plus vrai. Mais il faut bien aussi convenir que la liberté d'indifférence nous laisserait sans prise sur la volonté de nos semblables. Nous faisons l'éducation de nos enfants, nous leur distribuons l'éloge ou le blâme, nous exhortons les autres hommes à la vertu et cherchons à les éloigner du vice, précisément parce que nous croyons à l'efficacité des motifs sur la résolution volontaire. Qu'est-ce en définitive qu'agir sur les âmes, si ce n'est y introduire ou en chasser des raisons d'agir ? Faire naître des idées, provoquer des sentiments, là se borne tout notre pouvoir sur autrui. Toutefois cette croyance pratique au déterminisme des actions humaines ne nous permet pas de calculer d'avance la conduite d'un homme avec la même précision infaillible que la trajectoire d'un corps en mouvement. C'est que la conduite d'un homme résulte d'inclinations nombreuses et variées, dont la force relative varie d'un instant à l'autre par la réflexion qui les met en jeu, et dont le cercle peut incessamment s'étendre. Toutefois, une connaissance même médiocre du cœur humain, des caractères et des circonstances, suffit pour juger de ce que fera en tel cas particulier tel ou tel de nos semblables : un avare et un prodigue, par exemple, n'agiront pas de la même façon dans les mêmes conditions. L'art du poëte dramatique et du romancier consiste précisément à inventer et à disposer les événements où doit se manifester un caractère logiquement déduit d'une passion dominante. Du reste, si, dans la vie commune, notre action sur un indi-

vidu donné est sujette à de fréquentes erreurs, il y a un cas « où il nous est donné d'agir presque à coup sûr ;
» c'est celui où nous opérons, non sur des individus,
» mais sur des masses, et où nous cherchons seulement
» à déterminer un certain nombre d'actes d'une cer-
» taine nature, quels que soient d'ailleurs, en particulier,
» ceux qui doivent les accomplir. C'est ainsi qu'un mar-
» chand habile parvient à s'assurer un nombre constant
» et même croissant d'acheteurs dont chacun lui est
» personnellement inconnu; et lorsqu'il cède son com-
» merce à un autre, il évalue en argent, non-seulement
» les marchandises qui se trouvent dans son magasin,
» mais encore la disposition présumée de ces inconnus
» à venir les y chercher (1). » — Ce n'est donc pas dans nos relations avec les autres hommes qu'il faut chercher les preuves de la liberté.

Restreignons encore le cercle de nos recherches, et considérons l'homme en lui-même. — On a fait parfois consister la liberté dans le pouvoir de modifier les mouvements qui s'accomplissent dans notre organisme. Le vulgaire s'attribue cette puissance, et certains philosophes ne sont pas loin d'être de son avis. — Mais la vie organique est liée aux forces physiques; la loi de l'équivalence mécanique qui s'étend à toute la matière brute, pénètre en nous et enchaîne nos phénomènes vitaux suivant un déterminisme rigide. La liberté organique consisterait ou à suspendre un effet qui aurait sa raison dans les phénomènes antérieurs, ou bien à en

---

(1) J. Lachelier, *Du fondement de l'induction*.

produire qui ne seraient pas liés à ces phénomènes. Dans les deux cas l'homme créerait *e nihilo* une certaine quantité de mouvement, et, contrairement à la loi de la conservation indéfinie de la force virtuelle et de la force réelle, il ferait varier la quantité constante d'énergie dont est douée la nature. Or l'organisme n'a pas ce pouvoir créateur; il restitue simplement au dehors, modifiés et transformés suivant les lois de la mécanique et de la chimie, les matériaux qu'il en a reçus; il n'y a pas place en lui pour une libre initiative; tout y est déterminé. Cette conclusion, bien que contraire à la croyance vulgaire sur la liberté, est cependant conforme au bon sens : pour qu'un acte soit libre, il faut qu'il soit possible en soi; nous n'avons pas la liberté de construire un triangle à quatre côtés; mais il faut aussi qu'il soit possible pour l'être qui se l'attribue; la grenouille de la fable n'est pas libre de se faire aussi grosse que le bœuf.

Rétrécissons encore notre cercle d'investigation. — Dans l'organisme, n'est-il pas une portion réservée à la liberté, celle des actions animales, qui ne concourent pas directement à l'entretien de la vie? Ce serait une erreur que de le croire. Les actions élémentaires qui sont la base de notre vie animale n'échappent pas à la fatalité. Une excitation extérieure frappe l'extrémité périphérique d'un nerf; elle chemine par la fibre sensible jusqu'à un centre nerveux, cellule ou ganglion; là, sans que la conscience soit informée de sa présence, elle se transforme en une excitation motrice qui, se propageant du centre à la périphérie, va exciter un groupe déterminé de fibres musculaires; dans le mouvement réflexe, l'action était fatale; la réaction est automatique; la conscience et la volonté n'y interviennent en rien; on ne peut l'expliquer, a dit Claude Bernard, « que par une action directe du nerf de sensibilité sur » le nerf de mouvement, sans passer par le cerveau. »

Mais si l'impression sensible, au lieu de s'arrêter dans une cellule du système sympathique ou de la moelle épinière, parvient jusqu'au cerveau, un phénomène conscient, la sensation, s'insère dans la série des antécédents et des conséquents, qui partie du monde extérieur sous forme d'excitation y revient sous forme de mouvement. Toutefois la réaction suscitée par la sensation consciente est encore, comme dans l'action réflexe inconsciente, fatale et automatique. J'arrive au bord d'un précipice; je me rejette brusquement en arrière; il n'y a pas eu dans mon esprit comparaison de plusieurs possibles, délibération sur plusieurs raisons d'agir; la vue du précipice a immédiatement provoqué les mouvements propres à me le faire éviter. Il en est de même pour tout acte instinctif; une représentation suscite d'elle-même les moyens de sa réalisation. C'est là un fait nouveau qui mérite examen. Peut-être est-ce un élément important de la solution que nous poursuivons.

On ne prête pas d'ordinaire une attention suffisante à ce pouvoir des idées; c'est pourtant un fait considérable dans l'histoire de notre vie mentale, et peut-être est-ce pour l'avoir méconnu et négligé que nombre de systèmes ont fait fausse route sur la question qui nous occupe. On ne peut que se méprendre sur la liberté, la nier ou la dénaturer, si l'on n'a pas déterminé d'abord tout ce qui en est la matière. Montrons donc d'abord que l'idée a par elle-même une puissance spontanée de réalisation.

Cette force se manifeste dès les premiers instants de notre vie. L'enfant naissant agite ses membres en tous sens ; ce sont là, à n'en pas douter, des actions réflexes ; le monde extérieur qui vient de le recevoir et l'enveloppe de toutes parts, fait impression sur tout son corps et y suscite ces mouvements inconscients, sans fin déterminée. Peu à peu les sens du nouveau-né s'affermissent ; les impressions reçues finissent par parvenir au cerveau ; les sensations deviennent conscientes ; les mouvements provoqués par elles sont encore mal déterminés ; mais déjà on peut constater cette puissance de réalisation automotrice, inhérente aux représentations ; si les mouvements sont encore mal ordonnés et manquent souvent leur but, c'est que les représentations sont encore vagues et mal localisées ; mais à mesure que la localisation s'en fait plus précise, la précision des mouvements augmente ; à une sensation nette répond une réaction nette ; l'idée se réalise de plus en plus aisément, à mesure que ses contours sont mieux délimités.

Nous retrouvons la même vertu automotrice de la représentation dans les actes habituels. Quand nous marchons, nous ne délibérons pas sur la direction à imprimer à nos jambes ; nous allons, et la vue seule du chemin à parcourir, des irrégularités et des obstacles qu'il présente, suffit à nous guider. Faut-il monter, descendre ? Nous ne nous arrêtons pas ; la représentation, même indistincte, des degrés à franchir, met spontanément en branle les pièces de la machine animale propres à réaliser les mouvements nécessaires. De même un pianiste exercé ne réfléchit pas le jeu de ses doigts; les taches noires de la portée font impression sur ses yeux et de là sur son cerveau ; aussitôt des réactions automatiques portent infailliblement ses doigts sur les touches du clavier, et l'idée musicale est ainsi réalisée. Il en est ainsi de tout mouvement habituel : la représentation s'en présente à notre esprit; aussitôt du fond de notre être émergent d'eux-mêmes les mouvements élémentaires du cerveau, du cervelet, de la moelle épinière, des nerfs et des muscles, qui, se groupant et s'ordonnant d'une manière inconsciente, le réalisent.

Qui ne connaît en outre les effets de l'imagination sur l'organisme? Vous pensez à un mets savoureux et acide, et cela suffit pour activer la sécrétion de la salive. Vous voyez quelqu'un bâiller à vos côtés et vous bâillez vous-même. Vous songez à une phrase musicale, et l'image de chaque note dilate ou resserre, suivant sa hauteur, les muscles de votre larynx.

Le langage nous fournirait au besoin d'autres exemples et de plus saisissants encore. Pour ne pas parler de ceux qui ne peuvent s'empêcher de lire et même de réfléchir à haute voix, qui laissent échapper l'expression de leurs pensées, quand nous pensons les mots, les organes qui servent à les articuler, le larynx, la langue, les lèvres, les joues, les mâchoires, ne sont-ils pas sensiblement excités? Toute pensée n'est-elle pas accompagnée d'une sorte d'articulation muette, et ne suffirait-il pas de pousser dans l'appareil vocal, ainsi disposé d'une manière inconsciente, le souffle qui le fait résonner, pour obtenir l'articulation faible, mais cependant distincte, des mots que nous pensons. Et que dire de ce langage d'action qui accompagne le langage articulé et en est la couleur? Nos idées, nos émotions, même les plus secrètes, ne se trahissent-elles pas dans nos gestes, sur notre physionomie, dans l'accent de nos paroles? Et si nou parvenons, par l'empire sur nous-même, à en contenir l'expression, n'est-ce pas une preuve évidente que par elles-mêmes elles tendent à se réaliser?

C'est surtout dans la folie que cette fascination et cette mise en mouvement de l'activité organique par les idées sont apparentes. Le fou est tout entier sous l'empire d'une image ou d'une pensée dominante ; il y cède par un vertige dont il ne se rend pas compte. Et sans aller jusqu'à la folie ou l'hallucination, qui n'a, dans sa propre expérience, au moins un exemple d'une idée bonne ou mauvaise, d'une inspiration héroïque ou perverse, se réalisant soudainement, sans résistance, comme si tout en nous était fasciné par elle?

Il suffit de ces exemples, dont il serait aisé du reste d'allonger la liste, pour faire voir que les idées suscitent par elles-mêmes les actions organiques qui les réalisent d'une manière générale, toute idée qui apparaît en nous tend à être réalisée ; si parfois elle échoue, c'est que, grâce à un pouvoir dont nous allons bientôt constater l'existence, elle est enrayée par une idée contraire. Nous n'avons pas en effet épuisé l'analyse de l'activité subjective. Nous venons de voir qu'en certains cas une idée consciente prend place dans la chaîne des antécédents et des conséquents mécaniques qui demeurent tous inconnus dans l'action réflexe proprement dite ; mais nous sommes encore en plein mécanisme. L'idée par elle-même agit comme un moteur, et si cette action ne se transformait pas, la vie humaine toute en instinct, serait identique à la vie animale.

Il n'en est pas ainsi. L'homme réfléchit ses instincts, ses inclinations, ses idées spontanées, et par là il détache l'idée de son antécédent et de son conséquent, et la place, isolée, sous le regard de la conscience. Ainsi s'opère la rupture du sujet et de l'objet. Nous tenons toujours au dehors par les impressions que nous en recevons incessamment, et par les inclinations qui nous y portent ; cependant nous en sommes affranchis. Dans l'action instinctive, l'événement conscient est intercalé dans une série mécanique d'antécédents et de conséquents, où il est à la fois mobile et moteur. Par la réflexion, nous l'isolons de ce qui le précède et le suit ; nous le constituons à l'état d'indépendance ; en un mot nous en faisons un motif : de cause mécanique, nous le transformons en cause finale.

Cette métamorphose du mécanisme primitif en finalité est la crise décisive de notre vie morale. Avant qu'elle ait eu lieu, les actions s'accomplissent en nous sans que nous puissions les dire nôtres, car nous ne pouvons pas en modifier la direction ou en arrêter le cours; les idées se réalisent par une vertu secrète dont nous ignorons la nature; elles ont sans doute une valeur intrinsèque, raison profonde de ce pouvoir qu'elles possèdent de se réaliser spontanément, mais que nous ne pouvons mesurer. La crise dont nous parlons achevée, nous nous appartenons vraiment, car nous pouvons alors nous conférer la loi de notre développement. — Une cause mécanique est un antécédent qui détermine par impulsion et d'une manière invariable un certain conséquent; toutes les causes physiques sont de ce genre, et aussi les idées, quand elles agissent de la façon plus haut décrite. Une cause finale est, au contraire, un effet qui préexiste à la cause mécanique et la détermine. Il suffit de cette définition pour faire voir qu'une telle cause existe seulement à l'état d'idée. Aussi est-ce en nous, dans la conscience de notre activité réfléchie, que nous trouvons le type de la finalité. Que fait l'homme en possession de lui-même? Si les actions du dehors provoquent en lui des réactions inconscientes, si certaines idées se réalisent en lui automatiquement, ce n'est pas là le tout de sa vie morale. Il pose des fins prochaines ou lointaines, et il y dirige ses actions. Ce sont toujours des idées possédant par elles-mêmes une vertu efficace; mais au lieu de provoquer subitement et mécaniquement un conséquent déterminé, elles demeurent, un temps variable, à l'état d'idées, et au lieu d'agir par impulsion, elles agissent par attrait; alors leur valeur propre nous apparaît, et c'est elle qui en détermine la réalisation.

Par la réflexion nous passons donc de la nécessité à la contingence. Il est impossible qu'une idée qui fait partie d'une série de termes mécaniques n'amène pas fatalement son conséquent; mais une fois dégagée de cette étreinte, elle peut demeurer dans la conscience à l'état d'idée. En cela nous nous distinguons de l'animal; mais ce qui achève de nous en séparer, c'est qu'en nous la création des idées n'est pas limitée comme en lui.

« L'instinct des animaux, a dit Cuvier, résulte de l'existence en eux de quelque image prédominante. » Pour ne parler que des instincts propres à certaines espèces, on peut croire que, la saison des amours arrivée, l'image du nid qu'il doit construire surgit dans le cerveau de l'oiseau, s'empare de son activité et la dirige fatalement. Mais ces images ne sont pas l'œuvre de l'animal; la nature les a formées en lui une fois pour toutes; il ne les change guère, et il transmet à ses petits, sans l'avoir sensiblement modifié, le plan de ses travaux : l'abeille ne construit que sa cellule, le castor que sa hutte, l'oiseau que son nid; en eux est incarné un type dont ne s'écarteront pas les générations auxquelles il sera transmis, et qu'elles réaliseront toutes par une sorte de fascination. Chaque animal apporte en naissant la règle invariable de ses mouvements.

Tel n'est pas le cas de l'homme, au moins pour celles de ses actions qui ne tiennent pas de l'instinct. La réflexion serait un présent funeste si elle ne servait qu'à retirer du courant mécanique les idées que la nature nous impose; nous serions alors à l'état d'esclaves qui connaissent leur servitude; mieux vaut cent fois l'esclavage inconscient de la brute. Mais l'homme a le pouvoir de varier ses desseins; le champ des fins qu'il peut se proposer, des idées qu'il peut réaliser, est immense. C'est par là que nous sommes pleinement affranchis de la nécessité. Revenons un peu sur nos pas. On ne saurait, nous l'avons dit, contester l'influence des motifs sur nos décisions. Mais ce qui a paru à quelques-uns une preuve de notre servitude est la marque de notre liberté. Nous commençons, dans toute action réfléchie, par concevoir un acte et son contraire, puis nous pesons la valeur de ces deux possibles. Ils sont tous deux en nous à l'état d'idées, et comme l'idée est douée d'un pouvoir de réalisation, ils se réaliseraient tous deux si chacun n'était précisément la négation de l'autre. Toute idée réfléchie porte donc avec elle-même son frein et son obstacle. On comprend comment les pensées criminelles qui peuvent apparaître à la conscience d'un homme vertueux ne se réalisent pas, et comment aussi les bonnes pensées peuvent demeurer stériles au cœur du méchant. Mais ces sortes de quantités comptées en sens inverse s'annulent réciproquement, toute idée surgissant en nous accompagnée de son contraire, et les deux contraires ayant, en tant qu'idées et possibles, droit à la réalité, il semble que jamais nous n'agirons. Il n'en est rien pourtant. Toute idée, posée à l'état de possible, a une certaine valeur; la délibération a pour objet d'en déterminer le degré, et la liberté consiste à supprimer l'une des deux idées qui étaient apparues ensemble, et à laisser carrière à l'autre. Nous pouvons donc enrayer la réalisation d'une idée ou la laisser s'accomplir. C'est en cela que consiste notre liberté.

Ajoutez que le nombre de ces possibles qui vont par couples est illimité, et vous verrez combien s'étend le champ de la liberté humaine. Notre vie morale est une lutte pour l'existence entre nos diverses idées; il en est qui sont vaincues d'avance, les contradictoires et celles qui dépassent notre puissance. Mais, parmi toutes celles qui sont réellement possibles pour nous, un combat incessant est engagé; la réflexion fournit sans cesse de nouveaux combattants; le champ de bataille s'agrandit à mesure que s'élargit notre pensée, et notre histoire morale est la série des triomphes et des défaites de nos idées. Nous n'agissons pas tous de la même manière, parce que nous ne pensons pas tous de la même façon; notre façon d'agir individuelle se modifie selon que se modifient nos idées. Mais, malgré ce déterminisme apparent, nous sommes libres, car nous créons nous-mêmes nos idées. La liberté apparaît avec la réflexion quand l'idée se pose, avec son contraire, isolée des phénomènes objectifs; elle s'accroît avec elle à mesure que s'augmente le nombre des possibles. Tout homme est essentiellement libre; mais tous les hommes ne le sont pas au même degré.

CHAPITRE IV

LE BIEN

La théorie que nous venons d'exposer est incomplète. — Toutes les idées d'actions déterminées tendent à l'existence, et elles y ont également droit en tant que possibles. D'où vient-il donc que dans la lutte qu'elles soutiennent pour y parvenir, les unes sont victorieuses et les autres vaincues? Nous avons déjà, dans le précédent chapitre, fait pressentir la réponse à cette question qu'une rigoureuse méthode nous forçait d'ajourner. — Les idées qui prétendent toutes à la réalisation n'ont pas toutes mêmes raisons de l'obtenir, parce qu'elles n'ont pas toutes même valeur.

Nous avons vu que l'idée posée par la réflexion à l'état de fin, appelle à elle et ordonne les moyens propres à la réaliser. La raison de cet attrait efficace et irrésistible est sa bonté intrinsèque. Sans la conception du bien, la vie humaine réfléchie ne serait que ténèbres. L'animal a un bien qu'il réalise, mais sans le savoir; tous ses actes sont dirigés vers une fin, sa conservation et celle de son espèce; mais il l'ignore; il éprouve plaisir et douleur, mais ces affections sont uniquement en lui le contre-coup des actions de la nature, et non les effets attendus d'un calcul prévoyant; en un mot, il adhère à ses fins sans pouvoir s'en détacher. — L'homme au contraire qui, dans la première période de son existence, ressemble à l'animal, renverse, par la réflexion, l'ordre que nous venons d'indiquer; il voit le bien avant de le sentir; il se le propose avant de l'éprouver; il le réalise, parce qu'il le veut. Sans cela, la réflexion qui nous soustrait à la nécessité de la nature pour nous livrer à nous-même aurait pour résultat de briser en nous tout ressort d'action.

Toutes les philosophies sont d'accord sur ce point; il n'en est aucune qui n'ait proposé la recherche du souverain bien comme fin suprême de la vie. Elles diffèrent sur le contenu de cette fin suprême : c'est tantôt la paix profonde et durable de l'âme, tantôt la force de la volonté, tantôt les jouissances sensibles, tantôt encore le désintéressement et la vertu; mais, malgré ces divergences, elles font toutes de la poursuite du bien le pôle de notre vie morale.

A proprement parler, les actions seules sont bonnes ; l'idée du boire et du manger ne nous est d'aucun agrément, d'aucune utilité ; ce qui est bon, c'est de boire et de manger, et de réparer ainsi les pertes subies par l'organisme. On ne saurait donc, ce semble, juger de la valeur d'une action qu'après coup et par ses conséquences. La chose serait vraie sans la réflexion. Mais, conservant en nous le souvenir du passé, nous transportons aux idées des actions qui nous ont été bonnes ou mauvaises, la valeur qui, rigoureusement parlant, appartient aux conséquences des actions. Dès lors, l'idée, investie d'un certain coefficient bon ou mauvais, nous attire ou nous repousse; le bien, encore idéal, agit sur nous par une sorte de grâce prévenante et met en mouvement notre activité.

Là ne se bornent pas les effets de la réflexion, cette âme de la liberté. Nous nous formons une conception générale du bien, qui devient la commune mesure de toutes nos résolutions, et qui, comme dégagée des limites de l'espace et du temps, plane sur notre vie entière et en fait l'unité. Que cette conception d'un bien suprême varie suivant les individus, qu'elle soit autre chez l'égoïste, autre chez l'homme désintéressé, peu nous importe ici. Nous ne voulons encore, après en avoir constaté l'existence indéniable, qu'en déterminer le rôle.

Elle est, quel qu'en soit d'ailleurs le contenu, le centre organique de nos actes, le foyer auquel se rapportent tous nos desseins, la source d'où ils tirent leur valeur relative. Notre vie morale est en tout point comparable à un organisme. Dans l'être vivant, la vie du tout est alimentée et soutenue par divers appareils. Chaque appareil a une fonction propre, réalisée par des organes divers; chaque organe, à son tour, a une fin spéciale, atteinte par des systèmes variés d'organites élémentaires. Mais la fonction de chaque élément a pour raison la fonction de l'organe; celle de chaque organe a pour raison celle de l'appareil dont il fait partie; et, enfin, celle de chaque appareil a pour raison la fonction de l'être entier. Un être vivant est donc un système de fins subordonnées et coordonnées à une fin commune. De même la vie morale : toute action particulière a une valeur propre, déterminée par son rapport à une fin; mais cette fin particulière n'a de vertu que par son rapport à une fin générale. C'est à notre conception du bien que nous rapportons, en définitive, toutes nos actions. Celles-ci ne sont bonnes que dans la mesure où elles concourent à notre bien.

Il est aisé maintenant de comprendre comment tous les possibles idéaux n'ont pas même valeur, ni par suite même efficacité. Que mon idéal soit l'égoïsme, et toutes les idées dont la réalisation entraînerait pour moi quelque perte ou quelque sacrifice, se présenteront mal armées dans la lutte pour l'existence contre les idées qui, loin de le diminuer, semblent devoir accroître mon bien; elles engageront peut-être le combat, en vertu de la prétention qu'a tout possible à être réalisé, mais elles seront vaincues. Si, au contraire, je fais consister le souverain bien dans la vertu, les idées égoïstes auront sur moi une force inférieure à celle des idées généreuses.

Nous pouvons déjà reconnaître que nous sommes en présence d'un mode de causalité sans analogue hors de nous. Dans une série mécanique de phénomènes, un antécédent donné provoque fatalement à l'existence un certain conséquent; nous savons qu'ils sont liés d'une manière invariable, sans savoir pour quelle raison. Si, poussés par le besoin de nous rendre compte, nous cherchons cette raison dans d'autres faits antérieurs, nous allons d'antécédent en antécédent, sans pouvoir nous arrêter jamais. — Ici, rien de semblable. En premier lieu, si l'idée a une force déterminante qui suscite les actions élémentaires aptes à la réaliser, c'est par attrait et non par impulsion qu'elle agit; elle préexiste à sa propre réalisation. En second lieu, la raison des déterminations exercées par elle ne nous est pas inconnue; elle est efficace, parce qu'elle est bonne; sa perfection est la raison intime de sa causalité. Enfin, si nous cherchons la raison de cette raison, loin d'être emportés à l'infini, nous aboutissons, en remontant des idées particulières à la source commune où elles puisent toute vertu, à une conception définie du bien.

Mais cette conception même, d'où tire-t-elle la vertu efficace qu'elle communique aux différentes fins particulières posées par nous? — Le mot *bien* sert à désigner des conceptions fort distinctes : pour l'avare, le bien suprême, c'est la possession d'un or stérile; pour le débauché, ce sont les voluptés des sens; et l'or, fin de l'avare, n'est pour lui qu'un moyen; pour l'ambitieux, rien n'est au-dessus des honneurs et du pouvoir. Bref, il peut y avoir autant de conceptions différentes du souverain bien qu'il est en nous de tendances et d'inclinations, car chacune d'elles, s'exaltant jusqu'à la passion, peut, avec la complicité de l'imagination, nous présenter son objet comme le seul bon et le seul désirable. De là ces variétés presque infinies dans les caractères et dans la conduite des hommes. Mais si divergentes qu'elles semblent, toutes ces conceptions sont issues de la même source et visent au même but; les biens qu'elles proposent à notre activité, nous les avons éprouvés avant de les transfigurer en idéal; ce sont des plaisirs sensibles, la satisfaction de nos appétits et de nos inclinations, et leur bonté consiste uniquement dans leurs conséquences agréables ou avantageuses. Par conséquent, si le souverain bien ainsi conçu contient en lui-même la raison de la causalité des fins particulières entre lesquelles il se fragmente, il n'a pas en lui-même sa raison d'être; il est tout relatif à la sensibilité, en sorte que, affranchis en apparence par la réflexion du joug de la nécessité extérieure, nous ne laissons pas d'être les esclaves de notre nature sensible, puisque d'elle seule nous tirons, à elle seule nous ramenons notre idéal du bien. Dans cet état, l'homme n'est pas dénué d'une certaine liberté; il a le choix entre les divers moyens propres à assurer son bonheur; il est libre aussi en ce sens qu'il a posé lui-même cette fin suprême à laquelle sa vie entière est suspendue. Toutefois, en rapportant, en définitive, tous ses actes à la sensibilité, il renoue la chaîne des nécessités physiques que, par la réflexion, il semblait avoir brisée; et, en dernière analyse, cette loi de développement qu'il croit se conférer à lui-même, lui est, à son insu peut-être, imposée par la nature.

Mais tout bien n'est pas là. C'est une distinction profonde et vraie que celle de l'*impératif hypothétique* et de l'*impératif catégorique*. Tous les biens nous sollicitent et, en ce sens, nous commandent; mais il en est dont l'autorité vient de l'attrait sensible, et d'autres, au contraire, qui, sans cet attrait, commanderaient toujours. Ainsi les concepts de la justice et de la charité. Aussitôt que nous en avons une conscience, même confuse, nous sentons que la réalisation nous en est imposée ; et ce sentiment d'obligation est tellement impérieux, que le révoquer en doute c'est déjà le violer. En vain a-t-on voulu ramener ce bien moral aux biens sensibles, jamais il n'y eut d'incompatibilité plus manifeste. Sans parler des fréquents antagonismes où ils sont engagés, l'un est sa propre fin à lui-même, les autres sont des moyens pour des fins relatives et variables.

Comprendrait-on sans cela l'existence en nous d'une volonté raisonnable ? La nature nous a pourvus d'inclinations diverses. Si notre unique bien était de les satisfaire, à quoi bon les réfléchir ? Ne suffira-t-il pas de s'y laisser aller ? L'instinct de la brute ne réussirait-il pas mieux, dans son infaillibilité aveugle, à nous porter au bonheur, qu'une raison exposée à l'erreur par ses lumières mêmes ? Quelle disproportion entre la fin poursuivie et les moyens mis en œuvre ! L'homme serait pour l'homme une énigme indéchiffrable sans l'obligation morale. Comme l'a dit Kant, on ne comprend l'existence dans un être d'une volonté raisonnable, que si le bien suprême de cet être réside dans cette volonté seule. Se représenter le bien en lui-même, en dehors de toute inclination sensible ; concevoir la loi en elle-même, comme un principe d'action étranger à tout désir ; réaliser certains concepts sans en attendre d'effet utile pour la sensibilité ; agir toujours de telle sorte que la maxime de nos actes puisse être érigée en loi universelle valable pour tous les êtres raisonnables : voilà le devoir, sans lequel la vie humaine, malgré les clartés de l'esprit, est ténébreuse.

L'effet de l'obligation présente aux concepts moraux est d'achever notre affranchissement. La réflexion ne fait en définitive que fournir matière à la liberté ; elle dégage bien l'idée de la chaîne des antécédents et des conséquents mécaniques pour la placer isolée devant la conscience ; mais si l'idée n'agit pas à la façon d'un moteur, par choc ou par impulsion, l'attrait qu'elle exerce a sa raison dans nos instincts, nos inclinations, nos désirs et nos passions. Les concepts moraux n'empruntent rien à la sensibilité. Quand je conçois la justice comme bonne et obligatoire, ce qui agit sur moi ce n'est pas l'attente d'un effet agréable ou utile, mais une influence purement rationnelle. La loi de la volonté c'est de faire une action par respect pour la loi. « Je
» puis bien, a dit Kant, avoir de l'*inclination*, mais
» jamais du *respect* pour l'objet qui doit être l'effet de
» mon action, précisément parce que cet objet n'est qu'un
» effet, et non l'activité d'une volonté. De même je ne
» puis avoir du respect pour une inclination, qu'elle soit
» la mienne ou celle d'un autre ; je ne puis que l'agréer
» dans le premier cas, et quelquefois l'aimer dans le se-
» cond, c'est-à-dire la regarder comme favorable à mon
» propre intérêt. Il n'y a que ce qui est lié à ma volonté
» comme principe, et non comme effet, ce qui ne sert
» pas mon inclination, mais en triomphe, ou du moins
» l'exclut entièrement de la délibération, et, par consé-
» quent, la loi, considérée en elle-même, qui puisse être
» un objet de respect et en même temps un ordre (1). »

(1) Kant, *Fondements de la métaphysique des mœurs*, première section, traduct Barni.

Et comment comprendre cette autorité qui s'impose par le respect, si l'on n'admet pas que les concepts moraux ont en eux-mêmes une valeur absolue? Et qu'est cette valeur, sinon la perfection même? Dans l'ordre de la science nous constatons que les notions mathématiques ont une application universelle ; notre esprit ne conçoit pas que les représentations soient rebelles aux lois du nombre et de l'étendue ; mais la raison de cette nécessité nous échappe, car la faire dériver de l'absolu, c'est à la fois encourir, comme nous l'avons vu, la contradiction et reculer la difficulté. Les concepts moraux ont en eux-mêmes, au contraire, dans leur perfection, la raison de leur existence et de leur droit à être réalisés. La justice, la charité, nous semblent obligatoires, parce qu'elles sont bonnes. Les faire dériver d'un être extérieur à l'humanité, quel qu'en soit d'ailleurs le nom, est chose doublement inutile ; l'autorité des concepts moraux n'en sera pas accrue, et, en fin de compte, ne se sert-on pas de ces concepts mêmes pour constituer l'idée de cet être duquel on prétend ensuite les déduire?

« Les Dieux, dit Épictète, ainsi qu'il convenait, n'ont
» mis en notre pouvoir que ce qu'il y a de meilleur et de
» plus excellent dans le monde, l'usage des idées. Le
» reste, ils ne l'ont pas mis en notre pouvoir. » Que dit
« Jupiter? « Épictète, si je l'avais pu, j'aurais encore fait
» libres et indépendants ton petit corps et ta petite fortune.
» Mais, ne l'oublie pas, ce corps n'est pas à toi ; ce n'est
» que de la boue artistement arrangée. Comme je n'ai pu
» l'affranchir, je t'ai donné une partie de moi-même, la
» faculté de te porter vers les choses et de les repousser,

» en un mot, de savoir *user des idées*. Si tu la cultives,
» si tu vois en elle seule tout ce qui est à toi, jamais tu
» ne seras ni empêché, ni entravé. » — De là le sage
stoïcien tire cette règle pratique : « Rendre parfait ce
» qui dépend de nous, c'est-à-dire nos idées, et prendre
» les autres choses comme elles viennent. »

Rendre parfaites nos idées, c'est les mettre en communion avec ce qui en nous est la perfection même; c'est substituer l'idéal moral à l'idéal sensible. Là est le faîte de la liberté humaine. Tant que nous n'y sommes pas parvenus, nous sommes esclaves, avec une liberté apparente; nous croyons nous conférer à nous-mêmes la loi de notre développement, et en définitive, cette loi est une carte forcée que la nature, auteur de notre sensibilité, nous fait prendre; nous nous croyons détachés du monde extérieur, et, par suite d'une duperie peut-être bienfaisante, nous y tenons par les liens de la sensibilité. Mais quand nous l'avons atteint, les dernières chaînes de la nature sont rompues; nos idées sont affranchies; unies à l'idéal moral par un rapport d'harmonie, de convenance et de bonté, y puisant toute force et toute vertu, elles tiennent de cette seule perfection, à laquelle elles participent, la raison de leur existence, et la cause de cette causalité qu'elles exercent en nous. Elles sont la loi de notre vie. Mais cette fois nous ne sommes plus dupes d'un artifice de la nature. La perfection morale, c'est nous-mêmes. La nature est tout nombre, tout mouvement; ce n'est pas d'elle que pourrait nous venir la conception du Bien.

Ainsi l'analyse du sujet nous découvre un mode de causalité que rien, dans l'objet, ne pouvait faire pressentir. Êtres conscients, nous agissons par réflexion, c'est-à-dire en vertu d'idées. L'idée a en elle-même une puissance spontanée de réalisation; mais elle n'agit pas à la façon d'un moteur mécanique. Comme le disait Aristote de son Dieu, elle est cause efficace parce qu'elle est cause finale, et son efficacité lui vient de sa valeur et de sa perfection. Nous possédons un sens intérieur, souvent faillible, mais capable d'être redressé, qui nous fait apprécier ce que valent nos différentes idées. Le privilège humain, c'est de déterminer nous-mêmes la perfection relative des fins que nous nous proposons, et de n'être pas entraînés en aveugles vers notre bien. De là notre liberté, de là aussi notre responsabilité morale. On arguera sans doute que toutes nos idées ne sont pas notre œuvre; qu'il en est qui s'insinuent en nous, dès l'enfance, par la contagion parfois bienfaisante, parfois malfaisante de l'éducation et de l'exemple; qu'il en est d'autres que nous devons au milieu où nous vivons. Rien n'est plus vrai; mais il vrai aussi que nous pouvons les réfléchir toutes et ainsi les faire nôtres : si, par indolence, nous négligeons de les soumettre au contrôle de la réflexion et de les éprouver nous-mêmes, nous sommes responsables de cette paresse, et nous avons estimé qu'elle vaut mieux pour nous qu'une réflexion, parfois anxieuse, toujours difficile. En fin de compte, cet abandon de notre vie morale au caprice des maximes extérieures est le résultat d'un choix réfléchi et la conséquence de la valeur attribuée, à tort ou à raison, à un certain mode de vie. Rien ne saurait prévaloir

contre cette vérité : nous nous conférons à nous-mêmes
la loi de notre développement, et nous le faisons, déterminés par la vue du meilleur. Nous pourrions être les
dupes de la nature, si, parmi les biens qui nous sollicitent,
il n'en était pas qui tirent d'eux-mêmes toute bonté, et
nous sont ainsi la mesure infaillible des autres. Nous
les reconnaissons à l'autorité avec laquelle ils s'imposent.
Tous les hommes n'en ont pas eu et n'en ont pas encore
la même conception nette et distincte ; il y a un progrès
en morale comme en mathématique. Mais si la conscience se révèle progressivement à elle-même dans
l'espèce et dans l'individu, le sentiment d'obligation,
qui en est le fond, ne varie pas, et il est en chacun de
nous le témoin permanent d'une perfection, entrevue
avec plus ou moins de netteté, qui tient d'elle-même
sa raison d'être, et qui nous soustrait, par là, à l'empire
de la nature.

CHAPITRE V[1]

LES SYSTÈMES DE MÉTAPHYSIQUE

L'analyse du sujet n'a pas été infructueuse. Elle nous a fourni des notions que l'objet ne nous eût jamais révélées : celle d'une activité consciente qui se confère à elle-même la loi de son développement, puis, comme raison de cette liberté, la notion de perfection. Il nous faut maintenant rechercher si ces notions peuvent nous être de quelque secours pour connaître l'objet poursuivi par la métaphysique. Pour cela, demandons-nous d'abord si les divers systèmes de métaphysique ne les ont pas fait entrer, en tout ou partie, dans les déterminations qu'ils ont proposées de l'absolu, et, pour le savoir, voyons si toutes les métaphysiques, malgré la variété de leurs formes, n'ont pas une procédure commune.

Toute métaphysique prétend déduire l'explication générale des choses de la notion du premier principe. Et comme ce principe n'est pas pour nous l'objet d'une intuition, les métaphysiques en construisent chacune

---

[1] Ce chapitre et les suivants ne reproduisent pas le texte du mémoire couronné; ils ont été complétement remaniés.

une notion distincte. Quels éléments y font-elles entrer, et par quels procédés ? Pour répondre à cette question, esquissons à larges traits les types divers des métaphysiques.

Il en est trois principaux : le matérialisme, le panthéisme, et le spiritualisme ; ce n'est pas que chacun d'eux ne présente des variétés. Ainsi le matérialisme peut être idéaliste ou réaliste, de même le panthéisme ; mais ce ne sont pas là des différences de fond. Le matérialisme idéaliste de Démocrite ne diffère pas essentiellement du matérialisme idéaliste de certains contemporains. La conception fondamentale du panthéisme des stoïciens, qui voyaient dans un éther matériel la raison séminale de toutes choses, se retrouve dans le panthéisme de Hégel, pour qui l'absolu est *idée* avant d'être *matière*. Négligeons ces variétés, pour ne retenir que les traits essentiels de chaque système, et répondre, pour chacun d'eux, à la question posée plus haut.

Et d'abord, qu'est-ce que le matérialisme? D'après l'étymologie du mot, ce doit être un système où la matière joue un rôle prépondérant. Précisons cet aperçu. On sait que la science ramène les phénomènes les plus complexes à des conditions de plus en plus élémentaires. Ainsi les phénomènes conscients sont liés à des phénomènes nerveux ; ceux-ci, comme d'ailleurs tous les phénomènes biologiques, le sont à des phénomènes physiques et chimiques ; ces derniers, à des phénomènes mécaniques ; les phénomènes mécaniques eux-mêmes, à des conditions purement mathématiques. Pour la science, tous les phénomènes forment une hiérarchie dont les degrés s'atténuent et s'effacent à mesure que des conditions plus générales et plus élémentaires d'existence sont découvertes, de façon que les plus composés reviennent aux plus simples, la conscience à la vie, la vie à la physique et à la chimie, celles-ci à la mécanique. — Formuler ces conclusions qui anticipent sur les résultats à venir de l'expérience, ce n'est pas être matérialiste. La science en effet a pour unique objet les phénomènes; sur le fond des choses, elle fait profession d'ignorance; son domaine est le relatif, l'absolu ne lui est pas ouvert. Alors, que les phénomènes aient pour conditions phénoménales des antécédents mécaniques, que la pensée, par exemple, soit liée à des faits biologiques, et par suite à des déplacements de molécules, qu'en conclure touchant l'essence intime des choses? En ce sens, M. Herbert Spencer qui s'efforce de tout expliquer par l'évolution, la ségrégation, l'équilibre et la dissolution des mouvements, n'est pas plus matérialiste que le père Secchi, qui réduit au choc tous les phénomènes de l'ordre naturel. Ils ne voient en effet tous les deux, dans ce jeu universel du mouvement, qu'un symbole de la réalité invisible, une traduction, intelligible à l'esprit, mais dont le texte demeure ignoré de la science positive.

Le matérialisme consiste à supprimer cette réserve, et à déclarer absolues les conditions élémentaires des phénomènes. Puisque de proche en proche les faits les plus différents du mouvement s'y ramènent, c'est que le mouvement et ses conditions sont le fond commun et éternel, le principe de toutes choses. Le matérialisme ramène donc par analyse le composé au simple, l'accidentel à l'essentiel ; il réduit toutes choses à leurs conditions physiques les plus élémentaires, et, cela fait, il investit ces conditions de l'existence en soi et par soi, et les transfigure ainsi en raison suprême de toutes les existences.

Rien de plus aisé que le contrôle historique de cette définition. Le système matérialiste le plus rigoureux qu'ait enfanté la sagesse antique est l'atomisme de Démocrite, qui se retrouve, modifié dans les détails, mais au fond toujours semblable à lui-même, dans le mécanisme contemporain. Pour Démocrite, les principes des choses sont l'espace vide et les atomes. Infini en grandeur est l'espace, infinis en nombre sont les atomes. Toutes les choses particulières sont composées d'être et de non-être, de plein et de vide : elles naissent donc quand plusieurs atomes se réunissent, et meurent quand ils se dissocient ; elles ne sauraient par conséquent avoir des propriétés qui ne dériveraient pas de leurs éléments ; le froid, le chaud, le blanc, le noir, en un mot toutes les qualités sensibles n'ont pas d'existence réelle, les choses ne se distinguent les unes des autres que par des propriétés mathématiques, la forme, l'ordre de distribution et la situation des atomes. Les atomes simples diffèrent entre eux par la forme : de là une première source de différences dans les composés ; mais de même qu'avec les lettres de l'alphabet on peut faire une tragédie ou une comédie, de même, avec des atomes de même forme, mais diversement situés ou ordonnés, on peut faire des corps différents. Ainsi au monde du vulgaire, coloré, odorant, sapide, sonore, Démocrite, devançant par l'intuition du génie, les découvertes expérimentales de la science moderne, substitue un monde géométrique, où toute différence est mathématique. C'est par le mouvement des éléments impérissables et immuables que se produisent la naissance et la mort, l'accroissement et la diminution des choses particulières; la multitude infinie des atomes se meut dans le vide qui l'entoure; par suite, les éléments se rapprochent, s'éloignent les uns des autres ; de là, la génération, la corruption et le changement des êtres. Si le mouvement s'arrêtait, le monde serait comme pris dans les glaces; rien ne naîtrait, rien ne périrait, rien ne changerait, tout demeurerait en l'état. — L'origine d'un mouvement donné est un mouvement antérieur, et ainsi de suite à l'infini ; jamais on ne parvient au terme de la régression, parce qu'elle n'a pas de terme, l'éternel n'a pas de commencement. Tous les phénomènes, même ceux qui en semblent le plus éloignés, se ramènent à ce phénomène unique. En nous, comme hors de nous, tout est mécanique et géométrie.

Telle est aussi la conclusion des matérialistes contemporains. Pour eux, la matière éternelle, substance unique et commune de toutes choses, persiste en quantité constante, sous les phénomènes mobiles et passagers, et reçoit les formes variées de l'existence phénoménale; — sans matière point de force, et sans force point de matière; — la force est une simple propriété inhérente à la matière; — la matière est éternelle ; ce qui ne peut être anéanti ne peut être créé; — la force est indestructible comme la matière ; la somme des effets produits est toujours égale à elle-même ; les forces diverses en apparence se convertissent les unes dans les autres ; il n'y a pas de repos dans la nature (1).

Ces brèves indications suffisent pour mettre en lumière la procédure générale de la métaphysique matérialiste. Ce n'est pas par déduction que cette doctrine construit sa notion du premier principe des choses ; l'idée d'une matière éternellement en mouvement, origine et cause de tout ce qui apparaît dans le monde, ne découle pas analytiquement des principes à priori de la connaissance. Ce n'est pas davantage par une induction scientifique. L'induction, en effet, généralise un rapport découvert par l'expérience entre deux ou plusieurs phénomènes, et, si elle soutient notre croyance à l'universalité des conditions qui déterminent les divers phénomènes particuliers, elle ne la porte pas au delà des existences relatives, jusque dans l'absolu. Or, le matérialisme fait des conditions les plus générales et les plus simples de l'existence physique le contenu positif de l'existence en soi et par soi. Sa conception de l'absolu est donc construite *par analogie, sur le type de la matière inanimée.* Les conditions essentielles de l'existence matérielle, tels sont les éléments qu'il élève à l'absolu ; l'analogie, tel est le procédé par lequel il les transporte et les place dans le cadre vide de l'existence en soi et par soi. Pour un matérialisme vulgaire, la matière qui sert de type à la conception d'une existence absolue, c'est celle qui s'offre à nos sens, avec le cortége des qualités secondes ;

---

(1) Voy. Moleschott, *Lettres sur la circulation de la vie.*

pour le matérialisme savant, c'est la matière subtilisée de plus en plus jusqu'à se réduire à des conceptions mathématiques. Au fond, le matérialisme est toujours une transfiguration de la matière en absolu.

Avec d'autres éléments, la procédure du panthéisme n'est pas différente. — Cette doctrine est plus difficile à définir que le matérialisme. « Comme artiste » et comme poëte, a dit Gœthe, je suis polythéiste ; » comme naturaliste, au contraire, je suis panthéiste... » Attachez-vous à la substance avec bonheur... La sub- » stance est impérissable... C'est l'éternelle unité qui » se manifeste sous mille formes ; le grand en petit, le » petit en grand, toute chose selon sa propre loi, loin » et près, formant et transformant. » Essayons de préciser cette conception poétique d'une unité universelle, d'un grand tout, où toutes choses seraient contenues et confondues. L'étymologie du mot panthéisme, nous en révélera peut-être le sens philosophique. Πᾶν Θεός : tout est Dieu, et Dieu est tout. Que signifie cette formule dont les termes peuvent être renversés sans cesser d'être une traduction littérale du texte étymologique ? « Le » panthéisme, a dit un philosophe contemporain, a été » quelquefois entendu comme l'absorption de l'infini dans » le fini ; d'autres fois au contraire comme l'absorption du » fini dans l'infini... L'absorption de l'infini dans le fini, » de Dieu dans la nature, c'est la tentative de nier l'infini, » de réduire toutes choses à l'univers, c'est l'athéisme ; » l'absorption du fini dans l'infini, de l'univers en Dieu, » c'est un effort pour nier le fini, pour réduire toutes

» choses à Dieu, c'est le mysticisme. » Le panthéisme contiendrait donc deux tendances diamétralement opposées, et ainsi s'expliquerait qu'à un siècle de distance, le panthéiste Spinoza ait été tenu pour un réprouvé et pour un saint. Mais cette double acception suppose une référence tacite de l'esprit à une notion préconçue de Dieu. Dans une langue philosophique rigoureuse, Dieu et premier principe des choses ne sont pas termes synonymes; si Dieu est un principe premier, tout principe premier n'est pas Dieu. Ainsi pour les matérialistes, la matière est l'origine et l'essence de toutes choses; elle n'est pas Dieu pourtant. Dieu, c'est un principe des choses, conscient, libre et personnel. Aussi serait-il absurde que tout fût Dieu, c'est-à-dire que matière, vie, esprit, fussent au fond identiques à un être personnel, éternel, supérieur et antérieur à l'espace et au temps, ou que Dieu fût tout, c'est-à-dire qu'un être personnel, conscient et libre ne fît qu'un avec les esprits finis, les êtres vivants, les êtres inorganiques qui apparaissent dans l'espace et le temps et y sont soumis à des lois inexorables.

C'est donc se faire une idée fausse du panthéisme que d'y voir une tentative pour absorber le monde en Dieu ou Dieu dans le monde. On saura ce qu'il est, si, considérant les divers panthéismes, on en défalque les traits accidentels et particuliers, pour n'en conserver que les caractères communs, et l'on verra que c'est un système de métaphysique pour qui le principe des choses, indéterminé à l'origine, se détermine lui-même en produisant, par une nécessité interne, les divers ordres de réalités relatives. Justifions cette définition.

On pourrait remonter au delà des philosophies, jusqu'aux cosmogonies antiques, et voir qu'elles ont considéré l'univers comme un germe se développant de lui-même. Mais pour s'en tenir aux conceptions des philosophes, quelle idée se faisaient de la génération du monde les penseurs d'Ionie? Pour Thalès, un principe unique et éternel, l'eau, se change en glace, en vapeur, en matière inerte, en matière animée; sans forme propre, indéterminé par conséquent, cet élément commun, toujours en mouvement, revêt toutes les formes, et se montre partout où il y a mouvement, vie et âme. Pour Héraclite, le principe premier est un feu divin qui se détermine éternellement lui-même, et l'histoire de l'univers est celle de ses métamorphoses. Plus tard, les stoïciens reprendront la conception d'Héraclite : un feu subtil, l'éther, circule dans l'univers, comme le miel dans les cellules d'un rayon; il est la raison séminale qui, en se développant, engendre toutes choses; tout naît de lui, par rémission; tout revient à lui, par tension; et le monde est la somme de ses manifestations successives, également nécessaires.

Lorsque plus tard, à Alexandrie, le dogme oriental de l'émanation de la vie et des âmes se sera transfusé dans les philosophies helléniques, on se représentera la production du monde comme une multiplication de l'unité primitive. D'après Plotin, de cette unité déborde l'intelligence; de l'intelligence, qui surabonde, découle l'âme, et de l'âme, la multiplicité des phénomènes, et ces trois hypostases reviennent par degrés à l'unité primitive d'où elles émanent. Mais qu'est cette évolution circulaire, sinon le développement nécessaire d'un principe unique, enveloppant et reliant en un même ordre tous les phénomènes en apparence les plus divers?

Le panthéisme de Spinoza semble être d'une autre essence. Une substance qui tient d'elle-même la raison de son existence est de toute éternité; elle se manifeste nécessairement par une infinité d'attributs infinis chacun en son genre; chaque attribut se manifeste à son tour, non moins nécessairement, par une infinité de modes finis. Il n'y a pas là développement progressif du premier principe? Qu'importe? L'ensemble du relatif en est-il moins l'organe de l'absolu? La substance existerait-elle réellement sans les attributs, et les attributs sans les modes? La substance, détachée de ses attributs, ne serait-elle pas une pure abstraction, et de même les attributs, isolés des modes? Les modes ne réalisent-ils pas les attributs, et les attributs la substance? La loi qui relie les modes aux attributs et les attributs à la substance n'est-elle pas nécessaire? Nous ne connaissons, d'après Spinoza, que l'univers des idées et l'univers des corps géométriques. Qu'importe encore? Notre monde, et tous ceux qui nous sont inconnus, sont uniquement la manifestation nécessaire de la substance unique, qui, sans eux, n'aurait pas de réalité. Qu'il soit pleinement réalisé de toute éternité, comme le veut Spinoza, ou que la réalisation en soit graduelle, le monde des panthéistes est le produit d'une substance unique se déterminant elle-même en vertu d'une nécessité interne.

La chose est plus apparente encore dans le moderne

panthéisme allemand. Considérons en particulier la première philosophie de Schelling. — La source métaphysique des choses est une activité absolument indéterminée, puissance subjective, sans réalité objective. S'éveillera-t-elle et deviendra-t-elle féconde? Nul ne le sait à priori, car aucune nécessité n'est inhérente à l'idée de l'être inconditionnel. Mais comme le monde existe, l'expérience nous atteste que l'infini s'est réalisé. En le faisant, il est devenu fini, inégal à lui-même, par conséquent; en déposant hors de lui la réalité objective qu'il recélait virtuellement, il s'est limité. Sa réalisation est le prix de cette chute. Cependant, comme la virtualité primitive est infinie, en se réalisant elle ne se répand pas tout entière; dans sa première détermination, elle devient objet, mais elle garde toujours en elle-même sa subjectivité. La source de l'idéal est inépuisable. Ainsi, en partant d'un principe unique, l'être indéterminé, puissance illimitée d'être et d'essence, nous sommes conduits à l'opposition de deux principes, le passif et l'actif, l'être et l'intelligence, le réel et l'idéal.

L'idéal et le réel, émanant d'une source commune, sont en présence. Que va-t-il advenir? Resteront-ils immobiles, en face l'un de l'autre, éternellement distincts? Non, la manifestation de l'infini doit être aussi complète que possible, et pour cela il faut que l'idéal subjugue, pénètre et transforme le réel, que l'esprit triomphe de la matière. Le réel, de son côté, émanation de l'infini, mais déchu de l'infini, par cela seul qu'il est l'infini réalisé, ne peut reconquérir sa primitive essence qu'en se laissant assujettir à l'idéal; pour redevenir infinie, il faut que la matière devienne esprit. De là une pénétration graduelle du réel par l'idéal, une ascension continue de la matière aveugle vers la spiritualité pure.

Aristote, pour expliquer le monde, avait placé la matière indéterminée en face du Bien absolu. Animée d'un désir aveugle de perfection, elle tend incessamment vers ce Bien dont l'amour inconscient la fait tressaillir et l'anime; pour l'atteindre et le posséder, elle revêt des formes de plus en plus riches et parfaites : la vie, la sensation, le mouvement spontané et la pensée. Mais la pensée humaine, malgré les éclairs divins qui l'illuminent parfois, n'est pas identique à la pensée pure ; la matière ne peut s'abreuver complétement de perfection; toujours elle reste matière, suspendue à ce Bien qu'elle voit et qu'elle aime, mais dans lequel elle ne parvient pas à se dépouiller de toute imperfection. — Pour Schelling, le principe idéal, loin d'être immobile, agit ; il lui faut, pour se réaliser pleinement, pénétrer et transfigurer le principe matériel. Chacune de ses victoires est l'origine d'une détermination nouvelle de la nature, et la série des êtres est la série de ses triomphes.

Les phases de cette genèse victorieuse sont marquées dans la nature et dans l'histoire. — En se réalisant, l'infini ne s'est pas épuisé; la source subjective est toujours vive et pleine; l'infini en déborde, et se répandant sur la matière, la transforme. La *lumière*, premier degré de l'intelligence, pénètre la matière et la rend sensible. Les qualités matérielles ne sont que les manifestations du principe subjectif, identifié à la matière; par

elles, l'idéal affirme une première fois sa prépondérance.
— Mais l'inépuisable idéal est toujours en face de la matière déjà spiritualisée; la source n'en est pas tarie; la vie en coule de nouveau pour transformer la matière sensible. La *vie*, deuxième degré du principe subjectif, fait de la matière brute un organisme. C'est la seconde victoire de l'esprit sur la matière. — L'union des deux principes opposés n'est pas encore complète; l'idéal est encore distinct du réel; l'*intelligence*, forme nouvelle et plus riche du principe subjectif, pénètre la matière organisée et produit ainsi l'homme. C'est la troisième victoire de l'esprit sur la matière. Est-ce tout? Les deux principes opposés sont-ils revenus à leur identité primitive, alors qu'ils sommeillaient dans le sein de l'absolu indéterminé? La victoire du principe actif sur le principe passif est-elle complète? Non. L'idéal, sous forme d'*activité libre* se pose encore en face du réel; la lutte recommence; elle se termine par un nouveau triomphe de l'esprit. L'activité libre pénètre l'intelligence; celle-ci, qui tout à l'heure était la forme de la matière organisée, devient la matière de l'activité; l'homme prenant lui-même ses facultés pour objet, en détermine l'emploi. Toutefois l'identité poursuivie n'est pas encore atteinte. Quand l'homme règle lui-même le cours de son activité, il a un objet, ses propres facultés; un dernier reste de matière, rebelle à l'identification, persiste donc encore; il y a dualisme dans l'expansion de l'activité. L'idéal, sous forme d'*esprit pur*, se pose une dernière fois en face du réel. Une dernière lutte, une dernière victoire; alors apparaissent l'art, la religion et la philosophie.

L'idéal et le réel sont enfin réconciliés et confondus. Hosanna au plus haut des cieux !

Telle est la marche progressive de la réalité. Les êtres forment une série ascendante, de l'existence aveugle et indéterminée à la spiritualité pure, victorieuse de tous les obstacles. Le monde s'explique par la lutte de deux principes issus d'un seul, et la prépondérance croissante du supérieur sur l'inférieur, de l'idéal sur le réel, de l'esprit sur la nature. Ainsi l'absolu passe de l'indétermination complète à la détermination pleine et entière, en produisant lui-même, par une loi inhérente à son être, les moyens de sa propre réalisation.

Tous les systèmes panthéistes sont donc au fond les variations d'un même thème. D'où vient cette conception fondamentale? Ce n'est ni d'une intuition directe, ni d'une déduction, ni d'une induction scientifiques. Nous n'avons pas la vue de l'absolu en lui-même ; nous ne pouvons davantage en déduire l'idée des principes de la connaissance, ni le construire en recueillant les enseignements de la science, puisque la déduction et l'induction ne valent pas au delà des phénomènes. Le panthéisme procède en général comme le matérialisme : il transporte, par analogie, dans le centre vide de l'existence en soi et par soi, la notion de quelqu'une des réalités relatives intuitivement connues. Le matérialisme tirait ses analogies de la matière inanimée ; le panthéisme les tire de la matière vivante. Qu'est-ce, en effet, qu'un être vivant? C'est essentiellement un système de moyens appropriés à une fin commune ; la vie n'existe que par les organes ; si virtuellement elle y préexiste, elle est réalisée par eux. De même l'absolu des panthéistes est réalisé par les êtres qui constituent le monde. La substance de Spinoza serait une abstraction sans ses attributs et les modes de ces attributs. Ajoutez que l'être vivant se développe par évolution; qu'en lui la vie, d'abord vacillante, suscite peu à peu d'elle-même les moyens de sa propre réalisation, s'affermit et s'étend à mesure qu'ils apparaissent, et vous aurez le type sur lequel Schelling, et d'autres avant lui, ont conçu l'absolu. Pour tout panthéiste, le principe des choses n'est réalisé qu'en produisant lui-même, par une loi interne et nécessaire, les moyens et les milieux de sa réalisation; les êtres particuliers et relatifs sont à cet absolu ce que les appareils, les organes, les tissus et les cellules sont au tout organisé et vivant; ils n'existent qu'en lui et par lui, mais sans eux il resterait une virtualité idéale.

Le spiritualisme met-il en œuvre, pour construire la notion de l'absolu, un procédé nouveau, ou transporte-t-il, par analogie, au sein de l'existence en soi et par soi, des éléments empruntés à l'intuition des choses relatives? — Les définitions courantes du spiritualisme sont vagues et inexactes. Est-on spiritualiste pour reconnaître que les phénomènes conscients sont irréductibles aux phénomènes matériels? A ce compte, les philosophes de l'école expérimentale, qui, sans se prononcer sur l'essence de la matière et de l'esprit, ne voient aucun passage intelligible entre le mouvement et la pensée, le seraient au même titre que Descartes. Est-on spiritualiste pour reconnaître dans l'entendement humain des éléments d'une double provenance, les uns particuliers et contingents, issus de l'expérience : les autres universels et nécessaires, antérieurs et supérieurs à toute expérience? A ce compte, Kant, qui a mis hors de doute l'existence de formes et de catégories à priori, mais en a limité l'application légitime aux phénomènes, le serait au même titre que Leibniz. Peut-être voir une distinction radicale entre les faits mécaniques et les faits conscients est-il le commencement du spiritualisme, en ce sens que les doctrines qui nient cette distinction, conduisent, si on les applique aux questions métaphysiques, aux solutions du matérialisme et du panthéisme; mais pour être spiritualiste, il faut aller plus loin et pousser jusqu'à l'absolu.

Le spiritualisme est une doctrine métaphysique, c'est-à-dire une théorie de l'être en tant qu'être, de l'existence en soi et par soi, et ce qui le caractérise et le distingue des autres doctrines métaphysiques, c'est qu'il conçoit l'absolu sur le type de l'esprit, non pas de l'esprit tout entier, mais de ce qui en est l'essence et la fonction suprême, la causalité libre.

« Si nous cherchons de quelle manière cette cause
» qui est nous fait ce qu'elle fait, a dit un profond spi-
» ritualiste contemporain, nous trouvons que son action
» consiste dans la détermination, par la pensée, d'un
» ordre ou d'une fin, à laquelle concourent et s'ajustent
» des puissances inconnues qu'enveloppe latentes notre
» complexe individualité. Nous nous proposons tel objet,
» telle idée ou telle expression d'une idée : des profon-

» deurs de la mémoire sort aussitôt tout ce qui peut
» y servir des trésors qu'elle contient. Nous voulons tel
» mouvement; et, sous l'influence médiatrice de l'ima-
» gination, qui traduit en quelque sorte, dans le langage
» de la sensibilité, les dictées de l'intelligence, du fond
» de notre être émergent des mouvements élémentaires,
» dont le mouvement voulu est le terme et l'accomplis-
» sement. Ainsi arrivaient, à l'appel d'un chant, selon la
» fable antique, et s'arrangeaient comme d'eux-mêmes,
» en murailles et en tours, de dociles matériaux.

» Qu'est-ce que cette idée que notre pensée se pro-
» pose, et qui appelle à soi, comme du haut de sa per-
» fection, nos puissances inférieures? C'est notre pensée
» même, au point le plus élevé de réalité active, où,
» dans telles et telles limites, elle puisse parvenir.
» Qu'est-ce que ces puissances qu'elle attire, et qui
» trouvent en elle leur accomplissement, leur réalisa-
» tion? Des idées aussi, des idées qui sont aussi nôtres,
» donc notre pensée encore, quoique dans un état où elle
» est comme hors d'elle-même et étrangère à elle-même.
» D'après notre expérience, le ressort de toute la vie
» intérieure, c'est donc la pensée, ou action intellec-
» tuelle qui, d'un état de diffusion et de confusion où
» elle n'a en quelque sorte qu'une existence virtuelle,
» se rappelle, se ramène par un mouvement continuel
» de recomposition, dans l'unité de la conscience, à
» l'existence active, et d'un état de sommeil et de rêve
» remonte incessamment à l'état de veille. Si les pierres
» de la fable obéissent à une mélodie qui les appelle,
» c'est qu'en ces pierres il y a quelque chose qui est

» mélodie aussi, quoique sourde et secrète, et que,
» prononcée, exprimée, elle fait passer de la puissance
» à l'acte (1). » Si l'on ajoute que la perfection relative
de nos idées est cause de leur efficacité, et que cette
perfection dérive de leur rapport à notre conception
du bien, que l'âme a le choix entre le bien moral
et le bien sensible, que par conséquent elle se
donne à elle-même la loi de son développement, on
voit que la liberté, impossible sans la réflexion et
sans la conception du Bien, est le trait essentiel du
sujet.

Le spiritualisme marque l'absolu de ce trait, et il fait
de l'Être en soi et par soi la perfection suprême, essentiellement libre, affranchie de toute limitation. Ainsi
l'entendait Descartes, qui, entre autres gloires, a celle
d'avoir, par la définition de la substance nue et par les
paroles qu'on va lire, fixé les deux extrêmes entre lesquels peut se mouvoir la spéculation métaphysique :
l'indétermination absolue et la détermination absolue,
bien qu'incompréhensible, par la liberté. « Les vérités
» métaphysiques, écrivait-il à Mersenne, lesquelles vous
» nommez éternelles, ont été établies de Dieu, et en
» dépendent entièrement, aussi bien que tout le reste
» des créatures. C'est, en effet, parler de Dieu comme
» d'un Jupiter ou d'un Saturne, et l'assujettir au Styx
» et aux destinées, que de dire que ces vérités sont
» indépendantes de lui. Ne craignez pas, je vous prie,
» d'assurer et de publier partout que c'est Dieu qui a

---

(1) Ravaisson, *La philosophie en France au dix-neuvième siècle*, p. 244.

» établi ces lois en la nature, ainsi qu'un roi établit les
» lois en son royaume (1). »

Ainsi, au lieu d'un absolu conçu sur le type de la matière ou sur le type de l'organisme, au lieu d'un principe des choses indéfiniment étendu dans l'espace, et engendrant tout par son mouvement éternel, ou se développant dans le temps comme un germe qui évolue, et peuplant l'espace des organes nécessaires à sa réalisation, le spiritualisme propose un absolu conçu sur le type de l'esprit, une liberté pleine et entière, identique au Bien, qui a dans sa propre perfection la raison de son existence. Avec un tel principe, quelle idée convient-il de se faire du monde?

« Tout objet qu'on se propose de connaître peut être
» considéré ou dans ses éléments, ou dans l'unité de sa
» forme. Les éléments sont les matériaux; la forme,
» leur mode d'assemblage. Décomposer un objet ou
» une idée, les résoudre dans leurs éléments, c'est les
» résoudre en leur matière. Un tout résolu en ses élé-
» ments, ceux-ci en d'autres, et ainsi de suite, jusqu'à
» ce qu'on parvienne à des éléments indécomposables,
» il peut sembler qu'on a expliqué ce tout, qu'on en a
» rendu complètement raison. C'est ce qui est vrai peut-
» être de ces choses dont les propriétés ne sont guère
» autres que celles de leurs éléments, c'est-à-dire des
» choses de l'ordre géométrique et même mécanique,
» où les parties expliquent entièrement le tout, et
» peuvent servir à en rendre raison à priori... Au con-

(1) Ed Garnier, t. IV, p. 303.

» traire, on peut considérer dans les choses le mode
» d'union des matériaux ou la forme; on peut consi-
» dérer comme elles s'assemblent, se combinent avec
» d'autres : c'est le point de vue de la combinaison, ou
» complication ou synthèse. Ce point de vue est essen-
» tiellement celui de l'art, l'art consistant surtout à
» composer, à construire; c'est celui notamment de la
» poésie qui sans cesse rapproche, associe, marie en-
» semble les objets les plus éloignés (1). » C'est aussi
celui de la métaphysique spiritualiste. La science proprement dite procède par décomposition; elle ramène,
par analyse, toutes choses à leurs conditions élémentaires. Mais les explications qu'elle en fournit de la
sorte laissent toujours place à de nouvelles questions.
Un phénomène est expliqué pour elle quand il a été
rattaché à un antécédent invariable. Il est vrai qu'ainsi
la multiplicité et la variété sont réduites à l'unité; mais
la raison de cette causalité, le pourquoi de cette liaison
invariable, sont encore inconnus. La causalité mécanique, par laquelle tout paraît s'expliquer dans la
nature, est aveugle, et ne contient pas en elle-même,
pourrait-on dire, sa raison et sa cause. Il y a donc
place, à côté de la science, pour une autre interprétation des faits. Au lieu d'en considérer le matériel, on
en considérera la forme. Alors l'univers n'apparaît plus
seulement comme une poussière infinitésimale répandue
dans l'espace, mais comme un système de formes différentes. Le mécanisme une fois doublé de finalité, le

(1) Ravaisson, *La philosophie en France au dix-neuvième siècle*, p. 236

mode d'explication change. Chaque forme particulière est, aux yeux de la métaphysique, non pas seulement un système mécanique aux éléments unis et retenus ensemble par de mutuelles réactions, mais un certain degré de perfection réelle, et c'est cette perfection relative qui en est la raison d'être; la causalité mécanique a ainsi pour fonction de lier les matériaux; mais le plan suivant lequel ils sont unis, plan qui, en dernière analyse, est la raison véritable de l'être, n'est pas l'œuvre du mécanisme brut (1). Les différents êtres de la nature constituent, à ce point de vue, une hiérarchie de formes harmonieusement ordonnées. Il y a entre les choses, disait Malebranche, deux sortes de rapports : des rapports de grandeur et des rapports de perfection ou d'excellence. « Une bête est plus esti-
» mable qu'une pierre, et moins estimable qu'un
» homme, parce qu'il y a un plus grand rapport de
» perfection de la bête à la pierre que de la pierre à la
» bête, et qu'il y a un moindre rapport de perfection
» entre la bête comparée à l'homme, qu'entre l'homme
» comparé à la bête. »

On dira peut-être que le panthéisme s'est déjà placé, pour embrasser la totalité des choses, à ce centre de perspective. Quelle est en effet, dans l'évolution progressive de l'absolu, telle que le conçoivent, par exemple, Schelling et Hégel, la raison dernière de l'existence et de l'essence de chaque être particulier, et de chaque ordre distinct d'êtres, sinon leur rapport nécessaire à la

---

(1) Voir. Paul Janet, *Les causes finales.*

réalisation de l'absolu ? Et tous ces organes du premier principe, successivement apparus, ne forment-ils pas une hiérarchie où chaque degré est déterminé par la distance qui le sépare du terme de l'évolution ? — Nous ne le contestons pas, nous qui croyons que le panthéisme prend pour type de l'absolu la matière animée, où le mécanisme est un instrument de finalité. Mais la finalité, telle que l'entend le panthéisme, est aveugle et inintelligible. Là où les causes finales nous apparaissent en action, c'est-à-dire en nous-même, la fin préexiste, à l'état d'idée, à sa réalisation, et ceux des naturalistes qui ne bannissent pas les fins du domaine de la vie, sont contraints, par l'analogie, de les réaliser sous forme d'*idées directrices*. Les panthéistes, au contraire, estiment que les fins poursuivies par la nature n'ont pas même cette préexistence idéale; à l'origine l'indétermination de l'être est absolue, et elle ne s'efface que peu à peu, à mesure qu'apparaissent, suscités par l'indéterminé lui-même, les organes de sa détermination. Ainsi, une fin qui n'existe nulle part à l'état d'idée est assez efficace pour se réaliser elle-même et produire tour à tour la matière, la vie, le mouvement spontané et la pensée. C'est chose inintelligible pour nous, qui, en dehors des relations mesurées par la science, et ramenées par elle à des rapports de quantité, estimons toutes choses à la mesure que nous trouvons dans la conscience de nous-mêmes. Tel n'est pas le point de vue spiritualiste. Aristote, pour expliquer comment la matière, indéterminée à l'origine, se déterminait progressivement, en revêtant des formes de plus en plus complexes, admettait comme contemporaine de la matière éternelle une perfection absolue, acte pur, sans aucun mélange de passivité, la pensée de la pensée, le Bien en un mot. Malgré le dualisme du système, c'était là du spiritualisme. Pour cette doctrine en effet, la perfection est l'absolu, parce que seule, nous en trouvons la preuve dans notre perfection relative, elle a en elle-même la raison de son existence. Cet absolu, où tout est moral, est la commune mesure à laquelle nous rapportons métaphysiquement toutes choses réelles pour en estimer la valeur. Il n'est donc pas réalisé, comme l'absolu des panthéistes, par l'existence des choses particulières ; il préexiste à celles-ci, et la seule raison qu'elles ont d'exister et d'être ce qu'elles sont, est leur relation plus ou moins lointaine avec la perfection absolue. Le monde, pour le spiritualisme, est une hiérarchie morale.

C'est ce qu'a vu le penseur le plus pénétrant, sinon le plus systématique de cette école. « Tout se fait mécaniquement, disait Leibniz, — entendant par là que chaque phénomène a sa raison déterminante dans un autre phénomène; — mais le mécanisme même a un principe qui doit être cherché hors de la matière, et que la métaphysique seule fait connaître. » Et développant cette pensée : « Les principes du mouvement dont les lois du mouvement sont les suites, ne sauraient être tirés de ce qui est purement passif, géométrique ou matériel, ni prouvés par les seuls axiomes des mathématiques. Pour justifier les règles dynamiques, il faut recourir à la métaphysique réelle, et aux principes de convenance qui affectent les âmes, et qui n'ont pas moins d'exactitude que ceux des géomètres. » — « La source du mécanisme est la force primitive ; autrement dit les lois du mouvement, selon lesquelles naissent de cette force les forces dérivées ou impétuosités, découlent de la perception du bien et du mal, ou de ce qui convient le mieux. Les causes efficientes dépendent ainsi des causes finales ; les choses spirituelles sont par nature antérieures aux matérielles, comme elles leur sont aussi antérieures dans l'ordre de la connaissance, puisque nous voyons l'âme qui nous est intime, plus intérieurement que le corps. » Rappelons enfin cette brève sentence du même penseur, formule la plus précise et la plus concise que l'on ait jamais donnée de la conception spiritualiste : « Il y a de la géométrie partout et de la morale partout. »

Ainsi les divers systèmes de métaphysique mettent en œuvre un procédé commun : c'est par analogie qu'ils construisent la notion de l'absolu sur le type de la matière inanimée, ou de la matière vivante, ou de l'esprit. Il nous reste à rechercher en quelle proportion les éléments dont ils font usage dérivent de l'objet et du sujet.

En premier lieu, tous les absolus, celui des spiritualistes aussi bien que celui des matérialistes, contiennent des matériaux de provenance objective. — Pour le matérialisme, la chose est évidente. Qu'est-ce, en effet, que la matière absolue, principe premier de toutes les existences phénoménales, sinon la somme des catégories objectives, investies par l'esprit de l'existence en soi et par soi? N'est-elle pas à la fois espace, temps, nombre, substance et cause? — Le panthéisme emprunte moins à l'objet. Parfois, avec Spinoza par exemple, il fait de l'étendue un attribut du premier principe; mais il peut, sans en être essentiellement altéré, voir dans le nombre, l'espace et le temps, en un mot dans les catégories mathématiques de la pensée, de pures manifestations de l'être unique et universel. Mais, comme nous l'avons montré, l'âme de cette doctrine est la notion d'une substance, enfantant toutes choses par une loi nécessaire. N'est-ce pas là, élevée à l'absolu, une des lois objectives de l'esprit, celle qui exige que la quantité d'être soit constante dans l'univers représenté et pensé? — Si le spiritualisme semble, par définition, plus étranger à l'objet que tout autre système, il ne laisse pas cependant d'en recevoir quelques-uns des éléments dont il compose la notion de l'absolu. Combien de spiritualistes, faisant de Dieu la cause efficiente du monde, en ont conçu l'action sur le type de la causalité mécanique? Le Dieu de Descartes, par exemple, n'agit-il pas à la façon d'un moteur, pour produire, en la matière, une quantité invariable de mouvement? Et ceux qui, mieux inspirés, voient en Dieu une perfection qui attire, et non pas une force qui pousse, ne l'ont-ils pas doué souvent d'attributs d'origine objective? Que sont l'immensité, l'éternité, l'infinité, si souvent attribuées à Dieu, sinon des éléments de la connaissance objective élevés à l'absolu? En vain, pour en effacer ce caractère, a-t-on voulu les ramener à quelque chose de purement moral et y voir l'affranchissement des conditions d'espace, de temps et de nombre imposées aux choses relatives ; on ne réussit pas à les transfigurer pleinement, et pour la plupart des théologiens spiritualistes, l'immensité, l'éternité et l'infinité divines gardent toujours quelque chose de l'espace, du temps et du nombre.

Ainsi les lois objectives de la connaissance se retrouvent, en tout ou partie, dans les divers absolus des métaphysiciens. Elles y sont unies à des éléments empruntés au sujet. Il est inutile de le démontrer pour l'absolu des spiritualistes. Un premier principe conçu comme liberté et comme perfection absolues, ne saurait être qu'un analogue de l'âme. — A un moindre degré, il n'en est pas autrement de la substance universelle des panthéistes, non pas qu'en elle-même elle soit toujours esprit; mais la loi suivant laquelle elle se manifeste et se réalise, serait une énigme indéchiffrable si nous n'en trouvions pas la clef en nous-même. Cette loi, nous l'avons vu, est dérivée de la considération des êtres vivants. L'absolu des panthéistes se réalise, comme la vie, par une pluralité d'organes, et souvent même par une évolution comparable à celle des germes organisés. Mais cette vie, toute imprégnée de finalité, pourrions-nous la comprendre sans l'intuition de nous-même? Que se passe-t-il en nous? Nous posons des fins qui, du haut de leur perfection, attirent à elles les moyens qui peuvent les réaliser, et ce qui nous explique l'apparition et l'agencement des moyens, c'est la préexistence idéale de la fin. Sans cette lumière, l'essence de la vie nous resterait cachée; nous pourrions en démêler les éléments, découvrir quels rapports les unissent, et dans quelles lois physiques, chimiques et mécaniques rentrent ces rapports. Mais, de la sorte, la vie irait se perdre dans ce qui en est la matière; ce qui en est la forme essentielle, je veux dire le *consensus* des éléments divers, ne nous apparaîtrait pas ou nous serait inintelligible. Au contraire, au jour de cette finalité qui est en nous le ressort et la raison de l'activité consciente, nous comprenons le concert des organes vivants et de leurs fonctions. La nature, il est vrai, travaille en sens inverse de l'industrie humaine. Nous posons des fins et nous y coordonnons ensuite des moyens, allant ainsi du dehors au dedans; la nature, au contraire, va du dedans au dehors : la fin qu'elle poursuit inconsciemment n'apparaît que lorsqu'elle est atteinte. Mais cette finalité immanente nous serait un mystère impénétrable, si nous ne l'éclairions pas par la finalité intentionnelle et transcendante de l'activité consciente.

Le matérialisme, lui aussi, emprunte quelque chose au sujet. Il puise dans la matière physique les matériaux dont il construit son absolu, qualités sensibles et lois de ces qualités. Il serait aisé de démontrer, avec Kant, que ces éléments, en apparence si éloignés de la pensée, sont la pensée même en ce qu'elle a de moins complexe et de plus général. La chose n'est-elle pas vraie de l'espace, du temps et du nombre? De la sorte la matière n'aurait rien de matériel. Sans pousser jusque-là, n'est-il pas vrai du moins que les éléments dont on compose la matière absolue nous sont donnés en fonction du sujet. On ne le conteste pas pour les qualités secondes, couleurs, saveurs, sons, odeurs, etc.; mais on fait une réserve en faveur des qualités premières, l'étendue et la résistance. Cependant, à y regarder de près, ne nous sont-elles pas données en fonction de l'activité musculaire et du toucher, comme les couleurs en fonction de la vue, les sons en fonction de l'ouïe? Et peut-on en défalquer ce que le sujet y met du sien, pour ne conserver que la part de l'objet? Le matérialisme passe outre; il isole, par abstraction, la matière du sujet auquel elle tient par toutes ces qualités, et cela fait, il nie le sujet au bénéfice de la matière! — En vain alléguera-t-on que le mouvement auquel se réduisent tous les phénomènes de la nature inorganique est absolument étranger aux fonctions du sujet conscient. A moins de le réduire à une pure abstraction logique, et de le dénuer par conséquent de toute réalité concrète, il faut y voir une tendance incessante à occuper dans l'espace de nouvelles positions. Et qu'est cette tendance, sinon un analogue de la volonté, de l'esprit en un mot? Où en trouvons-nous le type, sinon dans la conscience de notre activité?

Tout système de métaphysique est donc à la fois spiritualiste et matérialiste en une certaine mesure, spiritualiste par ce qu'il prend du sujet, matérialiste par ce qu'il emprunte à l'objet, pour remplir la notion vide d'une existence en soi et par soi.

CHAPITRE VI

VALEUR DES MÉTAPHYSIQUES

Toutes les conceptions de l'absolu, celles des matérialistes, des panthéistes et des spiritualistes, malgré de profondes différences et de nombreuses variétés, ont ceci de commun, qu'elles sont toutes construites avec des matériaux de provenances radicalement distinctes. Elles renferment toutes, élevées à l'existence en soi, une ou plusieurs des lois objectives de la connaissance, espace, temps, nombre, substance et cause; mais, en même temps, elles contiennent, tantôt dominés par les éléments dont nous venons de parler et comme perdus en eux, tantôt au contraire les dominant, des éléments subjectifs et moraux puisés dans la conscience du sujet.

Au point de vue scientifique, ces divers systèmes sembleraient devoir être tous intelligibles, en ce sens qu'ils attribuent au premier principe de l'existence quelques-unes des conditions de l'intelligibilité des choses. Pour le matérialisme, l'absolu n'est-il pas la matière éternelle, éternellement en mouvement? Et en quoi se résout cette notion, si ce n'est, comme nous l'avons montré, dans les trois notions combinées du temps, de l'espace et du nombre, supposés existant en soi et par soi? Et cette matière, source intarissable de tout ce qui existe et apparaît, n'est-elle pas aussi la substance de toute chose, la cause de tout phénomène? Pour le panthéisme, l'absolu n'est-il pas la substance universelle, dont toutes les existences particulières ne sont que les vicissitudes ou les manifestations éphémères? Pour les systèmes spiritualistes enfin, sans parler de ceux qui ont fait de l'espace et du temps des attributs essentiels du premier principe, l'absolu n'est-il pas la cause de laquelle tout dérive? Ainsi, aucune conception de l'absolu où n'entre, si atténuée qu'elle puisse être, comme élément constitutif, quelqu'une des lois sans lesquelles la pensée scientifique n'existerait pas, et, partant, les divers degrés d'intelligibilité scientifique qu'elles présentent, doivent se mesurer au nombre des lois objectives qu'elles contiennent. Ainsi, le plus intelligible des systèmes métaphysiques serait sans contredit le mécanisme pur, où n'entre, au moins en apparence, rien qui provienne du sujet, où tout est nombre, forme géométrique et mouvement. Là se trouvent, en effet, combinées en absolu, toutes les lois objectives de la connaissance, et celles qui règlent la pensée du possible, et celles qui président à la pensée du réel, le nombre, l'espace et le temps, non moins que la substance et la cause.

Mais cette apparente intelligibilité n'est qu'un prestige, origine des séductions décevantes si longtemps exercées sur les esprits par les métaphysiques intellectualistes. Si le temps, l'espace, le nombre, la substance et la cause sont les conditions sans lesquelles tout, hors de nous, serait obscur et inintelligible, l'intelligence qu'elles nous donnent du monde ne va pas au delà de la sphère des phénomènes. Pour penser les faits objectifs, nous leur donnons une durée, une forme, un nombre; nous les considérons comme les vicissitudes d'une même quantité d'être, et nous les lions en séries dont chaque terme est déterminé par un groupe de phénomènes antécédents ou concomitants; mais, nous l'avons vu, cette lumière, sans laquelle le monde des phénomènes ne serait que ténèbres sensibles, s'obscurcit et s'éteint aussitôt qu'on essaye d'en faire passer les rayons au delà des phénomènes. Toute loi objective de la connaissance, élevée à l'absolu, devient contradictoire : un temps en soi et par soi est une contradiction; un espace en soi et par soi est une contradiction; de même un nombre en soi et par soi; de même encore une substance et une cause absolues. Aussi, en érigeant en absolu telle ou telle loi objective de la pensée, les diverses métaphysiques contractent-elles un ou plusieurs germes de contradiction, c'est-à-dire d'inintelligibilité. A ce point de vue, le plus inintelligible des systèmes est celui qui pourrait paraître le plus intelligible, celui qui contient, élevées à l'absolu, toutes les lois objectives de la connaissance, nous voulons dire le mécanisme.

Scientifiquement donc, tous les systèmes métaphysiques sont à rejeter, car tous ils contiennent, à une dose plus ou moins forte, la contradiction, ruine de la pensée. Mais, en même temps, nous trouvons en eux un élément subjectif et moral, étranger aux objets proprement dits. La chose est évidente pour le spiritualisme ; le nom seul du système suffit à le montrer. Il n'en est pas autrement, malgré les apparences contraires, pour le panthéisme. L'essence de cette conception métaphysique des choses, sous les multiples aspects de ses formes, est, avons-nous vu, de concevoir le monde sur le type de la vie, et de faire du principe des choses une substance universelle qui se manifeste et se réalise le plus souvent d'une manière évolutive, par une pluralité variée d'êtres et de phénomènes particuliers. Le type de cette conception semble au premir abord extérieur à l'esprit. Rien pourtant, si ce n'est la liberté morale, ne nous est plus intérieur que la finalité. La vie, bien que les conditions en soient physiques, chimiques et mécaniques, n'est pas un pur mécanisme. Comme le disait Claude Bernard, tout organisme, en son évolution, en ses manifestations, suit une *idée directrice*, par quoi, sans doute, l'illustre physiologiste n'entendait pas dire qu'une idée, au sens logique de ce mot, est présente en acte, dans chaque être vivant, mais que la coordination mécanique des phénomènes vitaux ne suffit pas à expliquer la suprématie organique des uns, et la subordination des autres. Mais cette finalité, réalisée, hors de nous, dans les êtres vivants, où en trouvons-nous la notion, si ce n'est en eux-mêmes, dans l'acte réfléchi? Une fin n'est-elle pas une idée, qui, posée par l'esprit, dans l'esprit, préexiste à sa propre réalisation et sert de centre de ralliement aux moyens divers qui la réaliseront? Et dire que, dans les êtres vivants, les organes constituent un système de moyens appropriés à une fin, n'est-ce pas juger d'une partie des choses extérieures sur un type intérieur? On alléguera, sans doute, qu'en nous la finalité est réfléchie, que l'idée est posée avant d'être matériellement réalisée, que rien de semblable ne nous apparaît dans la nature vivante, qu'en elle la finalité est aveugle et inconsciente. Rien de plus vrai. Mais cette finalité inconsciente n'est-elle pas comme une dégradation de la finalité consciente, sans laquelle on ne saurait l'interpréter et la comprendre? La nature et l'industrie humaine travaillent, sans doute, en sens inverses. Nous posons, avons-nous dit déjà, des fins auxquelles nous coordonnons, avec réflexion, des moyens appropriés, allant ainsi du dedans au dehors. La nature, au contraire, va du dehors au dedans : la fin inconsciemment poursuivie par elle n'apparaît qu'une fois atteinte et réalisée. Mais, encore une fois, cette finalité immanente ne nous devient intelligible qu'à la lumière de la finalité intentionnelle et transcendante de l'activité consciente. L'absolu du panthéisme, bien qu'en apparence copié sur la vie, chose extérieure à l'esprit, reproduit, en ses traits essentiels, quelque chose du sujet.

A un moindre degré, il en est de même de l'absolu du matérialisme. Rien de plus étrange et de plus paradoxal, au premier abord, que cette assertion. Qu'y a-t-il de commun, tout parti pris métaphysique mis de côté, entre la matière en mouvement, conçue comme substance et cause de tout ce qui apparaît, et les puissances même inférieures du sujet conscient? Si l'on voulait abuser contre le matérialisme du résultat des analyses critiques qu'il répudie, il serait aisé de montrer que les divers éléments de la notion de matière sont empruntés de toutes pièces à l'être pensant; que temps, espace, nombre, substance et cause expriment, en définitive, les conditions diverses de la pensée; et que, par conséquent, la matière, et ce qui semble en elle le plus étranger à la pensée, est construite en fonction de la pensée. Mais sans aller jusque-là, le matérialisme, au moins lorsqu'il n'affecte pas la forme du mécanisme idéaliste, n'emprunte-t-il pas à l'âme quelque chose d'elle-même? C'est par un mouvement éternel, incessamment distribué et redistribué, qu'il prétend tout expliquer. Mais la réalité du mouvement ne consiste-t-elle pas dans la tendance incessante du mobile à changer de lieu, et qu'est cette tendance, sinon un analogue de la volonté, de la pensée, de l'esprit, en un mot? Où en trouvons-nous le type, si ce n'est dans la conscience de notre activité? Le matérialisme, malgré sa négation de l'esprit, serait donc, en dernière analyse, un spiritualisme infime.

Lie-t-on d'une manière inséparable cet élément subjectif aux éléments objectifs avec lesquels il est, en tout système, aggloméré? Il en subit le sort. Qu'on en fasse, comme dans le spiritualisme, le noyau d'inhérence d'attributs objectifs, l'immensité, l'infinité, l'éternité, ou, au contraire, comme dans le matérialisme, l'attribut d'une essence objective, la matière en mouvement, la contradiction qu'on y attache ainsi en cause la ruine. L'isole-t-on, au contraire, de ces principes de contradiction, alors il y a lieu d'apprécier la valeur relative des systèmes dont les diverses notions de l'absolu sont, en ce qu'elles ont de subjectif et de moral, les pièces centrales et maîtresses.

Par définition, le premier principe est tel que toutes choses doivent en dériver. L'explication métaphysique doit, par suite, s'étendre à toutes les réalités immédiatement connues. Qui, du matérialisme, du panthéisme et du spiritualisme, satisfait le mieux à cette condition?

D'après le premier de ces systèmes, le mouvement expliquerait tout, la matière inanimée, la vie et l'esprit. — Ne parlons pas de la matière brute. La vie sort-elle, par une complication croissante, du mécanisme? On a pu croire qu'elle en venait, à mesure qu'une science, chaque jour mieux informée, mettait davantage à découvert l'identité des phénomènes vitaux et des phénomènes physico-chimiques. Mais si, dans l'être vivant, tout se passe mécaniquement, ce dont le mécanisme ne rend pas compte, c'est la vie elle-même. Qu'elle soit soutenue par des conditions physiques et chimiques, identiques aux phénomènes du monde extérieur, elle n'en est pas moins l'auteur du laboratoire vivant où elle s'accomplit, et c'est là ce qui la différencie essentiellement du mouvement pur et simple. On peut considérer un germe donné comme une formule qui se développe, où un œil assez pénétrant lirait d'avance toutes les phases de l'évolution à venir. Mais ce germe contient la vie, au moins obscure et virtuelle; et c'est elle qui, excitant peu à peu ses puissances, fait servir à sa réalisation les séries des mouvements moléculaires.

Encore moins que la vie, la pensée consciente se

résout-elle dans le mouvement. Pour ramener la conscience au pur mécanisme, la métaphysique matérialiste fait observer que toute sensation est invariablement précédée d'un mouvement moléculaire des centres nerveux, et elle en conclut que le phénomène physiologique est l'antécédent invariable et inconditionnel, c'est-à-dire la cause du phénomène psychologique. Ce raisonnement, en apparence rigoureux, cache un sophisme aisé à découvrir. — Dans la nature, la cause d'un fait est le fait qui le précède invariablement. Mais, outre la constance dans la succession, la causalité physique implique aussi, nous l'avons vu, l'identité de nature de l'antécédent et du conséquent; elle ne saurait sans cela passer de l'un à l'autre. Ainsi les vibrations de l'éther, transmises au nerf optique par les milieux de l'œil, peuvent être tenues, à juste titre, pour les causes des vibrations qui s'y produisent, car si tous les phénomènes physiques sont au fond des mouvements, ici antécédent et conséquent ne diffèrent pas en qualité. De même encore, et pour la même raison, le mouvement moléculaire, propagé le long des nerfs, est la cause de cet ébranlement des centres nerveux sans lequel il n'y a pas de sensation. Mais, entre ces vibrations et la sensation consciente, il n'y a que succession, et de cette succession on ne saurait conclure légitimement à une identité de nature. Pour les lier ensemble par un rapport de causalité véritable, il faudrait établir que la sensation est un mouvement transformé; et cette preuve est impossible, en raison même des différences spécifiques senties par la conscience à l'action des divers systèmes des mouvements extérieurs. Impuissant à faire sortir la conscience du mouvement, encore moins le matérialisme réussirait-il à expliquer, par les seules lois mécaniques, les autres fonctions concrètes du sujet, la réflexion et la liberté. Aussi les nie-t-il; mais les nier, quand il faut en rendre compte, c'est abdiquer.

Le panthéisme sera-t-il moins incomplet? — Remarquons, en premier lieu, qu'une doctrine dont le type d'explication est tiré de la considération de la vie, accepte, en les complétant, les conclusions du mécanisme. Celui-ci néglige l'ensemble pour s'attacher exclusivement aux éléments, et prétend réduire toutes choses à leurs conditions les plus simples et les plus générales. Le panthéisme, au contraire, sans négliger les conditions élémentaires, base matérielle de la nature, en considère aussi l'ensemble, l'ordre et l'harmonie. Aussi ne violente-t-il pas les faits au même point que le matérialisme. Tout, dans la nature, se passe mécaniquement. Les mouvements forment des séries indéfinies, comme l'espace et le temps où elles se développent. Mais comment se fait-il que certaines d'entre elles, comme cédant à un mystérieux attrait, convergent vers des centres communs, pour aboutir ainsi à constituer des systèmes réguliers? N'est-ce pas qu'il y a, dans tout mouvement, deux choses qu'il est impossible de séparer, et qu'il importe cependant de ne pas confondre? « L'une est la production indéterminée
» d'un mouvement qui s'ajoute à la somme des mouvements antérieurs, et l'autre est la détermina-
» tion de ce même mouvement à une certaine direc-

tion (1). » La première est l'œuvre d'un antécédent; la seconde, celle d'un conséquent plus ou moins éloigné. Que plusieurs séries de mouvements aient un même conséquent, et leur convergence harmonieuse vers un but commun est expliquée. Tout phénomène est donc produit par un antécédent, et déterminé par ses relations avec les autres éléments du système dont il fait partie, et dont la direction est elle-même déterminée par l'idée du tout.

Ainsi est expliquée la vie. Le mécanisme, et c'est là son erreur, ne voit pas la forme, et réduit tout au matériel de l'organisme. Mais un système, tiré de la considération même de la vie, doit combler cette lacune. L'organisme n'est pas, à ses yeux, l'œuvre exclusive d'un mécanisme aveugle, mais un système fermé de phénomènes convergeant vers un centre commun.

Cependant cette explication est encore incomplète. La plus claire notion que nous puissions avoir de cette *idée directrice* qui préside à l'évolution organique nous est fournie par l'art humain. Nous posons, à l'état d'idées, des fins que notre activité réalise. Telle n'est pas l'idée directrice de l'évolution organique, car elle ne semble pas préexister, comme idéal actuel, au rassemblement des moyens qui la réalisent. Faut-il se la figurer comme une sorte d'instinct qui envelopperait la finalité à l'état de désir diffus et inconscient? Telle doit être la solution du panthéisme. Comme son absolu n'est réalisé qu'au terme de l'évolution, l'idée

---

(1) Lachelier, *Du fondement de l'induction.*

directrice de la vie ne peut exister en acte avant la réalisation de la vie elle-même. Mais sans une claire conscience des procédés de l'acte réfléchi, l'activité instinctive nous serait inintelligible. C'est par induction que nous concluons de la finalité manifeste de l'une à la finalité latente de l'autre. L'organisme vivant présuppose donc, pour être compris, la notion d'un autre organisme où l'idée directrice préexiste, en acte, au développement des organes.

Mais voici que dans ce dernier organisme apparaissent des faits d'un nouvel ordre. De la réflexion naît en nous la liberté. Les fins diverses, centres de tous nos mouvements, ne nous sont pas imposées par la nature. Nous choisissons, parmi les possibles réalisables, ceux que nous trouvons bon de faire passer à l'acte. Rien de semblable dans la vie; elle ne pose pas librement les idées qu'elle réalise, mais elle est astreinte à des formes constantes. L'embryon d'une violette ne peut, en se développant, produire un chêne. L'idée directrice n'est donc pas l'œuvre de la vie, puisqu'elle s'impose à elle. Si l'on nie la permanence des espèces, pour croire qu'elles dérivent, les plus complexes des plus simples, par transformations lentes, force est cependant de reconnaître que la nature est dirigée, dans sa longue évolution, par la loi du meilleur, et que le terme lointain où elle doit aboutir, l'attire et la dirige, sans qu'elle puisse résister à l'attrait ou changer de direction. En vain alléguerait-on, comme indices de liberté, ses brusques retours en arrière, ses arrêts imprévus, les dégradations soudaines de ses formes; ces exceptions apparentes à la règle s'expliquent aisément, si l'on suppose que les conditions matérielles, indispensables à la réalisation du type, ont fait défaut; et, d'ailleurs, ces reculs ne sont-ils pas compensés, et au delà, par des progrès nouveaux? Ces dégradations ne sont-elles pas promptement effacées? Or, la loi qui préside aux rapports des parties vivantes résulte de la fin commune qu'elles doivent réaliser. La circulation de la vie subit donc une loi qu'elle ne se donne pas.

Tel n'est pas le cas de la volonté. Nous posons nous-mêmes la fin à réaliser par nous, et, comme les rapports mutuels des moyens mis en œuvre pour y parvenir dépendent de la fin elle-même, il en résulte, en dernière analyse, que tout acte libre se confère à lui-même la loi de sa réalisation. Se donner sa loi, et ne pas la recevoir, telle est la marque de la liberté. Nous la trouverons plus fortement empreinte en nous, si des actes particuliers nous nous élevons à la considération de l'ensemble qu'ils forment. L'homme libre peut agir par caprice ou par raison. Dans le premier cas, il pose des fins incohérentes, sans suite et sans lien apparents; la loi qu'il s'imprime varie à chaque acte nouveau. Dans le second, il pose à sa vie entière une fin à laquelle concourront désormais tous ses actes : ce sera tantôt l'intérêt et tantôt la vertu, il n'importe; quelle qu'elle soit, cette fin imprime à la vie entière une direction constante et uniforme. Mais comme elle a été posée librement, l'homme, en la posant, s'est vraiment conféré la loi de son développement. On voit par là combien l'idée de liberté diffère de l'idée de vie.

C'est une présomption pour croire qu'une doctrine qui conçoit tout sur le type de l'organisme vivant, n'expliquera pas l'organisme moral. Cette présomption devient une certitude, quand on considère les diverses formes du panthéisme. — La liberté n'a aucune place dans le monde tel que le construit Spinoza. — La substance se manifeste *nécessairement* par une infinité d'attributs ; les attributs, à leur tour, se manifestent nécessairement par une infinité de modes. Le réseau de la nécessité est jeté sur le monde entier, et l'enserre en ses robustes mailles. Un seul acte libre serait un échec à la réalisation de la substance, c'est-à-dire à la loi nécessaire de l'univers. — De même dans la doctrine de Schelling. Si le monde est un organisme qui réalise l'absolu, où peut être la liberté ? On serait tenté de la placer à l'origine de l'évolution universelle. C'est, en effet, de lui-même que l'idéal laisse tomber ce principe matériel et réel qu'il pénétrera pour se réaliser par degrés. Ne pouvait-il pas le retenir ? Sans aucun doute ; mais, à ce prix, l'absolu n'eût jamais existé. Singulière liberté qui, pour être conservée, ne doit pas se réaliser, et qui s'évanouit aussitôt qu'elle se manifeste par un acte. En effet, le dédoublement du principe absolu une fois accompli, il n'y a plus place pour un acte libre. Tous les différents ordres de l'existence phénoménale, qui apparaissent tour à tour, sont autant d'organes de l'absolu, et si, dans un être vivant, un instrument particulier n'est pas libre de changer de place ou de fonction, tout être, dans l'organisme universel, est astreint à conserver la place et la fonction qui lui sont assignées par son rapport à la réalisation du tout. Dira-t-on que la liberté apparaît au terme de l'évolution, et que l'absolu réalisé est affranchi de toute nécessité ? Toute contrainte extérieure a disparu, sans doute, mais une contrainte intérieure persiste ; l'absolu tient sa réalité des divers moyens qui le réalisent ; il en est donc l'esclave, et il ne saurait cesser de l'être qu'en cessant d'exister.

Le panthéisme est donc, à un moindre degré toutefois que le matérialisme, une explication incomplète de l'univers. La liberté est supérieure à la vie, comme la vie est supérieure au mouvement. Concevoir tout sur le type de la vie, c'est, d'avance, se condamner à nier la liberté ou à la défigurer, pour la faire rentrer, de force, dans les cadres d'un système inhabiles à la contenir.

Le spiritualisme, envisagé du point de vue d'où nous considérons en ce moment les divers systèmes de métaphysique, n'offre pas les mêmes lacunes. La chose est facile à comprendre. L'élément subjectif, impliqué dans l'absolu du matérialisme, est la notion de l'activité indéterminée ; il n'est pas étonnant que la finalité et la liberté ne s'y laissent pas réduire, sans une violence qui les dénature. L'élément subjectif, uni, dans l'absolu du panthéisme, à divers matériaux de provenance objective, est la notion d'une finalité aveugle et inconsciente ; il est naturel que la finalité réfléchie et le libre arbitre y soient irréductibles. Mais c'est précisément à l'intuition de ce que l'esprit a de plus profond, la liberté morale, que le spiritualisme emprunte les notions dont il construit son absolu. Dès lors le supérieur n'est plus nié au profit de l'inférieur, mais, dominant de sa perfection tous les degrés plus bas de l'existence, il les explique, comme en nous, la liberté morale est la lumière qui nous éclaire tous les modes moins élevés de notre activité. Ce serait chimère que de vouloir ramener tout en l'homme à ces puissances obscures qui se mêlent et se confondent presque avec l'objet, ou bien à ces actions qui, tout en dénotant une finalité, ne diffèrent pas, au fond, des instincts de la brute. Nous ne comprenons l'activité inconsciente que par l'activité réfléchie, l'instinct que par la liberté. Les systèmes considérés en ce qu'ils ont de subjectif, s'échelonnent suivant la perfection relative des notions qu'ils tirent du sujet: le panthéisme est supérieur au matérialisme dans la mesure où la finalité réfléchie l'est à l'activité indéterminée ; le spiritualisme surpasse le panthéisme de toute la supériorité de l'action libre et morale sur l'action instinctive. Si en nous la liberté et la moralité sont la raison de tout le reste, l'excellence, au moins relative, du spiritualisme ne saurait être contestée.

Mais n'est-ce pas là une vaine suprématie ? Toute métaphysique n'est-elle pas condamnée, par une sorte de vice originel, à une impuissance incurable ? Nous avons, ce semble, déjà résolu cette question. Il y a lieu cependant de la poser de nouveau, en limitant l'enquête aux éléments d'origine subjective, dont nous avons constaté la présence en toute conception de l'absolu.

L'élément subjectif de l'absolu des matérialistes est la notion de force. La force est-elle quelque chose d'existant en soi et par soi ? On pourrait croire, au premier abord, qu'elle n'a rien de relatif. N'est-elle pas la source sans cesse féconde du mouvement? Mais elle est inséparable du mouvement lui-même, et le mouvement ne se sépare pas davantage du temps, de l'espace et du nombre. Alors, sans rappeler les contradictions déjà relevées d'un temps, d'un espace et d'un nombre absolus, quoi de moins existant en soi et par soi ? Singulier absolu dont l'existence serait liée à celle des phénomènes relatifs !

La conception panthéistique peut sembler tout d'abord moins illégitime. Le principe des choses est censé distinct des choses. Indépendance illusoire, comme il apparaît, sans peine, à l'examen des doctrines de Spinoza et de Schelling.

Pour Spinoza, l'absolu est la substance ; la substance est distincte de ses attributs ; les attributs sont eux-mêmes distincts des modes qui les manifestent. Il y a donc, semble-t-il, à partir des apparences phénoménales, trois couches d'existence de plus en plus réelles. Il n'en est rien cependant. La séparation de la substance, des attributs et des modes est uniquement verbale et logique ; en fait, substance, attributs et modes ne font qu'un. La substance, en effet, existe en soi et par soi ; mais, pour exister, il faut qu'elle se manifeste par un nombre infini d'attributs infinis. Chaque attribut est donc une portion de la substance, et s'il n'existait pas, la substance ne serait pas. Aussi Spinoza déclare-t-il nécessaire la loi interne en vertu de laquelle la substance unique s'épanouit en mille attributs divers. Les attributs, à leur tour, n'existent que par leurs modes finis; sans les modes, ils n'existeraient pas. Aussi, la loi, en vertu de laquelle ils se manifestent, est-elle nécessaire? Qu'en conclure? Une seule chose : c'est que, si les modes réalisent les attributs, et les attributs la substance, la substance n'est en réalité que la somme des modes finis de l'existence. Il ne sert de rien d'alléguer que, pour Spinoza, le nombre des attributs divins étant illimité, il existe, hors du monde des âmes et des corps, une variété infinie de modes qui nous demeurent inconnus ; ces modes ne peuvent être que la manifestation d'attributs de la substance. Par conséquent, en dernière analyse, ou la substance n'est qu'une expression logique, ou elle n'est que la somme des modes relatifs de l'existence. Mais, dans ce cas, l'existence en soi et par soi qu'on lui prête est mensongère ; loin de conférer l'existence aux modes relatifs, c'est d'eux qu'elle la reçoit, puisque, sans eux, elle ne serait pas.

L'absolu de Schelling n'est pas plus affranchi. Purement idéal, à l'origine, il produit peu à peu les organes et les milieux de sa réalisation. En ce sens, il contient la raison de tout ce qui existe. Mais l'existence en soi et par soi qui lui est attribuée ne devient-elle pas relative, au regard de ce qu'il est censé produire et expliquer? Il se développe par évolution, comme un germe vivant. En ce sens, il est cause de sa propre causalité. Que signifie cette formule? La vie est une cause finale ; elle produit elle-même les moyens par lesquels elle sera réalisée ; mais on doit reconnaître qu'elle n'*existe* que par l'existence même de ses organes. Supprimez la matière organique et les systèmes qu'elle forme, et la vie demeure une pure idée directrice qui ne dirige rien, un idéal qui ne devient jamais réel. De même l'absolu de Schelling. Pour *être*, il lui faut devenir tour à tour matière physique, vie, sensation, pensée et volonté. Qu'il contienne en lui-même, c'est-à-dire en son idée, la raison de ses formes successives, rien de mieux. Mais, en réalité, il n'*est* qu'*après* et *pour* les choses relatives dont il est la raison. Si les divers règnes de la nature étaient supprimés il serait anéanti. Par conséquent, s'il confère leur *essence* aux choses relatives, c'est d'elles qu'il reçoit l'*existence*. C'est donc un absolu nominal qui dépend du monde, loin d'en être indépendant.

Sans doute, cette dépendance est son œuvre, et, à ce titre, elle peut être considérée comme une véritable indépendance. Mais peut-il s'affranchir, sans cesser d'exister, de la loi interne qui règle son évolution? De même que, dans un être vivant, la vie ne saurait se soustraire à la loi qui en gouverne la réalisation et le progrès, de même l'absolu de Schelling ne peut, sous peine de demeurer une possibilité abstraite, échapper à la règle de sa réalisation. S'il s'en affranchissait, il se détruirait lui-même; impuissant à s'en délivrer, il n'existe pas véritablement en soi et par soi. La nécessité est incompatible avec l'absolu.

La conception spiritualiste de l'absolu est-elle moins illégitime? Elle est modelée, nous l'avons vu, sur le type de la liberté et du bien. Est-ce quelque chose d'existant en soi et par soi?

En premier lieu, la liberté morale n'est pas sujette à la

même nécessité que l'absolu des matérialistes et celui des panthéistes. La matière, supposée absolue, n'existe que par les phénomènes matériels, et à ce titre elle est relative; la vie, supposée absolue, n'existe que par ses organes, et, par suite, elle est subordonnée à ceux-ci. La liberté n'est subordonnée à rien d'extérieur, en son existence. Qu'elle se manifeste ou ne se manifeste pas, ce sera toujours en vertu de son initiative, et non par l'effet d'une loi supérieure à elle-même. L'action et l'abstention sont au même titre une marque incontestable de son essence et de son existence. Mais si, pour exister, elle n'est pas astreinte, comme le sont la force mécanique et la vie, à des manifestations extérieures, ce n'est pas à dire encore qu'elle soit l'absolu véritable. — La force mécanique, aveugle et fatale, produit ses effets suivant la loi de causalité physique. La vie, qui préexiste virtuellement aux moyens de son existence, les suscite, et se fait ainsi exister elle-même, est plus voisine de l'existence en soi que la force mécanique; mais comme elle reçoit, sans pouvoir la modifier, la loi de ses manifestations, elle est relative. La liberté, au contraire, est le pouvoir de se conférer à soi-même la loi de son développement. « Déterminer soi-même la
» nature de son activité, la manière dont on est cause de
» soi-même, c'est être esprit. L'expérience intérieure
» nous atteste la réalité de l'esprit. Nous-même nous
» sommes cause de notre activité, cause de la manière
» dont nous sommes cause, cause des lois suivant les-
» quelles nous nous produisons; notre état moral, le
» développement de notre intelligence, sont les causes

» permanentes, intimes, des actions corporelles et des
» mouvements de pensée, de sentiment et de volonté
» qui, dans leur multiplicité continue, manifestent seuls,
» aux autres et à nous-même, l'*existence* de notre esprit...
» Nous sommes donc cause, non-seulement de notre
» causalité, mais encore de sa loi; c'est nous qui déter-
» minons la manière dont nous sommes cause, c'est
» nous qui déterminons notre substance et notre vie (1). »
Mais tout cela, n'est-ce pas ne relever que de soi, et
exister véritablement par soi?

Un absolu conçu comme liberté ne serait donc pas
une notion contradictoire. — L'homme est libre, et
pourtant il n'est pas l'absolu. S'il se détermine lui-
même, il est primitivement déterminé; il est autre
chose que ce qu'il se fait lui-même; en lui la liberté
n'est pas entière et pure, mais mélangée de nécessité.
Cependant, dans notre liberté imparfaite, nous trouvons
le trait essentiel de la perfection ; la détermination volontaire nous révèle un mode de causalité complétement
étranger à la causalité physique. C'en est assez pour
qu'il nous soit permis de décider si la notion d'une
liberté absolue est contradictoire.

Les idées, avons-nous vu, se réalisent en nous, en
vertu de leur perfection relative ; elles ont donc en elles-
mêmes la raison de leur existence. Mais cette perfection, qui les fait être, est dérivée; isolées de la source
de toute perfection, c'est-à-dire du Bien, les idées, par
elles-mêmes, ne valent rien. Ce qui vaut en elles, c'est

---

(1) Ch. Secrétan, *La philosophie de la liberté*, t. I, p. 362.

le Bien qu'elles réalisent à des degrés divers. Là est le secret de notre liberté. La détermination morale tient de sa propre valeur sa raison d'exister. Partant, la perfection est la seule chose que nous puissions concevoir comme existant en soi et par soi. Nous ne demandons pas pourquoi l'impératif catégorique s'impose à nous ; ses commandements sont bons, et cette raison suffit pour qu'à nos yeux, si nous n'avons pas préféré les biens sensibles à la bonté morale, ils aient droit à l'existence. Mais si, en nous, des idées relativement parfaites se réalisent en vertu de leur perfection relative, pourquoi la perfection totale, dont elles sont dérivées, n'existerait-elle pas?

Un tel absolu n'a rien de contradictoire en soi. En lui ne sont comprises ni la matière ni les formes de la connaissance objective. Il n'est pas l'espace; — si parfois on l'a déclaré immense, il faut entendre par ces mots qu'il est affranchi de la loi de position. Il n'est pas le temps; — si parfois on le déclare éternel, on veut dire, sans doute, qu'il n'est pas assujetti à la loi de succession. Il n'est pas le nombre; — toute détermination mathématique est impuissante à évaluer la perfection morale. Il n'est pas la substance objective des choses; — la perfection n'a rien de commun avec cette quantité constante d'être que nous sommes contraints de supposer au sein des phénomènes. Enfin, s'il est cause de lui-même et de tout ce qui existe, cela signifie qu'il a, dans sa perfection même, la raison de son existence, et que les choses dérivées, soumises d'ailleurs à des conditions phénoménales que la science détermine et mesure, ont en fin de compte, leur raison d'exister dans leur perfection relative.

L'absolu serait donc l'idéal de la perfection morale. Mais le définir ainsi, n'est-ce pas en compromettre la réalité et le reléguer dans la région des fictions et des rêves? L'idéal, en effet, ne s'oppose-t-il pas au réel, dans la pensée, comme dans le langage? Si parfois le poëte et l'artiste le réalisent, n'est-ce pas en l'unissant à une matière soumise à toutes les conditions de la science, et à laquelle l'idéal absolu ne saurait s'incorporer sans se contredire et déchoir? — Par réel, il est vrai, on entend le plus souvent cette partie de la réalité dont le savoir positif a pour fonction de relier les éléments divers suivant des règles fixes, et par idéal, on désigne surtout les créations subjectives de l'esprit. Mais le matériel de ce que nous connaissons est-il tout le réel? On ne saurait le soutenir avec quelque vraisemblance, pour peu qu'on se soit replié sur soi-même. Nous existons, et notre existence est la condition première de toute connaissance. Or, que trouvons-nous de réel en nous? Ce n'est pas le mouvement réflexe que provoquent souvent dans notre organisme les mouvements extérieurs, car là n'est engagée aucune initiative de notre part; sans le contre-coup qu'elles ont dans notre sensibilité, et qui fait que nous nous les attribuons, ces actions automatiques nous paraîtraient complètement étrangères à nous-même. Ce n'est pas davantage l'instinct, car de là encore notre initiative est absente. La réalité de notre existence, c'est, à chaque instant, la réalité de l'idée présente, avec son double cortége de souvenirs et de prévisions. La vie humaine, d'abord comme perdue dans le flux des mouvements extérieurs, s'en isole peu à peu, se recueille et se saisit elle-même, à mesure que surgissent des idées plus distinctes, et elle est pleinement constituée le jour où apparaît ce mode de causalité, inverse de la causalité physique, en vertu duquel l'action est déterminée, non par une action antécédente, mais par une idée réfléchie. L'idée, c'est nous-même. Nier la réalité de l'idéal, ce serait nier notre propre réalité.

A suivre ces indications, il y aurait donc dans le monde un ordre de raisons invisible à la science, et que seule l'intuition morale nous permettrait d'entrevoir. Chaque être serait, pour la science positive, un système d'éléments, soumis aux lois invariables du temps, de l'espace, du nombre, de la substance et de la cause; mais il serait aussi la réalisation d'une idée, et, si chacun de ces éléments a ses conditions dans les rapports complexes et multiples qui l'unissent aux autres, l'ensemble qu'ils forment a pour raison la perfection de l'idée qu'il réalise. Ainsi serait expliquée et justifiée cette antique conception que tous les êtres ne sont pas équivalents, et qu'ils s'échelonnent sur divers degrés de perfection. La science constate en eux des différences qu'elle mesure au nombre et à la grandeur. Mais les mesurer ainsi, n'est-ce pas les effacer? La réalité, qui est essentiellement distinction individuelle et spécifique, ne s'évanouit-elle pas lorsque toutes les différences des êtres se sont résolues en ressemblances de plus en plus générales? Et ne risquons-nous pas de ne rencontrer, au terme de la science, que l'ombre mathématique de la réalité? Cette crainte ne serait pas sans fondement si la science prononçait le dernier mot des choses. Mais, nous l'avons constaté à plus d'une reprise, son domaine ne s'étend pas au delà des phénomènes et des conditions qui les unissent; si elle y atteint des certitudes inébranlables, c'est en s'interdisant d'aborder la région des raisons intimes de l'existence. Dès lors, n'est-il pas permis à l'esprit, à la condition de ne rien entreprendre sur les réserves de la science, d'asseoir les existences sur des bases semblables à celles qui sont en lui, si l'on peut ainsi parler, la réalité la plus réelle? Il y aurait donc une sorte de moralité dans l'ordre externe des choses, comme il en est une dans l'ordre interne de nos actes, moralité à coup sûr sans conscience et sans liberté, mais qui n'en serait pas moins la raison des existences, comme en nous la bonté relative d'une action est la cause qui la fait être. Les êtres extérieurs, déterminés en leurs conditions élémentaires par des lois invariables, auraient droit à l'existence, suivant une vue profonde de Leibniz, en proportion de la perfection qu'ils réalisent. De même qu'en nous, parmi plusieurs idées qui prétendent à la réalité, celle-là l'obtient, qui semble la meilleure, de même hors de nous, les choses existeraient en raison de leur rapport plus ou moins éloigné à la perfection suprême.

De ce point de vue, toute condition scientifique disparaissant, des perspectives purement morales nous seraient ouvertes sur l'intimité des choses. Nous n'aurions plus à parler de temps, d'espace, de nombre, de substance et de cause, au sens objectif de ces mots, mais de perfection et de bonté. Les problèmes qui nous tiennent tant au cœur et qu'en vain l'on prétend supprimer, trouveraient des solutions, qui, sans avoir la rigueur et la nécessité des solutions scientifiques, auraient une valeur d'un autre ordre, aussi puissante sur la volonté par son caractère moral, que le sont sur l'esprit les démonstrations mathématiques. Ainsi pourrait se comprendre le progrès des choses, dont la science ne rend pas raison, car une complexité croissante dans le jeu d'éléments aveugles n'est pas un progrès véritable. Ainsi serait expliquée la prééminence de l'homme sur toute créature. Envisagé scientifiquement, dans les conditions phénoménales de son existence, l'homme ne diffère de la brute que par une complication plus grande de ses éléments constitutifs ; vaine supériorité mathématique et mécanique dont l'âme n'est pas satisfaite. De la sorte serait entendue aussi l'affinité secrète qui nous unit à la nature entière. Suspendus à la même perfection, tenant d'elle, à des degrés divers, toute réalité, les êtres ne seraient pas étrangers les uns aux autres. Du même coup enfin seraient expliquées nos aspirations les plus profondes. Si tout être existe en vertu de sa perfection, celui qui peut l'accroître par son initiative, n'est-il pas ainsi le maître d'augmenter ses droits à l'existence ? Pourquoi l'immortalité ne serait-elle pas la conséquence et la récompense de cet accroissement de valeur d'un être par lui-même ?

Nous laissons, sans les développer, ces brèves indications, car nous avons seulement à montrer comment, en s'isolant de la science, la métaphysique morale pourrait ne pas rester sans réponse aux questions qui de tout temps ont donné naissance à la recherche métaphysique. L'esprit n'aborderait plus avec les procédés de la science des problèmes scientifiquement insolubles; mais l'âme, dont l'esprit n'est pas le tout, pourrait trouver, sans contredire la science, réponse aux questions les plus hautes et les plus intéressantes pour elle. Nous ne nous dissimulons pas ce qu'a d'étrange, au premier abord, cette solution en partie double du problème de l'existence. Mais la science elle-même ne nous enseigne-t-elle pas que nos sensations sont des symboles? Pourquoi n'essayerions-nous pas d'en pénétrer le sens caché, si nous trouvons en nous quelque lumière qui nous l'éclaire, alors surtout qu'un impérieux instinct moral nous le commande?

CHAPITRE VII

CARACTÈRES DE LA MÉTAPHYSIQUE MORALE.

Ainsi l'esprit n'est pas impuissant à se faire quelque idée de l'absolu, s'il renonce à vouloir le dériver de l'objet pour le chercher dans le sujet. Mais une métaphysique, avec une notion toute morale de l'absolu pour centre, est loin de ressembler à cette science des premiers principes et des premières causes, rêvée, dès les premiers jours de la réflexion, par la sagesse antique, et depuis lors vainement poursuivie, d'échec en échec, pendant plus de vingt siècles.

La métaphysique morale n'a pas et ne saurait avoir de fonction scientifique. Rien en elle qui vienne de la science ; rien d'elle qui aille à la science. Tous les philosophes, Socrate et Kant exceptés, ont pensé que la notion du premier principe des choses était la prémisse indispensable du savoir universel, et que d'elle devaient sortir, par une déduction progressive, les lois particulières de chaque être et de chaque phénomène. Il faut abandonner sans retour cette prétention. Science positive et métaphysique sont essentiellement distinctes. On s'est plu parfois à les considérer comme deux sœurs temporairement ennemies, qu'il s'agissait de réconcilier. Toute tentative en ce sens est condamnée à échouer, car elle n'a pas de raison d'être. La science et la métaphysique n'ont ni le même objet, ni les mêmes procédés, ni le même but, ni le même rôle; partant, elles n'ont rien à s'emprunter l'une à l'autre. La science ne peut pas plus conduire à la métaphysique, que la métaphysique ne peut fournir à la science un point de départ et des principes régulateurs.

Le divorce de la science et de la métaphysique semble un fait accompli sans retour. Dans tous les cas, ce ne sont pas les sciences particulières qui chercheront à renouer l'alliance. Que gagneraient-elles à aliéner une féconde indépendance? N'ont-elles pas un champ de recherches nettement délimité, des procédés de découverte longuement éprouvés, des résultats incontestés chaque jour grandissants? Si la prétention qu'elles élèvent parfois de relever en tout et pour tout de la seule expérience est illégitime, ce n'est pas à dire pour cela qu'elles soient tributaires de la métaphysique. Kant n'a-t-il pas montré que les principes suivant lesquels nous unissons les phénomènes fuyants en assemblages durables ne révèlent pas l'ordre absolu des choses? Mais l'antique contrat, depuis si longtemps déjà dénoncé par la science, est loin de l'être par la métaphysique. Celle-ci maintient toujours la plupart de ses prétentions. Si elle semble avoir renoncé depuis peu à construire à priori le monde de l'expérience, elle revendique toujours cette hégémonie spirituelle qu'à l'origine elle exerça sur tout le savoir, et elle répugne à l'idée de se confiner dans un domaine fermé aux incursions de la science. C'est mal comprendre son essence, ses intérêts et son rôle.

D'innombrables mécomptes et, plus encore, les analyses de Kant ont prouvé notre impuissance irrémédiable à faire à priori la théorie scientifique de l'univers. Le monde est là, et pour le connaître il faut l'observer. Si nous devons croire à une existence en soi et par soi, nous n'en avons pas l'intuition. Aussi n'en pouvons-nous rien déduire. Par conséquent, poser un absolu duquel on voudrait faire sortir, par la pensée, sans recours à l'expérience, l'ordre entier des choses relatives, serait-ce aujourd'hui se livrer volontairement à l'illusion d'un mirage depuis longtemps déjà redressé. Tous les absolus dont on a essayé de faire les principes générateurs des sciences positives, contenaient quelque élément emprunté à la science elle-même. Mais si la métaphysique ne prétend plus imposer sa loi aux sciences, elle refuse cependant de s'en isoler. Peut-être espère-t-elle être admise au partage des certitudes qu'on ne leur conteste pas. C'est un symptôme qui doit être noté, que cette abdication dissimulée de la science, autrefois si altière, des premiers principes. Naguère encore elle revendiquait la magistrature suprême de l'esprit, et se disait la source unique de toute certitude et de toute vérité. Aujourd'hui, plus modeste en apparence, elle se réclame, au moins dans la forme, de ses anciens tributaires, désormais affranchis. Elle invoque en faveur de ses conceptions les découvertes scientifiques, et cherche à s'étayer sur ce que naguère elle déclarait sans solidité. Base fragile, pour une métaphysique, que les vérités de l'ordre scientifique : une science dérivée de la métaphysique est illusoire ; une métaphysique appuyée sur la science est ruineuse Que trouver, en effet, dans la science pour en faire l'absolu ? Ce ne sauraient être les phénomènes qui, par définition, sont relatifs ; ce ne sauraient être davantage les lois suivant lesquelles l'esprit les unit et les compose. Universelles et nécessaires, ces lois sont liées à la fortune de l'esprit ; elles disparaîtraient s'il disparaissait ; notre croyance à leur stabilité est uniquement notre croyance à la stabilité de la pensée ; chacune d'elles, si on l'élève à l'absolu, devient contradictoire à elle-même, et se détruit ainsi ; un temps, un espace, un nombre, une substance et une cause en soi et par soi, sont notions contradictoires. Une métaphysique qui relèverait de la science subordonnerait son sort à celui de la science elle-même ; elle cesserait d'être la recherche de l'absolu, pour devenir uniquement le répertoire des lois relatives, et se confondrait ainsi avec cette science idéale, rêvée par les adversaires de la métaphysique, qui, prolongeant au delà du point où elles s'arrêtent les données du savoir positif, cherchent à se représenter l'ordre encore inobservé des phénomènes.

Si, au contraire, la métaphysique répudie tout commerce avec la science, non-seulement elle se met en garde contre la contradiction, ruine de toute pensée, mais elle s'établit en une position que la science ne saurait lui disputer, et où la suprématie des âmes lui est assurée. Nous savons quelles sont les limites de la recherche positive, et quels problèmes elle ne peut aborder. Elle se propose uniquement de déterminer l'ordre des phénomènes relatifs, et, en décomposant l'expérience actuelle, de composer l'expérience future. Ce n'est pas là tout ce que nous désirons savoir, tout ce que nous avons besoin de connaître. Même à supposer que le domaine du relatif eût été exploré en toutes ses parties, que les lois de tous les phénomènes fussent découvertes, que la subordination de ces lois nous fût connue, au delà nous demanderions autre chose. La science va de condition en condition, et non pas de raison en raison. Or ce qu'il nous importe de connaître, c'est la raison dernière des existences en général, et, en particulier, de la nôtre. A cette question, la science, et elle l'avoue, n'a pas de réponse. Or c'est la question métaphysique par excellence. Nous savons qu'on ne peut tenter de la résoudre avec les procédés ordinaires de la science. Pourquoi donc s'obstinerait-on à les employer et négligerait-on d'autres moyens peut-être plus efficaces ? La question métaphysique, ne nous y trompons pas, a surtout un intérêt moral. Si l'homme était uniquement un composé d'organes, la science suffirait à satisfaire pleinement ses désirs, et lui assurerait la possession du souverain bien. Ne met-elle pas à son service une nature chaque jour mieux domptée ? Mais le bien-être matériel n'est pas le tout de notre vie. Si nous avons soif de bonheur, les biens que la sensibilité dispense ne suffisent pas à nous abreuver. La satiété qu'enfante la jouissance répétée est une preuve de son infirmité. Le bien que nous voulons est infini, et ce que nous en saisissons n'est rien, de sorte qu'on serait tenté de croire, non sans une apparence de raison, que cette aspiration incessante vers un mieux toujours fuyant est un leurre bienfaisant de la nature, qui a voulu donner ainsi à notre activité un ressort sans cesse tendu.

Ce qui nous garde de cette pensée désolante, c'est la conscience du devoir. La différence est profonde et irréductible entre les biens sensibles et le bien moral : les premiers nous sollicitent par un attrait auquel peu d'âmes résistent, auquel pourtant elles se sentent capables de se soustraire ; le bien moral, au contraire, s'impose à la volonté avec une autorité sans réplique. S'il n'est pas sans attrait sur les cœurs qu'il possède, ce n'est là qu'un surcroît, et sa vertu vient d'ailleurs. En mettra-t-on en doute l'autorité impérieuse? N'y verra-t-on qu'un autre artifice plus puissant et plus subtil de la nature, pour nous asservir, en nous leurrant d'une liberté et d'une dignité apparentes, à des fins étrangères à notre destinée? Un tel soupçon serait un outrage à l'obligation morale.

En croyant au devoir, nous éprouvons le besoin de croire à un autre ordre de choses que l'ordre logique et scientifique. — Nous sentons en nous deux autorités distinctes : celle des lois de la pensée et celle de la loi morale. Notre être nous paraît ainsi partagé en deux tronçons séparés, car la nécessité, inhérente à l'intelligence, et la liberté, indispensable à la morale, sont incompatibles. Force est donc, semble-t-il, de se porter exclusivement vers l'un ou l'autre de ces deux pôles de la vie. A quel parti se résoudre? Préférera-t-on les nécessités de la science? Marché de dupes, assurément.

La science peut-elle donner à l'esprit toutes les satisfactions qu'il réclame? Lui dira-t-elle le dernier mot des choses? Franchira-t-elle les limites du relatif pour lui dévoiler l'absolu? Et que lui procure-t-elle en échange de l'abdication d'une liberté incompatible avec l'ordre rigide et inflexible de la pensée? Un surcroît de jouissances, assurément, mais qui, comme par un retour fatal, engendre un surcroît de besoins et de désirs. Si, au contraire, nous nous portons vers l'autre pôle, nous ne perdons aucun des fruits de la science, et nous gagnons tous ceux de la bonne volonté. Mais à quoi bon cette comparaison d'avantages? L'autorité de la conscience prime celle de la science.

Il faut donc inscrire au début de la métaphysique, comme première vérité certaine, non pas une vérité intellectuelle, mais une vérité morale, et demander à la conscience une explication du monde, conforme à la conscience. Ce n'est pas que nous trouvions, dans le sentiment de notre liberté et du bien auquel elle est unie, l'intuition de l'absolu. La liberté humaine est limitée, et le bien réalisé par elle n'est qu'un fragment du bien suprême. Mais la conscience nous révèle un ordre de causalité distinct de la causalité extérieure. Les idées se réalisent en nous en vertu de leur perfection relative. Dès lors, qui nous empêche de concevoir sur ce type un ordre de choses dont la perfection serait le mot suprême, et, sans atteinte portée à l'explication scientifique, de nous représenter le monde de façon à satisfaire les besoins les plus élevés et les moins contestables de notre être? Que fait dans son domaine la raison spéculative? Elle résume en des formules générales les données d'une expérience toujours incomplète, et elle en devance les révélations par l'hypothèse; en un mot, elle a pour fonction de construire un ordre de choses conforme aux données de l'expérience sensible. Pourquoi l'expérience morale ne fournirait-elle pas à la métaphysique un point de départ et un contrôle analogues? Pourquoi renoncerions-nous à faire pour et par la conscience ce que, chaque jour, la science fait, avec un succès incontesté, pour et par les sens? Les obstacles à cette œuvre sont venus de tout temps, nous l'avons constaté, d'une méprise longuement perpétuée sur la nature des matériaux à employer et des règles à suivre. Ces obstacles écartés, la délimitation du domaine scientifique et du domaine métaphysique établie, pourquoi se refuserait-on à reconnaître aux constructions morales une valeur égale à celle des constructions scientifiques, alors qu'en fait l'expérience morale est aussi indubitable que l'expérience sensible, et qu'en droit l'autorité du devoir est supérieure à celle de la raison spéculative?

Un telle métaphysique ne s'établira pas sans doute par des démonstrations géométriques; de là le faible crédit qu'elle ne manquera pas de rencontrer chez des esprits enivrés de science. Mais, encore une fois, d'où vient donc l'autorité des sciences positives, sinon de la conformité de leurs hypothèses avec les faits? Alors, si les conceptions de la métaphysique morale concordent avec les faits de la conscience, pourquoi trouveraient-elles, dans les âmes, moins d'accès et de créance, que les conceptions de la spéculation scientifique? Pour justifier cette défaveur, il faudrait que le devoir eût moins d'autorité que l'expérience sensible. En fait, il en est souvent ainsi. Personne ne se refuse à voir la lumière extérieure; mais souvent la lumière intérieure est obscurcie, pour ne pas dire éteinte, par les préjugés et les passions. Aussi la métaphysique morale, qui ne peut répondre aux derniers besoins spéculatifs de l'esprit qu'avec les ressources de la conscience, se propose-t-elle aux âmes, et ne s'impose-t-elle pas aux esprits. Pour la recevoir, il faut, avec une bonne volonté, la croyance que la vérité morale est le premier et le dernier mot des choses. Elle ne donne pas, mais elle suppose l'intuition du bien, de même que la science qui explique les sons et les couleurs ne les fait pas sentir aux sourds et aux aveugles. Aussi un exemple de vertu, même obscur, est-il, pour la métaphysique, un meilleur auxiliaire que la plus brillante des découvertes scientifiques.

Ainsi entendue, la métaphysique a, dans la vie humaine, un rôle incomparable. Issue de la moralité, elle en devient, par un retour bienfaisant, la sauvegarde et l'aliment. Sans doute l'autorité du devoir ne peut être contestée. Pourtant, si l'être moral devait à tout jamais se sentir isolé et comme perdu dans une nature aveugle et sans moralité, qui sait si, pris d'une sorte de vertige, il ne se précipiterait pas, loin du devoir, vers des biens plus accessibles, et, en apparence, moins trompeurs. L'impassibilité du stoïcien était soutenue par la croyance à un ordre invariable. Ce n'est pas que nous croyons nécessaire de faire dériver la loi du devoir d'une autorité extérieure à la conscience; mais on ne sera pas tenté de prendre le devoir pour un accident, que l'on peut supprimer, s'il nous apparaît comme la fin suprême à laquelle le monde entier est suspendu.

Ce rôle et cette action salutaire de la métaphysique morale et pratique s'étendent à la société tout entière. On se plaint de divers côtés, et non sans raison, que, dans nos sociétés modernes, les âmes tendent chaque jour davantage à se séparer et à s'isoler, et l'on demande à la science un lien nouveau pour les unir. C'est plus qu'elle ne saurait donner. Tous les esprits, à coup sûr, acceptent les lois des mathématiques et les lois physiques, et, en ce sens, ils ne font qu'un. Mais cette union des intelligences en une même vérité est loin d'être la communion des âmes. La science, par elle-même, n'a pas de fonction morale; les vérités qu'elle met au jour ne sont pas essentiellement des raisons d'agir, et son unité ne peut, par suite, servir de centre de ralliement à des volontés dispersées. Il y a plus : loin de porter remède à cette dispersion, elle la favoriserait plutôt. Envisagée à un point de vue pratique, n'a-t-elle pas, en effet, pour résultat de fournir à l'homme des moyens plus variés et plus efficaces pour satisfaire ses besoins, et des armes nouvelles et mieux trempées pour le combat incessant de l'existence? Et de la sorte ne doit-elle pas aboutir à stimuler le sentiment de l'utilité personnelle?

L'union des âmes ne peut s'établir que par la communauté des raisons d'agir. Seul le motif moral, comme l'a vu Kant, peut être érigé en loi universelle, valable pour tous les êtres raisonnables; seul, par conséquent, il peut être, en une société, le ciment des volontés. En vain attendrait-on cet office d'une sorte de physique humaine qui déterminerait les lois des sociétés avec une précision infaillible, et dont les résultats devraient, semble-t-il s'imposer unanimement comme s'imposent ceux des sciences de la nature. Une telle science constaterait les faits et ne créerait pas, par elle-même, de nouveaux motifs d'agir; elle verrait qu'en certains temps, les hommes se sont unis en une action commune, sous l'influence de certaines circonstances, et qu'en d'autres temps, ils se sont séparés sous l'influence de circonstances différentes; mais elle ne saurait prétendre à agir efficacement sur eux, car les libertés sont là qui se déterminent par la considération du meilleur, et l'ordre des faits passés les laisse indifférents s'il n'est pas bon.

Il faut aux peuples, comme aux individus, un idéal. Dans la vie individuelle, c'est l'idéal entrevu et poursuivi qui donne à des actes successifs, en les rattachant à une même fin, l'unité qu'ils n'ont pas par eux-mêmes. Dans la vie sociale, c'est encore l'idéal qui rassemble les âmes autour d'un but commun. Hors de là, il n'y a qu'utilité, et l'utilité, loin de concentrer et d'unir, sépare et disperse. En vain à l'utilité privée propose-t-on de substituer la poursuite de l'utilité générale. Ou bien c'est un moyen de mieux satisfaire l'intérêt individuel, et, alors, les volontés qui semblent concourir sont isolées et hostiles; ou bien l'utilité générale s'offre à l'activité comme une fin bonne en soi, à laquelle doit se subordonner l'intérêt particulier; dans ce cas, c'est d'ailleurs qu'elle tire efficacité et vertu, et alors elle est un idéal.

— L'office social de la métaphysique est d'entretenir la foi dans l'idéal, et d'arrêter deux maux contraires, également funestes, l'affaissement des activités et la fièvre utilitaire. Elle seule est capable d'y réussir. Tout autre idéal que l'idéal moral peut être atteint ou épuisé : alors les volontés qu'il soutenait et reliait retombent éparses et désorientées. Mais l'idéal moral, et c'est là son plus grand bienfait, est inépuisable. Il n'est pas à craindre, si les âmes y sont suspendues, qu'il vienne jamais à leur manquer.

Ainsi la métaphysique ne renonce pas à l'empire universel, toujours revendiqué par elle. Le Bien où elle voit l'existence en soi, et, par suite, la raison de toute perfection et de toute existence relative, est senti de toute conscience. En y ramenant tout, la métaphysique peut donc rallier toutes les âmes. Elle est déchue de la magistrature intellectuelle qu'elle s'était arrogée. Mais elle exerce, et elle continuera d'exercer, tant que durera la conscience, cette haute magistrature morale dont Socrate l'avait investie aux plus beaux jours de la sagesse hellénique, et que, dans les temps modernes, Kant lui a rendue, après vingt siècles de dépossession.

FIN

TABLE DES MATIÈRES

Avant-propos... VII

LIVRE PREMIER
La Science.

Chapitre premier. — Les caractères de la science positive.........	3
Chap. II. — Les procédés de la science positive..................	19
Chap. III. — Le positivisme.....................................	32
Chap. IV. — Les lacunes du positivisme..........................	41
Chap. V. — Les lacunes du positivisme (suite)...................	58
Chap. VI. — La philosophie de l'association.....................	73
Chap. VII. — Examen de la doctrine de l'association.............	97
Chap. VIII. — Examen de la doctrine de l'association (suite).....	121
Chap. IX. — La doctrine de l'évolution..........................	138
Chap. X. — L'idée d'évolution...................................	162
Chap. XI. — L'évolution et les principes de la connaissance......	174

LIVRE II
La Critique.

Chapitre premier. — La critique.................................	193
Chap. II. — Les lois objectives de la connaissance..............	208
Chap. III. — Le temps et l'espace...............................	213
Chap. IV. — Le nombre...	224

Chap. V. — Le nombre et l'espace............................	233
Chap. VI. — La substance..	252
Chap. VII. — La cause..	266
Chap. VIII. — La critique et la science........................	280
Chap. IX. — L'absolu..	299
Chap. X. — Les absolus : la totalité des phénomènes......	320
Chap. XI. — Les absolus : le temps, l'espace, le nombre..	327
Chap. XII. — Les absolus : la substance.....................	337
Chap. XIII. — Les absolus : la cause..........................	345

LIVRE III

La Métaphysique.

Chapitre premier. — Le sujet conscient......................	355
Chap. II. — L'activité du sujet.................................	369
Chap. III. — La liberté...	384
Chap. IV. — Le bien..	408
Chap. V. — Les systèmes de métaphysique..................	420
Chap. VI. — Valeur des métaphysiques.......................	448
Chap. VII. — Caractères de la métaphysique morale.......	474

FIN DE LA TABLE DES MATIÈRES

Coulommiers. — Imp. Paul BRODARD.

www.ingramcontent.com/pod-product-compliance
Lightning Source LLC
Chambersburg PA
CBHW060230230426
43664CB00011B/1602